Ludger Grevelhörster

Der Erste Weltkrieg und das Ende des Kaiserreiches

Geschichte und Wirkung

Aschendorff Verlag

Danksagung
Für die vielfältig geleistete Unterstützung bei der Erarbeitung des Buches danke ich mehreren Freunden. Dies gilt zunächst in besonderer Weise für Prof. Dr. Wolfgang R. Krabbe von der Fernuniversität Hagen. Er hat trotz anderer Verpflichtungen das Manuskript bereitwillig gegengelesen und mich auf nötige Ergänzungen und Berichtigungen hingewiesen. Außerdem bedanke ich mich bei Stefanie Stefer (Münster), die den erforderlichen Zeitaufwand gelassen hingenommen hat. Weiterhin zu erwähnen sind Anfried Borgert (Gronau-Epe), Susann Lippe-Bernard (Münster), Tabea Prakel (Gronau-Epe) sowie Edgar Brandmann (Telgte), Ralf Kerstiens (Telgte), Reinhard Vischedyk (Gronau-Epe) und Johannes Bernard (Münster).

Dritte, aktualisierte und erweiterte Auflage 2014

Druck: Aschendorff Druckzentrum GmbH & Co. KG, Münster, 2014

ISBN 978-3-402-03428-6

Inhalt

Vorwort

Der Erste Weltkrieg hat in der deutschen Zeitgeschichtsforschung lange im Schatten der noch unfassbareren Ereignisse von 1939/45 gestanden. Erst in den letzten Jahren begann die »Urkatastrophe« des 20. Jahrhunderts – so die viel zitierte, prägnante Kennzeichnung des amerikanischen Historikers George F. Kennan – wieder stärker in das Forschungs- und Publikumsinteresse zu rücken, wobei der nunmehr 90. Jahrestag des Kriegsausbruchs von 1914 sein Übriges dazu tat, um diesen Trend hervorzubringen oder zu verstärken. Entsprechend hat in jüngster Zeit die Zahl der Veröffentlichungen zum Thema erheblich zugenommen, und sie wächst zumindest vorübergehend rascher als zuvor weiter an. Angesichts dessen hat das vorliegende Buch den Sinn einer zusammenfassenden Überblicksskizze. Es richtet sich an ein breiteres historisch-politisch interessiertes Publikum, das eine verständliche Orientierungshilfe auf der Grundlage des neuesten Forschungsstandes bzw. einen ersten Zugang zum Thema sucht. Die Darstellung selbst beschränkt sich weit gehend auf die deutsche Perspektive und bezieht die unmittelbare Nachgeschichte des Krieges bis etwa 1923/24 mit ein. Ihr Gegenstand ist der Untergang des Kaiserreiches im und durch den Krieg, der die ohnehin bestehenden gesellschaftlich-sozialen und politischen Spannungen in Deutschland stark verstärkte sowie auch neuen Unfrieden hervorbrachte und in dessen Verlauf die politische Führung infolge ihrer Unfähigkeit, die vielgestaltigen Kriegswirkungen zu beherrschen, zuletzt entscheidend an Legitimität und Rückhalt in der Not leidenden Bevölkerung verlor.

Münster, im März 2004 *Ludger Grevelhörster*

Geleitwort zur dritten, aktualisierten und erweiterten Auflage

In wenigen Monaten steht der 100. Jahrestag des Kriegsausbruchs von 1914 bevor. Der Erste Weltkrieg rückt damit erneut in den Blickpunkt der geschichtsinteressierten Öffentlichkeit; eine Vielzahl neuer Veröffentlichungen in Form von entsprechenden Büchern, Zeitungsbeiträgen oder Dokumentarfilmen zeigt das Näherrücken des Ereignisses an.

Für die aktualisierte Ausgabe dieses Buches habe ich die neue Literatur zum Thema hinzugezogen und wo es nötig erschien, ergänzende Einträge vorgenommen. Neu aufgenommen ist am Schluss ein Überblick über die Forschungsdiskussion und ihren derzeitigen Stand.

Münster, im Dezember 2013 *Ludger Grevelhörster*

Das Kaiserreich vor dem Ersten Weltkrieg

Als das deutsche Kaiserreich im Sommer 1914 in den Großen Krieg mit seinen europäischen Nachbarn eintrat, zählte es bereits zu den weltweit führenden Industriestaaten. Die Industrialisierung des Landes hatte später als in anderen westeuropäischen Staaten wie England oder Frankreich eingesetzt, war dann aber umso dynamischer vonstatten gegangen. Besonderen Anteil daran hatten neben der Eisen- und Stahlindustrie die elektrotechnische und – mehr noch – die chemische Industrie, die in den 1890er Jahren zu neuen Leitindustrien aufgestiegen waren und die so genannte zweite Industrielle Revolution mit Macht vorantrieben. Zwischen 1870 und 1913 stieg die Industrieproduktion in Deutschland infolgedessen um mehr als das Vierfache; seit 1880 betrugen die jährlichen Steigerungsraten durchschnittlich 5,3%. Gleichzeitig wuchs der Umfang der deutschen Ausfuhren, die zum überwiegenden Teil auf die britischen Inseln, nach Frankreich und Russland gingen. Im Jahr 1912 entfielen schon 12,1% des Welthandels auf Deutschland. Das Reich war damit im Begriff, das industrielle Pionierland Großbritannien an ökonomischer Kraft zu übertreffen und sich neben den USA zur ersten Weltwirtschaftsmacht zu entwickeln. Bei den Deutschen erzeugte der unbestreitbar rasante wirtschaftliche Erfolg verbreitet Gefühle von Stolz und ausgeprägter Selbstgewissheit. In Großbritannien entstand dagegen Furcht vor einem relativen wirtschaftlichen Abstieg, in die sich zunehmend auch die Sorge vor der ehrgeizigen deutschen Konkurrenz mischte.

Das Kaiserreich wurde indes zu Beginn des 20. Jahrhunderts nicht nur als wirtschaftliche Großmacht, sondern auch als eine erstrangige militärische Macht wahrgenommen, die im In- und Ausland hohen Respekt genoss. Vor allem seit dem für viele beeindruckenden Sieg der preußisch-deutschen Armee im Feldzug von 1870/71 über Frankreich waren daher das Militär und militärische Tugenden bei nahezu allen Deutschen hoch geschätzt. Die Armee vermittelte weithin unbezweifelte Werte wie strenge Disziplin, Ordnung, unbedingten Gehorsam sowie Liebe zu Kaiser und Vaterland und galt als »Schule der Nation«. Im Geschichtsunterricht an den Schulen, bei Denkmalseinweihungen oder öffentlichen Ehrungen war es üblich geworden, militärische Helden, Kriege und siegreiche Schlachten stimmungsvoll in Erinnerung zu rufen und zu verherrlichen. Zur massenwirksamen Verbreitung des Militärgeistes trugen auch die besonders zahlreichen Kriegervereine bei, die zumeist nach dem deutsch-französischen Krieg entstanden waren und sich offizieller Förderung erfreuten. Im Jahr 1913 zählten die damals 32.000 deutschen Kriegervereine fast drei Millionen Mitglieder, welche ihre Aufgabe darin sahen, das militärische, nationale und monarchische Denken und Fühlen zu pflegen. Die Bewunderung für alles Militärische reichte zuletzt weit über das patriotisch eingestellte Bürgertum hinaus und schloss Kritik an der Armee und an ihrer gesellschaftlichen Sonderstellung wie selbstverständlich aus. Im Alltagsbewusstsein der Deutschen spielte das Denken in militärischen Maßstäben schließlich eine derart große Rolle, dass auch der Gedanke, politische oder zwischenstaatliche Konflikte mit kriegerischen Mitteln zu lösen, für viele annehmbar geworden war.

Ein weiteres Merkmal des Deutschen Reiches von 1871 war sein Charakter als Verfassungs- und Rechtsstaat, in dem obrigkeitliche und konstitutionelle Elemente eigentümlich miteinander verbunden waren. Die Grundlage der staatlichen Ordnung des Kaiserreiches bildete die Verfassung vom April 1871. Diese war maßgeblich das Werk des »Reichsgründers« Otto von Bismarck und sah vier Reichsorgane vor: Kaiser und Kanzler sowie Reichstag und Bundesrat.

An der Spitze der Reichsorgane stand formal der *Bundesrat*, die Vertretung der fürstlichen Länderregierungen und der Stadtstaaten. Das Gremium musste allen Gesetzen zustimmen und konnte gemeinsam mit dem Kaiser einen Krieg erklären sowie den Reichstag – die frei gewählte Volksvertretung – auflösen. Von den 58 Bundesratsstimmen entfielen 17 auf Preußen, das zwei Drittel des Reichsgebietes und drei Fünftel der Reichsbevölkerung umfasste. Den Vorsitz im Bundesrat führte der Reichskanzler; dieser war in der Regel zugleich preußischer Ministerpräsi-

Karikatur »Antreten« von 1904: »... und dann müsst ihr bedenken, als Zivilisten seid ihr gekommen und als Menschen geht ihr fort!«

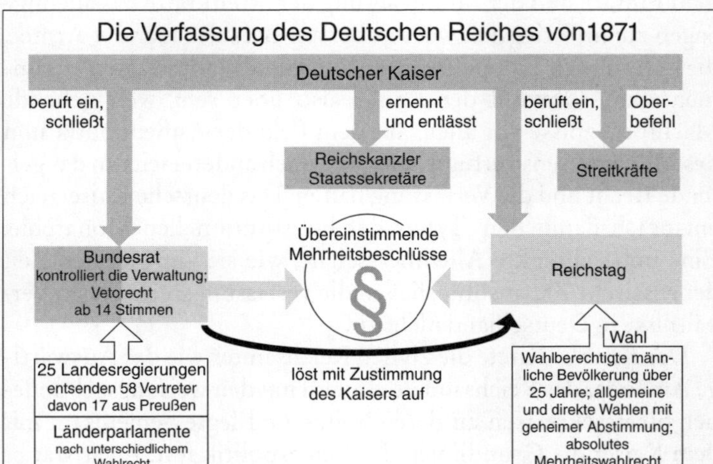

Schematische Übersicht der Reichsverfassung vom April 1871

dent, welcher wiederum das Abstimmungsverhalten der preußischen Bundesratsmitglieder steuerte. Mit seinen Stimmen konnte Preußen gegebenenfalls jede Verfassungsänderung blockieren. Damit war einerseits sicher gestellt, dass der preußische Adelsstaat in der Vertretung der Länderregierungen politisch jederzeit den Ton angab; andererseits war es von Bismarck darum gegangen, den Bundesrat notfalls gegen den Reichstag einsetzen zu können, falls dieser etwa versuchen würde, seine parlamentarische Macht auszuweiten.

Der *Kaiser*, der auch König von Preußen war, vertrat das Reich nach außen und entschied zusammen mit dem Bundesrat über Krieg und Frieden. Er ernannte und entließ den Reichskanzler und die Staatssekretäre, welche zusammen die so genannte Reichsleitung und damit praktisch die Regierung bildeten. Außerdem konnte der Monarch den Bundesrat wie den Reichstag einberufen, eröffnen, vertagen, schließen oder – gemeinsam mit dem Bundesrat – den Reichstag aufheben. Er verkündete ferner die Reichsgesetze und überwachte deren Ausführung. Schließlich stand ihm in allen wichtigen militärischen Angelegenheiten wie dem Einsatz und der Mobilisierung der Streitkräfte das alleinige Sagen zu; im Kriegsfall war er oberster Befehlshaber der Armee, die sich aus den Truppenkontingenten der Bundesstaaten zusammensetzte. Obwohl der Kaiser also über sehr weit gehende Machtbefugnisse vor allem auf dem Feld der Außenpolitik und des Militärwesens verfügte, musste er sich andererseits an das geltende Recht und die Verfassung halten. Das deutsche Kaiserreich entsprach damit dem Typus der konstitutionellen Monarchie. Eine unbeschränkte Alleinherrschaft, wie sie zur gleichen Zeit der russische Zar ausübte, ließen die verfassungsrechtlichen Verhältnisse in Deutschland nicht zu.

Der *Kanzler* leitete die zivilen Reichsämter wie das Auswärtige Amt oder das Reichsamt des Innern mit den weisungsgebundenen Staatssekretären an deren Spitze und legte gemeinsam mit dem Kaiser die Grundlinien der Reichspolitik fest. Zwar war er vom Vertrauen des Monarchen abhängig; doch bedurften kaiserliche Anordnungen und Verfügungen seiner Gegenzeichnung. Im

Reichstag hatte der Kanzler die Reichspolitik öffentlich zu verantworten und dafür zu sorgen, dass für Gesetzesvorhaben der Regierung und den Reichshaushalt parlamentarische Mehrheiten zu Stande kamen. Im Ganzen besaß der Reichskanzler einen durchaus beachtlichen Handlungsspielraum. Er war keinesfalls nur ausführender Gehilfe des Monarchen; es bestand vielmehr eine wechselseitige Abhängigkeit, bei der aber im Konfliktfall der Kaiser den Ausschlag gab.

Der ausführenden oder exekutiven Gewalt, verkörpert durch Kaiser und Kanzler, sowie dem Bundesrat als Vertretung der Länderregierungen stand das gewählte Parlament, der *Reichstag*, gegenüber. Seine 397 Abgeordneten wurden nach dem allgemeinen, gleichen, direkten und geheimen Wahlrecht zuletzt für einen Zeitraum von fünf Jahren bestimmt; wahlberechtigt waren alle männlichen Deutschen über 25 Jahren. Obgleich also den Frauen eine Teilnahme verwehrt war, lag dem Reichstag ein damals modernes demokratisches Wahlrecht zugrunde. Es unterschied sich deutlich auch von den Bedingungen in den Einzelstaaten des Reiches, wo das Wahlrecht an eine bestimmte steuerliche Leistungsfähigkeit gebunden war, was zur Folge hatte, dass die Reichen stark begünstigt und die Ärmeren, also besonders die wachsende Zahl der Arbeiter, von einer gleichberechtigten politischen Mitbestimmung ausgeschlossen waren. Die Volksvertretung musste in Gemeinschaft mit dem Bundesrat alle Reichsgesetze verabschieden und konnte ihrerseits auch neue Gesetze vorschlagen. Vor allem aber verfügte der Reichstag über das wichtige so genannte Budgetrecht. Es handelte sich um das Privileg zur jährlichen Bewilligung der Reichseinnahmen und –ausgaben, das in der Hand entschlossener Parlamentarier ein starkes Machtmittel sein konnte. Außerdem waren seine Mitglieder berechtigt, parlamentarische Anfragen zu stellen; dadurch konnten sie das Regierungshandeln zum Gegenstand einer öffentlichen Aussprache machen und die Reichsleitung gegebenenfalls zusätzlich unter Druck setzen. Auch wenn der Reichstag mithin keineswegs einflusslos war, fehlten ihm doch solche zentralen Vollmachten, wie sie den Volksvertretungen in den westlichen parlamentarischen

Demokratien zur Verfügung standen. Insbesondere besaßen die deutschen Parlamentarier nicht die Möglichkeit, den Reichskanzler zu wählen sowie durch eine Misstrauenserklärung zum Rücktritt zu zwingen oder ihn an Mehrheitsbeschlüsse des Reichstages zu binden. Insgesamt bestand damit für den Reichstag vor dem Krieg wenig Aussicht, die Exekutive zu kontrollieren oder gar gestaltenden Einfluss auf die Regierungspolitik auszuüben.

Dieser Sachverhalt erwies sich seit der Jahrhundertwende zunehmend als eine schwer wiegende Belastung der innenpolitischen Verhältnisse im Reich, die besonders vom starken Anstieg der Sozialdemokratischen Partei geprägt waren. Die SPD vertrat die konfessionell ungebundene Arbeiterschaft und galt allgemein als entschiedenste Opposition und Gegnerin der grundsätzlich regierungsfreundlichen Konservativen sowie der großbürgerlichen Nationalliberalen. Bei den Reichstagswahlen im Jahre 1912 hatte die SPD ein Drittel aller Wählerstimmen erzielt und war damit zur stärksten Reichstagsfraktion geworden; gegen sie konnte in Deutschland faktisch nicht mehr regiert werden. Umso nachdrücklicher erhoben die Sozialdemokraten, die sich trotz ihrer Wandlung zur pragmatischen Reformpartei noch immer offiziell zum revolutionären Umsturz bekannten, das Verlangen, das autoritäre deutsche Herrschaftssystem durch eine demokratische Regierungs- und Verfassungsform im Reich, in Preußen und in den weiteren Bundesstaaten zu ersetzen. Ihre Forderung nach voller Parlamentarisierung gehörte so zu den zentralen innenpolitischen Problemen, die das Kaiserreich mit in die Kriegszeit schleppte und von denen eine Lösung vorerst nicht absehbar schien.

Ursachen und Vorgeschichte des Ersten Weltkrieges

Imperialismus und Nationalismus

Mit dem Ausbruch des Ersten Weltkrieges entluden sich länger aufgestaute internationale Spannungen, in die alle europäischen Großmächte der Zeit verwickelt waren. Zu den Hauptursachen der wachsenden Neigung zur Konfrontation gehörte das damals allgemein verbreitete imperialistische Denken und Wollen der Staaten und ihrer Bevölkerungen, die seit etwa 1880 danach streben, das eigene Herrschaftsgebiet auf Kosten der jeweils anderen besonders nach Übersee auszudehnen und selbst an den entlegensten Stellen der Erde Handelsstützpunkte oder Kolonien zu gründen. Ziel des immer schärferen imperialistischen Wettstreits zwischen den führenden Industriestaaten, einschließlich der neuen außereuropäischen Großmächte Japan und USA, war die Bildung von Großreichen. Nur wer über ein Großreich – ein Imperium - verfügte, so lautete die gängige Vorstellung, konnte im bevorstehenden 20. Jahrhundert Weltmacht sein und sich im angenommenen Daseinskampf der Völker behaupten.

Für den Imperialismus waren einerseits wirtschafts- und handelspolitische Antriebsmomente ausschlaggebend. Es ging um billige Rohstoffe für die heimischen Industrien ebenso wie um Absatzmärkte, die nötig erschienen, um das wirtschaftliche Wachstum im eigenen Lande zu sichern und voran zu treiben. Dieses mächtige ökonomische Motiv verband sich zugleich mit einem starken Prestigedenken, das vor allem für den deutschen Imperialismus charakteristisch war. Größe und Ansehen eines Staates maßen sich danach an der Zahl seiner Kolonien bzw. an seiner Stellung in Übersee. Jeder neue Flecken auf dem Globus, auf dem die schwarz-weiß-rote Flagge des Kaiserreiches wehte, erhöhte demnach das deutsche Prestige in der Welt. Dies war nach der Jahrhundertwende vor allem den bürgerlichen Kreisen der Bevölkerung zunehmend wichtiger geworden. Mit großem Stolz erfüllte sie Deutschlands rascher Aufstieg zu einer schwungvollen Industrienation wie auch zu einer politischen und militärischen Vormacht in Mitteleuropa. Die vermeintlich überlegene deutsche Nation sahen viele aus dem Bürgertum daher zu besonderen Leistungen befähigt und sogar bestimmt. Die konkurrierenden Mächten in Europa, namentlich Frankreich, England und Russland, waren dagegen in ihren Augen lediglich machthungrige Rivalen. Dass diese im schlechten Sinne andersartig und geradezu chronisch »feindlich« gesonnen seien, erfuhr man bereits in der Schule. Vielfach bestand die Auffassung, dass es diesen äußeren »Feinden« nur darum gehe, das Kaiserreich um seinen verdienten Platz unter den führenden Nationen zu bringen. Umso törichter musste es sein, bei der laufenden Jagd nach kolonialer Beute etwa untätig beiseite zu stehen. Außerdem ließen die umtriebigen Feindmächte ihrerseits keine Gelegenheit aus, um durch Gebietserweiterungen an den Rändern Europas oder in Übersee ständig größer und mächtiger zu werden. Schon dadurch schien das Kaiserreich, wollte es nicht einer schleichend zunehmenden Bedrohung seiner Sicherheit tatenlos zusehen, gezwungen, den imperialistischen Konkurrenzkampf anzunehmen. Besonders in den letzten Vorkriegsjahren nahm daher der Druck, der von der nationalistisch aufgeladenen imperialistischen Stimmung in weiten Bevölkerungsteilen auf die Reichsleitung ausging, erheblich zu. Nationalistische Agitationsverbände wie der so genannte Alldeutsche Verband schürten und verstärkten ihn noch. Immer lautstärker verlangten sie öffentlich nach einer »kraftvollen« deutschen Außenpolitik, die den Anspruch des Reiches nach Weltgeltung - wenn nötig - auch mit militärischen Mitteln durchsetzen sollte.

Wettrüsten zur See und zu Lande

Dies war grundsätzlich auch die Vorstellung Kaiser Wilhelm II., der 1888 im Alter von 30 Jahren den Thron bestieg und seine Rolle darin sah, das weltpolitische Sehnen seines Volkes wirkungsvoll auszudrücken und zu erfüllen. Mit »Volldampf voraus« lautete seine sogleich verkündete außenpolitische Parole.

Seiner Überzeugung nach bedurfte es dazu einer entschiedenen Aufrüstung zur See. Nur wer über eine starke Kriegsflotte verfüge, glaubte er, könne seine Machtansprüche überall auf dem Globus erfolgreich durchsetzen. Der so motivierte systematische Auf- und Ausbau der deutschen Seestreitkräfte begann 1897 unter Konteradmiral Alfred von Tirpitz. Der ehrgeizige Seeoffizier und neue Staatssekretär des Reichsmarineamtes hatte schon in den Jahren zuvor im Auftrag des Kaisers über die deutsche Seerüstung und künftige Flottentaktik nachgedacht. Für ihn stand fest, dass Deutschland seinen weltpolitischen Ehrgeiz nur in der Auseinandersetzung mit England als damals führender See- und Kolonialmacht verwirklichen könne. In einer starken Flotte sah der Admiral daher das geeignete machtpolitische und militärische Mittel, um gegenüber den vermeintlich missgünstigen Briten mit dem nötigen Nachdruck auftreten zu können. Nach seiner Einschätzung gab es dabei lediglich zwei mögliche Entwicklungen: Entweder würde es gelingen, die englische Führung durch eine konsequente Politik der Entschlossenheit und Stärke zur See zu einer Neuverteilung der Erde zu Gunsten des aufstrebenden Kaiserreiches zu bewegen oder es käme zu einer militärischen Entscheidung, die von Tirpitz dann mit schweren Großkampfschiffen in den heimatlichen Gewässern der Nordsee suchen wollte.

Kaiser Wilhelm II. in der von ihm bevorzugten kriegerischen Haltung

Für den geplanten Bau von 60 großen Schiffen binnen zweier Jahrzehnte waren erhebliche Geldsummen erforderlich. Die Bewilligung der Mittel aus Steuereinnahmen war, wie erläutert, Sache des Reichstages, der über das Budgetrecht verfügte. Um seine Zustimmung zu sichern, setzte von Tirpitz auf eine groß angelegte öffentliche Werbekampagne, die darauf zielte, möglichst weite Bevölkerungskreise, einschließlich der politisch »unzuverlässigen« Arbeiterschaft, für die Seerüstung zu gewinnen. Mithilfe des so geschaffenen öffentlichen Drucks wollte er den oft widerspenstigen Reichstag beeindrucken und politisch gefügig machen. Träger der Kampagne waren das Reichsmarineamt selbst sowie der Alldeutsche Verband und der Deutsche Flottenverein von 1898, den von Tirpitz eigens hierzu mit aus der Taufe gehoben hatte. Um ihre Ziele zu erreichen, organsierten die Initiatoren Vorträge in Schulen, sprachen Reichstagsmitglieder und Wirtschaftsführer an und ließen Plakate sowie Werbeschriften drucken. Die ausgedehnte Flottenwerbung weckte und verstärkte tief sitzende Gefühle vieler Deutscher für die Marine wie für das Militär insgesamt und wurde so zu einem außerordentlichen Erfolg. Dies zeigte sich etwa an den Mitgliederzahlen des Flottenvereins, der in kurzer Zeit zur nationalistischen Massenorganisation aufstieg.

In England löste die mehr oder weniger offen anti-britische Flottenpropaganda der Marineführung zunehmende Besorgnis aus. Spätestens seit 1905/06 stand für die britische Regierung fest, dass der deutsche Flottenbau bei dem erkennbaren Umfang eine ernste Bedrohung der englischen Welt- und Seemachtstellung werden könne und auch so gemeint war. Sie reagierte auf die Herausforderung mit dem Bau eines neuen Schlachtschifftyps, der »Dreadnoughts«, die den herkömmlichen Schiffen hinsichtlich von Panzerung, Feuerkraft und Schnelligkeit deutlich überlegen waren. Den so genannten Dreadnought-Sprung beantwortete wiederum die deutsche Marineführung im Mai 1906 mit einer neuerlichen – der inzwischen vierten – Flottenvorlage. Sie eröffnete damit eine Phase des offenen Wettrüstens zur See, das auf beiden Seiten riesige Geldsummen verschlang und bei dem das Deutsche Reich auf Dauer nicht mithalten konnte. Die Finanzierungsschwierigkeiten wurden immer größer und zwangen von Tirpitz seit 1911/12 den forcierten Bau der modernen Großschlachtschiffe zunächst zu verringern und dann abzubrechen.

Ausstellungsplakat der Flottenpropaganda, Berlin (um 1900)

Karikatur zum Flottenrüsten aus der satirischen Zeitschrift »Simplicissimus« von 1912: »Wie sollen wir uns da die Hand geben?«

Zu einer Entspannung der internationalen Lage wie der deutsch-englischen Beziehungen führte dies jedoch nicht. Das deutsch-britische Seerüsten alarmierte vielmehr auch die anderen Großmächte und überzeugte sie von der Notwendigkeit, ihre militärischen Kräfte weiter auszubauen. Wieder kehrende Krisen wie die Konflikte von 1904/05 und 1911 um die Vorherrschaft über Marokko bekräftigten diese Einschätzung. Die Folge war, dass sich das Wettrüsten nun vor allem zu Lande ausweitete und verstetigte; Österreich-Ungarn, Russland, Frankreich und das Deutsche Reich erhöhten die Friedenspräsenz ihrer Landheere in den letzten Vorkriegsjahren nahezu im Gleichklang. Der Reichstag hatte zuletzt im Juni 1913 einer Wehrvorlage zugestimmt, die vorsah, das deutsche Heer schrittweise bis Ende 1915 von 660.000 auf fast 900.000 Mann zu verstärken. Die Erwartung, dass es angesichts der allseitigen Aufrüstung irgendwann zu einem kriegerischen Zusammenprall in Europa kommen werde, erhielt so immer mehr Nahrung. Schließlich, im Sommer 1914, nahm sie den Charakter einer sich selbst erfüllenden Prophezeiung an.

Internationale Blockbildung und wachsende außenpolitische Isolierung Deutschlands

Das allgemeine Auf- und Wettrüsten vollzog sich vor dem Hintergrund einer außenpolitischen Gesamtlage, bei der sich in Europa inzwischen zwei festgefügte, einander feindlich gesonnene Bündnisblöcke gegenüberstanden. Die gegnerischen Allianzen mit England und Deutschland als jeweiliger Schlüsselmacht hatten sich seit der Jahrhundertwende abzuzeichnen begonnen und im Ergebnis zu einer erheblichen Verschlechterung der diplomatischen Situation des Kaiserreichs geführt. In diese Lage war das Reich weitgehend ohne Not durch eigenes Wollen und Handeln geraten: Zunächst entschlossen sich der Kaiser und seine außenpolitischen Berater nach dem Abgang von Bismarcks im März 1890 dazu, die lange bewährte Freundschaft mit Russland aufzugeben. Sie kündigten den deutsch-russischen Rückversicherungsvertrag von 1887, in dem sich beide Mächte für den Fall eines unprovozierten Angriffs von außen zu wechselseitiger Neutralität verpflichtet hatten, und beschleunigten dadurch die sich entwickelnde politische Zusammenarbeit zwischen St. Petersburg und Paris. Im August 1894 kam es folglich zum Abschluss einer russisch-französischen Militärvereinbarung, aus der wenige Monate später ein formelles Bündnis wurde. Das Zustandekommen dieses Abkommens musste besonders deshalb beunruhigen, weil damit Frankreich aus seiner Isolierung herausgelangt war. Der vermeintliche »Erbfeind« im Westen hatte den Verlust Elsaß-Lothringens im deutsch-französischen Krieg nie verwunden und sann seitdem auf Revanche. Infolgedessen tauchte jetzt also die Möglichkeit eines Zweifrontenkrieges gegen Deutschland auf, vor der von Bismarck stets nachdrücklich gewarnt hatte.

Der Hauptgrund für die zunehmende Verschlechterung der außenpolitischen Perspektiven des Reiches lag allerdings in der ambitionierten deutschen Welt- und Flottenpolitik. Ausschlaggebend wurde, dass Großbritannien die Herausforderung aus Berlin nicht allein durch die Aufrüstung zur See, sondern auch durch eine grundlegende Neuausrichtung seiner Außen- und Bündnispolitik beantwortete. Für die Entscheidungsträger in London ging es jetzt zu allererst darum, sich der fundamentalen Bedrohung durch das Kaiserreich zu erwehren. Denn in England war niemand bereit, den auftrumpfenden Deutschen Seewege und Kolonien zu überlassen und etwa das »Empire« kampflos aufzugeben. Die britische Regierung entschloss sich daher, sich den Rücken für die Auseinandersetzung mit Deutschland dadurch frei zu halten, dass man sich nun seinen weiteren weltpolitischen Gegnern – insbesondere Frankreich und Russland – annäherte. Vordem hatte sie stets vermieden, sich in Friedenszeiten bündnispolitisch festzulegen. Im Frühjahr 1904 ging London zunächst auf die französische Regierung zu und einigte sich mit ihr über den Abbau kolonialer Streitfragen in Nordafrika. England anerkannte Frankreichs Interesse an Marokko und sicherte ihm dort offiziell Handlungsfreiheit zu; Frankreich bestätigte dafür den englischen Anspruch auf Vorherrschaft über Ägypten. Auf diese »Entente cordiale« vom 8. April 1904 ließ die britische Regierung im August 1907 ein ähnliches Abkommen mit Russland folgen; diesmal ging es um die jeweiligen Interessen in Asien und im Nahen Osten. Auf Initiative Londons war damit eine politische Dreier-Verbindung – die so genannte Triple-Entente – entstanden, deren Stoßrichtung unverkennbar gegen Deutschland gerichtet war.

Der Kaiser und die Verantwortlichen in der Reichsleitung hatten diese Entwicklung nie für möglich gehalten; entsprechend groß war ihr Schock. Sie hatten sich bis dahin der Illusion hingegeben, Großbritanniens kolonialpolitische Differenzen mit Frankreich und mehr noch mit Russland seien unüberbrückbar. Infolgedessen war man in Berlin lange unverdrossen davon ausgegangen, am Ende werde England keine andere Wahl haben als – zu deutschen Bedingungen – auf das Kaiserreich zuzugehen. Dass es nun anders kam, erklärten sich die deutsche Führung und die alarmierte Öffentlichkeit mit einer Art Intrige der vielen Neider des Reiches. Diese hätten sich in böswilliger Absicht zusammengetan, um Deutschland mit einem »Ring« zu umgeben, der ihm jede weltpolitische Entfaltungsmöglichkeit nehmen sollte. Die deutsche Außenpolitik reagierte auf die Gefahr bis Kriegsbeginn mit dem Bemühen, diesen »Ring« der Feindmächte durch diplomatische Drohungen zu lockern.

Besonders spektakulär war dies 1904/05 im Zusammenhang mit der ersten Marokkokrise der Fall gewesen. Damals hatte die deutsche Führung durch die überraschende Landung Wilhelm II. im März 1905 in Tanger versucht, Frankreichs imperialistische Bestrebungen in dem nordafrikanischen Land einzudämmen und der Regierung in Paris zugleich vor Augen zu führen, dass sie im Konfliktfall auf ihren neuen Partner England nicht zählen könne. Der Ausgang der Krise wurde indes für die deutsche Diplomatie zum Desaster. Auf einer internationalen Marokko-Konferenz im Frühjahr und Frühsommer 1906 im südspanischen Algeciras stellte sich London unmissverständlich auf die Seite Frankreichs und bezog deutlich Stellung gegen das Reich. Nicht Frankreich, son-

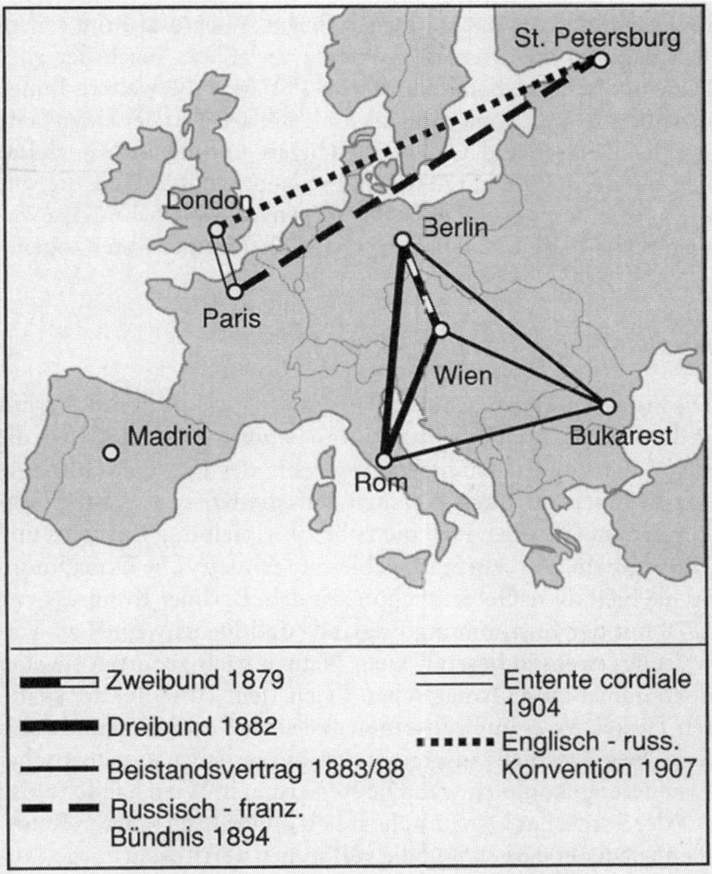

Das europäische Bündnissystem vor dem Ersten Weltkrieg im Überblick

dern Deutschland stand am Ende isoliert da; allein Österreich-Ungarn hatte die Politik Berlins unterstützt. Schon damals war schlaglichtartig deutlich geworden, dass Deutschland, das im Begriff war, sich durch sein unberechenbares Verhalten selbst »auszukreisen«, in der Krise im Wesentlichen nur auf seinen österreichischen Bündnispartner zählen konnte; Italien als dritter Partner im Dreibund von 1882 zwischen Berlin, Wien und Rom erwies sich dagegen im Ernstfall als wenig verläßlich. Nach der englisch-russischen Übereinkunft von 1907 war die weitere Bündnissituation in Europa dann faktisch geklärt: Auf der einen Seite standen Deutschland, Österreich-Ungarn und allenfalls noch Italien, auf der anderen Frankreich, England und Russland, die, wie die politische Führung in Berlin sorgenvoll wahrnahm, den vermeintlichen »Einkreisungsring« scheinbar immer fester zogen.

Die Bosnische Annexionskrise von 1908/09

Die große Einkreisungsfurcht bestimmte auch die Politik Berlins in der so genannten Bosnischen Annexionskrise von 1908/09, die schon der unmittelbaren Vorgeschichte des Ersten Weltkrieges zuzurechnen ist. Ihren Anfang nahm die Krise, als Österreich-Ungarn im Oktober 1908 die volle Einverleibung Bosniens und Herzegowinas in sein Staatsgebiet verkündete. Die Donaumonarchie hielt diese Gebiete schon seit dem Berliner Kongress von 1878 mit der Zustimmung Englands und Deutschlands zu Verwaltungszwecken besetzt. Dem Namen nach gehörten sie aber noch immer zum Osmanischen Reich, dem Vorläufer der späteren Türkei, wo es im Frühsommer zu einer Revolution und dabei zum Sieg westlich ausgerichteter bürgerlich-nationalistischer Erneuerer gekommen war. Die Regierung in Wien handelte also aus der Sorge, das Osmanische Reich könne nach inneren Reformen wieder erstarken und die verlorenen Territorien zurückfordern. Mit der gewaltsamen Aneignung Bosniens und Herzegowinas rief Österreich-Ungarn jedoch Russland sowie dessen Hauptverbündeten auf dem Balkan, Serbien, auf den Plan. Serbien erhob selbst Ansprüche auf die türkischen Provinzen, weil dort eigene Volksangehörige lebten. Das Zarenreich andererseits hatte sich nach der spektakulären Niederlage von 1904/05 im russisch-japanischen Krieg wieder auf seine Interessen in Europa und hier besonders auf den Balkan zurückbesonnen. Dabei ging es der russischen Führung um die türkischen Meerengen am Bosporus, welche den seit langem erstrebten Zugang zum Mittelmeer ermöglichten. Die zaristische Regierung erhob infolgedessen schärfsten Protest gegen das österreichische Vorgehen, und als Serbien seine Truppen gegen Österreich-Ungarn in Alarmbereitschaft versetzte, trug St. Petersburg das Vorgehen des Verbündeten aus Sorge um den eigenen Einfluss in der Region demonstrativ mit. Damit bestand aber jetzt nicht nur unmittelbar die Gefahr eines serbisch-österreichischen Krieges; mittelbar drohte vielmehr auch ein direktes Eingreifen Russlands, aus dem heraus ein weiter ausgreifender überlokaler Konflikt fast zwangsläufig gefolgt wäre.

In dieser zugespitzten Situation kam es maßgeblich auf die Haltung der deutschen Führung an. Für die Reichsregierung stand angesichts der vermeintlich laufenden »Einkreisung« außer Frage, dass es zu einem »treuen Zusammengehen« mit Österreich-Ungarn keine Alternative gab. Die kaiserliche Regierung in Wien sei nunmehr der einzig verbliebene zählbare Bündnispartner; eine zögernde Haltung, so glaubte der damalige Reichskanzler Bernhard von Bülow, werde sie Berlin nicht verzeihen. Zugleich wollte von Bülow die augenblickliche Krise nutzen, um der Zarenregierung unmissverständlich klar zu machen, dass die Triple-Entente mit Frankreich und Großbritannien bei der Verfolgung der russischen Interessen auf dem Balkan ohne Nutzen sei. Vielleicht, so seine Überlegung, würde sich dadurch sogar die Triple-Entente erschüttern lassen. Von ganz ähnlichen Überlegungen hatte man sich schon 1904 bei dem Versuch zur taktischen Ausnutzung der ersten Marokkokrise leiten lassen. Die Reichsregierung ermunterte demzufolge die Führung in Wien zunächst, den eingeschlagenen Weg der Konfrontation mit Serbien fortzusetzen; gleichzeitig übte sie starken, fast ultimativen Druck auf die Regierung in St. Petersburg aus, ihren Verbündeten in der Region zurückzuhalten und ihm die Unterstützung zu versagen. Die zaristische Regierung wich daraufhin vor der Kriegsgefahr zurück. Sie lenkte im März 1909 ein, weil feststand, dass sich das Land von den militärischen Folgen des verlorenen Krieges gegen Japan noch nicht erholt hatte. Die so erzwungene Anerkennung der gewaltsamen Aneignung Bosnien-Herzegowinas durch Österreich-Ungarn bedeutete eine schwere diplomatische Niederlage für das Zarenreich, die in St. Petersburg als tiefe Demütigung empfunden wurde. Außerdem zog sie eine aus russischer Sicht nicht hinnehmbare Machtverschiebung auf dem Balkan zu Gunsten Wiens nach sich. Die russische Führung reagierte, indem sie sich jetzt noch stärker als zuvor an die Entente-Partner im Westen anlehnte. Um nicht erneut auf Grund militärischer Schwäche in solcher Weise erpressbar zu werden, begann sie ferner sogleich damit, das eigene Heer wieder zu verstärken.

Zweite Marokkokrise von 1911

Die Bosnische Krise war gerade überwunden, als sich im Frühjahr 1911 ein erneuter internationaler Streit um Marokko entwikkelte. Ausgangspunkt der zweiten Marokkokrise war der Entschluss der französischen Regierung, Unruhen in dem nordafrikanischen Land zum Anlass zu nehmen, um auf die wirtschaftliche Durchdringung Marokkos die militärische Besetzung zunächst von Fes und Rabat folgen zu lassen. Das gewaltsame Vorgehen der Franzosen stand nicht im Einklang mit den Vereinbarungen von Algeciras von 1906. Der neue Reichskanzler Theobald von Bethmann Hollweg, seit Sommer 1909 im Amt, beurteilte Frankreichs Einmarsch als eine günstige Gelegenheit, um die Marokkofrage noch einmal, diesmal zugunsten des Reiches aufzurollen und einen Prestigegewinn zu erreichen. Deutschland sollte für eine von vornherein eingeplante Verständigung mit großen Gebieten aus dem französischen Kolonialbesitz am Kongo entschädigt werden. Um diesem Anspruch den nötigen Nachdruck zu verleihen, sollte die deutsche Politik hart und entschlossen auftreten und dabei zumindest so tun, als sei sie notfalls auch zum Krieg bereit. Ihren Ausdruck fand diese Droh- und Bluffpolitik in der Aufsehen erregenden Entsendung des Kanonenbootes »Panther« am 1. Juli 1911 in den marokkanischen Hafen Agadir. Doch wieder schätzte man in Berlin die Lage falsch ein. Die französische Regierung zeigte sich von dem so genannten »Panthersprung nach Agadir« demonstrativ unbeeindruckt; sie lehnte weit gehende Gebietszugeständnisse rundweg ab. Wieder stellte sich zudem die britische Führung offen hinter Paris und erklärte, im Ernstfall den Kampf aufnehmen zu wollen. Nachdem es im Spätsommer 1911 mehrfach so erschienen war, als stehe der Ausbruch eines europäischen Krieges unmittelbar bevor, mündete die Krise im Herbst jenes Jahres in langwierige Verhandlungen. Am Ende kam es zu einem Vertrag, der dem Reich nicht mehr als einen kleinen Landstrich am Kongo eintrug.

Reichskanzler im Ersten Weltkrieg: Theobald von Bethmann Hollweg

Gegen diesen minimalen Geländegewinn stand großer außenpolitischer Schaden. Denn die neuerliche Marokkokrise erhöhte das verbreitete Misstrauen in den meisten europäischen Hauptstädten gegen Berlin; zugleich bewog sie Großbritannien, sich noch enger an die Seite Frankreichs zu stellen. Auf dem Höhepunkt des Konflikts verabredeten die Militärs beider Länder für den möglichen Ernstfall sogar schon einen gemeinsamen Aufmarschplan gegen den vermeintlichen Friedensstörer östlich des Rheins. In Deutschland selbst wurde das Verhandlungsergebnis unterdessen weithin empört zur Kenntnis genommen. Besonders laut war der Aufschrei der alldeutsch-nationalistischen Presse. Von einem schmählichen Zurückweichen und dem Ausverkauf nationaler Interessen war hier die Rede. In den Augen vieler konservativer Politiker, der Militärs und des national eingestellten Bürgertums hatte von Bethmann Hollweg am Ende schlicht »gekniffen«; für sie hatte er dadurch die Zukunft seines Landes aufs Spiel gesetzt. Entsprechend büßte der Reichskanzler als Folge der zweiten Marokkokrise im Innern wesentlich an Autorität ein, die er dringend benötigte, um die von ihm ansonsten bevorzugte Politik einer letztlichen Verständigung mit Großbritannien mit

Aussicht auf Erfolg zu betreiben. Zugleich begann sich in der politisch interessierten Öffentlichkeit und unter den politischen Entscheidungsträgern des Reiches nunmehr der Gedanke zu verfestigen, ohne einen großen Krieg werde Deutschland seinen Traum von der Weltgeltung nicht verwirklichen können.

Balkankriege 1912/13

Wie eine zu dieser Zeit vielfach in Deutschland ersehnte »Politik der Tat« aussehen konnte, schien Italien vorzumachen, das im September 1911 einen Krieg gegen die Türken zur Eroberung von Tripolis vom Zaun gebrochen hatte. Mit seinem Griff nach Nordafrika gab der südliche Dreibund-Partner des Reiches zugleich das Signal zum ersten von zwei Balkankriegen 1912/13 um das territoriale Erbe des Osmanischen Reiches in Südosteuropa. Der erste Balkankrieg begann im Sommer 1912 damit, dass sich Bulgarien, Serbien, Montenegro und Griechenland unter der Schutzherrschaft Russlands zusammenschlossen und gegen die - zerfallende - türkische Macht vorgingen. Binnen weniger Monate gelang es den Truppen der jeweiligen Länder, die Türken fast vollständig aus deren europäischen Besitzungen zu vertreiben. Im Jahr darauf, im Juli 1913, brach dann der zweite Balkankrieg aus. Diesmal fielen die vordem verbündeten kleinen Balkanstaaten übereinander her; Grund der erneuten bewaffneten Auseinandersetzung war ein Streit um die Aufteilung Mazedoniens, welches aus der türkischen Beute stammte. Auf der einen Seite stand Bulgarien, auf der anderen Seite befanden sich Serbien sowie Griechenland, und auch Rumänien mischte sich in der Hoffnung auf ein Stück von Bulgarien in den Konflikt ein. Beide Male drohte ein Eingreifen Österreich-Ungarns. Denn in Wien herrschte große Sorge vor einem Anwachsen Serbiens, das mit Macht darauf drängte, sein Gebiet auf dem mittleren Balkan zu vergrößern und bis zur Adriaküste vorzustoßen. Ein solches Großserbien bedeutete indes eine grundsätzliche Gefahr für die Balkaninteressen der Donaumonarchie; diese musste wegen ihrer vielfältigen ethnischen Bevölkerung zudem unmittelbar fürchten, dass der serbische Nationalismus auf die von Slawen bewohnten südlichen Reichsteile übergriff und in der Folge auch hier gewaltsame Loslösungsbestrebungen hervorbrachte. Die Regierung in Wien war daher jeweils zum Losschlagen entschlossen, und sie geriet damit beide Male in Frontstellung zu Russland, das deutlich zu erkennen gab, an Serbiens Seite zu stehen. Wieder, wie schon 1908/09 während der Bosnischen Annexionskrise, schien sich somit ein serbisch-österreichischer Zusammenstoß zu entwickeln und daraus die Gefahr eines europäischen Krieges zu entstehen.

Karikatur aus dem »Simplicissimus« von 1908 zur außenpolitischen Brisanz der Situation auf dem Balkan: »Wenn es einen da unten am Balkan juckt, kratzt sich ganz Europa«

Trotz der erneut zugespitzten Situation kam es jedoch noch nicht zum miltärischen Zusammenstoß, weil hinter Österreich-Ungarn und Russland mit Deutschland zum einen und England zum anderen ihrerseits jeweils Bündnispartner standen, welche es in dieser Phase auf den großen Krieg nicht ankommen lassen wollten. Die deutsche Führung wollte zwar verhindern, dass durch den Balkankonflikt das Bündnis mit der Donaumonarchie litt; zugleich aber verfolgte von Bethmann Hollweg auch gegen die kriegsbereite Stimmung in Teilen der deutschen Öffentlichkeit weiterhin eine außenpolitische Linie, welche zumindest jetzt noch auf eine Kriegsvermeidung sowie eine diplomatische Zusammenarbeit mit Großbritannien ausgerichtet war. Das deutsch-englische Interesse an der Erhaltung des Friedens führte so in beiden Situationen, 1912 und 1913, dazu, dass in einem gemeinsamen Krisenmanagement ein europäischer Krieg vorerst verhindert werden konnte. Dennoch hatte sich deutlich erwiesen, in welch hohem Maße diese Region, in der gleichermaßen die gegenläufigen Interessen der jungen Balkanstaaten, Österreich-Ungarns und Russlands aufeinanderprallten, jederzeit krisenanfällig war; der Balkan blieb, wie es ein damals geläufiges Bild zutreffend besagte, ein für den europäischen Frieden hoch gefährliches »Pulverfass«.

»Julikrise« 1914 und Kriegsausbruch

Wegen der wiederholten krisenhaften Ereignisse und der angespannten Lage auf dem Balkan herrschte bereits seit 1911, seit der zweiten Marokkokrise, in Europa eine Art Vorkriegsstimmung. In fast allen Ländern rechnete man inzwischen mit einem baldigen Krieg. Noch im Sommer 1913 hatte es eine neue Runde im bestehenden Rüstungswettlauf gegeben. Zur besonderen Gefahr für den Frieden wurde die verstärkte Aufrüstung auf allen Seiten auch dadurch, dass zugleich bei den verantwortlichen Politikern, Militärs und in der jeweiligen Öffentlichkeit die Aussicht auf ei-

Der österreichische Thronfolger Franz Ferdinand und seine Frau Sophie am 28. Juni 1914 in Sarajewo kurz vor dem tödlichen Attentat auf sie

Gratis. **Extra-Blatt.** Gratis.

Vossische Zeitung

Königlich privilegirte Berlinische Zeitung von Staats- und gelehrten Sachen.

Der österreichische Thronfolger und seine Gattin er mordet.

Einer grauenvollen Bluttat sind der Erzherzog-Thronfolger Franz Ferdinand von Oesterreich-Ungarn und seine Gattin, die Herzogin von Hohenberg, zum Opfer gefallen. Durch Schüsse serbischer Fanatiker wurden sie ermordet, nachdem sie einem Bombenattentat, durch das einige Offiziere aus ihrem Gefolge und einige Personen aus dem Publikum verwundet wurden, entgangen waren. Ueber das furchtbare Ereignis wird uns

Zeitungsmeldung (Extrablatt) vom Attentat in Sarajewo

nen Waffengang kaum mehr einen Schrecken ausübte. Vielfach bestand im Gegenteil inzwischen die Ansicht, ein Krieg sei, wenn es um das nationale Ansehen und die Machtstellung des eigenen Landes ging, eine annehmbare, ja unausweichliche Antwort. Manche gingen sogar so weit, von einer »heiligen Mission« zu sprechen.

Attentat von Sarajewo und »Julikrise«

Weithin in Europa war insoweit die gedankliche und gefühlsmäßige Schwelle zum Krieg bereits stark abgesunken, als am 28. Juni 1914 in der bosnischen Hauptstadt Sarajewo der österreichische Thronfolger Erzherzog Ferdinand und seine Frau Sophie einem politischen Attentat zum Opfer fielen. Den Mord verübte ein junger bosnischer Student serbischer Herkunft. Er war Mitglied einer Terrororganisation, hinter welcher der serbische Geheimdienst stand. Ziel des Attentats war es, Österreich öffentlich als schwach vorzuführen und zugleich das Nationalgefühl der Südslawen, also der Slowenen, Kroaten und Serben, zu entfachen, welche in der Donaumonarchie lebten. Die Regierung in Wien wertete die terroristische Tat als einen Angriff auf die eigene Großmachtstellung und war gewillt, das »serbische Problem« nun ein für allemal zu lösen. Weil mit einem Eingreifen Russlands zu rechnen war, benötigte sie dazu aber die Rückendeckung durch die Reichsregierung. In Gesprächen zwischen den österreichischen Diplomaten und der Reichsleitung in Berlin am 5./6. Juli des Jahres sicherten Wilhelm II. und von Bethmann Hollweg die volle und uneingeschränkte Unterstützung auch für einen Angriff auf Serbien zu; dies war bemerkenswert, weil ein Angriffskrieg durch den Zweibund - ursprünglich als Verteidigungsbündnis angelegt – eigentlich nicht gedeckt war. Tatsächlich drängte Berlin sogar, weil der Moment wegen der spontanen internationalen Entrüstung über den Mordanschlag günstig sei, auf ein rasches und energisches Handeln. Damit hatte die ungeduldig wartende Regierung in Wien von der Reichsleitung eine Art »Blankoscheck« für eine sofortige militärische Strafaktion erhalten. Den Verantwortlichen in Berlin war bewusst, dass sie hierdurch die Gefahr einer weiter gehenden kriegerischen Verwicklung, eines europäischen Krieges also, erheblich steigerten; diese Möglichkeit rechneten sie von vornherein mit ein, weshalb die Historiker die Strategie der deutschen politischen Führung in der so genannten Julikrise von 1914 als eine des »kalkulierten Risikos« charakterisieren.

Anders als in den vorangegangenen Balkankrisen stellte die Reichsregierung somit die Weichen diesmal bewusst in Richtung auf eine Zuspitzung des Konflikts. Zum einen handelte man in Berlin so, weil man hier glaubte, dass sich die außenpolitische Lage des Reiches ständig verschlechtert habe und noch weiter verschlechtere. Aus Sicht der deutschen Führung und von Bethmann Hollwegs war der vielbeschworene feindliche »Ring« um Deutschland mit dem schrittweisen Zusammenrücken Englands, Frankreichs und Russlands immer enger geworden. Gleichzeitig hatten alle Versuche, dieser außenpolitischen »Einkesselung« mit politischen und diplomatischen Mitteln zu entrinnen, zu Nichts geführt, die vermeintliche Einkreisung eher noch verstärkt. In dieser Lage musste nach der Überzeugung des Kanzlers alles unternommen werden, um eine drohende wesentliche Schwächung der Donaumonarchie oder gar - im schlimmsten Fall - das Auseinanderfallen des einzig verlässlichen deutschen Verbündeten als Folge von durch Serbien geschürte innere Aufstände zu verhüten. Zu der Sorge, am Ende vielleicht ohne die Rückendeckung durch einen politisch wie militärisch zählbaren Bündnispartner dazustehen, kam die Furcht besonders von Bethmann Hollwegs vor der wachsenden Stärke Russlands. Das Zarenreich hatte auf dem Balkan in den letzten Vorkriegsjahren Einfluss zurückgewonnen, und wie die führenden Militärs in Berlin hartnäckig vorbrachten, rüstete es inzwischen mit Hochdruck gegen Deutschland auf. Die Zeit schien also für Russland zu arbeiten, und in wenigen Jahren, so die düstere Voraussicht der Generäle, würde das Riesenreich im Osten mit seiner bedrohlich wachsenden Bevölkerung seine Stärke unweigerlich nutzen, um zusammen mit

Frankreich über ein dann unterlegenes Deutschland herzufallen.

Ehe es mithin zu spät war, glaubte von Bethmann Hollweg daher etwas Durchgreifendes unternehmen zu müssen. In dem aktuellen österreichisch-serbischen Konflikt sah er nun die günstige doppelte Möglichkeit, die Donaumonarchie durch einen Prestigeerfolg zu stärken und damit zugleich den russischen Machtzuwachs einzugrenzen. Im Grunde sollte es in seinen Planungen so laufen wie in der Bosnischen Krise und in den Balkankrisen von 1912/13: Durch ein von Deutschland gedecktes gewaltsames militärisches Vorgehen gegen Serbien würden St. Petersburg und seine Verbündeten im Westen in einem Maße herausgefordert werden, dass sie nur noch zwischen einem unabwägbaren großen Krieg einerseits sowie einem diplomatischen Rückzug andererseits zu wählen hätten. Vor diese Alternative gestellt, so erwartete und hoffte der Reichskanzler, würden die Regierungen der Entente-Mächte wohl neuerlich zurückschrecken. Denn Frankreich und England konnten seiner Beurteilung nach kein Interesse daran haben, sich wegen einer vorrangig lokalen Streitigkeit auf dem Balkan in einen europäischen Krieg hinein zu begeben. Also würden sie, wenn Berlin die Nerven behielt und nach außen hin fest genug auftrat, ihren Einfluss auf St. Petersburg geltend machen und es erneut zum Nachgeben bewegen. Bei einem Erfolg dieser Überlegungen wäre Russland politisch geschwächt, Österreich-Ungarn gestärkt und der Zusammenhalt der Triple-Entente im günstigsten Fall so weit erschüttert, dass sie zerbräche. Deutschland hätte damit einen wichtigen Schritt getan, um sich mit diplomatischen Mitteln von dem Albdruck der »Einkreisung« zu befreien; außerdem würde es, sollte es so kommen, außenpolitisch wieder deutlich beweglicher werden und so die Möglichkeit zurückgewinnen, endlich auch den bislang von den »Feinden« blockierten Weg zur Weltmacht zu beschreiten.

Obwohl von Bethmann Hollweg folglich darauf setzte, den österreichisch-serbischen Konflikt lokal begrenzt zu halten, war ihm andererseits klar, dass er sich auch verkalkulieren könnte und die russische Regierung - von den Westmächten bestärkt - diesmal hart bleiben würde. In einem solchen Fall war es dann an der

Reichsleitung in Berlin, sich ihrerseits zwischen der Alternative: Krieg oder diplomatischer Rückzug zu entscheiden. Sollte diese Situation eintreten, zeigte das nach Ansicht des Reichskanzlers nur, dass Russland inzwischen grundsätzlich auf eine gewaltsame Auseinandersetzung aus war. Dann aber galt auch für ihn die Leitlinie des »Besser jetzt als später!«, wie sie die zum Krieg entschlossenen Militärs unter Hinweis auf den noch bestehenden deutschen Rüstungsvorsprung beharrlich vertraten.

Für die russische Führung bestand nun in der Julikrise von 1914 ebenfalls besonderer Handlungsdruck. Ein »zweites Bosnien«, also eine Wiederholung des erzwungenen Zurückweichens wie in der Bosnischen Annexionskrise von 1908/09, schien der Machtelite in St. Petersburg diesmal nicht hinnehmbar. Denn wie die deutsche stand auch die russische Regierung in diesen entscheidenden Wochen unter dem großen Druck einflussreicher gesellschaftlicher Gruppen bzw. der so genannten öffentlichen Meinung, welche in beiden Ländern besonders schnell dabei war, der jeweils eigenen Regierung Verrat der nationalen Interessen zu unterstellen. Mit einer vermeintlich schwächlichen Außenpolitik, so die Furcht der politisch Verantwortlichen in Russlands Hauptstadt, würden sie das aufgewühlte nationalistische Lager im eigenen Lande gegen sich aufbringen und dadurch die Gefahr eines politischen Umsturzes heraufbeschwören. Das Risiko einer Revolution einzugehen, schien ihnen aber nicht notwendig zu sein, nachdem die eigene Armee mittlerweile stark vergrößert worden war und man sich in der Dreier-Allianz mit Frankreich und England fester denn je eingebunden glaubte. Jene in der russischen Führung, die wie die so genannten Panslawisten zur unbedingten Solidarität mit den slawischen »Brüdern« in Serbien drängten, fühlten sich zusätzlich bestärkt, als der französische Staatspräsident Poincarè bei einem Besuch in St. Petersburg vom 20. bis zum 23. Juli feierlich erklärte, Frankreich werde seine Bündnisverpflichtungen ohne Abstriche voll erfüllen. Der französische Ministerpräsident gab damit seinerseits der Regierung des Zaren eine Handlungsvollmacht für den Fall eines Angriffs Österreichs auf Serbien, wie sie ähnlich die Führung in Berlin an Wien gegeben hatte. Die französische Zusage musste die russische Regierung ermuntern, durchzuhalten; für eine Lokalisierung des Konflikts nach der Vorstellung von Bethmann Hollwegs waren die Aussichten infolgedessen denkbar schlecht geworden.

So lagen die Dinge, als die Julikrise mit dem Ultimatum der österreichischen Regierung an Serbien vom 23. Juli zur Bestrafung der Attentäter in das entscheidende Stadium überging. Das Ultimatum war absichtlich schroff formuliert und auf 48 Stunden befristet. Zur Überraschung aller erklärte sich die Regierung in Belgrad am 25. Juli gleichwohl bereit, die meisten Forderungen Wiens anzuerkennen; in einem wichtigen Punkt, der verlangten Teilnahme österreichischer Beamter an den offiziellen Untersuchungen im Lande, machte sie indes Vorbehalte geltend, die sie mit dem Vorrang der eigenen Hoheitsrechte begründete. Die serbische Antwort, die mit der gleichzeitigen Mobilmachung verbunden wurde, war mit Russland abgestimmt. Sie bedeutete keine vorbehaltlose Annahme der österreichischen Bedingungen, wie von Wien verlangt. Andererseits aber machte Belgrad zugleich erhebliche Zugeständnisse, welche noch im letzten Moment den Weg zu Verhandlungen ebnen konnten. Österreich-Ungarn wies dennoch die serbische Antwortnote zurück und erklärte Belgrad am 28. Juli den Krieg. Sich der Rückendeckung seiner Verbündeten im Westen gewiss, beantwortete die Regierung des Zaren den österreichischen Angriff auf Serbien damit, dass sie am 29. Juli zunächst die Teilmobilmachung der russischen Truppen gegen Österreich-Ungarn und am Tag darauf dann auch die Generalmobilmachung verkündete.

Dem Kalkül von Bethmann Hollwegs, den Konflikt lokal begrenzt zu halten, war damit endgültig der Boden entzogen. Denn Russland hatte das von deutscher Seite bewusst vorangetriebene Kriegsrisiko diesmal angenommen und noch angestachelt. Unter dem Eindruck des somit drohenden Scheiterns seiner Bluff-Politik versuchte der deutsche Reichskanzler nun zwar zusammen mit der britischen Regierung gleichsam in letzter Sekunde zu vermitteln. Aber dazu war es zu spät. Zum einen zeigte sich die Regierung in Wien nicht bereit, die mit der Beschießung Belgrads am 29. Juli in Gang gesetzte Militäraktion gegen den verhassten Balkanstaat im Süden abrupt abzubremsen. Sie war dazu um so weniger geneigt, als die Reichsregierung nach wie vor keinen Druck auf sie ausübte, etwa noch einzulenken. Zum anderen aber ging nach der russischen Generalmobilmachung vom 30. Juli das Heft des Handelns in Berlin zunehmend auf die einflussreichen Militärs über. Diese wiederum waren davon überzeugt, diplomatische Friedensbemühungen würden die aus ihrer Sicht nunmehr vordringlich gewordenen militärischen Maßnahmen gefährden und den kriegswilligen Gegnern sogar zuarbeiten.

Die Grundlage ihrer einseitig militärischen Überlegungen bildete der so genannte Schlieffen-Plan, der schon im Jahr der ersten Marokkokrise, 1905, vollendet worden war. Der Plan stammte von dem damaligen Generalstabschef Graf Alfred von Schlieffen. Dieser ging für den - schon damals erwarteten - Fall eines Zweifrontenkrieges davon aus, dass die zarististische Führung vergleichsweise größere Zeit benötigte, bis sie die eigenen Truppen kriegs- und marschbereit haben würde. In der Zwischenzeit sollten daher zahlenmäßig massierte deutsche Verbände die starken französischen Befestigungen an der linken Rheinseite von Metz bis Belfort in raschem Vorgehen durch das neutrale Belgien und weiter durch Nordostfrankreich bogenförmig umgehen und von rückwärts kommend einnehmen. Nach dem angenommenen schnellen Sieg über das so überraschte Frankreich würde sich die deutsche militärische Schlagkraft dann nach Osten gegen Russland konzentrieren lassen. Für den Erfolg dieser Kriegsplanungen war entscheidend, dass die deutschen Militärs der russischen Gegenseite zeitlich um eine gewisse Spanne voraus sein würden. Als am 31. Juli in Berlin die Nachricht von der russischen Generalmobilmachung eintraf, musste folglich aus Sicht der Militärs sofort gehandelt werden.

Auf ihr Drängen hin verkündete das Deutsche Reich daraufhin am 1. August zunächst die allgemeine Mobilmachung und dann, einige Stunden darauf, nachdem ein letztes Ultimatum an Russland ohne Wirkung geblieben war, die Kriegserklärung an das Zarenreich. Zwei Tage später, am 3. August, erklärte Deutschland auch Frankreich den Krieg; zugleich wurde der Schlieffen-Plan in Gang gesetzt. England, das inzwischen seine Flotte mobil gemacht hatte, forderte die deutsche Seite am 4. August ultimativ auf, die von den Briten aus Gründen der eigenen Sicherheit garantierte belgische Neutralität zu achten. Zu diesem Zeitpunkt hatten indes deutsche Truppen die Grenze zu Belgien bereits überschritten; London erklärte, seinen bündnispolitischen Verpflichtungen folgend, noch am selben Tag dem Reich den Krieg. Am Ende war es also so gekommen, dass Russland zugunsten Serbiens, Deutschlands zugunsten Österreichs, Frankreich zugunsten Russslands und Großbritannien zugunsten Frankreichs militärisch eingriff. Mit diesem Abrollen der Bündnisautomatiken Ende Juli/Anfang August 1914 nahm die europäische Katastrophe nunmehr ihren Lauf.

Die Führung des Reiches hatte den Großen Krieg nicht, wie lange Zeit in den 1960er und 1970er Jahren in der wissenschaftlichen Diskussion stand, von langer Hand und mit fest umrissenen Eroberungsabsichten gezielt vom Zaun gebrochen. Am Ausbruch des Ersten Weltkrieges trug Deutschland auch nicht die alleinige Schuld, wohl aber lag bei ihm die wesentliche Verantwortung. Denn die deutsche Politik nahm, wie gezeigt, von Anfang an die Möglichkeit eines europäischen Krieges billigend in Kauf; dass sie sich dabei von defensiven Grundabsichten leiten ließ, also in der Vorstellung handelte, nur so das als bedroht angesehene Reich und seine Machtstellung sichern zu können, verringert ihre Verantwortung nicht. Ohne die deutsche Rückendekkung, die sich aus dieser Motivlage erklärt, wäre Österreich-Ungarn nicht in der Lage gewesen, Serbien anzugreifen. Mit der Ausstellung des so genannten Blankoschecks vom 6. Juli hatte Berlin die Verschärfung der Julikrise entscheidend herbeigeführt und konsequenter als die anderen Mächte auf ein Weitertreiben des Konflikts gesetzt. Aber auch die Führung in Wien versagte, indem sie sich mit der serbischen Antwortnote auf ihr Ultimatum nicht zufrieden gab und am 25. Juli die diplomatischen Beziehungen zu Belgrad abbrach. Weiterhin trug besonders die Entscheidung der russischen Regierung vom 30. Juli zur Anordnung der allgemeinen Mobilmachung maßgeblich zum Ausufern des Konflikts bei. Denn nach damaligem Verständnis kam dieser Schritt nahezu einer Kriegserklärung gleich. Manche Historiker stellen die russische Mobilmachung daher auch auf eine Stufe mit der Zeichnung des deutschen Blankoschecks. Eine abwägende Beurteilung muss allerdings berücksichtigen, dass der Freibrief für die Regierung in Wien dem Entschluss St. Petersburgs zeitlich vorausging bzw. am *Anfang* der sich zuspitzenden Krise stand und Reaktionen wie die der russischen Führung mit herausforderte; auch dies spricht dafür, von einer besonderen Verantwortung der Reichsleitung in Berlin für das Verhängnis auszugehen.

Anders als es vielen Zeitgenossen erschien, handelte es sich bei dem Ausbruch des Krieges also keineswegs um eine unaufhaltsame oder schicksalhafte Entwicklung. Man war auch nicht in den Krieg unglücklich oder zufällig »hineingeschlittert«, wie ein hoch rangiger englischer Politiker wenige Jahre nach dem Unheil rückblickend urteilte. Denn keine der an den Entscheidungen dieser Wochen beteiligten Regierungen musste so handeln, wie sie es tat. Auf fast allen Seiten hatten sich Einzelpersonen an verantwortlicher Stelle, Machthaber, Politiker und Militärs, politischen Illusionen bzw. übertriebenen Befürchtungen und Fehleinschätzungen hingegeben sowie auf dieser Grundlage Entscheidungen getroffen, deren volle Tragweite ihnen manchmal erst viel später ins Bewußtsein trat. Mit ausschlaggebend

Deutsche Propaganda-Postkarte von 1914 mit einem Zitat Wilhelm II.

für ihr Handeln war oftmals die damals verbreitete Sucht nach nationalem Ansehen und nationaler Machtsteigerung. Dazu trat eine damit verbundene grundsätzliche Konfliktbereitschaft, welche auf dem Gedanken beruhte, Krieg sei ein mindestens achtbares Mittel der Politik. Unheilvollen Einfluss hatte ferner die schreierische Agitation der nationalistischen Verbände, die, wie der Alldeutsche Verband im Reich, allein schon die Idee außenpolitischer Rücksichtnahme verwarfen und die eigene Regierung durch öffentlichen Druck auf den Weg in den Krieg zu treiben versuchten. Hinzu kam schließlich die Bereitschaft der beteiligten europäischen Regierungen, sich der Logik militärischer Planungen gerade in dem Augenblick zu unterwerfen, als friedlich-diplomatische Versuche zur Konfliktbewältigung notwendiger denn je waren.

So genanntes Augusterlebnis 1914 und Politik des »Burgfriedens«

Wie in allen betroffenen europäischen Länder rief die Nachricht vom Kriegsausbruch auch in Deutschland weithin spontane Freude und sogar Begeisterung aus. Die Menschen besonders in den großen Städten wie Berlin, Hamburg oder München hatten den Verlauf der Julikrise und ihre weitere Zuspitzung mit wachsender Gespanntheit verfolgt. An den Plakatsäulen und Zeitungsständen herrschte überall großes Gedränge, um die neuesten Meldungen zu erfahren und zu kommentieren. Jede Neuigkeit vom Fortgang der Dinge steigerte die Erwartung, was wohl folgen werde. Je näher dabei von Tag zu Tag die Möglichkeit eines Krieges rückte, desto mehr mischte sich in die zunehmende Spannung freudige Erregung, die schon frühzeitig nach Wegen suchte, sich zu entladen. Als am 28. Juli die österreichische Kriegserklärung an Serbien bekannt wurde, waren, wie in Dresden, mancherorts die öffentlichen Straßen und Plätze mit Menschenmassen gefüllt, die vaterländische Lieder sangen und Hochrufe auf die kaiserliche Regierung in Wien ausbrachten. In dieser schon stark aufgeladenen Augenblicksstimmung wirkte die Nachricht zunächst von der russi-

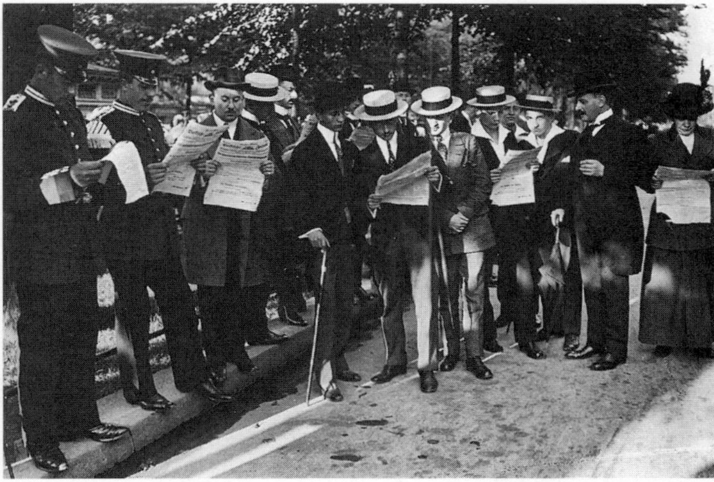

1. August 1914 – Berliner mit Extrablättern zum Kriegsausbruch

Siegesgewisse deutsche Soldaten 1914 auf dem Weg zur Front

schen Generalmobilmachung vom 30. Juli und dann von der deutschen Antwort in Form der Kriegserklärung vom 1. August wie ein erlösender Donnerschlag. Jetzt wurde die aufgestaute Spannung fast überall von echter Kriegsbegeisterung und durchbrechenden nationalen Hochgefühlen verdrängt; Kapellen spielten, vielfach erklangen patriotische Lieder und Gesänge, und als wenige Tage später die ersten Truppenverbände unter den Klängen der Marschmusik durch die beflaggten Straßen zu ihren Verladebahnhöfen marschierten, bereiteten ihnen viele Menschen einen jubelnden Abschied.

Der spontane Jubel und die Begeisterung für den Krieg waren das vorherrschende, nicht aber, wie lange in den Schulbüchern nachzulesen war, das einzige Bild dieser ereignisreichen Sommertage. Ungetrübte Kriegsfreude bestand vor allem in den Städten und hier beim städtischen Bürgertum, das von dem Gefühl nationaler Gemeinschaftlichkeit und Kampfbereitschaft vielfach wie berauscht wirkte. Viele Landarbeiter und Fabrikarbeiter etwa nahmen den Krieg dagegen eher verhalten oder mit Widerwillen auf. Noch in den letzten Julitagen 1914 hatten Hunderttausende von Arbeitern, vom Reichsvorstand der SPD dazu aufgerufen, in den Industriezentren gegen den drohenden militärischen Konflikt demonstriert, der nach ihrem Urteil hauptsächlich den kapitalistischen Großunternehmern auf allen Seiten nutzte. Für die Verhältnisse außerhalb solcher Ballungsräume wiederum scheint die Situation im badischen Bretten oder in Darmstadt typisch gewesen zu sein; hier waren lautstarker Jubel und Hurra-Patriotismus jeweils ebenso anzutreffen wie verhaltene Bedenken und auch Sorge über die ungewisse weitere Entwicklung.

Auch wenn es also allen nachträglichen Beschwörungen zum Trotz kein einheitliches »Augusterlebnis« gab, so bestand doch andererseits allgemein in Deutschland die Meinung, der Krieg sei von außen aufgezwungen und daher ein Verteidigungskrieg. Selbst jene, die wie die Sozialdemokraten dem kaiserlichen Obrigkeitsstaat und seiner Regierung ablehnend gegenüberstanden, glaubten daran, dass Russland und sein Verbündeter Frankreich die Angreifer seien. Immerhin hatte die Regierung in St. Petersburg die Generalmobilmachung zuerst verkündet und Deutschland hierauf nur, wie es schien, angemessen geantwortet. Sich gegen einen Angriff zu wehren, erschien aber jedem Deutschen gleich welcher sozialen Schichtzugehörigkeit oder politischen Ausrichtung moralisch zutiefst gerechtfertigt.

Diese allgemein geteilte Auffassung bot auch die Grundlage für den mit Kriegsbeginn von der Reichsregierung geforderten so genannten Burgfrieden. Der Begriff bezog sich auf die Situation der Belagerung mittelalterlicher Festungen, innerhalb deren Mauern Fehden untersagt waren. Hinter der Idee vom Burgfrieden stand folglich die Vorstellung, für die Dauer des Krieges müssten politische, weltanschauliche oder konfessionelle Gegensätze und Streitigkeiten um der Existenz des Vaterlandes willen zurückstehen. Kaiser Wilhelm II. fasste diesen Anspruch am 4. August vor dem Reichstag in seiner beschwörenden Thronrede zur Lage in die Worte, er kenne »keine Parteien mehr«, sondern »nur noch Deutsche«.

Für das Gelingen dieser Burgfriedenspolitik war entscheidend, dass sich jetzt auch die sozialdemokratischen Organisationen, die SPD und die ihr nahe stehenden Freien Gewerkschaften, zu dieser Art innenpolitischem Waffenstillstand auf Zeit bereit fanden. Am 2. August erklärte zunächst die Spitze der Freien Gewerkschaften, während des Krieges auf Lohnbewegungen und Streiks verzichten zu wollen. Zwei Tage später stimmte dann die Reichstagsfraktion der SPD – inzwischen stärkste politische Kraft im Parlament – in der erwähnten Reichstagssitzung nach außen hin geschlossen für die Bewilligung der Kriegskredite; die Regierung hatte die Gelder, wie es die Verfassung vorschrieb, zur Finanzierung des Kampfes beantragt. Die Entscheidung für die ersten Kriegskredite in Höhe von 5 Milliarden Reichsmark fiel den Abgeordneten der SPD nicht leicht. Entschieden pazifistisch eingestellte Parteilinke wie Karl Liebknecht und Rosa Luxemburg lehnten sie ab. Für sie standen zentrale sozialdemokratische Grundsätze wie die unbedingte Friedenspolitik und die internationale Ausrichtung der deutschen Sozialdemokratie auf dem Spiel. Wenn die SPD-Abgeordneten am 4. August dennoch mit Ja stimmten, dann weil auch sie mit der überwiegenden Mehrheit der sozialdemokratischen Anhängerschaft im Reich von einem Fall nationaler Notwehr ausgingen, heraufbeschworen durch das als »reaktionär« beurteilte Regime des russischen Zaren. Zugleich wollten die führenden Sozialdemokraten die gebotene Gunst der Stunde nutzen, um in ernster Lage den Beweis ihrer nationalen Zuverlässigkeit und politischen Reife anzutreten, die ihnen ihre politischen Gegner mit dem Hinweis auf das revolutionäre und »internationalistische« Profil der Partei bis dahin stets bestritten hatten. »Wir lassen in der Stunde der Gefahr das eigene Vaterland nicht im Stich«, begründete daher der damalige Vorsitzende der SPD, der Königsberger Rechtsanwalt Hugo Haase, selber ein Gegner der Bewilligung, vor dem Reichstag die Zustimmung seiner Fraktion zu den Kriegskrediten.

Gleichzeitig mit der Verabschiedung der Kriegskredite beschloss der Reichstag am 4. August in Erwartung eines kurzen Konfliktes von nur wenigen Monaten, Neu- und Nachwahlen auf die Zeit danach zu verschieben. Weiterhin ermächtigten die Abgeordneten den Bundesrat, für die Dauer des Kriegszustandes bindende Notstandsgesetze zu wirtschaftlichen, finanziellen und anderen Angelegenheiten der zivilen Verwaltung zu erlassen. Der Reichstag trat damit große Teile seiner Kernzuständigkeit an die Vertretung der Länderregierungen ab, welche, wie eingangs dargelegt, über keine vergleichbare demokratische Legitimation verfügte. Dem Reichstag selbst blieb nach dieser freiwilligen Teilabdankung auf Zeit vorerst allein die Aufgabe, jeweils alle sechs Monate weitere Kredite zur Kriegsführung zu bewilligen.

Zum Burgfrieden gehörte auch der Kriegs- und verschärfte Belagerungszustand, der am 31. Juli verkündet wurde. Als Grundlage diente ein preußisches Gesetz, das 1851 in Kraft getreten und nach Gründung des Kaiserreiches als Artikel 68 in die Verfassung übernommen worden war. Das Gesetz ermächtigte die Staatsführung, Bürgerrechte einzuschränken und Machtbefugnisse an die Militärbehörden zu übertragen. In der Folge ging die ausführende Gewalt auf die Stellvertretenden Kommandierenden Generäle der einzelnen Armeekorps über. Diese 24 Offi-

Deutsche Kriegs-Postkarte von 1914

Französisches Kriegs-Propagandaplakat von 1916: »Wir werden sie schlagen!«

ziere vertraten die jeweiligen ranghöheren Kommandierenden Generäle, welche oft noch Anfang August gemeinsam mit ihren Truppen in die Schlacht zogen. Sie unterstanden unmittelbar nur dem Kaiser und besaßen in ihrem Zuständigkeitsbereich fortan nahezu diktatorische Vollmachten. Ihre Befugnisse erstreckten sich auf weite Bereiche: von der Aufrechterhaltung der öffentlichen Ordnung und des Verkehrs über den militärischen Personalersatz und die Lebensmittelversorgung bis hin zu allen weiteren »kriegswichtigen« Angelegenheiten. Ferner waren die Stellvertretenden Kommandierenden Generäle die Herren der Pressezensur sowie des Vereins- und Versammlungsrechts; das Vereins- und Versammlungsrecht fand zum Beispiel bei Parteizusammenkünften oder politischen Demonstrationen Anwendung. Mit dem Einsetzen des Belagerungszustandes verstärkte sich also die im Kaiserreich bestehende Sonderstellung der Militärs, welche den Kriegszustand oftmals in einer Weise handhabten, die bei selbstbewussten Zivilsten wie bei konkurrierenden zivilen Verwaltungsstellen mit zunehmender Dauer des Krieges zu wachsendem Unmut führten.

Die militärische Ausgangslage 1914 in Zahlen

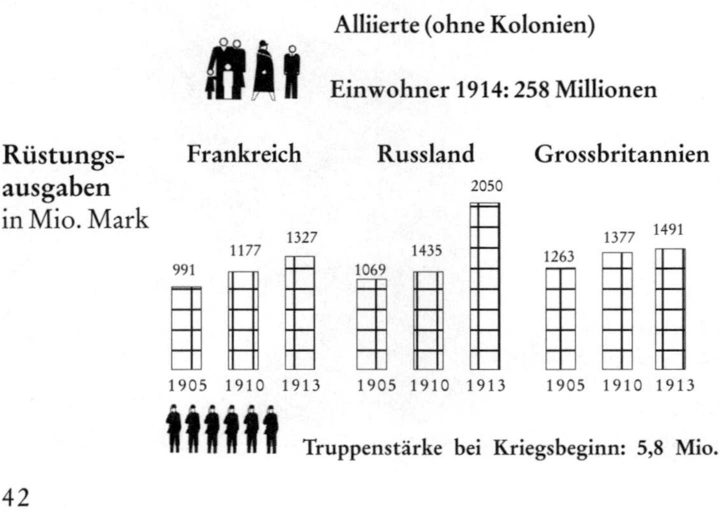

Militärischer Verlauf, innenpolitische Probleme und Friedensversuche in der ersten Kriegshälfte 1914/16

Das Deutsche Reich trat trotz der verbreiteten Kriegsbegeisterung in der Bevölkerung und der scheinbaren inneren Geschlossenheit unter durchaus ungünstigen militärpolitischen Bedingungen in die große Auseinandersetzung ein. Zwei mögliche Verbündete hatten schon frühzeitig erklärt, den Kampf an seiner Seite nicht aufnehmen zu wollen. Italien argumentierte, Österreich-Ungarn sei nicht der Angegriffene, sondern der Angreifer, der vertraglich vorgesehene Bündnisfall könne daher nicht als gegeben angesehen werden. Auch die rumänische Regierung äußerte sich in diesem Sinne. Lediglich das Osmanische Reich stellte sich auf die Seite der wegen ihrer geografischen Mittellage so genannten Mittelmächte; im Jahr darauf, im Herbst 1915, schloss sich diesen dann auch Bulgarien an. Nachteilig schienen zudem die zahlenmäßigen Stärkeverhältnisse zu sein, mit denen sich die Mittelmächte und die Länder der Triple-Entente bei Kriegsbeginn gegenüberstanden: Deutschland und Österreich-Ungarn einerseits boten zusammen 3,7 Millionen Soldaten auf; England, Frank-

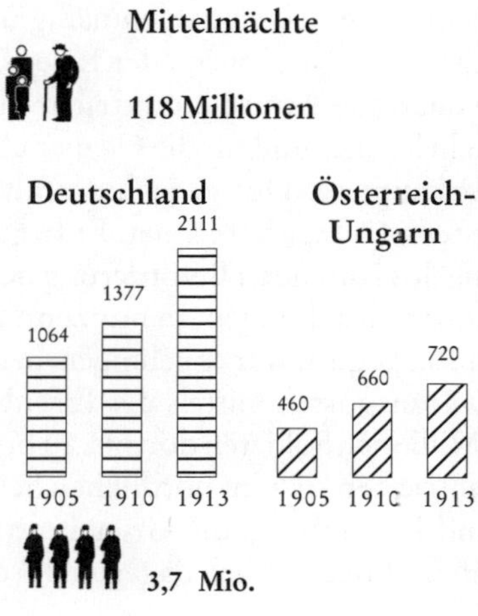

reich und Russland andererseits traten den Kampf mit 5,8 Millionen Mann an. Ähnlich fiel die Beurteilung aus, wenn man die jeweiligen Bevölkerungszahlen zusammenrechnete und miteinander verglich; denn während in den Ländern der beiden Mittelmächte 118 Millionen Menschen lebten, konnten ihre Gegenüber der Dreier-Allianz insgesamt 260 Millionen Menschen in die Waagschale werfen. Ferner bestand von Anfang an für Deutschland und seinen österreichischen Hauptverbündeten die Gefahr, bei längerer Dauer des Konfliktes von See aus von wichtigen Rohstoff- und Lebensmittelzufuhren teilweise oder ganz abgeschnitten zu werden; die Alliierten konnten hingegen jederzeit auf die nahezu unerschöpflich erscheinenden Hilfsquellen vor allem des britischen Weltreiches bauen.

Schlieffen-Plan und Marne-Schlacht 1914

Diese Ausgangslage und der drohende Zweifrontenkrieg erklären, warum die militärische Führung des Reiches, die Oberste Heeresleitung (OHL) mit Generalstabschef von Moltke an der Spitze, auch 1914 noch an dem Schlieffen-Plan mit dem hohen außenpolitischen Risiko eines zu erwartenden Kriegseintritts Englands festhielt. Denn gegen einen zahlenmäßig überlegenen Gegner schien ein Sieg nur möglich, wenn der Krieg offensiv geführt wurde, also die deutsche Armee unmittelbar die Initiative übernahm und durch ein kühnes und für die Gegner überraschendes Vorgehen auch behauptete. Der gedachte »Blitzkrieg« im Westen war auf höchstens 42 Tage berechnet. Er begann Anfang August mit der reibungslos laufenden Beförderung der Truppe in die vorgesehenen Aufmarschstellungen. In nur zehn Tagen, zwischen dem 6. und dem 16. August, war es gelungen, in genau organisierten rund 11.100 Transporten mittels der Eisenbahn sieben Armeen mit über 1,5 Millionen Soldaten dorthin zu bringen. Fünf dieser Armeen konzentrierten sich im nördlichen Sektor, an der Grenze zu Belgien und Luxemburg; die Grenzlinie südlich davon entlang dem Elsaß und Baden blieb dagegen durch zwei Ar-

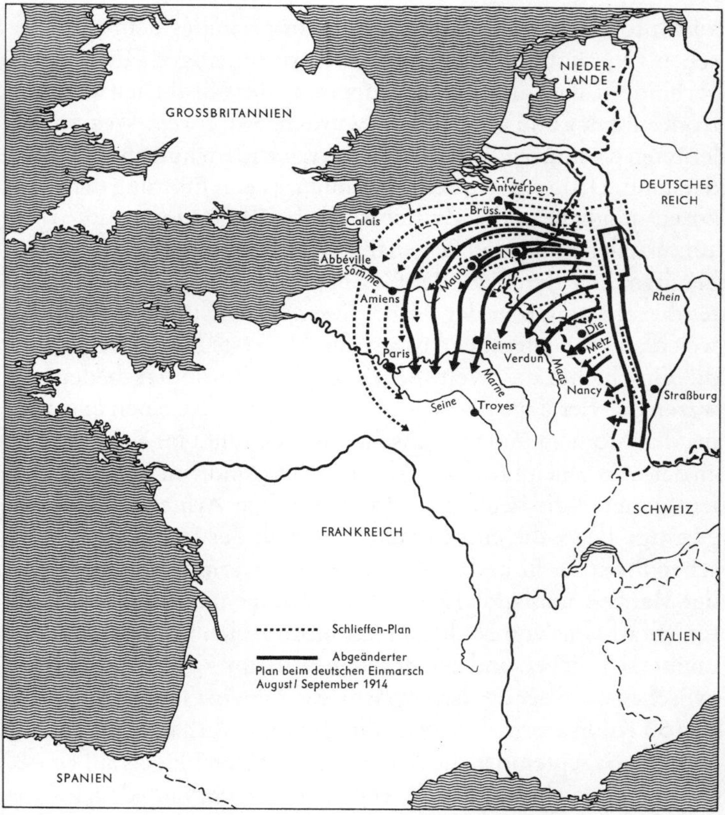

Schlieffen-Plan und deutscher Angriff im Westen 1914

meen bewusst nur schwach gesichert. Am 4. August rückten dann deutsche Truppen in Südbelgien vor, um die strategisch wichtig gelegene Festung Lüttich anzugreifen. Nach kurzen, heftigen Kämpfen fiel die Festung am 16. August; damit war der Weg für den planmäßigen Weitermarsch des so genannten rechten deutschen Flügels jetzt in südwestliche Richtung nach Frankreich frei geworden. Das Ausmaß und die Geschwindigkeit des deutschen Vormarsches kamen für Belgier, Franzosen sowie Briten, die ihrem Verbündeten auf dem Festland mit einem Expeditionskorps zu Hilfe eilten, unerwartet. Trotzdem gelang es dem französischen Oberkommando durch einen rechtzeitigen Rückzug zu verhindern, dass die eigenen Truppen an der nördlichen Vogesenfront umfasst und eingekesselt würden. Auf ihrem Weg zurück leisteten diese ihren deutschen Gegnern zudem hinhaltenden Widerstand. Dadurch wurde es der militärischen Führung der Franzosen möglich, in der Zwischenzeit bei Paris eine neue Armee aufzustellen und einen Gegenangriff an dem Fluss Marne vorzubereiten. Der Befehl zu der Gegenoffensive erging Anfang September. Es folgte in der Nähe dieses Gewässers eine Schlacht, welche am 6. September einsetzte und als erste Marne-Schlacht in die Geschichte des Weltkrieges einging. Besonders bedeutsam waren die vier Tage dauernden Kämpfe, weil sie einen entscheidenden Moment und militärischen Wendepunkt im Kriegsverlauf an der westlichen Front markierten. Aufgrund von Führungsfehlern gerieten die beteiligten drei deutschen Armeen in eine ungünstige Lage, die einen tiefen Einbruch der französisch-britischen Streitmacht in die deutschen Linien ermöglichten. Der an der Marne kommandierende Offizier und ein dorthin abgesandter Mitarbeiter von Moltkes entschlossen sich wegen der für sie unübersichtlichen und gefährlichen Situation – zeitweise bestand zwischen zwei der deutschen Armee in diesem Gebiet eine Lücke von 50 Kilometern, in welche die alliierten Verbände hineinstießen – am 9. September, die Armeen des rechten Flügels auf eine 80 Kilometer rückwärtig gelegene Stellung entlang des Flusses Aisne zurückzuziehen. Damit aber war der Angriffsschwung, auf den die Erfolgsaussichten des Schlieffen-Plans entscheidend beruhten, gebrochen. Während man in Frankreich das »Wunder an der Marne« feierte, mussten die Verantwortlichen auf deutscher Seite erkennen, dass mit der ersten Marne-Schlacht mehr als nur eine Schlacht verloren war; tatsächlich drohte jetzt statt des ersonnenen »Blitzkrieges« die Erstarrung der Front. Damit aber ergab sich die Aussicht auf einen langen und kräftezehrenden Kampf, für den das deutsche Reich, wie erwähnt, nicht gerüstet war.

Auf die Nachricht hin vom Debakel an der Marne erlitt Generalstabschef von Moltke einen Nervenzusammenbruch und wurde ausgetauscht. Der Wechsel erfolgte fast heimlich, um vor der deutschen Öffentlichkeit die militärische Tragweite der verlorenen Schlacht zu verbergen. Sein Nachfolger wurde der preußische Kriegsminister Generalleutnant Erich von Falkenhayn, der vor dem Krieg für mehrere Jahre das XVI. Armeekorps in Lothringen befehligt hatte. Der neue Generalstabschef, dessen Ernennung erst am 3. November bekannt gegeben wurde, versuchte zunächst, das Offensivkonzept seines Vorgängers mit neuer Stoßkraft wieder aufzunehmen. Durch eine Stärkung des rechten Flügels hoffte er die französischen und britischen Armeen doch noch umfassen zu können. Dabei verlagerte sich das Kampfgeschehen, bei dem die gegnerischen Verbände ständig umeinander herum mänovrierten, in den folgenden Herbstwochen immer mehr nach Norden, hin zu den wichtigen Positionen an der Kanalküste. Im Verlauf dieses oft beschriebenen »Wettlaufs zum Meer« ergab sich eine Folge von Schlachten, die Ende Oktober und Anfang November 1914 bei Ypern und im Südwesten Flanderns in ausgedehnten Kämpfen gipfelten. Jede Seite erwies sich dabei als unfähig, die jeweils gegnerischen Linien im Angriff zu durchbrechen. Es zeigte sich, dass auch der zahlenmäßig unterlegene Gegner durch den Einsatz moderner Waffen wie dem Maschinengewehr im Abwehrkampf überlegen sein konnte. Auf deutscher Seite endeten diese Entscheidungsschlachten im Herbst 1914 mit etwa 80.000 getöteten Soldaten. Unter den Getöteten befand sich auch eine größere Zahl junger, zumeist studentischer Kriegsfreiwilliger, welche dem glühenden Glauben verfallen waren, es sei ihre heilige Pflicht, im Kampf um das Vaterland selbst das eigene Le-

Generalleutnant Erich von Falkenhayn, Chef der 2. OHL (1914-16)

ben zu opfern. Manchen von ihnen wird auch Abenteuerlust oder der tiefe Wunsch bewegt haben, der Enge eines oftmals als ereignislos empfundenen bürgerlichen Alltags zu entrinnen. Nahe dem flandrischen Dorf Langemarck wurden Hunderte dieser jugendlichen Freiwilligen am 10. November von englischen Maschinengewehren niedergemäht. Kaum ausgebildet und von überalterten Offizieren geführt, waren sie – so ließ die OHL sogleich verbreiten - angeblich mit dem Deutschlandlied auf den Lippen für das Vaterland gestorben.

Nach dem Ende der blutigen Kämpfe in dieser Gegend hatten die Deutschen im Westen die Initiative endgültig verloren. In der Folge glitt der Kampf an der Westfront in den Stellungskrieg über. Seit der Jahreswende 1914/15 zog sich dann von der Küste Flanderns bis zur Schweizer Grenze auf einer Länge von rund 800 Kilometern ein tief gestaffeltes Netz von Schützengräben und Stacheldrahtverhauen, das im Frontalangriff kaum zu überwinden war.

Der Krieg im Osten 1914/15

Nachdem der Schlieffen-Plan im Westen unter anderem an dem Problem der gleichzeitigen Führung mehrerer – unterschiedlich schnell vorrückender – Armeen gescheitert war, rückte die Entwicklung an der Ostfront stärker in den Blickpunkt. Hier an der zweiten deutschen Front standen, wie im Plan vorgesehen, bei Kriegsbeginn zahlenmäßig nur schwache Verteidigungskräfte. Es handelte sich um die 8. Armee in Stärke von 153.000 Mann unter dem Befehl des Generals von Prittwitz, der beauftragt war, bis zur gedachten raschen Niederwerfung Frankreichs die deutsche Ostgrenze von Ostpreußen bis Oberschlesien im Süden zu sichern. Zugleich sollten seine Truppen eine erwartete entlastende österreichische Offensive aus Galizien gegen die Russen dadurch unterstützen, dass sie den Gegner in Ostpreussen angriffen und einen möglichst großen Teil seiner Kräfte im hinhaltenden Kampf banden. Aber anders als auf deutscher Seite kalkuliert bzw. gehofft, waren die russischen Truppen relativ schnell zum Kampf bereit gestellt. Bereits Mitte August 1914 standen zwei große gegnerische Armeen mit zusammen 650.000 Soldaten davor, in Ostpreußen einzudringen. Die erste Begegnung mit einer der beiden – getrennt vorgehenden – russischen Armeen am 20. August bei Gumbinnen endete mit einer deutschen Niederlage. Überstürzt ordnete von Prittwitz in der Folge den Rückzug nach Westen an; in der ersten Erregung dachte er dabei sogar an einen Rückzug bis hinter die Weichsel, was die freiwillige Räumung fast ganz Ostpreußens bedeutet hätte. Generalstabschef von Moltke wechselte ihn daraufhin unverzüglich aus. Neuer Oberkommandierender im Osten wurde der General der Infanterie Paul von Hindenburg, der zu diesem Zeitpunkt bereits pensioniert war. Als seinen Generalstabschef erhielt von Hindenburg Generalmajor Erich Ludendorff an die Seite gestellt, einen energischen und ehrgeizigen Offizier bürgerlicher Herkunft, der kurz zuvor noch den deutschen Angriff auf Lüttich angeführt hatte. Unter ihrer beider Führung gelang es den deutschen Truppen trotz großer zahlenmäßiger Unterlegenheit, zunächst die südlich in Ostpreußen operierende 2. russische Armee bei Tannenberg in einen Kessel zu locken und in den dortigen Kämpfen zwischen dem 26. und dem 31. August vernichtend zu schlagen. Wenig später, zwischen dem 6. und dem 15. September, folgten an den Masurischen Seen weitere Schlachten, bei denen auf deutscher Seite jetzt auch Verstärkungen aus dem Westen zum Einsatz kamen und die zum Sieg nun über die nördlich operierende 1. russische Armee führten. In diesen Kämpfen von Tannenberg und an den Masuren im August/September 1914 verloren die Russen etwa 250.000 Soldaten durch Tod oder Gefangennahme, und infolge ihrer Niederlage hatten sie sich weitgehend aus Ostpreußen wieder zurückziehen müssen.

Vor dem Hintergrund der Aufsehen erregenden Erfolge an der Ostfront ergab sich an der Jahreswende 1914/15 heftiger Streit zwischen von Falkenhayn einerseits und von Hindenburg sowie Ludendorff als Befehlshaber Ost andererseits. Es ging dabei um die weitere militärische Gesamtstrategie. Für von Falkenhayn galt nach wie vor der Vorrang der Westfront, wo für ihn jeder Zentimeter des errungenen Bodens zu verteidigen war, weil dort seiner Auffassung nach Deutschlands entschlossenster Gegner, nämlich England, stand. Einen militärischen Gesamtsieg hielt er indes schon in dieser Kriegsphase nicht mehr für möglich. Bereits am 18. November forderte er von Bethmann Hollweg auf, zu prüfen, ob ein eigenständiger Frieden allein mit Russland – ein Separatfriede – möglich sei. Erst unter dieser Voraussetzung sei es möglich, sich im Westen militärisch zu halten. Gegen dieses Kriegskonzept mit seiner Fixierung auf den Westen setzten von Hindenburg und Ludendorff die Meinung, man müsse die gewonnene Operationsfreiheit im Osten für einen entscheidenden Sieg gegen Russland nutzen und dazu alle verfügbaren Kräfte eben hierhin konzentrieren. Ihnen schwebte eine große Einkreisungsbewegung und anschließende vollständige Vernichtung der russischen Armeen vor, die in ihren Augen den schwächsten deutschen Gegner darstellten. Nach einem solchen grandiosen Sieg im Osten, so die Vorstellungen von Hindenburgs und Ludendorffs, sollten die deutschen Truppen dann mit voller Stoßkraft gegen die Westmächte geführt werden, um hier ebenso erfolgreich zu sein. Im Januar 1915 spitzte sich die Auseinandersetzung über diese grundsätzliche militärische Frage zu einer schweren Führungskrise zu, in deren Verlauf von Hindenburg mit seinem Rücktritt drohte, sollte von Falkenhayn auf seinem Posten als Chef der 2. OHL bleiben. Zwar hielt der Kaiser in dieser Situation an seinem Generalstabschef fest; doch musste von Falkenhayn in der Sache nachgeben und sich zu einer merklichen Unterstützung einer Ost-Offensive entschließen.

Den Auftakt einer solchen Offensive bildete Anfang Februar 1915 die so genannte Winterschlacht in Masuren. Sie war trotz der weiteren Verstärkung der Truppen im Osten nur zum Teil erfolgreich; wohl konnte Ostpreußen nun vollständig von russischen Truppen befreit werden, ein entscheidender Umfassungserfolg hatte sich jedoch nicht erringen lassen. Zur gleichen Zeit lief sich eine parallel eingeleitete österreichische Offensive an der Karpartenfront schon in den Anfängen fest. Am 22. März 1915

Schützengraben an der vordersten Linie der Westfront 1914

kapitulierte die seit November von den Russen belagerte galizische Festung Przemysl; 120.000 Mann gingen in Gefangenschaft, die österreichisch-ungarische Armee büßte damit etwa ein Drittel ihrer Feldstärke ein. Wegen dieser alarmierenden Entwicklung beim ohnehin stark geschwächten Bündnispartner entschloss sich von Falkenhayn, bei dem die Leitung der Operation lag, im April des Jahres, einen Durchbruchsversuch im Raum östlich von Krakau zu versuchen, um in den Rücken der russischen Karpartenstellungen zu gelangen. Der Vormarsch begann am 2. Mai und brachte auf Anhieb Erfolg; starker Munitionsmangel der Russen und die Überlegenheit der deutschen Artillerie hatten daran maßgeblichen Anteil. Fast ganz Galizien wurde so in kurzer Zeit zurückerobert; am 22. Juni fiel Galiziens Hauptstadt Lemberg. Um diese Erfolge auszubauen, folgte in den nächsten Wochen ein deutscher Angriff von Norden her, welcher im Juli die russische Front in Nordpolen zum Einsturz brachte. In der Folge mussten sich die demoralisierten Russen nun auch aus Polen, Teilen Weissrusslands sowie aus Litauen und Kurland insgesamt 400 Kilometer nach Osten zurückziehen. Zugleich verlor die Armee des Zaren rund 850.000 ihrer Soldaten großenteils als Gefangene. Diese Sommeroffensive der Mittelmächte wurde ein sensationeller militärischer Erfolg, ja ihr größter militärischer Kriegserfolg überhaupt. Im September 1915 kam der Vorstoß indes zum Erliegen, teils weil jetzt andere Fronten wichtiger erschienen, teils weil auch die Angriffskraft der inzwischen erschöpften Truppen erlosch und sich wachsende Versorgungsprobleme hinzugesellten. Auch der Kampf an der Ostfront erstarrte nun wieder, wie schon an der Jahreswende 1914/15, im Grabenkrieg, ohne dass sichtbar geworden wäre, wie das russische Heer bei der Weite des Raumes, in das es sich zurückfallen lassen konnte, entscheidend zu schlagen oder zumindest – wie von Falkenhayn weiterhin anstrebte - zu einem Friedensschluss zu drängen war.

Die Diskussion um die deutschen Kriegsziele

Zeitlich gleichlaufend mit dem Geschehen an den Fronten war in der Zwischenzeit in allen Krieg führenden Ländern die Diskussion darüber in Gang gekommen, für welche Kriegsziele genau man den Kampf führen wolle. In Deutschland hatte sich die so genannte Kriegszielbewegung schon in den ersten Kriegswochen gebildet, als die allgemeine Stimmung wegen der großen Anfangserfolge des deutschen Heeres im Westen von geradezu überschäumender Siegeszuversicht getragen war. An der Festlegung möglicher deutscher Kriegsziele beteiligten sich Politiker, Militärs, Bankiers, Landesfürsten, Vertreter wirtschaftlicher Interessenorganisationen und der nationalen Verbände ebenso wie gutachtende Professoren sowie selbsternannte Ratgeber, deren Vorschläge teilweise weit auseinander drifteten und die jeweils versuchten, die Reichsregierung für ihren Forderungskatalog einzunehmen.

Einer der ersten, der sich bei der Reichsleitung zu Wort meldete, war der badische Zentrumspolitiker Matthias Erzberger. In einer Denkschrift vom 2. September 1914 forderte er, im Westen Belgien und die nordfranzösische Küste von Dünkirchen bis Boulogne unter deutscher militärischer Kontrolle zu halten und das Becken von Longwy-Briey in Lothringen mit seinen reichhaltigen Erzvorkommen zu annektieren, also dem Reich gewaltsam einzuverleiben. Im Osten, so seine Vorstellung, sollte die Vorherrschaft des Zarenreiches über die nicht-russischen Völkerschaften der Region beendet und ein von Deutschland abhängiges Königreich Polen gegründet werden, dieses konnte dann als »Pufferstaat« zum Schutz vor Russland dienen. Weiterhin schwebte Erzberger vor, in Zentralafrika auf Kosten belgischer und französischer Besitzungen ein großes deutsches Kolonialreich entstehen zu lassen und die unterliegenden Kriegsgegner des Reiches später umfassende finanzielle Kriegsentschädigungen leisten zu lassen. Mit diesen Überlegungen drückte Erzbergers aus, was wohl die meisten der national eingestellten Deutschen in den Spätsommerwochen 1914 als Kriegsergebnis anstrebten. Für viele von ihnen stand dabei fest, dass Forderungen wie diese auch dazu führen mussten, dem vermeintlich überfallenen Deutschland künftig ein Mehr an Sicherheit vor einem erneuten Angriff der Feinde zu geben. Nach damaligem Verständnis aber war Sicherheit für das eigene Land am besten dadurch zu erreichen, dass es mächtiger und größer wurde. Dieser Logik zufolge waren gewaltsame Annexionen mithin ein gerechtfertigtes Mittel zur Selbstbehauptung eines Staates oder einer Nation. Der Gedanke, dass die Umsetzung dieser – zeittypischen – Idee zu Lasten der benachbarten Staaten und Völker ging und ein friedliches Nebeneinander in der Zukunft daher eher gefährden als zu sichern vermochte, war einer Mehrheit der Deutschen damals noch fremd.

Von noch weit stärkerer Uneinsichtigkeit solchen Zusammenhängen gegenüber zeugten die Kriegszielforderungen in Kreisen der deutschen Wirtschaft sowie besonders des Alldeutschen Verbandes, der bereits im August 1914 als erste Organisation mit einem Kriegszielkatalog hervorgetreten war. Kernpunkt der alldeutschen Begehrlichkeiten war ein deutsch beherrschtes Mitteleuropa, das um jene Länder und Gebiete erweitert sein sollte, welche die Mittelmächte als Kriegsbeute erlangen würden. Die erwartete deutsche Kriegsbeute war dabei ausgreifend beschrieben: Sie umfasste im Westen die Annexion Belgiens, des französischen Erzgebietes von Longwy-Briey, der französischen Kanalküste bis zur Somme mit dem industriereichen Norddepartement und dem Raum um Calais ebenso wie die Besetzung einer Festungslinie von der Somme-Mündung bis Verdun und die Einrichtung von Toulon als deutschen Kriegshafen am Mittelmeer. Die Wirtschaftsunternehmen in diesen eroberten Gebieten sollten in die Hand deutscher Besitzer übergehen und ihre Bevölkerung, zu Einwohnern minderen politischen Rechts herabgedrückt, deutscher Gesetzesgewalt unterworfen werden. Den vermeintlichen Erzfeind Frankreich wollte man insgesamt politisch, wirtschaftlich und militärisch so weit schwächen, dass das Land als europäische Großmacht endgültig »zerschmettert« war und dem Reich somit nicht mehr gefährlich werden konnte. Im Osten hingegen dachten die Alldeutschen daran, auf Kosten Russlands in erster Linie ausgedehnte ertragreiche landwirtschaftliche Regionen zu annektieren. Im Auge hatten sie besonders die polnischen Grenzgebiete entlang Schlesien, Posen und Südostpreußen sowie die baltischen Provinzen Russlands, also Litauen und Kurland, deren einheimische Bevölkerung großenteils um- und ausgesiedelt werden sollte, um Siedlungsräume für deutsche Bauern frei zu machen. Zu diesen Forderungen trat auch hier das als selbstverständlich angesehene Verlangen nach einem großen deutschen Kolonialbesitz in Zentralafrika und der Anspruch, dass sämtliche deutsche Kriegskosten – im Falle Russlands etwa vor allem durch die Übereignung eigentumfreien Grund und Bodens – zu erstatten seien.

Die großen deutschen Wirtschaftsverbände von Industrie, Handwerk, Handel und Landwirtschaft einigten sich im März

1915 auf ein gemeinsames Kriegszielprogramm. Zu dieser Einigung war es wesentlich auf Betreiben der Alldeutschen gekommen, die schon seit dem Spätsommer 1914 erfolgreich daran arbeiteten, ihr als patriotisch verstandenes Kriegszielprogramm von den so genannten »schaffenden Ständen« übernehmen zu lassen. Dieses offizielle Programm der deutschen Wirtschaftsverbände von 1915 beruhte weithin auf den beschriebenen alldeutschen Annexionsträumen. Insbesondere bei der rheinisch-westfälischen Schwerindustrie lag dabei allerdings das Gewicht stärker auf einer gewaltsamen Aneignung der französischen Erzgebiete und dem Wunsch nach einer Kontrolle über Belgien. Einzelne Ruhrindustrielle wie August Thyssen richteten ihre Aufmerksamkeit daneben auch auf Südrussland. Es ging um das Gebiet des Donez-Beckens, der Krim und des Kaukasus, das dem Konzernlenker vor allem wegen seiner Eisen- und Manganerzvorkommen interessant erschien. Zudem spekulierte Thyssen über die Möglichkeit, mit Hilfe der südrussischen Landbrücke weiter nach Persien vorzustoßen und von hier aus das britische Weltreich zu bedrohen.

Die hier grob umrissenen Kriegszielvorstellungen aus den Reihen von Politik, Wirtschaft und der nationalistischen Verbände fanden sich überwiegend schon in einer Regierungsdenkschrift vom 9. September 1914. Dieses »Septemberprogramm« von Bethmann Hollwegs war auf dem Höhepunkt der Marne-Schlacht entstanden und spiegelte die damalige Erwartung des Reichskanzlers und seiner Umgebung eines nahen Friedensschlusses mit Frankreich wider; für diesen Fall sollten die entsprechenden Möglichkeiten der Reichsleitung zusammengefasst vorliegen. Demzufolge war allein von konkreten Zielen im Westen die Rede. Verlangt wurde unter anderem, Frankreich müsse den Westabhang der Vogesen, einen breiten Streifen seiner Kanalküste von Dünkirchen bis Boulogne sowie das Erzbecken von Longwy-Briey an das Deutsche Reich abtreten. Außerdem sollte es, wenn es die Militärs für notwendig erachteten, die Festung Belfort nahe der Grenze zu Südbaden verlieren und – wenn auch in Raten – eine derart hohe Kriegsentschädigung leisten, dass es auf lange

Zeit finanziell außer Stande sei, wieder aufzurüsten. Belgien sollte zu einem von Deutschland stark abhängigen Vasallenstaat herabsinken, zudem die Festung Lüttich und eventuell auch die Hafenstadt Antwerpen an Preußen abgeben; Luxemburg wiederum war dazu ausersehen, im Wesentlichen als Ganzes annektiert und als eigener Bundesstaat nach Deutschland einverleibt zu werden.

Im Mittelpunkt des Septemberprogramms stand indes der Gedanke, die benachbarten Länder in einen deutsch beherrschten regionalen Wirtschaftsverbund zu zwingen. Durch entsprechende vertragliche »Abmachungen«, so die Idee, sollte Deutschland mindestens mit Frankreich, Belgien, Holland, Dänemark, Polen sowie Österreich-Ungarn in einer Zollunion verbunden werden, deren Ausgestaltung und Bedingungen die Reichsregierung diktierte. Dieses Mitteleuropa-Konzept hatte sich im Grundzug schon in den 1870er Jahren in den Kreisen der deutschen Industrie und Hochfinanz verbreitet. Es war als ein Mittel gedacht, um Deutschland ohne direkte Annexionen wirtschaftlich und damit auch politisch zur Vormacht auf dem Kontinent werden zu lassen. In der besonderen Situation nach Ausbruch des Krieges kam die Erwartung hinzu, bei einer Umsetzung dieses Konzeptes das Reich zudem besser für einen möglichen länger anhaltenden Wirtschaftskrieg gegen England wappnen zu können.

Diese im Septemberprogramm zusammengefassten Kriegsziele lagen auf einer mittleren Linie zwischen den vergleichsweise »gemäßigten« und den extremen alldeutschen Forderungen, zwischen denen von Bethmann Hollweg im Bemühen um innenpolitischen Ausgleich von Anfang an schwankte. Sie waren indes alles andere als maßvoll und hätten, wären sie militärisch durchsetzbar gewesen, Deutschland zweifellos einen starken Machtzuwachs beschert. Vielleicht hätte sich das Reich in der Folge sogar in die Lage versetzt gesehen, aus seiner geografischen Mittellage in Europa bzw. der vermeintlichen Einkreisung auszubrechen, um dann jene weltpolitischen Pläne anzugehen, von denen viele der imperialistischen Schwärmer in der deutschen Führung und Öffentlichkeit seit längerem eingenommen waren. Insofern lag es nahe, das Septemberprogramm des Reichskanzlers in Zusammenhang mit seiner hoch riskanten Politik in der Julikrise 1914 zu bringen und hierin einen Beleg dafür zu erkennen, dass von Bethmann Hollweg bereits in jenen Tagen bewusst auf einen groß angelegten Eroberungskrieg hinsteuerte. Entgegen dieser – lange in der Forschung diskutierten – Einschätzung war das Septemberprogramm jedoch für den Reichskanzler ausdrücklich nur vorläufig. Zu keinem Zeitpunkt sah er darin eine irgendwie verbindliche Richtlinie seines politischen Denkens und Handelns. Zudem veränderten sich seine Kriegsziele im Kriegsverlauf durchaus in dem Maße, wie sich die Situation an den Fronten wandelte. Bezeichnend für von Bethmann Hollwegs Haltung zu den Kriegszielen war, dass er wirklichkeitsbezogen dachte bzw. in dieser Frage beweglich danach strebte, für das Reich herauszuholen, was die Kriegslage jeweils zuließ. Mit der schon bald ungünstiger werdenden militärischen Entwicklung kam es ihm demzufolge weniger auf weit greifende Annexionen als vielmehr darauf an, Deutschland ohne Gebietsverluste und Machteinbuße in einen Frieden hinüberzuretten, den er einen »Frieden der Selbstbehauptung« nannte.

Die Kriegszielschwelgereien in und außerhalb der politischen Führung des Reiches forderten unmittelbar jene zur Stellungnahme heraus, welche die Eroberungsfantasien der Nationalisten aller Schattierung als unmoralisch oder unverantwortlich ansahen. Zu diesen entschiedenen Gegnern der Annexionisten zählten die in der Fortschrittspartei organisierten Linksliberalen und – mehr noch als diese - die deutschen Sozialdemokraten. Mitglieder und Anhänger der SPD waren im Juli/August 1914 ja mehrheitlich nur deshalb zum Krieg bereit gewesen, weil sie ihn, wie erwähnt, für einen von außen aufgezwungenen Verteidigungskampf hielten. Wer aber die Eroberungssucht der Feinde anprangerte und das Streben nach Herrschaft des einen Volkes über das andere grundsätzlich verwarf, durfte nach sozialdemokratischer Auffassung diesen Prinzipien nicht seinerseits bei günstiger Gelegenheit zuwider handeln. Für die SPD stand daher fest, dass nur ein Friedensschluss ohne Gebietseroberungen in Betracht kam. Die besonders hartnäckig diskutierte Überlegung etwa, Belgien aufzulösen und zwangsweise in das Reich einzugliedern, lehnten die Sozialdemokraten im Dezember 1915 als einen Versuch politischer »Vergewaltigung« strikt ab; das Volk wolle, so kommentierte die Parteizeitung »Vorwärts«, keine Annexionen, sondern es wünsche Frieden.

Obwohl sich von Bethmann Hollweg bemüht hatte, eine öffentliche Erörterung der Kriegsziele aus innen- wie außenpolitischen Gründen durch Verbot zu verhindern, entwickelte sich auf Grund der stark unterschiedlichen Auffassungen eine leidenschaftliche Auseinandersetzung. Ihre besondere Schärfe erhielt die anhebende Kriegszieldebatte auch dadurch, dass die Annexionisten, welche politisch den bürgerlich-konservativen und den rechten Parteien zugehörten, oft zugleich gegen jede innen- und verfassungspolitische Veränderung eingestellt waren. Solcherart Reformen, so glaubten sie, müssten am Ende in erster Linie den vermeintlich umstürzlerischen Zielen der Sozialdemokratie zugute kommen. Ihnen ging es also bei der Kriegszielfrage nicht allein um Deutschlands zukünftige Größe oder Machtstellung in der Welt; die Annexionisten hofften vielmehr fernerhin, die von ihnen vertretene Aussicht auf einen Gewinn bringenden so genannten Siegfrieden könnte das Volk, und hierbei besonders die Arbeiterschaft, von ihrem Verlangen nach demokratischen Zugeständnissen im Innern - wie etwa beim preussischen Dreiklassenwahlrecht - abbringen. Bei dieser Ausgangslage und den ständigen Versuchen der Annexionisten ihren Gegnern in der Debatte vaterlandsfeindliche Motive zu unterstellen, ergab sich fast zwangsläufig eine zunehmend verhärtete Frontstellung. Wie von Bethmann Hollweg besorgt vorausgesehen hatte, trug die 1914/15 beginnende innenpolitische Auseinandersetzung um die Kriegsziele so entscheidend dazu bei, dass die Idee von der nationalen Einheit im Krieg, vom Burgfrieden, immer deutlicher als politische Einbildung erkennbar wurde.

Die alliierten Kriegsziele

Bei den Kriegsgegnern des Reiches fand eine ähnliche Auseinandersetzung um die je eigenen Kriegsziele nicht statt. In Frankreich herrschte von Beginn an von der äußersten politischen Linken bis zur Rechten Einigkeit darüber, dass es an oberster Stelle um die Rückgewinnung des 1870/71 an das Deutsche Reich verlorene Elsaß-Lothringen gehen müsse. Die französische Schwerindustrie verlangte außerdem das Saargebiet mit seinen Kohlevorkommen. Weiterhin stand für Frankreichs Politik und Öffentlichkeit insbesondere die Sicherung seiner Ostgrenze im Mittelpunkt der Kriegszielüberlegungen. Das linke Rheinufer, so die französische Vorstellung, sollte zu diesem Zweck nach dem Krieg von Deutschland abtrennt werden; umstritten war lediglich, ob es dann wie das Saarland einverleibt oder vielleicht als eigener - von Frankreich abhängiger – Staat in der Rolle eines Pufferstaates gegenüber dem Angreifer von der anderen Rheinseite einzurichten sei. Diesen Rheinzielgedanken verfolgten neben den französischen Intellektuellen vor allem die hohen Militärs im Generalstab. Alles in allem waren die schon früh fest stehenden französischen Kriegsziele sehr stark von solchen sicherheitspolitischen Beweggründen bestimmt; das als aggressiv und militaristisch beurteilte Reich sollte demzufolge, um vor ihm für lange sicher zu sein, entscheidend beschnitten, ja »zerstört« werden, wie der französische Außenminiter Delcassè im Oktober 1914 gegenüber dem russischen Botschafter in Paris das französische Hauptziel benannte.

Anders als Frankreich war Großbritannien an Gebietsforderungen auf dem europäischen Kontinent bzw. an einer territorialen Neuordnung Europas nach Kriegsende nicht interessiert. Bei den englischen Überlegungen ging es vor allem darum, Deutschland als aufstrebenden weltpolitischen und globalen wirtschaftlichen Konkurrenten auszuschalten. Konkret verlangte London daher, dass die in beiderlei Hinsicht als bedrohlich empfundene deutsche Flotte zerstört und die Kolonialgebiete des Reiches in Afrika im Wesentlichen zu britischen Gunsten aufgeteilt würden.

Ferner wollte man den deutschen Außenhandel einschränken, wozu unter anderem die handelspolitische Meistbegünstigung für das Reich aufgehoben werden sollte. Zwar forderte auch die englische Politik die Räumung und Wiederherstellung Belgiens sowie auch die Rückgabe Elsaß-Lothringens an Frankreich; aber im Gegensatz zu Paris wollte die Regierung in London Deutschland als kontinentaleuropäische Macht grundsätzlich erhalten wissen. Statt an die Zerstörung des Reiches dachte man also jenseits des Kanals eher daran, es machtpolitisch einzudämmen. Im Hintergrund dieses Konzeptes stand die – Jahrhunderte alte – britische außenpolitische Leitidee der »balance of power«. Danach war es für die überseeisch ausgerichteten Interessen der Seegroßmacht von der Insel wichtig, dass auf dem europäischen Festland keine Vormacht entstehe, welche England eines Tages im Weltmaßstab gefährlich werden könnte. Wenn Deutschland als Macht zu stark beschnitten werden würde, so die englische Besorgnis, musste dies besonders Frankreichs und Russlands Streben nach kontinentaler Vormacht begünstigen; die »Zerschlagung« Deutschlands, wie es Paris vorschwebte, musste folglich aus britischer Sicht langfristig lediglich neue außenpolitische Schwierigkeiten hervorrufen.

Die russische Führung konzentrierte sich bei ihren Kriegszielüberlegungen zunächst auf Polen, das damals ohnehin zum größten Teil als fester Bestandteil des Zarenreiches galt. Unter den verschiedenen hier diskutierten Zukunftsplänen für Polen setzte sich die Idee eines selbstständigen, aber von Russland stark abhängigen Staates durch, welcher durch erwartete Gebietsgewinne nach dem Krieg aus deutschem und österreichisch-ungarischem Besitz abgerundet werden sollte. Einen zweiten Schwerpunkt russischer Kriegsziele bildete die Vorstellung, von einer Aufteilung des mit den Mittelmächten verbündeten Osmanischen Reiches zu profitieren. Russland trachtete entsprechend seiner traditionellen Interessen in der Region dabei in erster Linie danach, die Kontrolle über Konstantinopel und damit über die Meerengen hin zum Mittelmeer erlangen. Dies hatten seine westlichen Verbündeten St. Petersburg bereits am 4. März 1915 zugesichert. Besonders Großritannien war dieses Zugeständnis auf Grund der eigenen Interessen am östlichen Mittelmeer schwer gefallen; wegen der unsicheren innenpolitischen Lage in Russland und weil man im Westen fürchtete, es könne unter diesem Druck vielleicht aus der Kriegskoalition ausscheren und einen Separatfrieden mit Deutschland schließen wollen, wurden diese erheblichen Bedenken in London schließlich zurückgestellt.

Diplomatische Friedensbemühungen und ihr Scheitern

Tatsächlich setzten erste deutsche Friedensfühler 1914/15 bei dem Gegner im Osten an. Wie die Regierungen im Westen glaubte auch die Reichsleitung, ein Sonderfrieden sei am ehesten mit Russland möglich, das militärisch relativ rasch in die Defensive gedrängt werden konnte. Hinter der Idee vom Separatfrieden mit dem Zarenreich stand die Überlegung von Falkenhayns, nur durch eine merkliche Entlastung an der Front im Osten werde sich eine wirkliche Siegchance im Westen ergeben können. Entsprechend aufgeschlossen reagierte die deutsche Führung, als sich am 20. November 1914 ein dänischer Geschäftsmann und Diplomat im Auftrag seines Königs anbot, eine Friedensvermittlung zu versuchen. General von Falkenhayn, von Bethmann Hollweg und Wilhelm II. kamen sogleich überein, den dänischen Unterhändler zu nutzen, um einen Kontakt zu St. Petersburg herzustellen. Das überraschende Vermittlungsangebot schien ihnen die Möglichkeit zu bieten, den Gedanken an einen Separatfrieden voranzutreiben, ohne dabei von sich aus die Initiative zu übernehmen und dadurch in den Augen der Feindmächte als geschwächt zu gelten. Zur Enttäuschung der Reichsleitung reagierte aber Zar Nikolaus II. auf eine vorsichtige Anfrage des dänischen Königs von Anfang Januar 1915 unmissverständlich ablehnend. An seiner abweisenden Haltung änderten auch die schon erwähnten großen Siege der Mittelmächte im Frühsommer und Sommer 1915 im Osten nichts; sie schienen im Gegenteil die Kampfentschlossenheit des Zarenreiches noch zu steigern, so dass die Idee eines Sonderfriedens mit Rußland – ungeachtet der fortlebenden Hoffnung hierauf – zumindest vorerst beiseite gelegt werden musste.

Allerdings scheint es aus nachträglicher Sicht ohnehin so, als seien diese Friedensfühler über Dänemark von 1914/15 von vornherein kaum aussichtsreich gewesen. Denn die russische Führung hätte, wäre sie zum Entgegenkommen bereit gewesen, ein hohes politisches Risiko auf sich nehmen müssen. Die Mächte der Dreier-Entente hatten sich nämlich schon wenige Wochen nach Kriegsbeginn im Londoner Vertrag vom 5. September 1914 wechselseitig darauf festgelegt, einen Frieden nur gemeinsam zu schließen. Im Falle des Vertragsbruches drohte Russland somit außenpolitisch und diplomatisch in die Isolierung zu geraten, und es hätte vor allem auf alle Siegesprämien, welche die Westalliierten versprachen, verzichten müssen. Die vage Zusage aus Berlin, die Bereitschaft zu einem Separatfrieden mit maßvollen Friedensbedingungen zu belohnen, vermochte jedoch etwa die Aussicht auf die Meerengen am Bosporus nicht annähernd auszugleichen. Zudem war aus Sicht der russischen Führung zu bedenken, dass ein Frieden zu deutschen Bedingungen den drohenden Umsturz im Innern wohl eher förderte als ihn verhinderte.

Nach dem Scheitern der Sonderfriedensbemühungen mit Russland war klar, dass ein Verhandlungsfriede nur im Benehmen mit allen Feindstaaten möglich sein konnte. Aber auch im Hinblick auf Verhandlungen über einen allgemeinen Frieden bestand für die Reichsleitung erneut das Problem, den Anschein allzu großer Friedensbereitschaft zu vermeiden. Denn die Gegner konnten dies als ein Zeichen deutscher Schwäche auslegen. Ein Friedensvorstoß war insoweit für den, der den ersten Schritt tat, ein nicht geringes politisches Risiko. Der Reichskanzler wollte dieses Risiko nur aus einer vergleichsweise starken militärischen Gesamtstellung heraus eingehen, wie sie jeweils im Herbst der Jahre 1915 und 1916 gegeben war.

Nachdem die Reichsleitung gleichwohl noch 1915 bei den Feinden vergeblich auf Signale zur Friedensbereitschaft gesetzt hatte, entschloss sich von Bethmann Hollweg Ende 1916, nunmehr die Initiative zu ergreifen. Ein wesentlicher Grund für seinen Entschluss war die besondere innenpolitische Situation dieser Wochen, in denen die Marineführung sowie die Oberste Heeresleitung - inzwischen unter den Generälen von Hindenburg und Ludendorff - nachdrücklich die Eröffnung des so genannten unbeschränkten U-Boot-Krieges forderten. Der unbeschränkte U-Boot-Krieg, der an anderer Stelle noch eingehender behandelt wird, war als eine Antwort auf die im Herbst 1914 gegen das Reich verhängte englische Seeblockade gedacht und galt allgemein als völkerrechtswidrig. Aus der Sicht von Bethmann Hollwegs bestand daher die große Gefahr, durch den rücksichtslosen Einsatz der U-Boot-Waffe den Kriegseintritt der USA und sogar die Gegnerschaft der gesamten zivilisierten Welt zu provozieren. Dies aber wollte er unbedingt vermeiden. Am 12. Dezember 1916 übermittelte demzufolge die Reichsleitung den alliierten Mächten ein offizielles deutsches Friedensangebot, das von Bethmann Hollweg noch am selben Tag in Form einer Regierungserklärung den Mitgliedern des Reichstages bekannt gab. Doch das Friedensangebot fiel inhaltlich zu vage und zu vieldeutig aus, um bei den Alliierten ernsthaftes Interesse zu wecken. Hinzu kam, dass sowohl Friedensnote wie Reichstagsrede im Ton überaus selbstbewusst, ja kampfeswillig gehalten waren. Ein damals neutraler Diplomat sprach davon, Deutschland habe den Frieden nicht angeboten, sondern »angedroht unter Zuchthausstrafe bei Ablehnung«.

Die Ententestaaten wiesen die deutsche Initiative zu Verhandlungen folglich am 30. Dezember des Jahres strikt zurück. Sie sahen darin lediglich ein taktisches Manöver, allein dazu gedacht, die öffentliche Meinung in ihren Ländern sowie in den neutralen Staaten zu täuschen. Auch der zwischenzeitliche Versuch des US-Präsidenten Woodrow Wilson, zwischen den Krieg führenden europäischen Staaten zu vermitteln, stimmte die Alliierten nicht um. Die Regierungen der Entente bestanden vielmehr auf ihrer Haltung, die Deutschland als Hauptschuldigen am Krieg ansah und einen Frieden von weit gehenden politischen und gebietlichen Ausgleichsleistungen des Reiches und seiner Verbündeten abhängig machte.

Am Ende verliefen also die Überlegungen und Vorstöße 1914/16 zu Friedensgesprächen ergebnislos im Sande. Zu groß waren überdies inzwischen die Opfer an Menschen und Material, und zu groß waren auch der Hass und die nationalen Leidenschaften auf allen Seiten geworden, als dass es sich die beteiligten Regierungen leisten wollten, den Krieg ohne die erstrebten und in der Heimat lautstark versprochenen Gewinne vorzeitig zu beenden. Auch in der deutschen Führung trat in dieser Kriegsphase niemand, auch von Bethmann Hollweg nicht, für eine solche Idee eines Friedens ohne Sieger und Besiegte ein. Solange nur die kleinste Hoffnung auf einen erfolgreichen militärischen Durchbruch bestand, glaubte man auf keiner Seite gezwungen zu sein, von den je eigenen Kriegszielen sehr weitgehend oder vollständig abrücken zu sollen. Hier wie dort erschien damit weiterhin ein Sieg ohne Eroberungen als reine Selbstaufgabe, und auch ein Ende des sinnlosen Tötens fassten die verantwortlichen Regierenden nicht als Gewinn an sich auf.

Die Organisation der Kriegswirtschaft

Der deutsche Friedensvorstoß von Dezember 1916 war nicht zuletzt der Erkenntnis entsprungen, dass der Krieg nicht nur militärisch, sondern auch wirtschaftlich immer größere Schwierigkeiten hervorbrachte. Die Probleme auf wirtschaftlichem Gebiet begannen sich schon bald nach Kriegsbeginn abzuzeichnen und wurden, weil es sich zunehmend um einen Wirtschaftskrieg handelte, ständig gewichtiger. Vor dem Krieg und in seinen Anfängen hatte in Deutschland noch die Vorstellung von einem kurzen Krieg geherrscht; das Preußische Kriegsministerium etwa ging von einer Dauer von nur neun Monaten aus. Für den Fall eines länger andauernden Waffenganges waren mithin keine ausreichenden Vorkehrungen getroffen worden. Das Ausmaß und die Folgen dieser Fehlkalkulation zeigten sich mit jedem Monat deutlicher, den die englische Seeblockade gegen das Reich bestand. Durch die Abschnürung der deutschen Häfen von See aus wurde die heimische Wirtschaft mit immer größerer Wirksamkeit von Rohstoff- und Waren- bzw. Lebensmittellieferungen aus dem Ausland abgeschnitten; der Warenaustausch mit den wenigen neutralen Nachbarstaaten wie Dänemark und Holland bot dafür keinen Ausgleich. Das Reich war aber als hoch industrialisiertes und wirtschaftlich vernetztes Land in starkem Maße von den Lieferungen der internationalen Handelspartner abhängig. Dies galt vor allem für Rohstoffe. Zuletzt, zwischen 1910 und 1913, machten sie 43 Prozent der deutschen Einfuhren aus. Diese große Abhängigkeit besonders von den Rohstoffzufuhren betraf viele Zweige der deutschen Wirtschaft, gerade auch solche, welche, wie die Chemische Industrie, Erzeugnisse lieferten, ohne die ein Krieg nicht zu führen war. Eingeführt werden mussten vor allem Nichtedel-Metalle, Woll- und Baumwollfasern, Kautschuk und Salpeter, aber auch Schwefel und Erdöl. Salpeter, Schwefel und Baumwolle beispielsweise waren für die Herstellung von Munition unentbehrlich; Kautschuk bildete den Grundstoff für Gummi und damit für Reifen, die neben den zivilen Autos auch Militärfahrzeuge bewegten.

Von daher stand fest, dass die Rohstoffversorgung mit zunehmender Kriegsdauer zu einem besonderen, für den Krieg führenden Staat lebensnotwendigen Thema werden würde. Nötig waren Maßnahmen, um die knappen Ressourcen straff und effektiv zu bewirtschaften. Einer der ersten, der dies erkannt hatte, war der Direktor der Allgemeinen Elektrizitätsgesellschaft, AEG, Walther Rathenau. Als Leiter eines stark vernetzten und technisch weit fortgeschrittenen Unternehmensverbundes war sich Rathenau bewusst, welch große Bedeutung eine umfassende Planung und die von oben gesteuerte Abstimmung zwischen den Teilen für das wirtschaftliche Gelingen des Ganzen hatten. Schon wenige Tage nach Kriegsbeginn hatte er sich daher an das zuständige Preußische Kriegsministerium gewandt und die zentrale Beschaffung und Verteilung wichtiger Metalle wie Blei und Kupfer gefordert. Auf seine Vorschläge hin wurde dann am 13. August 1914 beim Kriegsministerium eine besondere Kriegsrohstoffabteilung eingerichtet, der er selbst bis zum Frühjahr 1915 als ziviler Leiter vorstand. Zu seinen Beratern und Helfern wählte Rathenau bekannte Banker und Industrielle aus den für die Kriegswirtschaft besonders wichtigen Sektoren wie die metallverarbeitende sowie die Eisen- und Stahlindustrie. Die Kriegsrohstoffabteilung war eine Behörde und als solche für die Rohstoffbewirtschaftung nicht nur in Preußen, sondern in ganz Deutschland zuständig. Der Grundgedanke dabei war, dass solche zentralen Einrichtungen die knappen Rohstoffe zu festgesetzten Preisen kaufen, lagern und nach kriegswirtschaftlichen Gesichtspunkten wieder – preisgünstig – an staatliche oder private Betriebe mit Heeresaufträgen verkaufen sollten. Des Weiteren erging an die Kriegsrohstoffabteilung der nicht minder wichtige Auftrag, dafür zu sorgen, dass die schmale Rohstoffbasis über den Weg der Entwicklung und Herstellung von Ersatzstoffen verbreitert würde. Ein bekanntes Beispiel für das Gelingen dieses Auftrags war das Haber-Bosch-Verfahren zur künstlichen Gewinnung von Stickstoff und Salpetersäure; das Verfahren war schon vor dem Krieg entwickelt worden und wurde noch im ersten Kriegshalbjahr durch Initiative der Kriegsrohstoffabteilung mit staatlichen Mitteln zielstrebig für die industrielle Produktion nutzbar gemacht.

Als Unterorgane oder Sektionen der Kriegsrohstoffabteilung dienten so genannte Kriegsrohstoffgesellschaften. Ihnen fiel die Aufgabe zu, die Rohstoffbewirtschaftung technisch-kaufmännisch durchzuführen. Bis zum Februar 1915 waren 16 solcher Gesellschaften ins Leben gerufen worden. Es handelte sich dabei um private Aktiengesellschaften, an denen neben interessierten Firmen des jeweiligen Zweiges der Kriegswirtschaft auch der Staat als Investor mitbeteiligt war. Zu den ersten dieser Gesellschaften gehörten die Kriegschemikalien AG, die Kriegswollbedarf AG, die Kammwoll AG oder die Kriegsleder AG; bald kamen beispielsweise die Kriegswasserstoff AG und die Kriegsmanganerz AG hinzu. Anfang 1918 organisierten fast 200 solcher Gesellschaften all jene Wirtschaftsbereiche, welche unmittelbar an der Kriegsproduktion beteiligt waren. Das Vorbild für sie gab die Kriegsmetalle-AG ab. Diese war bereits am 2. September 1914 unter Beteiligung 22 führender Unternehmen der Metallverarbeitung gegründet worden, welche den Hauptteil der benötigten Gelder gaben. Die Kriegsmetalle AG besaß, weil sie im wichtigen Staatsauftrag handelte, sogar das Recht, notfalls mit dem Mittel der Beschlagnahme alle verfügbaren Vorräte der in Frage kommenden Rohstoffe aufzukaufen und an die für das Militär produzierenden Firmen weiterzuleiten. Diesen wiederum war ein Gewinn von fünf Prozent garantiert; Bestimmungen wie diese sollten helfen, das private Gewinnstreben als Antriebskraft jeden Wirtschaftens nun für die existenziellen Interessen des Staates zu nutzen.

Die Kriegsrohstoffgesellschaften waren ein nach außen sichtbares Zeichen der industriellen Mobilmachung Deutschlands. Ihr halb-öffentlicher Charakter bezeugte den Willen von Staat und Großindustrie, die Kriegführung in den Kernbereichen der Kriegswirtschaft in enger Zusammenarbeit zu organisieren, ohne dass dabei die gegebenen privatkapitalistischen Wirtschafts- und Eigentumsverhältnisse angetastet würden. Die zeitweise oder dauerhafte Verstaatlichung kriegswichtiger Industrien stand als mögliche Alternative hierzu tatsächlich nicht zur Debatte. Wie in anderen am Krieg beteiligten Ländern vertraute der Staat in Deutschland auf die Marktnähe und das Profitdenken der Unternehmer, deren scheinbar überlegener Sachverstand und Organisationstalent gerade in der bestehenden Ausnahmesituation als unentbehrlich angesehen wurde. Über die Rohstoffbewirtschaftung war so 1914/15 in wichtigen Bereichen der Wirtschaft eine ganz eigene wirtschaftliche Organisationsform der engen Verzahnung von staatlicher Lenkung einerseits und industrieller Selbstorganisation anderseits entstanden, bei der das unternehmerische Handeln nunmehr in den Dienst des Staates und damit der Allgemeinheit gestellt schien. Manche Zeitgenossen waren von der hier vermeintlich verwirklichten Idee einer so genannten Gemeinwirtschaft derart beeindruckt, dass sie hofften, sie könne den Krieg überdauern und Grundlage einer Art deutschem Mittelweg zwischen kapitalistischer und sozialistischer Wirtschaftsverfassung sein. Andere wie die Redakteure der Zeitschrift des SPD-nahen Metallarbeiterverbandes träumten schon von einem ersten Schritt in Richtung auf die Verwirklichung des Sozialismus nach dem Krieg und verkündeten im Herbst 1914 den Anbruch einer »neuen Zeit«.

Verglichen mit der damaligen Wirklichkeit handelte es sich jedoch um Illusionen bzw. um realitätsferne Beschönigungen eines Zustandes, von dem in erster Linie die großen Unternehmen besonders der Rüstungsindustrie wirtschaftlich profitierten. Denn sie beherrschten die Kriegsrohstoffgesellschaften, und auch der vorgeschriebene staatliche Beauftragte in diesen Gesellschaften konnte nicht verhindern, dass die Vertreter dieser Interessen die eigenen Firmen bei der Vergabe von Rohstoffen und Heeresaufträgen bevorzugten. Verglichen mit dem Vorkriegsdurchschnitt stiegen bei diesen Verhältnissen die Nettogewinne etwa der Krupp-Werke in Essen bis zum Jahr 1917 um das Zweieinhalbfache; bei der in Düsseldorf ansässigen Rheinischen Metallwaren und Maschinenfabrik, einem weiteren industriellen Großkonzern aus der Rüstungswirtschaft, lagen die Gewinne inzwischen sogar um ein Zehnfaches höher. Die Hauptverlierer dieser Situation waren jene Betriebe, welche ihre Produktion nicht rasch genug Gewinn bringend für militärische Zwecke umzustellen vermochten. Es handelte sich um solche, die zivile Güter wie Möbel, Gläser, Uhren oder Spielzeug herstellten oder verteilten und von daher als nicht kriegswichtig erschienen. Sie erhielten keine lukrativen Heeresbestellungen, und auch bei der Zuteilung dringend benötigter Rohstoffe wie Kohle gingen sie zumeist leer aus. Vielfach waren es mittlere und kleine Handels- und Handwerksunternehmen, denen eine einflussreiche Verbandsvertretung fehlte. Ihre Betreiber mussten zusehen, wie die Großindustrie gestärkt durch die erfolgreiche Lobbyarbeit ihrer industriellen Spitzenverbände riesige Gewinne erzielte, während sie selbst gezwungen waren, ohne ausreichende staatliche Hilfe in Zeiten stark sinkender Nachfrage für ihre Waren oder Dienstleistungen ums wirtschaftliche Überleben zu kämpfen. Bei vielen der betroffenen Kleinunternehmer wuchs, je schwieriger die eigene Lage wurde, daher der Unmut über eine Regierung, welche die Großindustrie einseitig begünstigte und die Belange des gewerblichen Mittelstandes gänzlich vernachlässigte oder kalt zu übersehen schien.

Die Ernährungswirtschaft

Mehr noch als die Rohstoffversorgung und Rüstungsproduktion entwickelte sich im Verlauf des Krieges die Ernährungsfrage zu einem zentralen kriegswirtschaftlichen und bald auch sozialen Problem. Schon 1915 waren die Schwierigkeiten auf dem Gebiet der Nahrungsmittelversorgung so groß geworden, dass bezweifelt werden musste, ob das Reich einen längeren Krieg würde durchhalten können. In Berlin-Lichtenberg hatte es im Oktober des Jahres erste Lebensmittelunruhen gegeben, die dies bezeugten. Neben der mangelnden Vorsorge der staatlichen Stellen hing die sich ausweitende Notlage zunächst vor allem mit der alliierten Blockade zusammen. Noch vor dem Krieg hatte Deutschland etwa 20 bis 25 Prozent seiner Nahrungsgüter aus dem Ausland eingeführt, darunter besonders Milchprodukte, Fleisch, Fisch und Pflanzenfette. Auch Futtermittel wie argentinischer Mais und russische Gerste gehörten zu den Importen, ebenso Stickstoffdüngemittel, mit denen sich der Ertrag der Böden erheblich steigern ließ. Als Folge der Blockade gingen diese Einfuhren also nunmehr stark zurück. Gleichzeitig brach die inländische landwirtschaftliche Produktion um etwa 30 bis 40 Prozent ein, weil es wegen der Einberufungen an Arbeitskräften fehlte und das Militär in großem Umfang Pferde beschlagnahmte, die eigentlich als Arbeitstiere auf den Feldern gebraucht wurden. Hinzu kamen der Mangel an Betriebsmittel, an Saatgut und Dünger sowie die Folgen wiederkehrender Missernten wie die von 1916.

Die Regierung und die Behörden verfügten über kein durchdachtes Konzept zum Umgang mit dieser Lage, die dazu geführt hatte, dass schon in den ersten Monaten des Krieges die Preise für zahlreiche Grundnahrungsmittel deutlich anstiegen. Bereits im Sommer 1915 waren höherwertige Nahrungsmittel für viele zu einem kaum mehr bezahlbaren Luxus geworden. In Karlsruhe etwa stieg der Preis für ein Kilogramm Brot von Juni 1914 bis Juni 1915 von 0,27 Reichsmark (RM) auf 0,42 RM; der Kilopreis beim Schweinefleisch erhöhte sich unterdessen von 1,60 RM auf 3,10 RM, der Preis für den Zentner Kartoffeln wuchs von 6,38 RM auf 11,50 RM. Vor allem die Verbraucher in den großen Städten begehrten gegen diese starke Preiserhöhung wichtiger Grundnahrungsmittel auf, so dass wegen der drohenden Gefahr für die Kriegsmoral Handlungsdruck entstand. Eine erste Antwort der Behörden bestand in der Festsetzung von Höchstpreisen zunächst für einzelne landwirtschaftliche Erzeugnisse wie Getreide. Bald wurden immer mehr Güter der behördlichen Preisbindung unterworfen; auf Getreide folgten Kartoffeln, Zucker, Butter und Fleisch, bis schließlich alle weiteren Grundnahrungsmittel einbezogen waren. Die Bauern reagierten auf die amtliche Preispolitik, indem sie entweder bei der Erzeugung auf die jeweils noch »freien« Produkte auswichen oder aber ihre Produkte nunmehr unter der Hand auf dem sich ausweitenden Schwarzmarkt anboten. Statt die Lage zu beruhigen, erreichten Staat und Kommunen mit ihrem Vorgehen also das Gegenteil dessen, was sie aus Rücksichtnahme auf die abhängigen Konsumenten hatten erreichen wollen. Butter etwa war nach der Festsetzung von Höchstpreisen im Frühsommer 1916 zeitweise vollständig aus dem freien Verkauf verschwunden; gleichzeitig fanden auf den lokalen Schwarzmärkten vielfach regelrechte »Butterjagden« statt, welche hier zu immer höheren Preisen für die begehrte Ware führten. Einzelne lokale Behörden wie die Paderborner Stadtverwaltung versuchten gegenzusteuern, indem sie den Bauern und Händlern auf dem örtlichen Wochenmarkt Geldprämien zahlten, wenn sie einen angemessenen Preis, den die Verwaltung vorgab, freiwillig einhielten. Aber auch Preisstützungsmaßnahmen wie diese konnten nicht verhindern, dass die Anbieter von Nahrungsmitteln oftmals zuerst an ihren persönlichen Gewinn dachten und die Preise nahmen, welche einkommensstarke Verbrauchergruppen zu zahlen bereit waren.

Schon an der Jahreswende1914/15 war offensichtlich geworden, dass Preisfestsetzungen und –kontrollen allein nicht ausreichen würden, um die Lebensmittelversorgung auch nur halbwegs befriedigend zu regeln. Als weiterer Baustein der staatlichen Bewirtschaftung sollte daher auch auf dem Gebiet der landwirtschaftlichen Erzeugnisse der Weg der Rationierung beschritten werden, wie er bereits aus der Rohstoffbewirtschaftung bekannt war. Den Anfang machten die Weizenernte und das Brot. Die Regierung zwang die Bauern, die geernteten Mengen zu benennen und verbot ihnen, das Getreide an das Vieh zu verfüttern. Zugleich wurde auf Beschluss des Bundesrates eine Kriegsgetreidegesellschaft errichtet, die das Recht erhielt, die - faktisch verstaatlichten - gesamten Kornbestände zu Festpreisen aufzukaufen. Ein ebenfalls neu geschaffenes Reichszuteilungsamt mit zahlreichen Außenstellen im Lande diente dieser Gesellschaft dazu, das Getreide an die Gemeinde- und Stadtverwaltungen zu verteilen, welche ihrerseits die vorgesehenen Rationen zu begrenzten Preisen an die Bürger weiterveräußerten. Zur Feststellung der zuzuteilenden Brotmenge wurde die Brotkarte eingeführt. Als erste deutsche Stadt tat dies im Februar 1915 Berlin; ab Juni des Jahres war Brot dann im ganzen Land rationiert.

Die Kriegsgetreidegesellschaft bildete einen Beispielfall für weitere Rationierungsschritte, die nach der gegenüber dem Vorjahr schlechten Ernte von 1915 bald alle landwirtschaftlichen Erzeugnisse erfasste. Im Oktober 1915 richtete die Regierung eine Kriegskartoffelgesellschaft ein, 1916 entstand beispielsweise eine Kriegsgesellschaft für Sauerkraut. Aber es stellte sich schnell heraus, dass die Bewirtschaftung der landwirtschaftlichen Produkte mit Hilfe dieser Gesellschaften auch wegen der widerspenstigen Haltung der meisten Bauern nur schwer zu bewerkstelligen war. Verstärkend kam hinzu, dass Kommunen, Reichsstellen sowie die Beschaffungsämter des Heeres im Verteilungskampf um die knappen Nahrungsmittel zunehmend in Konkurrenz zueinander traten und die Lage dadurch weiter kompliziert wurde. Der Versuch des Bundesrates, diese Situation bzw. das administrative Durcheinander auf diesem Gebiet durch Schaffung einer zentralen Behörde, des Kriegsernährungsamtes, zu bessern, trug kaum

Früchte, da die neue Behörde keine ausreichenden Befugnisse über die militärischen und zivilen Verwaltungsstellen erhielt. Am Ende verstärkte das Kriegsernährungsamt von Mai 1916 das bürokratische Chaos somit mehr als es dazu beitrug, es zu mildern.

Kriegsfinanzierung und beginnende Inflation

Ein weiteres großes Problem war die Frage, wie der immer teurere Waffengang bezahlt werden solle. Grundsätzlich gab es zwei Möglichkeiten: ihn über höhere und neue Steuern oder über Kredite und Anleihen zu finanzieren. Der erste Weg schied nach Ansicht der Sachverständigen in Reichsleitung und Reichsbank aus. Eine höhere steuerliche Belastung, so die Befürchtung, müsse die allgemeine Moral und den Durchhaltewillen der Bevölkerung schwächen. Auch stand sicher zu erwarten, dass vor allem die Konservativen etwaigen Plänen zum entsprechenden Zugriff auf Einkommen und Vermögen politisch erheblichen Widerstand entgegen bringen würden. Ein Streit um neue und höhere Steuern musste ferner unweigerlich in eine Debatte um die gerechte Verteilung der anstehenden Lasten führen; eine solche innenpolitische Auseinandersetzung aber würde den zerbrechlichen Burgfrieden gefährden und sollte daher unbedingt vermieden werden. Die Grundlage jedweder Gedanken über die Kriegsfinanzierung bildete indessen die allgemeine Erwartung in Deutschland, die Kosten – wie schon 1870/71 nach dem deutsch-französischen Krieg – den unterlegenen Feinden aufzubürden, von denen der Kampf schließlich ausgegangen sei.

Also entschied sich die Reichsregierung zunächst dazu, den Weg der Anleihefinanzierung und damit der Verschuldung bei den eigenen Bürgern zu wählen; dies taten nahezu alle Krieg führenden Staaten. Die erste Kriegsanleihe war bereits im September 1914 aufgelegt worden. Sie wurde von 1,2 Millionen Deutschen gezeichnet und erbrachte einen Gesamtbetrag von fast 4,5 Milliarden Mark. Im Abstand von jeweils sechs Monaten folgten weitere Anleihen, bis Kriegsende waren es insgesamt neun. Den Verkauf in Banken und Postämtern beflügelten jedesmal groß angelegte Werbekampagnen, die an das vaterländische Pflichtgefühl aller und die Kriegsbegeisterung appellierten. Eine Anleihe zu zeichnen sei, so hieß es auf den Werbeplakaten, ein selbstverständlicher Kriegsbeitrag der Heimat und werde den deutschen Soldaten mit zum Sieg verhelfen. Kinder bekamen infolgedessen schulfrei, um von Tür zu Tür zu gehen und Anleihezeichner zu werben; sogar Kirchengemeinden, Geschäfte und Vereine investierten in Kriegsanleihen, für welche eine damals attraktive Verzinsung von 5% in Aussicht gestellt war. Am Ende spülte der propagandistisch inszenierte Verkauf von Kriegsanleihen fast 100 Milliarden Mark in die Kasse des Staates.

Werbeplakat von 1917 für die Zeichnung von Kriegsanleihen mit dem weithin verehrten »Sieger von Tannenberg«, General von Hindenburg

Bis zum Frühjahr 1916 reichten die Anleihenerlöse noch aus, um die Kriegskosten weitgehend zu decken. Ab der fünften Kriegsanleihe im Herbst des Jahres liefen die Kosten jedoch derart davon, dass die Reichsregierung weitere Maßnahmen ergreifen musste. Einen Teil der notwendigen Ausgaben versuchte sie nun zunächst über vermehrte Steuereinnahmen einzubringen. Dazu erließ sie beispielsweise eine Verbrauchssteuer auf Kohle, eine Steuer auf Luxuswaren und eine – bescheidene – Kriegsgewinnsteuer; letztere wurde im Juni 1916 eingeführt und galt für alle Kapitalgesellschaften. Doch die Erträge aus diesen Steuern waren bei weitem zu gering, um die immer größere Finanzierungslücke und das daraus erwachsene staatliche Defizit zu dekken. Die Verschuldung allein des Reiches wuchs demzufolge von knapp 5 Milliarden Mark im Jahr 1915 auf etwa 105 Milliarden Mark 1918. In dieser Zwangslage sah die Reichsregierung keinen anderen Ausweg mehr als gleichsam aus dem Nichts neues Geld zu drucken und in Umlauf zu bringen. Gegenüber dem Vorkriegsstand verdreifachte sich dadurch bis 1917 die Menge des umlaufenden Geldes. Da sich aber gleichzeitig – kriegsbedingt – das Warenangebot in Deutschland zunehmend verringerte, sahen sich die Bürger trotz staatlich verordneter Höchstpreise für viele Lebensmittel im Kriegsverlauf auf breiter Front stark steigenden Preisen gegenüber. Bis Kriegsende erreichte die Inflation im Reich fast 250%. Die Folge war, dass die Mark gemessen an ihrer Kaufkraft im Innern bei Kriegsende kaum mehr ein Drittel ihres früheren Wertes besaß.

Mit ihrer Entscheidung, die Kriegskosten durch Anleihen sowie den vermehrten Druck von Papiergeld zu bestreiten, wählte die Reichsregierung einen höchst unsoliden Finanzierungsweg. Sie legte mit diesem Vorgehen den Grundstein dafür, dass die deutsche Währung nach Kriegsende in Schüben bis 1922/23 der vollständigen Zerrüttung entgegen trieb. Den meisten Bürgern war dieser laufende Vorgang in den Kriegsjahren jedoch nicht durchsichtig geworden. Statt von Inflation sprach man allgemein von Teuerung, für die viele in erster Linie die Gewinnsucht von Produzenten und Händlern verantwortlich machten. Gleichwohl konnte sich niemand den wirtschaftlichen Folgen der Inflation entziehen. Am ehesten waren noch die Rüstungsunternehmer und – in begrenztem Maße – auch die Arbeiter der Kriegsindustrie in der Lage, mit der schleichenden Geldentwertung Schritt zu halten. Die industriellen Erzeuger von Rüstungsgütern nutzten ihre exklusive Marktmacht und ihre guten Beziehungen zu den zuständigen Behörden, um zusätzlich zu hohen Preisen besondere Teuerungszuschläge durchzusetzen; die Rüstungsarbeiter wiederum erzielten überdurchschnittliche Lohnsteigerungen und konnten so große reale Einkommensverluste vermeiden. Zu den Hauptverlierern der Inflation zählte dagegen die Masse der Bezieher fester Einkommen, darunter alle diejenigen, welche von Renten oder Ersparnissen lebten. Diese vielfach mittelständischen Bevölkerungsschichten mussten schon während des Krieges erhebliche materielle Einbußen hinnehmen. Die Folge war, dass sie nun in relative Verarmung abzugleiten drohten. Entsprechend wuchsen die Unruhe und die Sorge der Betroffenen vor der wirtschaftlichen Zukunft. Hinzu kam die Verbitterung darüber, dass die starken Preissteigerungen die einzelnen Teilgruppen der Kriegsgesellschaft ungleich hart trafen. Auf diese Weise trug auch die Kriegsinflation dazu bei, die inzwischen unübersehbar gewordenen sozialen Spannungen in Deutschland weiter zu verschärfen.

Kriegswende und Sturz der 2. Obersten Heeresleitung im Sommer 1916

Die immer drückender werdenden wirtschaftlichen Belastungen waren die eine große Sorge der Menschen an der Heimatfront. Die andere galt stets der Entwicklung an den Fronten, wo die eigenen Männer, Väter, Brüder und Söhne in ständiger Lebensgefahr standen und wo sich zugleich alle Sieges- oder Friedenshoffnungen entscheiden mussten. Zu Beginn des Jahres 1916 lagen die militärischen Dinge zunächst so: Zwar war im Mai 1915 Italien in der Aussicht auf Gebietseroberungen zu Lasten Österreichs auf der Seite der Alliierten in den Krieg gezogen; doch an der Ostfront hatten deutsche Truppen, wie schon näher geschildert, Russland im Sommer jenes Jahres weit zurückgedrängt und dadurch zugleich den militärischen Druck auf die österreichische Armee vorübergehend gemindert. Im Oktober 1915 schloss sich daraufhin Bulgarien den Mittelmächten an. Noch im selben Monat waren dann deutsche, österreichische und bulgarische Truppen gemeinsam gegen Serbien vorgegangen, das sich überraschend lange gegen die Angriffe der Donaumonarchie hatte halten können. Durch die endgültige Niederwerfung Serbiens war nun die strategisch wichtige Landverbindung zum Osmanischen Reich hergestellt und die Südostflanke der Mittelmächte vorerst gesichert. An der Front im Westen hatten unterdessen die deutschen Verteidigungslinien gegen wiederholtes Anrennen der Alliierten, zuletzt im Herbst 1915 in der Champagne und bei Arras, gehalten. Insoweit stellte sich die militärische Gesamtlage Anfang 1916 zwar momentan durchaus günstig dar; auf längere Sicht aber mussten die Aussichten des Krieges für die Deutschen und ihre Führung weniger ermutigend erscheinen. Denn inzwischen befanden sich deutsche Truppen unter anderem in Tirol, hierbei zur unterstützenden Abwehr italienischer Angriffe auf österreichische Stellungen, in Serbien, in Polen, in den baltischen Provinzen Russlands, in Kleinasien sowie in Belgien und Frankreich im Einsatz. Das gleichzeitige Engagement an einer solchen Vielzahl von Kriegsschauplätzen blieb damit als ein schwer wiegendes Problem bestehen. Hinzu kam, dass, je länger der Krieg dauerte und je mehr er sich ausweitete, die – im Vergleich zu den Alliierten geringeren – deutschen Ressourcen an Rohstoffen, Material und Menschen zunehmend stärker in Mitleidenschaft gezogen wurden.

Auch General von Falkenhayn war sich über die beschriebene Gesamtsituation und die damit verbundenen Gefahren im Klaren. Sein Schluss aus der Lagebeurteilung war, dass alle zur Verfügung stehenden militärischen Kräfte jetzt wieder voll auf die Westfront zu richten seien. Hier lag ja seiner Einschätzung nach ohnehin der Schlüssel zum Sieg in diesem Krieg. Für den Chef der 2. Obersten Heeresleitung ging es nun darum, einen konzentrierten wuchtigen Schlag gegen die französische Armee zu führen. Auf diese Weise schien es ihm möglich, auch den eigentlichen Hauptgegner, nämlich England, zu treffen, das sich Frankreichs nur als eine Art »Festlandsdegens« bediene. Das französische Heer wollte der General dabei in eine große Abnutzungsschlacht verwickeln, in der es regelrecht ausbluten sollte; in der militärischen Sprache war die Rede von einer Ermattungsstrategie. Gleichzeitig setzte von Falkenhayn auf die Schlagkraft der Marine. Sie sollte derweil mit Hilfe der neuartigen U-Boot-Waffe das Inselreich in die Knie zwingen; die Marineleitung hatte selbstbewusst zugesagt, dies sei binnen Jahresfrist geschehen. Am Ende werde die britische Führung zwangsläufig die Aussichtslosigkeit weiterer Angriffsbemühungen einsehen, während die Verbündeten Englands auf dem Kontinent sich genötigt sähen, auf die Mittelmächte zuzugehen und diese um einen »billigen Frieden« zu bitten.

Für den Schlag gegen die französische Armee wählte die OHL die Festungsanlage Verdun an der Maas aus. Die Anlage war nach dem deutsch-französischen Krieg von 1870/71 ausgebaut worden, um eine weitere Invasion durch die Deutschen zu verhindern. Neben dem militärischen Wert besaß sie zugleich hohe Symbolbedeutung für das patriotische Selbstverständnis der Franzosen. Der Chef des deutschen Generalstabs war sich daher sicher, dass die gegnerischen Befehlshaber Verdun nach der gedachten schnellen Einnahme unter allen Umständen wieder zurückzuerobern versuchten. Dadurch aber müssten sie in die – militärisch damals unvorteilhafte – Rolle des Angreifers schlüpfen und würden dabei, so die Spekulation von Falkenhayns, durch gezieltes massives deutsches Artilleriefeuer immense Verluste erleiden. Am Ende ergäben sich für die Franzosen im Vergleich zu den Deutschen beträchtlich höhere Verluste an Menschen und Material, so dass ihnen schließlich nur die Aufgabe bleibe.

Die Schlacht begann am 21. Februar 1916 mit einem achtstündigen deutschen Dauerbeschuss aus 1300 Geschützen, bei dem auch Giftgasgranaten zum Einsatz kamen. Vier Tage später fiel den Deutschen im nachfolgenden Infanterieangriff mit dem Fort Douaumont das Kernstück der Verteidigungsanlage in die Hände. Wie von Falkenhayn erwartet hatte massierten die Franzosen daraufhin ihre Truppen in diesem Frontabschnitt und leiteten einen groß angelegten Gegenangriff ein. Die OHL reagierte ihrerseits, indem auch sie die Verbände um Verdun verstärkte. Es folgte eine Kette von wütenden Angriffen und Gegenangriffen, bei denen die jeweiligen Rollen als Angreifer und Verteidiger in kurzen Abständen wechselten. Für die beteiligten Soldaten handelte es sich um ein viele Wochen und Monate dauerndes Inferno in Wasserlöchern, Granattrichtern, Schlamm und zerschossenen Unterständen. Die Leiden der zermürbten Soldaten, die infolge fehlender Reserven nahezu pausenlos gefordert waren, erwiesen sich dabei unter militärischen Gesichtspunkten als vergebens. Nach wechselvollem mörderischen Kampf auf wenigen Quadratkilometern blieb die Festung schließlich unbezwungen. Wieder hatten die Offiziere der OHL den Widerstandswillen und die Kampfkraft des Gegners allzu selbstgewiss unterschätzt. Als von Falkenhayn die erfolglose Operation Ende Juni 1916 nach langem Zuwarten schließlich abbrach, hatte das Gemetzel 317.000 französische und 282.000 deutsche Tote, Verwundete und Vermisste hinterlassen.

Parallel zu den abflauenden Kämpfen um Verdun begann sich die militärische Lage der Mittelmächte im Frühsommer 1916 zwischenzeitlich dramatisch zu verschlechtern. Denn die Alliierten hatten sich Ende 1915 auf einer gemeinsamen Konferenz für 1916 auf ein abgestimmtes Vorgehen geeinigt und handelten jetzt entsprechend koordiniert. Den Auftakt machten Mitte März des Jahres die Italiener mit einem erneuten Vorstoß am Alpenfluss Isonzo gegen österreichische Stellungen. Am 18. März griff die Armee des Zaren bei Riga an. Anfang Juni 1916 begannen dann die Russen auf verzweifeltes Bitten ihres französischen Verbündeten unter General Brussilow einen großen Angriff. Diese so genannte Brussilow-Offensive richtete sich gegen österreichische Linien im südlichen Abschnitt der Ostfront. Die Russen durchbrachen in Galizien die hilflose österreichische Verteidigung und drangen rund 160 Kilometer westlich bis nach Ungarn vor. Dabei verlor die Armee der Donaumonarchie im Verlauf der Auseinandersetzung etwa 750.000 Mann, die Hälfte davon durch gegnerische Gefangennahme; viele dieser Soldaten stammten aus den tschechischen Bataillonen und waren zu den Russen übergelaufen. Aufgrund dieser schlechten Nachrichten sah sich von Falkenhayn gezwungen, einen Großteil seiner im Westen für die Verdun-Schlacht zusammengezogenen Reserven dem ins Wanken geratenen österreichischen Verbündeten zu Hilfe zu schicken. Eben dies hatten sich Franzosen und Briten für die Westfront erhofft. Am 24. Juni des Jahres begannen die Alliierten daraufhin an der Somme eine große Entlastungsoffensive, bei der allerdings die Engländer schon am ersten Tag mehr als 20.000 Mann durch

Ausgangspunkt des deutschen Angriffs bei der Schlacht von Verdun am 21. Februar 1916

Die Befestigungswerke von Verdun, Auschnitt aus einer Fotopostkarte aus dem Jahr 1916

Die Luftaufnahme zeigt die ungeheuren Zerstörungen dieser Schlacht, die die Soldaten als »Hölle von Verdun« erlebten

das deutsche Abwehrfeuer aus Maschinengewehren verloren. Die blutige Materialschlacht an der Somme zog sich mit wechselnden Vorteilen bis in den Spätherbst des Jahres hin. Sie kostete auf beiden Seiten zusammen rund 1 Million Soldaten das Leben und trug den britisch-französischen Angreifern am Ende nur geringfügige Geländegewinne ein.

Nach allem war im Sommer 1916 die militärische Krise der Mittelmächte unübersehbar geworden. Das Scheitern vor Verdun, der englisch-französische Angriff an der Somme, die Brussilow-Offensive im Osten und der drohende Zusammenbruch Österreich-Ungarns waren alarmierende Tatsachen, an denen niemand vorbei konnte. Es war unvermeidlich, dass bei dieser bedrückenden Entwicklung der hauptverantwortliche Militär kaum mehr zu halten sein würde. Die Forderung nach Ablösung von Falkenhayns erhoben vor allem die Oberkommandierenden im Osten, die Generäle von Hindenburg und Ludendorff, welche schon länger mit diesem über die Frage der militärischen Schwerpunktbildung im Streit lagen. Auch von Bethmann Hollweg schloss sich nun der Forderung der beiden erfolgreichen Offiziere an, in denen er die geeigneten Nachfolger von Falkenhayns sah. Den Reichskanzler leiteten dabei in erster Linie politische Überlegungen. Er hielt zu diesem Zeitpunkt noch immer einen Frieden auf der Grundlage der Vorkriegsverhältnisse von 1914 für möglich und beurteilte die weiteren militärischen Aussichten des Reiches pessimistisch. Seine friedenspolitische Initiative, von der schon die Rede war und die in dem erwähnten Friedensangebot von Dezember 1916 zum Ausdruck kam, ging von einem Frieden ohne weit reichende Eroberungen aus und musste daher die hochgeschraubten Erwartungen in der deutschen Öffentlichkeit enttäuschen. Um einen solchen so genannten Verständigungsfrieden innenpolitisch durchsetzen zu können, war es aus Sicht des Reichskanzlers entscheidend günstiger und sogar unabdingbar, die populären Generäle des Oberkommando Ost hinter sich zu wissen. Ihr hohes Ansehen in der deutschen Öffentlichkeit glaubte von Bethmann Hollweg also für seinen »Friedenskurs« nutzen zu können. Nebenher erwartete er von ihrer Berufung, und hier

Todes- Anzeige.
Den Heldentod für das Vaterland
starb am ______
Um stille Teilnahme bitten
Die trauernden Hinterbliebenen.
Der Trauergottesdienst findet am 10. Juli 1916.
vorm. 10. Uhr in ______ statt.

Öffentlicher Aushang von Verlustlisten (1914) an der Preußischen Kriegsakademie in Berlin

Todesanzeige für einen Kriegsgefallenen, Postkarte von 1916

Ein Blick auf die Schlachtfelder der Westfront lässt das Grauen des Krieges erahnen

besonders von der Ausstrahlungskraft von Hindenburgs, den Durchhaltewillen im eigenen Volke wie auch bei den wankenden Verbündeten festigen zu können.

Der Wechsel in der militärischen Führung des Reiches war also schon beschlossene Sache. Den letzten Anstoß dazu gab die überraschende Nachricht von der rumänischen Kriegserklärung an Österreich-Ungarn. Die Meldung traf am 27. August im kaiserlichen Hauptquartier im oberschlesischen Pleß ein, wo sich die Zentrale der deutschen Kriegführung vorübergehend befand. Daraufhin ließ auch der Kaiser – bei dem die Entscheidung lag - letzte Bedenken gegen die Ablösung von Falkenhayns fallen. Am 29. August wurde die Oberste Heeresleitung wie zu erwarten war dem erfolgreichen Offiziersgespann von Hindenburg und Ludendorff übertragen; sie sollten die bedrohlich verschlechterte militärische Lage wenden. Die Berufung der gefeierten »Sieger von Tannenberg« machte deutlich, wie sehr sich die politische Führung in Berlin inzwischen bereits um die Kriegslage sorgte.

Die Chefs der 3. OHL: General Paul von Hindenburg (links) und General Erich Ludendorff (rechts) im Hauptquartier Ost

Militärische, politische und wirtschaftlich-soziale Entscheidungen sowie Kriegsalltag im »Epochenjahr« 1917

Die neuen Chefs der nunmehr 3. OHL sahen zwar ebenfalls den Ernst der Kriegslage; von einer möglichen Niederlage oder von Friedensangeboten zu sprechen hielten sie aber für verantwortungsloses Gerede nervenschwacher Zivilisten. Statt an einen annehmbaren Waffenstillstand dachten von Hindenburg und Ludendorff im Gegenteil an eine nochmalige entschiedene Verstärkung aller Kriegsanstrengungen. In ihren Augen standen Reich und Nation auf dem Spiel; für etwaige Rücksichtnahmen auf individuelle Belange und Nöte oder gar einzelne Gruppeninteressen durfte es da keinen Raum geben. Die Generäle waren daher davon überzeugt, dass jetzt alle militärischen, wirtschaftlichen und personellen Ressourcen in einem totalen Kriegseinsatz gebündelt werden müssten. Sie glaubten, es ging schlicht um die Alternative Sieg oder Untergang, und den Sieg könne nur davontragen, wer alle seine Kräfte entschlossen mobilisiere sowie Front und Heimat zur gemeinsamen Kraftanstrengung für das große Ziel einzuschwören vermöge.

Unbeschränkter U-Boot-Krieg und Kriegseintritt der USA

Diese Idee vom »totalen« Kriegseinsatz drückte sich auf militärischem Gebiet beispielhaft im Winter 1916/17 in dem Entschluss der deutschen Führung zur Wiederaufnahme des so genannten unbeschränkten U-Boot-Krieges aus. Diese Art der Seekriegführung bedeutete, dass die deutschen Unterseeboote den Befehl erhielten, sämtliche in den Gewässern um die britischen Inseln fahrenden Schiffe – gleich unter welcher Flagge sie fuhren - jederzeit zu stellen und zu durchsuchen oder gar ohne vorherige Warnung zu versenken. Zu Angriffszielen in den betroffenen Seegebieten konnten also auch unbewaffnete Handelsschiffe bzw. Schiffe aus neutralen Staaten werden. Der unbeschränkte U-Boot-Krieg war schon 1915/16 vorübergehend für Monate geführt worden. Die Seekriegsleitung unter Admiral von Tirpitz hatte ihn im Februar 1915 bei der Reichsleitung durchgesetzt. Der Marineführung ging es darum, eine Gegenblockade gegen England zu errichten und so die Versorgungslinien des Kriegsgegners von der Insel zu unterbrechen. Solche Attacken auf neutrale Schiffe und ihre Besatzungen ebenso wie warnungslose Torpedierungen verstießen indes gegen das Völkerrecht und riefen folglich heftige internationale Proteste hervor.

Gegen die deutsche Erklärung des unbeschränkten U-Boot-Krieges protestierten besonders lautstark die USA. Dementsprechend kam es 1915 zu einer diplomatischen Krise, als ein deutsches Unterseeboot am 7. Mai des Jahres das englische Passagierschiff »Lusitania« angriff und versenkte. An Bord des Dampfers, der auch Munition und Sprengstoff geladen hatte, befanden sich unter anderem 139 US-amerikanische Staatsbürger, die infolge des Angriffs zu Tode kamen. In den USA löste die Versenkung der »Lusitania« eine Welle der Entrüstung aus. Vielen Amerikanern schien der dramatische Vorfall zu beweisen, dass die Deutschen in ihrer Kriegführung skrupellos und unmenschlich vorgingen. Angesichts der öffentlichen Erregung in den Vereinigten Staaten schien es, als drohten die USA jetzt offen an der Seite Englands und der Alliierten in den Krieg einzutreten. Diese Gefahr aber gehörte zu den ständigen Sorgen von Bethmann Hollwegs. Gegen den empörten Einspruch der Marineleitung gelang es dem Reichskanzler daraufhin, beim Kaiser die Rückkehr zum eingeschränkten U-Boot-Krieg durchzusetzen, welcher Schiffe neutraler Staaten schonen sollte.

Die Diskussion in Deutschland um den unbeschränkten U-Boot-Krieg war damit aber nur auf Zeit ausgesetzt. Schon im Frühjahr 1916 wurde sie neuerlich belebt, als General von Falkenhayn den rücksichtslosen U-Boot-Einsatz gegen England als flankierende Maßnahme zur geplanten Offensive vor Verdun verlangte. Auch die alldeutschen Nationalisten und Annexionisten meldeten sich jetzt in diesem Sinne öffentlich zu Wort. Sie hatten in dem Thema eine besonders geeignete Möglichkeit entdeckt,

"All the News That's Fit to Print."

The New York Times.

THE WEATHER

NEW YORK, SATURDAY, MAY 8, 1915.—TWENTY-FOUR PAGES.

ONE CENT

LUSITANIA SUNK BY A SUBMARINE, PROBABLY 1,000 DEAD; TWICE TORPEDOED OFF IRISH COAST; SINKS IN 15 MINUTES; AMERICANS ABOARD INCLUDED VANDERBILT AND FROHMAN; WASHINGTON BELIEVES THAT A GRAVE CRISIS IS AT HAND

SOME DEAD TAKEN ASHORE

Several Hundred Survivors at Queenstown and Kinsale.

STEWARD TELLS OF DISASTER

One Torpedo Crashes into the Doomed Liner's Bow, Another into the Engine Room.

SHIP LISTS OVER TO PORT

Makes It Impossible to Lower Many Boats, So Hundreds Must Have Gone Down.

ATTACKED IN BROAD DAY

The Lost Cunard Steamship Lusitania

Canard Office Here Besieged for News; Fate of 1,918 on Lusitania Long in Doubt

Loss of the Lusitania Fills London With Horror and Utter Amazement

Meldung der New York Times von der Versenkung der »Lusitania«

um für ihre Eroberungsphantasien Stimmung zu machen. Ihren Höhepunkt erreichte die aufgeregte Diskussion im Spätsommer und Herbst 1916. Dabei ging es bald nicht mehr um das Ob, sondern allein noch um das Wann einer solchen Maßnahme. Ausschlaggebend für den Umschwung war, dass die neue Oberste Heeresleitung die Forderung nach einer Rückkehr zum uneingeschränkten U-Boot-Krieg zum Hauptanliegen ihrer Kriegspolitik machte. Für von Hindenburg und Ludendorff handelte es sich um eine letzte Trumpfkarte. Die Wiederaufnahme der Blockade Großbritanni-

NOTICE!

TRAVELLERS intending to embark on the Atlantic voyage are reminded that a state of war exists between Germany and her allies and Great Britain and her allies; that the zone of war includes the waters adjacent to the British Isles; that, in accordance with formal notice given by the Imperial German Government, vessels flying the flag of Great Britain, or of any of her allies, are liable to destruction in those waters and that travellers sailing in the war zone on ships of Great Britain or her allies do so at their own risk.

IMPERIAL GERMAN EMBASSY
Washington, D. C., April 22, 1915

Zeitungsanzeige der deutschen Botschaft in Washington, die vor der Benutzung alliierter Schiffe warnt

ens bot aus ihrer Sicht die einzige militärische Chance, um England wirklich in die Knie zu zwingen. In nur fünf Monaten, so hatte die Marineführung ihnen versichert, werde man das Inselreich mit Hilfe der U-Boot-Waffe von allen Zufuhren von außen abgeschnitten und am Ende ausgehungert haben. Die Möglichkeit eines Kriegseintritts der USA beurteilten die Chefs der OHL daher als ein hinnehmbares Risiko. Denn sie waren davon überzeugt, dass der Krieg durch einen Sieg über die Briten schon entschieden sei, noch ehe die Amerikaner mit Truppen auf dem europäischen Kriegsschauplatz eingreifen könnten.

Wirkungsvolle Unterstützung suchten und fanden die Generäle erwartungsgemäß bei den nationalen Verbänden und der nationalistisch eingestellten Presse. In ihren Zeitungen und Propagandaschriften entfachte die so genannte nationale Rechte eine gegenüber dem Frühjahr nochmals gesteigerte öffentliche Kampagne für den unbeschränkten U-Boot-Krieg. Die alldeutschen Annexionisten und all jene, welche wie sie noch immer von einem grandiosen »Siegfrieden« und einem deutschen Mitteleuropa träumten, erhoben die Unterseeboote zu einer Wunderwaffe, die den Krieg rasch zugunsten des Reiches entscheiden werde. Mit ihrem Kampf für den unbeschränkten U-Boot-Krieg verband die nationalistisch-alldeutsche Presse dabei eine giftige Kampagne gegen von Bethmann Hollweg; dessen fortwährenden Widerstand gegen eine vermeintlich »entschlossene« Kriegführung auch zur See prangerten sie als Ausdruck von schändlicher Zaghaftigkeit und Schwäche an.

Der leidenschaftliche Propagandafeldzug der Rechten sowie die eindringliche Mahnung von Hindenburgs und Ludendorffs zur Wiederaufnahme des unbeschränkten U-Boot-Krieges beeindruckten auch die Parteien und Politiker des Reichstags. Selbst unter den Sozialdemokraten fand diese Forderung der OHL im Herbst 1916 einigen Rückhalt. Nach dem Scheitern seiner Friedensinitiative von Mitte Dezember jenes Jahres vermochte sich von Bethmann Hollweg gegenüber dem entstandenen großen öffentlichen und parlamentarischen Druck nicht mehr länger zu behaupten; zuletzt nahezu allein dastehend, fügte er sich schließlich in das scheinbar Unvermeidliche. Am 9. Januar 1917 fiel daraufhin in Pleß die verhängnisvolle Entscheidung, am 1. Februar offziell wieder zum unbeschränkten U-Boot-Krieg zurückzukehren. Damit hatten sich die Generäle der OHL im Machtkampf mit dem Reichskanzler vollends durchgesetzt. Dies war weit mehr als nur ein augenblicklicher Sieg der obersten Militärs, die auch den Kaiser auf ihrer Seite wussten. Ein bekannter Geschichtsforscher bewertet das Geschehen zu Recht als einen »Akt förmlicher Kapitulation der politischen Führung« vor der OHL.

Außenpolitisch wirkte der Beschluss von Pleß unterdessen wie eine gezielte Herausforderung an die Vereinigten Staaten und deren Präsidenten Wilson. Die Regierung der USA reagierte zunächst mit dem Abbruch der diplomatischen Beziehungen zu Deutschland; mehrere lateinamerikanische Staaten und auch China schlossen sich diesem Beispiel an. Am 1. März bewilligte der US-Kongress ferner einen Antrag der Regierung zur Bewaffnung der amerikanischen Handelsschiffe. Am 6. April folgte die offizielle Kriegserklärung Washingtons an das Deutsche Reich. Kurz zuvor waren mehrere amerikanische Handelsschiffe ohne Warnung von einem deutschen Unterseeboot versenkt worden; dies hatte das Maß endgültig voll werden lassen. Mit der Kriegsbeteiligung der industriell überlegenen USA erfuhr die Entente bald einen gewaltigen Kräftezuwachs, über den die anfänglichen Erfolge der deutschen U-Boot-Operationen gegen den Schiffsverkehr der Alliierten im Atlantik nicht lange hinweg täuschen konnten. Realistisch betrachtet hatten Deutschland und seine Verbündeten seit dem Frühjahr 1917 keine Aussicht mehr, den Krieg, der sich jetzt zum Weltkrieg ausgeweitet hatte, für sich zu entscheiden.

Hindenburg-Programm und »Hilfsdienstgesetz«

Auf wirtschaftlichem Gebiet kam der Gedanke der »totalen« Kriegsführung am sichtbarsten im so genannten Hindenburg-Programm vom Herbst 1916 zum Tragen. Zugrunde lag die noch frische Erfahrung mit den verlustreichen Materialschlachten vor

Verdun und an der Somme, bei denen sich erstmals deutlich gezeigt hatte, dass die Entente über eine bedrückende Materialüberlegenheit verfügte. Diese Überlegenheit in Bezug auf Umfang und technische Qualität der Ausrüstung konnte auch durch die beeindruckenden Leistungen der Soldaten an der Front nicht annähernd ausgeglichen werden. Die Generäle der OHL legten daher Anfang November dem Reichskanzler ein ehrgeiziges Programm zur erneuten gewaltigen Steigerung der Rüstungsproduktion vor. Konsequent umgesetzt würde das Programm schon im Frühjahr 1917 erste Wirkung entfalten. Bereits bis dahin sollten die Versorgung der Truppen mit Munition verdoppelt, die Produktion von Geschützen und Maschinengewehren verdreifacht sowie die Kohleförderung um 1 Million Tonnen und der Erzabbau um 800.000 Tonnen gesteigert werden. Gleichzeitig war vorgesehen, auch neue Anlagen für die Rüstungsproduktion zu bauen. Für die Umsetzung des Programms sollte ein eigens zu diesem Zweck zu errichtendes Kriegsamt Sorge tragen. Das Kriegsamt entstand noch im November 1916 nach dem Vorbild des englischen Munitionsministeriums. Es unterstand formal dem preußischen Kriegsministerium und sollte nach dem Willen der OHL für die gesamte Rüstungswirtschaft zuständig sein; dies schloss die Rohstoff- und Arbeiterbeschaffung mit ein. Zum Leiter dieser selbstständig handelnden Lenkungsbehörde wurde der bisherige Chef des Feldeisenbahnwesens, General Wilhelm Groener. Es handelte sich um einen hoch rangigen Offizier, von dem bekannt war, dass er zielgerichtet zu organisieren wusste und der - anders als die meisten hohen Militärs des Kaiserreichs – ein Empfinden für sozialpolitische Fragen besaß.

Für das Hindenburg-Programm wurden vor allem Arbeitskräfte benötigt. Das Problem aber war, dass bis Ende 1914 allein ein Drittel der Industriearbeiterschaft zum Heeresdienst eingezogen worden war und die Zahl der Einberufungen in der Folgezeit weiter anstieg. Um genügend Arbeitskräfte frei zu machen bzw. zu beschaffen, schlug die OHL daher einschneidende Maßnahmen vor: Zum einen sollten die so genannten Friedensindustrien ihre Produktion weitgehend zurückfahren und kriegsunwichtige Betriebe geschlossen werden. Gleiches sollte etwa für Universitäten und höhere Lehranstalten gelten; Studenten, Schüler und Bedienstete dieser Einrichtungen sollten dadurch verfügbar werden. Zum anderen verlangten die Generäle, dass die gesamte erwachsene männliche Bevölkerung einer allgemeinen Arbeits- und Dienstpflicht zu unterwerfen sei, die den unmittelbar kriegswichtigen Industrien zugute kommen sollte.

Das rechtliche Mittel hierfür wurde das »Gesetz über den vaterländischen Hilfsdienst« vom 5. Dezember 1916. Das Gesetz sah mit dem Arbeitszwangsgedanken eine besonders unpopuläre Maßnahme vor. Daher sollte es nach dem Willen der OHL durch den Reichstag beschlossen werden. Für die Generäle ging es darum, eine möglichst breite Zustimmung der Volksvertreter zu erhalten bzw. die Parteien in die Verantwortung für das geplante Gesetz mit einzubinden. Weil aber der Reichstag eingeschaltet worden war, konnten die darin vertretenen Parteien, vor allem die Sozialdemokraten, die Linksliberalen und die gewerkschaftlich orientierten Abgeordneten der Zentrumspartei, ihrerseits auf die Formulierung des Gesetzes einwirken. Dies hatte zur Folge, dass die ursprüngliche Vorlage von Reichsregierung und OHL im Beratungsverlauf erheblich verändert und erweitert wurde. Entscheidende Änderungswünsche betrafen wesentliche sozialpolitische Anliegen der Gewerkschaften, deren Mitwirkung bei der Umsetzung der Verordung auch nach Auffassung General Groeners unentbehrlich war.

Bei dem so genannten Hilfsdienstgesetz in seiner endgültigen Fassung handelte es sich also um einen Kompromiss zwischen dem Interesse der OHL an einer restlosen Mobilisierung aller Arbeitskräfte und den Belangen vor allem der Gewerkschaften, die soziale Ausgleichsforderungen erhoben und durchgesetzt hatten. Einerseits war es von nun an möglich, alle männlichen Deutschen zwischen dem 17. und dem 60. Lebensjahr zur Arbeit in kriegswichtigen Betrieben und Branchen zu verpflichten, zu denen beispielsweise auch die Landwirtschaft gerechnet wurde. Um häufige Betriebsübertritte und dadurch verursachte Störungen der Produktionsabläufe zu verhindern, sollten dabei die

Hilfsdienstpflichtigen ihren Arbeitsplatz in den kriegswichtigen Branchen nur mit Zustimmung des jeweiligen Arbeitgebers wechseln können, welcher dazu einen Abkehrschein unterzeichnete. Als berechtigten Grund für einen Arbeitsplatzwechsel galt die Aussicht auf eine »angemessene Verbesserung der Arbeitsbedingungen«, wozu ausdrücklich auch eine höhere Entlohnung zählte. Im Falle von Streitigkeiten etwa über den Abkehrschein eröffnete das Gesetz andererseits Beschwerdemöglichkeit bei einem Schlichtungsausschuss, der sich aus einer gleichen Zahl von Arbeitgeber- und Arbeitnehmervertretern zusammensetzen sollte. Zusätzlichen Schutz erhielten die Hilfsdienstpflichtigen dadurch, dass nach dem Muster des Bergbaus in allen kriegswichtigen Betrieben mit mehr als 50 Beschäftigten ständige Arbeiter- und Angestelltenausschüsse – Vorläufer der späteren Betriebsräte - einzurichten waren. Die Aufgabe dieser Gremien bestand nach dem Willen des Gesetzgebers darin, für ein gutes Einvernehmen zwischen dem Arbeitgeber und den Arbeitnehmern zu sorgen, das hieß: bei Konflikten über Löhne und sonstige Arbeitsbedingungen im Sinne der Sicherung des Betriebsfriedens vermittelnd tätig zu werden.

Am Ende erfüllten Hindenburg-Programm und Hilfsdienstgesetz jedoch nicht, was sich sich die OHL von den Maßnahmen versprochen hatte. Das Hindenburg-Programm einerseits krankte grundsätzlich daran, dass es zu viel auf einmal in zu kurzer Zeit erreichen wollte. Es setzte auf Produktionswachstum um jeden Preis und führte vor allem zu einer Überbeanspruchung der vorhandenen Ressourcen. Dies zeigte sich im Winter 1916/17 etwa bei der Eisenbahn, die gleichzeitig den Transport von Nahrungsmitteln, Soldaten, sowie von allgemeinen Wirtschafts- und Rüstungsgütern bewerkstelligen sollte und diesen Anforderungen von Heer und Rüstungswirtschaft nicht gerecht werden konnte. Die Folge war eine vorübergehende schwere Transportkrise. Daraus wiederum ergab sich ein verschärfter Engpass in der Kohleversorgung, auf die viele Fabriken dringend angewiesen waren. Zu dem Kohlemangel kam ein Materialmangel sowie der nicht gedeckte Arbeitskräftebedarf; manche der geplanten oder schon im Bau befindlichen neuen Rüstungsfabriken blieben daher im Rohbau stecken. Erst im Frühjahr 1918, also ein Jahr später als geplant, waren die Planziele des Programms weitgehend erreicht. Bloßer Wille und Tatkraft allein, so hatte sich gezeigt, reichten nicht aus, um ein Vorhaben durchzuführen, das zu wenig durchdacht war und zudem die gegebenen wirtschaftlichen Möglichkeiten des Reiches überstieg.

Das Hilfsdienstgesetz erfüllte andererseits seinen Zweck nur ungenügend, weil es inzwischen kaum mehr verfügbare männliche Arbeitskräfte gab, auf die es anwendbar war. Denn die meisten der in Frage kommenden Männer befanden sich bereits an der Front, und der jahrelange blutige Stellungskrieg besonders im Westen forderte unter ihnen immer mehr Opfer. Demzufolge verringerte sich auch die Möglichkeit, etwa in ausreichender Zahl Frontsoldaten in die heimatlichen Betriebe abzuordnen, ohne die militärische Stärke der kämpfenden Truppe zu beeinträchtigen. Ein denkbarer Ausweg bestand in dem verstärkten Einsatz von Arbeitskräften aus den besetzten Gebieten. Bereits im Herbst 1916 hatte General Ludendorff mehrere Zehntausend Belgier zwangsweise zum Einsatz für das Hindenburg-Programm nach Deutschland verschicken lassen. Ferner ging man zunehmend dazu über, mehr als zuvor Frauen zu Rüstungsarbeiten heranzuziehen; der Anteil weiblicher Beschäftigter in der Rüstungsindustrie, der 1914 noch bei 7% gelegen hatte, stieg dadurch bis 1917 auf 35%. Aber weder der Rückgriff auf zwangsdeportierte ausländische Arbeitskräfte noch die verstärkte Verwendung von Frauen in der Rüstungswirtschaft führten dazu, dass der - mit Kriegs entscheidende – eklatante Arbeitermangel behoben werden konnte. Viele Unternehmen jagden sich in dieser Lage bald sogar die Arbeitskräfte gegenseitig ab, indem sie eine bessere Bezahlung, so genannte Locklöhne, boten. Dies trieb nicht nur die Löhne in die Höhe; das gegenseitige Abwerben von Fachkräften führte vielmehr auch zu einer steigenden Zahl von Arbeitsplatzwechseln, die man doch mit dem Hilfsdienstgesetz unbedingt hatte verhindern wollen.

Ungeachtet dieser Probleme war das Gesetz unter längerfristigen Gesichtspunkten sozialpolitisch und –geschichtlich von herausragender Bedeutung. Denn als Gegengabe für die zugesagte Unterstützung der Gewerkschaften bei der Aufrechterhaltung des sozialen und betrieblichen Burgfriedens erkannte der Staat mit der Verordnung nun erstmals in Deutschland an, dass die Arbeitnehmerorganisationen den Arbeitgeberverbänden grundsätzlich gleich gestellte rechtmäßige Interessenvertretungen seien. Vordem waren die Gewerkschaften im Reich nur stillschweigend geduldet gewesen. Jederzeit konnten sie wegen der fehlenden rechtlichen Anerkennung von den polizeilichen Behörden in ihrer Tätigkeit eingeschränkt werden. Auch die Arbeitgeber hatten die Gewerkschaften vor 1914 mehrheitlich nicht als legitime Verhandlungspartner betrachtet; für viele Unternehmer waren sie vor allem ein Instrument des »Umsturzes«. Nun aber sollten sie in gestärkter Stellung gemeinsam mit ihnen an der Regelung der Arbeitsbeziehungen gleich berechtigt mitwirken. Hinter dieser Vorstellung, die den meisten Arbeitgebern als höchst gefährliches sozialpolitisches Experiment erschien und die sie deshalb hartnäckig bekämpften, stand das von bürgerlichen Sozialreformern und den Gewerkschaften länger schon vertretene Konzept eines korporativen Arbeitsrechts, eines Arbeitsrechtes also, das von den Berufsverbänden - den Korporationen – sozialpartnerschaftlich mit entwickelt und getragen werden sollte. Mit dem Hilfsdienstgesetz gelangte dieses in die Zukunft weisende sozial- und arbeitspolitische Konzept nunmehr zum Durchbruch; es wurde nach dem politischen Umsturz von 1918/19 zu einem Eckpfeiler der sozialpolitischen Ordnung der Weimarer Republik. Insoweit erscheint es gerechtfertigt, wenn mancher Historiker in dem Hilfsdienstgesetz vom Dezember 1916 rückschauend eine entscheidende Wende in der Sozialgeschichte Deutschlands erkennt.

Der Hungerwinter 1916/17

Die Erfolgsaussichten des Hindenburg-Programms wurden von Beginn an auch durch die ständig schlechter werdende Lebensmittelversorgung an der »Heimatfront« geschmälert. Besonders schlimm hatte sich die Versorgungslage gegen Ende des harten Winters 1916/17 entwickelt, als die große Masse der städtischen Bevölkerung bitter hungerte. In vielen deutschen Städten waren mehr als zwei Drittel der Einwohner unmittelbar von der dramatischen Nahrungsmittelknappheit betroffen. Untergewicht von 15-20% als Folge des Mangels wurde bei der Großstadtbevölkerung zur Regel; hinzu kam die verstärkte Ausbreitung schwerer Krankheiten wie Masern, Grippe, Lungenentzündung oder die ernährungsbedingte Tuberkulose, die besonders häufig in den Wohngegenden sozial schwacher Familien auftrat und oft tödlich verlief.

Die meisten Grundnahrungsmittel gab es mittlerweile nur noch gegen Lebensmittelkarten. Dabei waren die offiziell festgelegten Mengen inzwischen so gering, dass sie kaum noch zum Leben ausreichten. Ihr Kalorienwert sank bis Mitte 1917 auf unter 1000; das war lediglich knapp die Hälfte des normalen Kalorienbedarfs eines erwachsenen Menschen. Zudem trafen die Lebensmittelzufuhren aus den landwirtschaftlichen Erzeugergebieten, wenn überhaupt, oft nur unregelmäßig ein, so dass die vorgesehenen Mindestmengen häufig nicht einmal verfügbar waren. Dies galt im Winter 1916/17 für die meisten Hauptnahrungsmittel wie Fleisch, Eier und Butter sowie vor allem für die Kartoffeln, die Ende 1916 ebenfalls unter die Zwangsrationierung gefallen waren. Die überwiegend witterungsbedingten Ausfälle bei der Kartoffelversorgung zwangen die darbende Bevölkerung dazu, auf die Steckrübe als Ersatz zurückzugreifen; Steckrüben in Wasser gekocht wurden so in vielen deutschen Haushalten in diesem so genannten »Steckrübenwinter« zur hauptsächlichen täglichen Nahrung. Zu der deprimierenden Versorgungslage trat ein allgemeiner Brennstoff- und Kohlenmangel. Eine ausreichende Befeuerung der Öfen in den Häusern war dadurch unmöglich. Auch Mäntel, Handschuhe und Decken halfen oft nur unzureichend gegen die klamme Kälte in den Wohnungen, welche den Hunger noch schwerer erträglich machte.

Die Lebensmittelbeschaffung wurde unter diesen Umständen

zu einem meist mühseligen und frustrierenden Unterfangen. Besonders schwer war dies für die »Kriegerfrauen« aus den unteren und den mittleren Schichten, deren Männer zum Frontdienst eingezogen worden waren und auf denen die ganze Last der Sorge für die Familie lag. Bei Wind und Wetter standen sie vor den Geschäften der Kleinhändler oder vor den städtischen Verkaufsstellen an, um für ihre geringe Kriegsunterstützung etwas Brot, Kohl oder ein Pfund Butter zu ergattern. Oftmals reichten schon Gerüchte über bevorstehende Lebensmittellieferungen aus, um solche Schlangen, im Volksmund »Polonaisen« genannt, entstehen zu lassen. Das oft stundenlange Ausharren zerrte dabei derart an den Nerven der verzweifelten Frauen, dass diese »Polonaisen« vielfach Herde des Unmutes und des Protestes gegen die bedrükkenden Zustände bei der Lebensmittelversorgung wurden.

Neben dem Schlangestehen gehörte mittlerweile auch das so genannte Hamstern zum Alltagsleben mit dem Hunger. Weil die offiziellen Zuteilungen zur Versorgung nicht ausreichten, sahen sich viele Menschen in den Städten gezwungen, nun auch im länd-

Lebensmittelschlange vor einem Kleinhandelsgeschäft in Berlin (1917)

lichen Umland auf Nahrungssuche zu gehen. An den Wochenenden rückten ganze Kolonnen von Frauen und Kindern aus, um bei den Bauern gegen Geld oder Tauschgegenstände wie Schuhe oder Besteck zusätzliche Lebensmittel zu besorgen. Wer beides nicht besaß, musste seine Scham überwinden und versuchte es mit Betteln. Je größer die Not wurde, desto häufiger kam es auch zu Diebstählen etwa von Kartoffeln, die vom Feld weg gestohlen wurden. Auch Verbote und Polizeikontrollen auf den Bahnhöfen konnten die »Flucht aufs Land« nicht verhindern, die ihrerseits dazu beitrug, dass viele der dringend benötigten Lebensmittel an den Behörden vorbei liefen und dem staatlichen Rationierungssystem somit von vornherein entzogen wurden.

Nicht wenige der gehamsterten Waren landeten am Ende auf den städtischen Schwarzmärkten, die sich in den letzten beiden Kriegsjahren rasant ausbreiteten. Amtlichen Schätzungen zufolge liefen zuletzt ein Drittel bis die Hälfte der vorhandenen Nahrungsmittel durch die Kanäle des illegalen Schwarzhandels, wo sie zu stark überhöhten Preisen angeboten wurden. Nicht selten lagen diese um das Zehnfache über dem Vorkriegsniveau. Bei der horrenden Entwicklung der Schwarzmarktpreise war ein immer größerer Teil der Bevölkerung von einer Teilnahme ausgeschlossen. Dies galt vor allem für Arbeiter außerhalb der Rüstungsindustrien sowie für die kleinen und mittleren Angestellten und Beamten, deren reale Kaufkraft infolge der kriegsbedingten Teuerung durchschnittlich um etwa 42% abgesunken war; zunehmende Verarmung und Hunger, so erfuhren die Angehörigen dieser einkommensschwachen Verbraucherschichten nun am eigenen Leibe, gingen im Krieg miteinander einher.

Um die Not ihrer Bürger so gut es eben ging zu mildern, unternahmen die deutschen Städte und Gemeinden große Anstrengungen. Die kommunalen Verwaltungen wandten erhebliche Steuer- oder Kreditmittel auf, um die hohen Lebensmittelpreise zu verbilligen und die »Kriegerfamilien« sowie sozial Schwache finanziell zu unterstützen. Zu den geldlichen Hilfen kamen vielfach Sachleistungen wie Kleidung, Decken oder Schuhe, welche kostenlos oder gegen geringes Entgelt an die Bedürftigen abgegeben wurden. Viele Städte kümmerten sich seit 1916 zudem um den Ankauf, die Lagerung und die Verteilung der wichtigsten Grundnahrungsmittel. Auf freien Flächen wie städtischen Parks ließen sie auf eigene Kosten zum Beispiel Gemüse anbauen, das sie dann über kommunale Verteilerstellen zu subventionierten Preisen an die Hungernden abgaben. Oftmals fanden diese selbst erzeugten oder manchmal auch im neutralen Ausland angekauften Lebensmittel ferner Verwendung in den städtischen Suppenküchen, von denen es im Reich mehr als 3.000 gab. In Breslau etwa wurden in solchen Einrichtungen im Januar 1917 216.000 Mittagessen ausgegeben; Hamburgs »Kriegsküchen« kamen im April 1917 auf mehr als sechs Millionen Portionen. Mit ihren besonderen Leistungen auf dem Gebiet der so genannten Kriegswohlfahrtspflege hatten die Kommunen so einen entscheidenden Anteil daran, dass die »Heimatfront« nicht schon im berüchtigten Hungerwinter 1916/17 zusammenbrach.

Tatsächlich gab es aber damals allen Grund, genau dies zu befürchten. Denn in der bestehenden Situation hatten viele Menschen die desillusionierende Erfahrung gemacht, dass in der Not statt der offiziell verkündeten Solidarität und einer gerechten Verteilung in erster Linie Ungleichheit und kalter Egoismus herrschten. Besonders groß war die Erbitterung über jene, die, weil sie vermögend waren, vom Hunger weniger betroffen schienen oder vom allgemeinen Elend sogar noch profitierten wie die »Wucherer«, »Schieber« und Schleichhändler, welche ihre zweifelhafte Geschäftstüchtigkeit zudem oft aufreizend zur Schau stellten. Zu den starken Ressentiments gegen die »Kriegsgewinnler« jeder Art gesellte sich der Zorn auf die ländlichen Produzenten. Für die meisten Städter musste nicht erst bewiesen werden, dass die Bauern nicht nur gut aßen, sondern auch aus der vorhandenen Not großen Profit zogen. Dem verbreiteten Verdacht nach hielten sie viele der knappen Nahrungsmittel vor den staatlichen Stellen zurück, um sie mit großem Gewinn an die Schleichhändler zu verkaufen. Ähnlichen Unmut hegten zahlreiche Verbraucher inzwischen gegenüber den städtischen Kleinhändlern. Den Kaufleuten warf man vielfach vor, sie nähmen wucherische Preise oder bereicherten sich, indem sie die Lebensmittel durch billige Zusätze unnötig streckten. Je schwieriger dabei die Lage wurde, desto schärfer traten diese Gegensätze zwischen arm und reich, Städtern und Bauern, Verbrauchern und Händlern hervor. Am Ende waren das wechselseitige Misstrauen und der Hass so groß geworden, dass der Zusammenhalt der deutschen Gesellschaft unter dem Druck der Entbehrungen scheinbar unaufhaltsam zerrann.

Unabhängig von den ausufernden Feindseligkeiten untereinander waren sich weite Teile der Bevölkerung andererseits einig in ihrer harschen Kritik am Staat und an dessen ausführenden Organen. Während sich Bauern und Einzelhändler durch das staatliche Kontrollsystem schikaniert und wirtschaftlich drangsaliert fühlten, warfen die Verbraucher den Behörden vor, dass diese nicht in der Lage seien, der Not Herr zu werden und vor allem die Gesetze zum Schutze der Konsumenten wie etwa die Höchstpreisvorschriften durchzusetzen. Es war bezeichnend für die verbreitete Stimmung, dass sich an »Wucherpolizisten« auf den Wochenmärkten oder an Ordnungskräften an den Lebensmittelschlangen die aufgestaute Frustration der Hungernden hin und wieder sogar in Handgreiflichkeiten entlud. Für viele, so zeigten solche Vorkommnisse, waren die staatlichen Behörden und ihre sichtbaren Vertreter vor Ort inzwischen zu Symbolen wie auch zu Sündenböcken für die bestehenden großen Ärgernisse und Probleme der Lebensmittelversorgung geworden. Es war mithin unübersehbar geworden, dass der offenkundig handlungsunfähige Staat mit seinem Ansehen zunehmend auch seine Autorität verlor. Damit aber begann das Fundament zu wanken, auf dem die Fortführung des Krieges durch das Kaiserreich beruhte.

Das zeigte sich auch schlaglichtartig, als es im Frühjahr 1917 in Deutschland zu den ersten großen Hungerstreiks kam. Am 16. April des Jahres legten die Berliner Metallarbeiter der Rüstungsfabriken die Arbeit nieder, um so vor allem gegen die ständig sich verschlechternden Ernährungsbedingungen zu protestieren; den Anlass hatte die angekündigte Herabsetzung der Brotrationen gegeben. An dem Streik nahmen nicht weniger als 217.000 Arbeiter teil. Es folgten ähnlich motivierte Arbeiterstreiks in Leipzig,

Braunschweig, Magdeburg und anderen deutschen Großstädten. Dabei wurden jeweils auch Forderungen laut, die nach einem baldigen Friedensschluss sowie nach politischen Reformen wie der Einführung des allgemeinen, gleichen Stimmrechts im ganzen Reich verlangten.

Die russische Februarrevolution und ihre Rückwirkungen auf Deutschland

Die April-Streiks in Deutschland waren mit ausgelöst durch die Februarrevolution in Russland, die weithin großes Aufsehen erregte und in nur wenigen Tagen die zaristische Alleinherrschaft hinwegfegte. Militärische Niederlagen, anhaltende Versorgungsmängel, Misswirtschaft und Teuerung hatten die politische Umwälzung im Zarenreich vorbereitet. Schon im Januar 1917 war es in fast allen Industriezentren Russlands zu Hungerrevolten, Streiks und Demonstrationen gekommen. Besonders schwierig entwickelte sich die Lage in St. Petersburg, wo sich die Lebensmittelvorräte inzwischen dem Ende zuneigten. Am 8. März – dem russischen Kalender nach war Februar – gingen hungernde Textilarbeiterinnen aus dem wichtigsten Industriebezirk der Hauptstadt in Massen auf die Straße und riefen nach Brot und Frieden. Die Arbeiter der meisten Fabriken schlossen sich den Protesten an, die sich am 10. März zum Generalstreik ausweiteten. Auch die Garderegimenter des Zaren solidarisierten sich mit den revoltierenden Demonstranten. Es kam zur Bildung eines Rates der Arbeiter- und Soldatenvertreter, welcher in der Stadt die Macht übernahm. Von Petrograd aus, wie St. Petersburg seit Kriegsbeginn hieß, sprang der revolutionäre Funke auf Moskau und andere Städte Russlands über. Am 15. März erklärte daraufhin Zar Nikolaus II. unter dem Druck der Ereignisse seine Abdankung. Unterdessen ging die Macht im gesamten Land an eine bürgerlich-liberale Übergangsregierung, welche von der bisherigen parlamentarischen Opposition getragen wurde. Die neuen politischen Führer aus Adel und Bürgertum beschlossen zwar,

Russland eine demokratische Verfassung zu geben; andererseits wollten sie den Krieg gegen Deutschland fortsetzen, was den Bündnisverpflichtungen gegenüber den Alliierten entsprach. Mit dieser Festlegung stand die Provisorische Regierung indes im Gegensatz zur Stimmung in weiten Teilen der kriegsmüden russischen Bevölkerung, die sich in dieser Frage eher durch den Petrograder Arbeiter- und Soldatenrat vertreten sah. Die radikaleren Räte oder »Sowjets« in der Hauptstadt stellten von Anfang an ein konkurrierendes Machtzentrum dar. Ende März riefen sie öffentlich dazu auf, das »Joch des Kapitalismus« abzustreifen und den Krieg durch einen Frieden ohne Annexionen und Kriegsentschädigungen zu beenden. Diese Formel wurde die Parole der gesamten politischen Linken Russlands, an deren Spitze sich bald nach seiner Rückkehr aus dem Schweizer Exil Wladimir Iljitsch Lenin setzte. Die deutsche Regierung und die OHL hatten die Heimkehr des Führers der revolutionär ausgerichteten Bolschewisten gezielt unterstützt, um den inneren Zusammenbruch des Kriegsgegners im Osten voranzutreiben. Wie von deutscher Seite erhofft, forderte Lenin unmittelbar nach seiner Ankunft in Russland in seinen breit aufgenommenen »Aprilthesen« einen schnellen »Frieden um jeden Preis«.

Die spektakulären Ereignisse in Petrograd wirkten auch in der deutschen Öffentlichkeit wie ein Paukenschlag. Denen, die sich nach Frieden und inneren Veränderungen sehnten, zeigten sie anschaulich, dass man es nur »wie in Russland machen« müsse. Besonders verbreitet waren solche Gedankengänge inzwischen in weiten Teilen der politisch aufgerüttelten Arbeiterschaft. Sie hatte sich mit ihrem Verlangen nach einem raschen Kriegsende und politischen Zugeständnissen in den erwähnten April-Streiks eindrucksvoll hervorgetan und damit für das innenpolitische Geschehen der Folgemonate nachhaltige Impulse gesetzt.

Dies galt zunächst besonders für die SPD. Denn sie hatte bislang die Kriegspolitik des Kaiserreiches durch die jährlich neue Bewilligung der Kriegskredite im Reichstag loyal mitgetragen. Mit dieser Haltung drohte die sozialdemokratische Partei jetzt jedoch den Anschluss an die sich radikalisierende Massenstimmung zu verlieren. Es bestand also für sie die Gefahr, von der eigenen Mitglieder- und Anhängerbasis verlassen zu werden. Dies umso mehr, als der SPD mit der Gründung der Unabhängigen Sozialdemokratischen Partei Deutschlands, USPD, Ostern 1917 in Gotha nun aus den eigenen Reihen eine ernst zu nehmende Konkurrenz um die politische Gunst der Arbeiterschaft entstand. Die USPD war aus der Sozialdemokratischen Arbeitsgemeinschaft hervorgegangen. Es handelte sich um einen Zusammenschluss sozialdemokratischer Reichstagsabgeordneter, welche in Gegnerschaft zu dem vermeintlichen »Kriegskurs« der eigenen Fraktionsführung standen und sich folgerichtig im Dezember 1915 geweigert hatten, den Kriegskrediten zuzustimmen. Für diesen »Disziplinbruch« wurden die 20 Abweichler, darunter der Parteivorsitzende Hugo Haase, wenige Wochen darauf durch Mehrheitsbeschluss aus der SPD-Fraktion ausgeschlossen. Unter dem sie beflügelnden Eindruck der russischen Februarrevolution trennten sich die verbannten Sozialisten jetzt endgültig von der Mutterpartei und gründeten auch formell ihre eigene Gruppierung. Es gab also fortan die USPD und die Mehrheitssozialdemokratische Partei Deutschlands, MSPD, wie die alte SPD, in der die weit überwiegende Mehrheit der organisierten Sozialdemokraten verblieben war, nun bezeichnet wurde.

Beide Parteien unterschied zu diesem Zeitpunkt vor allem die Frage, wie der Krieg zu einem baldigen Ende zu bringen sei und auf welchem Wege Deutschland demokratisiert werden solle. Die Führung der MSPD um den Parteivorsitzenden Friedrich Ebert befürwortete einen Verhandlungs- und Verständigungsfrieden sowie allmähliche demokratische Reformen im Innern. Diese zentralen Ziele sollten im einvernehmlichen Zusammenwirken mit den bürgerlichen politischen Parteien sowie auch der politischen und der militärischen Führung erreicht werden. Bis dies der Fall war, wollte man die Führung des Reiches grundsätzlich weiterhin unterstützen. Für die Unabhängigen Sozialdemokraten konnte dies keine annehmbare Linie sein. Sie lehnten schon die in der SPD weiterhin vorherrschende Vorstellung vom »Verteidigungskrieg« mehrheitlich ab und meinten daher, Deutschland müsse zuallerst von sich aus ohne Vorbedingungen den Krieg gegen Russland beenden. Gebietliche Forderungen zu erheben oder Kriegsentschädigungen zu verlangen, lehnten sie nachdrücklicher und deutlicher noch als die MSPD-Führung ab. Soziale und politische Reformen machten für die Linkssozialisten ferner erst dann Sinn, wenn zuvor der erstrebte Friede geschlossen sei und die für den Krieg vermeintlich verantwortlichen Eliten im Lande entmachtet seien. Noch weiter gehende Auffassungen vertrat der äußerste linke Flügel der neuen Partei. Diese Gruppe, die sich »Spartakusbund« nannte und durch Karl Liebknecht sowie Rosa Luxemburg prominent vertreten wurde, richtete sich nach dem sie faszinierenden russischen Vorbild. Die »proletarische« deutsche Arbeiterschaft sei dazu berufen, sich statt gegen die russischen »Klassenbrüder« allein gegen die »Kriegstreiber« und »Ausbeuter« im eigenen Lande zu wenden. Die »Spartakisten« waren also entschieden auf die politische und – nachfolgend – soziale Revolutionierung Deutschlands aus.

Auf dem Hintergrund der verschärften sozialen und politischen Lage im Frühjahr 1917 war es aber nicht nur zu einer Beschleunigung der Spaltungstendenzen in der SPD gekommen. Die innenpolitische Diskussion begann sich jetzt vielmehr fortschreitend stärker auf die doppelte Auseinandersetzung um die Friedensfrage wie auf die Frage nach Ausmaß und Tempo innerer Reformen zu konzentrieren. Hinsichtlich der Reformfrage hatte die MSPD-Spitze Mitte März in der Parteizeitung »Vorwärts« sofortige einschneidende Schritte verlangt. Es ging ihr einerseits grundsätzlich um die Erhöhung des politischen Einflusses des Reichstages; andererseits richteten sich ihre Erwartungen in diesen Wochen zunächst besonders auf die Verhältnisse in Preußen, dessen Abgeordnetenhaus sich wegen der Fortgeltung des undemokratischen Dreiklassenwahlrechts nach wie vor fest in Händen der konservativen Eliten befand. Die Abschaffung des Dreiklassenwahlrechts in Preußen hatten die Sozialdemokraten schon seit Kriegsbeginn als Gegenleistung für ihre Unterstützung der Burgfrieden-Politik erwartet. Durch die Vorgänge in Russland und die geschilderte Entwicklung bei der SPD sah sich Reichskanzler von Bethmann Hollweg nunmehr unter Handlungszwang. Er wollte das länger schwelende Problem jetzt doch schon im Krieg angehen, um so die innenpolitische Lage zu beruhigen und die Sozialdemokraten weiter »bei der Stange zu halten«. So glaubte er am Ende die Monarchie als Staatsform retten und den Krieg bis zu einem annehmbaren Friedensschluss politisch überstehen zu können. Diese Zielstellung vor Augen rang der Kanzler dem Kaiser die so genannte Osterbotschaft vom 7. April 1917 ab. Darin sicherte der Monarch in einer öffentlichen Erklärung zu, das Dreiklassenwahlrecht nach dem Krieg außer Kraft zu setzen und durch ein zeitgemäßeres Wahlrecht zu ersetzen. Ob an dessen Stelle künftig das allgemeine, gleiche Wahlrecht treten solle, wie die SPD forderte, ließ die Erklärung indes absichtlich offen. Das waren nicht mehr als vage und inhaltlich unzureichende Versprechungen, noch dazu für eine vielleicht noch ferne Zukunft. Für die Sozialdemokraten war das objektiv zu wenig, und die aufgewühlte innenpolitische Atmosphäre ließ sich mit derart halbherzigen reformpolitischen Zugeständnissen nicht beherrschen. Der innere »Befreiungsschlag«, als den der Kanzler die Osterbotschaft verstanden wissen wollte, verpuffte damit weit gehend wirkungslos.

Während der Reformvorstoß des Kanzlers also einerseits all jene tief enttäuschte, welche endlich die Einlösung demokratischer Versprechen erwartet hatten, ging er andererseits den Militärs der OHL entschieden zu weit. Ihnen, den führenden Generälen, galt von Bethmann Hollweg schon länger als Zauderer ohne wirklichen Standpunkt, zudem als »Flaumacher«, dessen Widerstand gegen den unbeschränkten U-Boot-Krieg sie zuletzt empört hatte. Die Osterbotschaft zeigte der OHL einmal mehr, dass der Kanzler gefährlich schwächlich sei; Ludendorff, der starke Mann in der Obersten Heeresleitung, sah in ihr nichts anderes als einen Kniefall vor der Revolution. Mit seiner allzu nachgiebigen Haltung gegenüber den Sozialdemokraten untergrabe der höchste Politiker des Reiches die innere Festigkeit und damit die deutschen Kriegsaussichten. Statt innenpolitischer Reformen sollten nach den Vorstellungen Ludendorffs großzügige Annexionen das

Volk für die Entbehrungen des Krieges entschädigen. Am Ende, durch einen schließlichen eindrucksvollen Sieg, werde dann auch die politisch irre geleitete Arbeiterschaft von der Berechtigung des mächtiger gewordenen kaiserlichen Obrigkeitsstaates überzeugt sein. Für die Offiziere an der Spitze der OHL war folglich die aufwallende innenpolitische Debatte um demokratische Reformen und einen Verständigungsfrieden höchst alarmierend. Ein Kanzler, der diese Debatten zuließ und durch sein öffentliches Reden und Handeln sogar noch anheizte, galt ihnen – wie allen Annexionisten und rechten Reformgegnern in Deutschland – zunehmend als untragbar.

»Julikrise« 1917, Friedensresolution und beginnender Aufstieg des Reichstages

Bis zum endgültigen Sturz des Kanzlers dauerte es aber noch mehrere Wochen einer anhaltenden innenpolitischen Krise, die sich im Juli des Jahres entscheidend zuspitzte. Bei dieser so genannten Julikrise 1917 verbanden sich die verschiedenen Probleme dieser Kriegsphase – vom fehl geschlagenen U-Boot-Krieg über den Kriegseintritt der USA bis hin zu den unerfüllten großen Friedens- und Reformhoffnungen – zu einer politisch durchschlagenden Mischung. Zum auslösenden Element der Krise wurden die Führungen der Reichstagsparteien links der Konservativen; die Rede ist vor allem von der MSPD, der linksliberalen Fortschrittlichen Volkspartei (FVP), von der katholischen Zentrumspartei sowie den Nationalliberalen. Schon seit einiger Zeit hatten diese Parteien wieder darauf hinzuwirken begonnen, für den Reichstag mehr Zuständigkeiten und damit ein Mehr an Einfluss zu erstreiten. Die äußeren Umstände der Kriegssituation unterstützten sie in ihrem Drang. Denn je schwieriger die Kriegslage wurde, desto notwendiger schien es der Reichsleitung und der OHL, auf die Parteien und das Parlament zu achten und ihre Unterstützung für zentrale Maßnahmen der Kriegführung wie das Hilfsdienstgesetz zu gewinnen. Demzufolge trat der Reichstag seit 1915/16 nicht nur wieder öfter zusammen; er befasste sich jetzt zunehmend auch mit außenpolitischen Fragen, die eigentlich nicht in seiner Zuständigkeit lagen. Im Oktober 1916 beschlossen die Reichstagsparteien mit überwältigender Mehrheit einen Ausschuss für auswärtige Angelegenheiten einzurichten. Durch kaiserliche Verordnung von 4. November bestätigt, entstand aus dieser Initiative der so genannte Hauptausschuss des Reichstages. Seine Mitglieder wurden von den einzelnen Reichstagsfraktionen entsandt und besaßen das Recht, jederzeit über die Kriegslage und die Außenpolitik zu beraten. Der Ausschuss war klein genug, um wirksam zu arbeiten, und von besonderer Bedeutung war, dass seine Mitglieder von der Reichsleitung künftig – falls gewollt - Auskunft und Rechenschaft verlangen konnten.

Diese Bemühungen zur Kompetenzerweiterung des Reichstages erhielten durch die gärende innenpolitische Lage im Frühjahr 1917 und die russische Februarrevolution weiteren Auftrieb. Ende März des Jahres setzte der Reichstag auf Antrag des Fraktionsvorsitzenden der Nationalliberalen, Gustav Stresemann, einen Verfassungsausschuss ein, der weitere Schritte zur politischen Aufwertung des Parlamentes beraten sollte. Dazu fanden sich MSPD, FVP, Zentrum und Nationalliberale zusammen, also links-reformerische und bürgerlich-rechte politische Kräfte, die ansonsten in Vielem uneins waren. Sie verband gleichwohl die Überzeugung, dass der nachlassende Kriegswille in der Bevölkerung die Gewährung politischer Rechte erfordere; man besprach dazu Anträge zur preußischen Wahlrechtsreform und beriet über Möglichkeiten zur Aufnahme von Parteiführern in die Reichsleitung. Weiter gehende Ansprüche wie die Forderung der USPD nach Einführung der parlamentarischen Verantwortung des Reichskanzlers spielten im Verfassungsausschuss noch keine Rolle. Es ging den Reichstagsparteien mehrheitlich also nicht schon um die volle Durchsetzung des parlamentarischen Systems nach westeuropäischem Vorbild; aber eine lediglich auf legislative Aufgaben beschränkte, zuschauende Rolle der Parteien wollten die Parlamentarier nicht länger hinnehmen.

Dies nun machten die Führer der genannten Reichstagsparteien im Frühsommer 1917 unzweifelhaft deutlich. Die Gelegenheit war dazu besonders günstig, weil die Beratung einer neuen Kriegskreditvorlage anstand und die Reichsleitung zu ihrer Verabschiedung die Zustimmung des Parlamentes benötigte. Bisher hatten dies die Parteien als selbstverständliche vaterländische Pflicht angesehen. Am 26. Juni forderte aber die MSPD-Führung Reichskanzler von Bethmann Hollweg ultimativ auf, sich entsprechend der Formel des Petrograder Arbeiter- und Soldatenrates auf einen sofortigen Verständigungsfrieden ohne Annexionen und Kriegsentschädigungen zu verpflichten und bei den großen Reformfragen, dem gleichen Wahlrecht in Preußen sowie der Parlamentarisierung des Reiches, endlich ernst zu machen. Anderenfalls werde man den Kriegskrediten im Hauptausschuss diesmal nicht zustimmen. Die MSPD, die sich seit den April-Streiks und den Vorgängen in Russland unter den erhöhten Druck durch die USPD gesetzt sah, drohte also mit nicht weniger als der Aufkündigung des Burgfriedens von 1914. Auch die Fortschrittliche Volkspartei stellte sich sogleich hinter die Forderungen der Mehrheitssozialdemokraten. Die Nationalliberalen teilten sie im Grundsatz, insoweit es die verlangten inneren Reformen betraf; den vollen Verzicht auf Annexionen lehnten sie hingegen ab. In einer Besprechung am 2. Juli mit den Führern dieser Parteien äußerte sich jedoch von Bethmann Hollweg zur Enttäuschung der Anwesenden großenteils ausweichend. Sie werteten sein Lavieren als Versuch, die reform- und mitwirkungswilligen Kräfte des Parlamentes wieder einmal hin zu halten. Mehrheitssozialdemokraten, Linksliberale und die Nationalliberalen zogen den Schluss, dass mit der bestehenden Regierung und ihrem – offenkundig ratlos unbeweglichen – Kanzler die vorhandenen Probleme des Reiches nicht zu lösen seien.

In dieser Situation wurde das politische Verhalten der Zentrumspartei entscheidend. Das Zentrum hatte bislang zusammen mit den Konservativen und den Nationalliberalen die Kriegspolitik von Regierung und OHL vorbehaltlos unterstützt und einen »Siegfrieden« mit umfangreichen Gebietseroberungen verlangt. Von diesem Kurs rückte die Partei nun Anfang Juli ab. Dies war deshalb wichtig, weil MSPD und FVP, die sich politisch am nächsten standen, zusammen noch keine Mehrheit im Reichstag besaßen und sich auf die Nationalliberalen für eine solche Mehrheitsbildung kaum verlassen konnten. Entscheidend für die also notwendige Positionsverlagerung der Zentrumspartei in ihre Richtung wurde der einflussreiche Abgeordnete Matthias Erzberger. Der wortgewaltige Führer des linken Zentrumsflügels war lange Zeit selber Anhänger weit reichender Annexionen und hatte sich inzwischen zum nüchternen Realisten gewandelt. Bei einem Besuch in Wien Ende April war er durch österreichische Offizielle von dem drohenden militärischen Zusammenbruch der Donaumonarchie unterrichtet worden. Ähnlich pessimistische Berichte über den U-Boot-Krieg ließen seine Zweifel und Besorgnis über den Kriegsverlauf weiter wachsen. Nachdem sich schon in den ersten Julitagen MSPD, FVP, Zentrum und zuletzt auch Nationalliberale zu Gesprächen über ein mögliches gemeinsames Vorgehen in der drängenden Friedensfrage getroffen hatten, war sich Erzberger seiner Sache sicher und löste die »Julikrise« aus. Er tat dies, indem er am 6. Juli in einem wohl berechneten Auftritt im Hauptausschuss des Reichstages scharfe Angriffe auf die Politik des unbeschränkten U-Boot-Krieges richtete und einen sofortigen Verhandlungsfrieden forderte. Seine dramatischen Enthüllungen schockierten viele der anwesenden Parlamentarier. Sie bewegten in der Folge jetzt auch zahlreiche katholische Abgeordnete vom rechten Zentrumsflügel dazu, mit Erzberger nach links zu den Mehrheitssozialdemokraten und den Linksliberalen zu schwenken. Noch am gleichen Nachmittag trafen sich daraufhin die Parteiführer von Nationalliberalen, Zentrum, Fortschrittlicher Volkspartei und MSPD zu weiteren politischen Absprachen. Dieser Gesprächskreis der rebellierenden Fraktionen hieß bald »Interfraktioneller Ausschuss«; er bildete fortan das wichtigste Koordinationszentrum dieser so genannten Juli-Mehrheit. Erstmals hatte sich damit im Deutschen Reichstag eine Mehrheit zusammengefunden, welche zum gemeinsamen Handeln gegenüber der kaiserlichen Regierung in Form einer koalitionsähnlichen Verbindung untereinander bereit und in der Lage war. Dies war das geschichtlich Bedeutsame an dem Vorgang, der wegen des damit verbundenen Vorstoßes der demokratisch gewählten Parteien in Richtung auf eine wirkliche Machtteilhabe im Reich weithin als Beginn der parlamentarischen Demokratie in Deutschland angesehen wird. Man beriet zunächst über eine Friedensresolution und griff damit zusammenhängend zugleich die Frage der politischen Reformen bzw. der Parlamentarisierung auf. Denn bei allen Meinungsunterschieden im Einzelnen bestand Einigkeit, dass sich die Reichsleitung nur dann auf eine – nicht zuletzt für das Ausland glaubwürdige - Friedenskundgebung der Volksvertretung festlegen lassen würde, wenn in die Regierung auch Führer der einzelnen so genannten Mehrheitsparteien berufen seien.

Diese Initiativen seitens des Interfraktionellen Ausschusses überkreuzten sich mit der sich verschärfenden Kanzlerkrise. Der Regierungschef sah sich inzwischen ohne jede Aussicht auf Unterstützung durch die eine oder andere der beteiligten Seiten zwischen die Fronten manövriert. Während die Mehrheitsparteien, namentlich vor allem ihre prominenten Schrittmacher Erzberger und Stresemann, ihm vorwarfen, nicht energisch genug für einen Verständigungsfrieden und demokratische Reformen im Innern einzutreten, hielten ihm die Rechten, die alldeutsche Presse sowie die OHL eben genau das Gegenteil vor. Für Ludendorff bewies die entstehende Friedensresolution zudem, dass von Bethmann Hollweg endgültig mit seiner so genannten Politik der Diagonale gescheitert war, die im Verständnis des Generals darauf hinauslaufen sollte, gleichsam in überparteilicher Schlichterrolle zwischen den Parteien zu vermitteln und so den Reichstag für die Dauer des Krieges politisch ruhig zu stellen. Die Entscheidung fiel, als am Nachmittag des 12. Juli Ludendorff dem Kaiser gegenüber telegrafisch aus dem Hauptquartier mit seinem und von Hindenburgs Rücktritt drohte, falls von Bethmann Hollweg weiterhin im Amt bleibe. In dem Schreiben gab Ludendorff zu verstehen, dass der Regierungschef einem möglichen »Siegfrieden« im Wege stehe und mit ihm eine vertrauensvolle Zusammenarbeit nicht denkbar sei. Gleichzeitig signalisierten die Führer der wichtigsten Reichstagsparteien, mit denen Ludendorff zuvor über einen Kontaktmann in intriganter Absicht in Verbindung getreten war, dass auch sie sich einer Entlassung des Kanzlers nicht widersetzen würden. Weil ihm, wie es ihm schien, nunmehr keine andere Wahl blieb, entschloss sich Wilhelm II. daraufhin, dem erpresserischen Drängen seiner Feldherrn nachzugeben und von Bethmann Hollweg am 13. Juli von seinen Pflichten zu entbinden.

Der Ausgang der Kanzlerkrise zeigte, dass die Mehrheitsparteien und ihre Führer trotz des sichtbar gewordenen Bedeutungsgewinns noch immer weit davon entfernt waren, in Deutschland mit zu regieren. Sie hatten sich im Hochgefühl greifbar scheinender Erfolge von der OHL dazu verleiten lassen, den einzig möglichen Verbündeten, den sie in der kaiserlichen Regierung in Reformfragen wie bei der Politik des Verständigungsfriedens hatten, mit stürzen zu helfen. Ihr Handeln war auch deshalb unklug und kurzsichtig, weil sie selbst keinen geeigneten Nachfolger aus ihren Reihen benennen konnten und sich zudem bei der Suche nach einem neuen Regierungschef von den selbstgewissen Generälen ohne Weiteres überspielen ließen. Damit machten sie es ihren entschiedensten Gegnern in der Innenpolitik allzu leicht. Seit dem 14. Juli hatten es die Parteien des Interfraktionellen Ausschusses mit einem Kanzler zu tun, der ohne jede Beteiligung des Parlamentes von der OHL ausgesucht und durchgesetzt worden war. Der neue Mann, zuvor preußischer Staatskommissar für Volksernährung, hieß Georg Michaelis. Er war ein politisch unerfahrener, wenig bekannter Verwaltungsbeamter und galt als konservativ eingestellt. Nach seinem Verständnis hingen sein Amt und seine Person vom Vertrauen des Kaisers ab; vom Parlament war keine Rede. Zur politischen Zusammenarbeit mit den Mehrheitsparteien war Michaelis folglich nicht bereit. General Ludendorff wusste, warum er seiner handstreichartigen Einsetzung schon im Vorhinein zugestimmt hatte.

Michaelis enttäuschte den General nicht, als es wenige Tage später um die Verabschiedung der noch vakanten und umstrittenen Friedensresolution im Reichstag ging. MSPD, Zentrum und Fortschrittliche Volkspartei hatten sich am 12. Juli im Interfraktionellen Ausschuss auf ihren Wortlaut geeinigt; die Nationalliberalen trugen die Einigung nicht mit und sonderten sich vorübergehend ab. In der Vorlage bekräftigten die drei im Ausschuss verbliebenen Mehrheitsparteien, einen »Frieden der Verständigung und Versöhnung der Völker« anzustreben. Mit einem solchen Frieden seien, so hieß es darin, »erzwungene Gebietsabtretungen und politische, wirtschaftliche und finanzielle Vergewaltigungen unvereinbar«. Diese Formulierungen ergaben sich nach langem Hin und Her als kleinster gemeinsamer Nenner und ließen noch immer genügend Spielraum für eine etwaige Vergrößerung des deutschen Einflussbereiches. Am 19. Juli kam der Text gegen den Widerstand der OHL vor das Reichstagsplenum, wo er mit 212 zu 126 Stimmen bei 17 Enthaltungen angenommen wurde. Der neue Kanzler schwächte indes seine Wirkung in der voran gegangenen Debatte schon dadurch ab, dass er distanziert von einer Resolution »wie ich sie auffasse«, sprach. Denn er erhob mit diesen Worten den Anspruch, den Resolutionstext jederzeit nach eigenem Gutdünken auslegen zu können. Mit diesem Vorbehalt könne man »jeden Frieden machen, den man will«, bemerkte Michaelis infolgedessen dazu am 25. Juli in einem Brief an den Kronprinzen. So endete der spektakuläre Versuch der Reichstagsmehrheit, sich in einem Akt parlamentarischer Auflehnung Einfluss auf die deutsche Außenpolitik zu verschaffen, vorerst mit einer klaren Niederlage. Aus der Julikrise 1917 ging tatsächlich die OHL als Sieger hervor. Ihr ohnehin schon herausragender politischer Einfluss in Deutschland hatte sich im Verlauf der Ereignisse dieser Tage weiter verfestigt und sogar noch verstärkt; die Macht von Hindenburgs und Ludendorffs grenzte von jetzt an ans Diktatorische.

Die Gründung der Vaterlandspartei

Dennoch hatte sich in der Julikrise auch gezeigt, dass die aufsässigen Mehrheitsparteien trotz ihrer momentanen Zögerlichkeit grundsätzlich als Machtfaktor im Innern nicht zu unterschätzen waren. Deshalb machten die außerparlamentarischen Gegner eines Verständigungsfriedens und innerer Reformen sogleich gegen die neue Reichstagsmehrheit mobil. Anfang September 1917 gründeten sie unter maßgeblicher Mithilfe Ludendorffs eine überparteiliche Sammlungsbewegung des national eingestellten Bürgertums: die »Deutsche Vaterlandspartei«. Maßgebliche Initiatoren waren der ostpreußische Generallandschaftsdirektor Wolfgang Kapp sowie Großadmiral von Tirpitz, der im Fühjahr 1916 aus Protest gegen die vorübergehende Aussetzung des verschärften U-Boot-Krieges als Chef der Admiralität zurückgetreten war. Hinter Kapp und von Tirpitz standen führende Konservative, schwerindustrielle Wirtschaftsführer sowie bekannte Schriftsteller und Professoren; auf Ortsebene überwogen unter den Mitgliedern der neuen Partei Gymnasiallehrer, evangelische Pfarrer und andere Honoratioren. Vor dem Krieg waren viele von ihnen in vaterländischen Organisationen wie dem Alldeutschen Verband aktiv gewesen. Ihr Eintreten für die neue Bewegung sahen sie dabei als notwendigen Beitrag zur Rettung des Vaterlandes vor dem angeblich verderblichen Einfluss der Parteien an. Das Hauptziel der Partei bestand darin, als Stütze der OHL die demoralisierende Wirkung der – im Ausland kaum wahr genommenen – Friedensresolution aufzufangen sowie die angeschlagene Siegeszuversicht der Deutschen wieder zu festigen. Als Propagandamittel dienten ihr moderne Methoden der Massenbeeinflussung wie der Einsatz von Presse, Film und Schallplatten. Der rasche Erfolg ihres Auftretens drückte sich schon darin aus, dass die Partei Anfang Januar 1918 bereits mehr als 2000 Ortsvereine und fast 1 Million Mitglieder besonders im Norden und Osten Deutschlands zählte.

Mit ihrer Hass erfüllten Agitation gegen die Befürworter eines maßvollen Friedens trug die Vaterlandspartei entscheidend zur weiteren Verhärtung der innenpolitischen und gesellschaftlichen Fronten bei. Vor allem mit ihrem Vorwurf des Vaterlandsverrats an die Adresse all jener, die für ein rasches Ende des Kampfes unter Verzicht auf ausufernde Eroberungen eintraten, vergiftete sie die politische Atmosphäre in bis dahin nicht gekanntem Ausmaß. Gleichzeitig half sie andererseits mit, dass große Teile der deutschen Mittelschichten die Kriegslage wirklichkeitswidriger beurteilten als dies unter den bestehenden Bedingungen der weit gehenden Pressezensur ohnehin schon der Fall war. Schließlich bestärkte die andauernde Agitation der Vaterlandspartei die deutsche Führung in ihrer fortgesetzten außenpolitischen Uneinsichtigkeit, die jedwede Friedensaussichten – etwa infolge der päpstlichen Vermittlungsinitiative des Sommers – verhinderte.

Die militärische Lage im Herbst 1917 und die russische Oktoberrevolution

Tatsächlich schienen die Chancen für einen Frieden in diesen Wochen vordergründig nicht so schlecht zu sein. Denn auch in den Ländern der Kriegsgegner war die allgemeine Kriegsmüdigkeit gewachsen; einzelne Stimmen etwa in England forderten bereits öffentlich zur Aufnahme von Friedensgesprächen auf. Für die deutsche Führung war daher wichtig, ob sich solche Tendenzen in der jeweiligen Öffentlichkeit entweder mit Mitteln der Propaganda oder durch neue Erfolge der Mittelmächte an den Fronten vielleicht steigern ließen. Insofern erwies sich zunächst die Entwicklung an der Westfront im Herbst 1917 wieder als hoffnungsvoller. Hier war es den deutschen Truppen nach einem bewussten Teilrückzug auf die gut ausgebaute so genannte Hindenburg- oder Siegfriedlinie gelungen, sich gegen schwere Angriffe der Alliierten erfolgreich zu behaupten. Gleichzeitig waren groß angelegte Offensiven der Franzosen an der Aisne und in der Champagne bei hohen französischen Verlusten zusammengebrochen. Eine Zeitlang schien daraufhin die Kampfkraft der französischen Armee wie gelähmt zu sein; ausgedehnte Meutereien in ihren Reihen taten dazu ihr Übriges. Ähnlich ermutigende Nachrichten aus deutscher Sicht kamen vom südlichen Kriegsschauplatz in den Alpen. An der Isonzo-Front erzwangen deutsche und österreichische Truppen Ende Oktober einen großen Durchbruch, bei dem die Italiener 300.000 Mann durch Gefangennahme verloren und bis an die Piave zurückgedrängt wurden. Bemerkenswerter aber schien, was sich fast zur gleichen Zeit im Osten tat. In Russland hatten am 7. November – nach russischem Kalender war es der 25. Oktober – die Bolschewisten unter Lenins Führung mit der so genannten Oktoberrevolution die Macht an sich gerissen; damit hatten sich die Erwartungen der OHL auf eine weiter gehende Revolutionierung Russlands endlich erfüllt. Um ihre noch ungefestigte Herrschaft zu sichern, benötigten die neuen Machthaber in Petrograd aber vor allem ein baldiges Ende des Krieges. Schon am Tag nach dem Umsturz richtete die Revolutionsregierung daher einen dringenden Appell an die Regierungen und Völker der Krieg führenden Mächte und forderte darin zu einem sofortigen Frieden ohne Annexionen und Kriegsentschädigungen auf; entsprechend dem Grundsatz des nationalen Selbstbestimmungsrechtes sollte dabei jedes Volk über seine Daseinsform selbstständig und ohne Zwang von außen frei entscheiden können. In der damaligen Lage, als breite Massen in Europa ein baldiges Kriegsende ersehnten, war der Aufruf aus Petrograd höchst öffentlichkeitswirksam; keine Regierung konnte es sich inzwischen mehr leisten, die hierdurch aufgewühlten breiten Friedenshoffnungen im eigenen Volk ohne Weiteres zu übergehen.

Der militärische und politische Zusammenbruch des Kaiserreiches 1918

Der Gewaltfriede im Osten

Für die Mittelmächte erklärte demzufolge der neue Reichskanzler Georg von Hertling, Nachfolger des glücklos gescheiterten Michaelis, am 29. November 1917 in einer Rede vor dem Reichstag die Bereitschaft zu einem Friedensschluss mit Russland. Am 3. Dezember begannen daraufhin in der polnischen Festungsstadt Brest-Litowsk die Verhandlungen mit der russischen Seite. Zunächst ging es um einen Waffenstillstand, der am 15. Dezember vereinbart wurde und mit dem die deutsche Führung eines ihrer Hauptziele – die Herauslösung Russlands aus der Koalition der Kriegsgegner – erreicht hatte. Seit dem 20. Dezember verhandelte man in einem nächsten Schritt über die Friedensbedingungen, über die indes in der deutschen Führung zwischenzeitlich heftig gestritten wurde.

Auf der einen Seite standen die Militärs der OHL mit ihren nach wie vor maßlosen Eroberungsplänen. Die Generäle beharrten im Augenblick ihres vermeintlichen Triumphes nachdrücklich auf einem reinen Siegfrieden. Sie wollten den deutschen Machtbereich weit möglich nach Osten ausdehnen und so ein blockadesicheres deutsches Großreich bis fast an den Kaukasus verwirklichen. Zugleich ging es der OHL um einen zügigen Abschluss der Gespräche. Denn dadurch sollten möglichst schnell Truppen frei werden, mit deren Hilfe General Ludendorff nunmehr im Westen mit neuen Kräften die militärische Entscheidung zu Gunsten des Reiches erzwingen wollte. Auf der anderen Seite stand die Reichsleitung um Graf Hertling. Für den konservativen Zentrumspolitiker und ehemaligen bayerischen Ministerpräsidenten waren Annexionen im Osten keineswegs ausgeschlossen oder gar politisch unmoralisch. Anders als die Militärs wollte von Hertling jedoch auf die Parteien der Friedensresolution ebenso wie auf die kritische Stimmung vor allem in der Arbeiterschaft Rücksicht nehmen. Allzu weit gehende Gebietseroberungen lehnten er und sein Staatssekretär des Auswärtigen, von Kühlmann, daher ab. Der Leiter des Auswärtigen Amtes war im August 1917 berufen worden und galt als gemäßigt. Für ihn bestand noch Hoffnung auf einen allgemeinen Frieden durch Verhandlungen mit den Regierungen im Westen; ein offen unversöhnlicher Separatfriede im Osten musste nach seiner Ansicht diese Möglichkeit verstellen und auch jeder künftigen deutschen Friedensoffensive die Grundlage nehmen. Den Streit in Berlin an der Jahreswende 1917/18 über die Kriegsziele im Osten wie über die Verhandlungstaktik in Brest-Litowsk entschieden erwartungsgemäß die Generäle für sich. Am Ende, nach erneuten Rücktrittsdrohungen von Hindenburgs und Ludendorffs, musste die Reichsleitung der Sache nach so weit gehende Zugeständnisse machen, dass von ihren ursprünglichen Vorstellungen nichts übrig blieb.

Demnach diktierten also die Militärs das Verhalten der deutschen Verhandlungsdelegation, die offiziell von Kühlmann als Vertreter der Reichsleitung anführte. In dessen Verhandlungsführung hatten die Offiziere der OHL aber lediglich schwächliche Diplomatie erkannt. Durch ihren Abgesandten bei den Gesprächen, General Hoffmann, stellte die OHL daher am 12. Januar 1918 unmissverständlich klar, dass sie von ihren weit reichenden Kriegszielen um nichts abzurücken bereit war. Zusätzlichen Druck auf die russische Delegation und ihre Regierung übten die Mittelmächte aus, indem sie am 9. Februar mit der antibolschewistischen Regierung der Ukraine einen Separatfrieden schlossen; die Ukraine rang noch immer um ihre Unabhängigkeit von Russland und erhoffte sich militärische Rückendeckung durch Deutschland, das seinerseits insbesondere an Getreidelieferungen in das hungernde Reich interessiert war. Als daraufhin die russischen Unterhändler aus Protest die Verhandlungen abbrachen, entschied die deutsche Führung am 18. Februar die Wiederaufnahme der militärischen Operationen. Innerhalb weniger Tage drangen in der Folge deutsche Truppen über Minsk hinaus weiter vor und besetzten Livland, Estland und die Ukraine. Die Bolschewisten in Petrograd sahen durch den Vormarsch ihre Herrschaft unmittelbar gefährdet und erklärten sich auf Drängen Lenins nun zum sofortigen Friedensschluss bereit. Am 3. März folgte die so erzwungene Vertragsunterzeichnung. Russland verlor Polen, Litauen, Kurland sowie das westliche Livland; ferner musste es sich verpflichten, Estland und das restliche Livland zu räumen sowie die staatliche Selbstständigkeit der Ukraine anzuerkennen. In einem späteren Zusatzvertrag verlangten die Mittelmächte außerdem Kriegsentschädigungen in Höhe von sechs Milliarden Goldmark. Mit diesem Friedensvertrag büßte die östliche Großmacht mehr als die Hälfte seiner Industrie, mehr als drei Viertel seiner Kohlebergwerke, etwa ein Drittel seiner Eisenbahnen, einen fast ebenso großen Teil seiner Ackerbaufläche sowie nahezu die gesamte Öl- und Baumwollproduktion ein; hinzu kam der Verlust von rund 60 Millionen Einwohnern.

Es handelte sich unbestritten um einen harten »Diktatfrieden«. Statt um Verständigung und einen Frieden auf der Grundlage des

3. März 1918: Unterzeichnung des Friedensvertrages von Brest-Litowsk (links die deutsche Delegation)

Der Friede von Brest-Litowsk und die militärische Lage 1917/18 im Osten

Selbstbestimmungsrechts der Völker war es der deutschen Führung vor allem um die Ausweitung des eigenen Machtbereichs nach Osten gegangen. Um dies sicher zu stellen, sollten in den besetzten ehemals russischen Provinzen wie Livland deutsche Truppen oder »Polizeikräfte« bleiben; auf Unabhängigkeit konnten die neu entstandenen Pufferstaaten zwischen dem Reich und Sowjetrussland also vorerst nicht setzen. Mit einem solchen Frieden hatte das Reich indes vor aller Welt offen gelegt, welche Behandlung ein besiegter Gegner, etwa im Westen, zu erwarten hätte. Nahezu nichts konnte den Kampfeswillen der noch verbliebenen Kriegsgegner stärker beflügeln. Auf ein Ende des Krieges durch einen allgemeinen Verhandlungsfrieden zu hoffen, war spätestens von jetzt an nicht mehr gerechtfertigt.

In Deutschland führte die Nachricht vom Frieden im Osten gleichwohl vorübergehend zu einem verbreiteten Stimmungsaufschwung. Besonders die überzeugten Anhänger der Vaterlandspartei und rechten Annexionisten verspürten hierbei ein neues Machtgefühl. Ihnen schien durch die Entwicklung an dem östlichen Kriegsschauplatz bewiesen, wie berechtigt ihre ständigen Warnungen vor der »Flaumacherei« und wie lohnend umgekehrt die Parolen vom unbedingten Durchhalten waren. Ihr Vertrauen in die offenkundig eindrucksvoll bestätigte militärische Führung erfuhr zugleich eine nochmalige Steigerung; dass ein großartiger Gesamtsieg unter den vermeintlichen Helden der OHL nunmehr zu einer reinen Zeitfrage geworden war, schienen diese Kreise der Bevölkerung nicht mehr zu bezweifeln. Aber auch die Parteien und ihre Führer konnten sich der augenblicklichen Euphorie nicht entziehen. Zwar waren sie von der Gestaltung dieses Friedens jederzeit ausgeschlossen gewesen, doch wühlten die Ereignisse auch in ihren Reihen das patriotische Gefühl neu auf. Bei den Beratungen im Reichstag über den Friedensvertrag Mitte März erklärten sich infolgedessen die Parteien mit breiter Mehrheit zur Zustimmung bereit; dies galt gleichermaßen für das Zentrum wie für die Nationalliberalen und die Fortschrittliche Volkspartei. Lediglich die Sozialdemokraten enthielten sich, und die USPD stimmte aus grundsätzlicher Ablehnung mit Nein. Vereinzelte Warnungen aus allen Mehrheitsparteien, diese würden mit ihrer Zustimmung zu dem sich abzeichnenden Gewaltvertrag die Glaubwürdigkeit der großen Friedenskundgebung des Parlamentes vom Sommer 1917 im In- und Ausland verspielen, blieben mithin wirkungslos.

Januarstreiks 1918

Im Gegensatz zu der auftrumpfenden Siegeszuversicht im nationalen Bürgertum stand die politische Gefühlslage in den unteren Bevölkerungsschichten und besonders in der Arbeiterschaft. Deren Befindlichkeit war nur wenig zuvor in den so genannten Januarstreiks spektakulär zum Vorschein gekommen. Ihren Ausgang hatten diese Massenausstände genommen, als in den ersten Januarwochen die Verhandlungen in Brest-Litowsk aufgrund der schroffen Haltung der Militärs ins Stocken geraten waren. Jetzt brach bei vielen Arbeitern die Befürchtung durch, die Verhandlungen, welche auf Drängen der Bolschewisten öffentlich geführt wurden, würden nicht ernsthaft geführt und sollten – um des blanken Annexionismus der Militärs willen – absichtlich zum Scheitern gebracht werden. Zu der Empörung über den vermeintlich fehlenden Friedenswillen der Mittelmächte kamen die Erbitterung über die weiterhin schlechte Ernährungslage sowie Unmut über das Ausbleiben demokratischer Veränderungen im Innern. Dies, verbunden mit der verbreiteten Sympathie mit den russischen Arbeitern und der Oktoberrevolution, trieb nun in Berlin und vielen weiteren deutschen Großstädten wie München, Nürnberg, Hamburg und Kiel mehrere Hunderttausende zum Protest auf die Straßen.

In der Reichshauptstadt, wo seit dem 28. Januar mehr als 300.000 Arbeiter demonstrierten, war die Bewegung von den Vertrauensmännern des Metallarbeiterverbandes ausgelöst worden. Es handelte sich bei ihnen um die »Revolutionären Obleute«, die in der Regel der USPD nahe standen oder ihr angehörten. Die Koordination der Streiks übernahm ein zentraler Ausschuss aus Delegierten der bestreikten Berliner Rüstungsbetriebe; der Ausschuss nannte sich in Anlehung an das russische Vorbild »Arbeiterrat« und vertrat ein umfassendes Streikprogramm, das an erster Stelle die Beendigung des Krieges ohne Annexionen und Kriegsentschädigungen führte. Nach Aufforderung durch den Arbeiterrat entsandten auch die Mehrheitssozialdemokraten führende Vertreter ihrer Partei – darunter Friedrich Ebert und den

Fraktionsvorsitzenden der MSPD, Philipp Scheidemann – in den Streikausschuss, weshalb ihnen die Militärs und die Rechten in wütenden Kommentaren sogleich landesverräterisches Verhalten vorwarfen. Tatsächlich aber ging es den Mehrheitssozialdemokraten darum, den Streik schnellstmöglichst zu beenden sowie auch zu verhindern, dass die Streikenden vollends unter den Einfluss der USPD gerieten. Am 3. Februar brach dann der Ausstand zusammen. Zuvor hatten die Militärbehörden, die eine revolutionäre Zuspitzung fürchteten, den verschärften Belagerungszustand über die Reichshauptstadt verhängt und Tausende verhaften oder zum Heeresdienst einberufen lassen.

Die Januarstreiks, die somit in einer Niederlage der Arbeiter endeten, waren Ausdruck eines begrenzten politisch-sozialen Protestes. Anders als noch bei den beschriebenen April-Streiks von 1917 rangierten hier die politischen vor den wirtschaftlichen Streikzielen, wobei wiederum das Verlangen nach sofortigem Frieden durchweg an oberster Stelle stand. Es ging demnach noch nicht um Revolution und politischen Umsturz; aber es war unverkennbar geworden, wie wenig Rückhalt das Krieg führende Kaiserreich sowie auch die Politik des »Burgfriedens« unter der frustrierten und ungeduldigen Arbeiterschaft noch hatten.

Die Frühjahrsoffensiven 1918 und der militärische Zusammenbruch

Für General Ludendorff waren die Januarstreiks hingegen nur ein weiterer Antrieb, jetzt im Westen militärisch alles auf eine Karte zu setzen. Es sollte eine letzte entscheidende Schlacht gegen die französischen und englischen Verbände in Nordfrankreich werden; diese hatten in den Kämpfen des Vorjahres stark gelitten und waren, wie Ludendorff urteilte, daher nicht in der Verfassung, einen großen Angriff zu überstehen. Mit wenigen wuchtigen Schlägen glaubte er die Verteidigungslinien der Alliierten an geeigneten Stellen durchbrechen und den demoralisierten Gegner zu sofortigen Friedensverhandlungen zwingen zu können. Ein rascher

Eroberte britische Stellung nahe Arras; bei den Kämpfen für einen Geländestreifen von 40 Kilometer Breite und 12 Kilometer Tiefe starben 400.000 Engländer, 200.000 Franzosen und etwa 400.000 Deutsche.

Auf einem Verbandsplatz an der Westfront (1918)

Sieg würde dann noch rechtzeitig kommen, um ein wirksames Eingreifen der bestens ausgerüsteten amerikanischen Reserven zu verhindern; deren Eintreffen auf dem Kontinent hatte die Marineleitung nicht verhindern können. Dank des Hindenburg-Programms war für den Vorstoß insbesondere Munition ausreichend vorhanden. Außerdem hatte die OHL 33 Divisionen mit 500.000 Mann von der Süd- und der Ostfront zur Verstärkung herbeigeordert; insgesamt verfügte sie damit über 200 Divisionen mit 3,5 Millionen Soldaten; der Zahl nach herrschte so zwischen Deutschen und Alliierten eine in etwa ausgeglichene Ausgangslage.

Die Angriffe der OHL wurden als eine Kette mehrerer Offensiven geführt. Sie begannen am 21. März im Raum St. Quentin, wo sich die verwundbare Nahtstelle der englischen und französischen Armeen befand. Den deutschen Truppen gelangen hier beeindruckende Anfangserfolge; sie stießen bis 60 Kilometer weit vor und machten eine hohe Zahl an Gefangenen. Aber schon nach drei Wochen war der deutsche Angriffselan dahin. Die Alliierten hatten inzwischen ein gemeinsames Oberkommando unter dem französischen Marschall Foch eingerichtet und damit begonnen, ihre Verteidigung jetzt wirksamer zu koordinieren. Außerdem waren die deutschen Verbände schon bald in ernste Versorgungsschwierigkeiten geraten, weil nicht genügend Pferdegespanne und Lastkraftwagen zum Transport von Munition, Artilleriegeschützen und Lebensmittel zur Verfügung standen. Hinzu kam, dass sich bei den verzweifelt kämpfenden Soldaten erste Anzeichen von Entkräftung bemerkbar machten, so dass Ludendorff am 5. April den Abbruch der laufenden Operation befehlen musste. Auf diese erste Offensive unter dem Namen »Michael« ließ der - nach außen hin unbeirrte - General am 9. April, 27. Mai und nochmals Anfang Juli weitere Durchbruchsversuche folgen. Alle diese Operationen liefen dabei nach einem ähnlichen Schema ab: Es begann jeweils mit konzentrierten lokalen Angriffen, bei denen sich die Deutschen auf eine örtliche Überlegenheit und das Überraschungsmoment stützten. Diese Umstände trugen ihnen zunächst erhebliche Geländegewinne ein. Dann gerieten die Vorstöße jedoch wegen der wieder kehrenden Transport- und Nachschubprobleme ins Stocken; unterdessen gelang es den Alliierten aus dem unzerstörten Hinterland rechtzeitig frische Reserven heranzuführen und die bedrohte Lage zu festigen. Die Angreifer fanden daraufhin nicht mehr die Kraft zu neuerlichen Offensivversuchen, und die Offensiven kamen, auch weil sich Ludendorff über die weitere Ausnutzung lokaler Erfolge nicht im Klaren war, zum Stillstand.

Bis Mitte Juli, als die deutschen Vorstöße endgültig im Sande verliefen, hatte sich die Gesamtlage für die OHL trotz aller zwischenzeitlichen Geländegewinne deutlich verschlechtert. Die Frontlinien waren zwar weit vorgetrieben worden; aber die ausgeweitete Front fortan zu verteidigen, entwickelte sich zu einem immer größeren Problem. Dies um so mehr, als die deutschen Verluste im Zuge der Frühjahrsoffensiven inzwischen fast 500.000 Mann erreicht hatten. Vor allem aber waren die Einheiten, welche der OHL jetzt noch zur Verfügung standen, auch psychisch so geschwächt, dass sie zur erfolgreichen längeren Gegenwehr kaum mehr in der Lage schienen. Die Soldaten hatten nunmehr vier lange, zermürbende Kriegsjahre hinter sich. Für fast alle war inzwischen die Angst vor dem Tod ebenso gegenwärtig geworden wie der fast alltägliche Anblick verstümmelter Körper oder faulender Leichen. Mit dem Abscheu vor dem anhaltenden Grauen hatte sich bei vielen immer drängender die Frage nach dem Sinn all der Leiden und des Sterbens gestellt. Hinzu kamen oft harscher Drill, eine chronisch schlechte Versorgung sowie bedrückende Nachrichten aus der Heimat, wo die Familien ebenfalls Hunger litten. Zunächst hatte sich die Armeeführung bemüht, den deshalb angeschlagenen Einsatzwillen der Truppen mit »patriotischem Unterricht« zu heben. Zu Beginn der Frühjahrsoffensiven 1918 war sie zusätzlich dazu übergegangen, unter den Soldaten systematisch den Glauben zu verbreiten, ein Sieg infolge einer letzten großen Kraftanstrengung werde unmittelbar zu einem schnellen Kriegsende führen. Entsprechend groß waren die Hoffnungen und anfangs auch die Kampfmoral vieler Soldaten. Als aber mit den nachfolgenden Rückschlägen diese sehnsüchtigen Erwartungen enttäuscht wurden, bröckelte der Durchhaltewille mehr und mehr ab. Zunehmend breiteten sich tiefe Frustration und innere Erschöpfung aus. Seit dem Frühsommer häuften sich demzufolge die Meldungen über Disziplinarverstöße und Befehlsverweigerungen. Nicht wenige Soldaten vor allem aus den Mannschaftsrängen versuchten zudem, sich etwa durch Selbstverstümmelungen oder vorgetäuschte Krankheiten wie Grippe weiteren Kämpfen zu entziehen. Auch nahm besonders die Zahl freiwilliger Kapitulationen einzelner Soldaten und zuletzt ganzer Truppenteile stark zu. Das Ausmaß, das solches Ausweichverhalten in diesen Kriegswochen nahm, kam einem »verdeckten Militärstreik« gleich; Teile der deutschen Fronttruppen hatten dem Kaiserreich also schon vor Ausbruch der Revolution die Loyalität aufgekündigt.

In dieser Situation setzten die ermutigten Alliierten nun ihrerseits zu groß angelegten Gegenangriffen an. Am 18. Juli erzwangen zunächst die Franzosen bei Villers-Cotterets einen tiefen Einbruch in die deutschen Linien; am 8. August griffen dann englische Truppen bei Amiens an und fügten den Deutschen mit Unterstützung von Flugzeugen und mehr als 400 Tanks – der neuartigen Panzerwaffe – besonders hohe Verluste zu. Nach diesem berüchtigten »schwarzen Tag« der deutschen Armee setzten die Alliierten an mehreren Frontabschnitten fast pausenlos nach und drängten die Deutschen zugweise zurück. Seit September befanden sich ihre Streitkräfte dann unaufhaltsam in der Defensive. An dem Ausgang des Krieges im Westen konnte nun für den Eingeweihten kein ernsthafter Zweifel mehr bestehen.

Die OHL hielt trotzdem lange Zeit unverdrossen daran fest, die dramatisch verschlechterte Lage zu verdrängen und zu beschönigen. Mit äußerstem Willen werde man auch schwierigste Umstände meistern, lautete den Sommer über die Parole der verantwortlichen Generäle. Zweifel an ihrer Sicht der Dinge – zumal von Zivilisten – verbaten sie sich. Dies zeigte auch die Reaktion auf eine Rede des Staatssekretärs von Kühlmann, der am 24. Juli im Reichstag öffentlich erklärt hatte, dass der Friede mit militärischen Mitteln nicht mehr erreichbar sei und der deshalb auf Druck der Militärs umgehend sein Amt aufgeben musste. Im Großen

Hauptquartier, das inzwischen ins belgische Spa verlegt worden war, gaben von Hindenburg und Ludendorff statt dessen noch Mitte August die Losung von der »strategischen Defensive« aus, mit der man den gegnerischen Kampfeswillen allmählich lähmen werde. Es dauerte bis zum 29. September, ehe Ludendorff auf die Nachricht vom Zusammenbruch des verbündeten Bulgarien hin dem Kaiser und der völlig überraschten Reichsleitung gegenüber die ausweglose Lage eingestand und sofortige Waffenstillstands- sowie Friedensverhandlungen forderte. Gleichzeitig konfrontierte er sie mit dem Verlangen nach einem umgehenden Regierungswechsel. Die neue Regierung sollte nach seinem Willen jetzt vom Vertrauen der Parlamentarier abhängen und von allen Mehrheitsparteien - die verhassten Sozialdemokraten eingeschlossen - mit getragen werden. Damit drängte der Befehlshaber der OHL also auf die Parlamentarisierung des Reiches. Der General handelte dabei kühl berechnend. Er wollte einerseits so die Westmächte und hier vor allem den US-amerikanischen Präsidenten Wilson beeindrucken, weil er davon ausging, dass man einer parlamentarischen deutschen Regierung einen günstigeren Frieden gewähren würde. Andererseits ging es ihm aber mehr noch darum, die gesamte Last der Niederlage auf die Parteien der Friedensresolution von 1917 abzuwälzen. Für Ludendorff waren sie die eigentlich Schuldigen an dem militärischen Desaster. Sie hätten sich seiner Entschlossenheit stets in den Weg gestellt und dadurch eine entschiedene Kriegsführung im engen Schulterschluss von Heimat und Front verhindert. Vor seinen Offizieren erklärte der General folglich noch am Abend des 29. September, die undankbare Aufgabe des Friedensschlusses sollten nun jene übernehmen, »denen wir es zu verdanken haben, dass wir so weit gekommen sind«. Dies war die Geburt der höchst unheilvollen so genannten Dolchstoßlegende, die darauf abzielte, das im Augenblick der Niederlage entstehende demokratische System und seine Vertreter für das Versagen der OHL in Haft zu nehmen.

Die Machtübernahme der Reichstagsparteien und die »Oktoberreformen«

Die Mehrheitsparteien, auf die sich nun also die Erwartungen der OHL richteten, befanden sich in diesen Wochen noch immer im politischen Wartestand. Ihren letzten bedeutenden Erfolg im Bemühen um ein Mehr an Einfluss im Innern hatten sie im Herbst 1917 erzielt. Damals, wenige Monate nach der großen Julikrise jenes Jahres, war es ihnen gelungen, sich beim Kanzlerwechsel von Michaelis zu Graf Hertling maßgeblich einzuschalten. Insbesondere hatten MSPD, FVP und Zentrum – die Parteien des Interfraktionellen Ausschusses also – gemeinsam mit den Nationalliberalen eine Person durchgesetzt, welche sich mit dem Reichstag politisch »verständigen« sollte. Der Kaiser war auf diese Forderung eingegangen und hatte damit einen wichtigen Musterfall geschaffen. Denn als Chef der kaiserlichen Regierung, so lautete das Signal dieser Entscheidung, kam künftig nur noch in Betracht, wer auch das Vertrauen des Parlamentes besaß und sich dessen politische Anliegen zu eigen machte. An der fast diktatorischen Machtstellung der OHL hatte all dies aber nichts zu ändern vermocht, und noch im Frühjahr 1918 schien kaum denkbar, dass die Mehrheitsparteien, die sich soeben in der Frage des Friedens mit Russland zerstritten hatten, tatsächlich entscheidenden innenpolitischen Einfluss bzw. Macht über die Kriegsführung erhalten würden.

In den folgenden Sommermonaten, in denen ein zumindest enttäuschender Ausgang der Ludendorff-Offensive immer deutlicher wurde, wendeten sich jedoch die Dinge. Jetzt begannen die Mehrheitsparteien von sich aus auf eine entschiedene Änderung der innen- und verfassungspolitischen Verhältnisse und damit auf die Macht zuzusteuern. Erstmals nach zwei Monaten Pause trat dazu am 12. September der Interfraktionelle Ausschuss zu Beratungen zusammen. Zunächst ergaben sich dabei wieder die alten Meinungsunterschiede vor allem zwischen der MSPD und dem Zentrum. Die Sozialdemokraten zielten schon auf die volle Parlamentarisierung ab. Zudem verlangten sie einen neuen Regierungschef, weil ihnen von Hertling der OHL gegenüber zu wenig konfliktbereit aufgetreten war und es nicht sicher schien, wie er zum reinen parlamentarischen System stand. Das Zentrum, das ja noch den aktuellen Kanzler stellte, trat unterdessen dafür ein, sich mit der Aufnahme von Parteivertretern in die bestehende Regierung zu begnügen. Noch während diese Diskussionen im Interfraktionellen Ausschuss liefen, erfuhren die Parlamentarier vom Zusammenbruch Bulgariens und davon, dass die Kriegslage weit schlechter stand, als es die OHL ihnen bislang beharrlich dargelegt hatte. Nunmehr waren sie endgültig gewillt, die inneren Meinungsunterschiede zurück zu stellen und ihre Sache ohne weiteres Zögern durchzusetzen. Am 28. September schwenkte dazu auch das Zentrum auf die Forderung nach voller Parlamentarisierung um; zugleich akzeptierte es die Ablösung von Hertlings und machte damit den Weg frei für einen gemeinsamen Vorstoß, der nun mit Nachdruck nach einer Regierung verlangte, welche das Vertrauen des Volkes besitzen müsse. Wie weit die Parteien der Reichstagsmehrheit mit dieser Initiative im Konfliktfall gekommen wären, ist nachträglich kaum abzuschätzen. Zu einer denkbaren Auseinandersetzung auf Biegen und Brechen zwischen ihnen und der OHL kam es in dieser entscheidenden Phase ja nicht, weil inzwischen auch Ludendorff aus ganz eigenen Gründen auf den Kurs der Parlamentarisierung umgeschwenkt war. Die letzte Entscheidung fiel, als auch der Kaiser dem Drängen der OHL nachgab und am 30. September die Einsetzung einer neuen parlamentarischen Regierung als seinen Willen verkündete. Die Verfassungsreform, die sich nunmehr in Deutschland zu vollziehen begann, war also nicht allein durch die Militärs im Wege einer viel zitierten »Revolution von oben« befohlen oder aufgezwungen worden. Sie ergab sich vielmehr aus dem gleichzeitigen Zusammenwirken von laufenden parlamentarischen Reformbestrebungen einerseits sowie dem aktuellen – und vielleicht maßgeblicheren - Drängen Ludendorffs andererseits.

Die folgenden Verhandlungen zur Bildung der ersten parlamentarischen Regierung in Deutschland verliefen in nervöser Hektik. Die OHL drängte unablässig darauf, so rasch wie möglich ein Waffenstillstandsersuchen an die US-Regierung abzusenden. Außerdem sollten die Reformen auch nach dem Wunsch der Parteien unbedingt wirksam werden, ehe im Innern vielleicht revolutionäre Unruhen ausbrechen und einen Verlauf wie in Russland nehmen würden, also in Gewaltherrschaft, Chaos und blutigen Bürgerkrieg mündeten. Nach wenigen Tagen einigten sich die beteiligten Parteiführer auf den Prinzen Max von Baden als neuen Reichskanzler und Nachfolger von Hertlings. Der Prinz war von einem Politiker der FVP ins Gespräch gebracht worden und galt als liberaler Reform-Monarchist sowie Befürworter eines Verständigungsfriedens. Nachdem auch die MSPD nach anfänglichem Zögern zugestimmt hatte, ernannte ihn der Kaiser am 3. Oktober zum Chef einer Regierung, der jetzt auch sieben Vertreter der Mehrheitsparteien angehörten; die bekanntesten unter ihnen waren der Zentrumspolitiker Erzberger sowie Scheidemann von den Sozialdemokraten. Dieses Kabinett war schon nach parlamentarischen Regeln entstanden, das heißt durch Verhandlungen zwischen den Koalitionsparteien MSPD, FVP und Zentrum. Mit zu seinen dringendsten Aufgaben gehörte es, die bestehende Verfassung von 1871 so umzugestalten, dass sie den neuen politischen Realitäten Rechnung trug und diese gesetzlich absicherte. Nach nur vier Wochen zügiger Arbeit lagen dazu die notwendigen Vorschläge vor. Am 26. Oktober stimmte ihnen der Reichstag zu, nachdem dies zuvor schon der Bundesrat getan hatte. Nach diesen Gesetzen, die am 28. Oktober in Kraft traten, waren der Reichskanzler und seine Minister fortan nicht mehr dem Kaiser, sondern allein dem Reichstag verantwortlich. Gleichzeitig wurde die königliche Kommandogewalt über die Streitkräfte aufgehoben, welche von jetzt an ebenfalls parlamentarischer und damit ziviler Kontrolle unterstellt sein sollten. Durch diese so genannten Oktoberreformen war das Kaiserreich formal in eine parlamentarische Monarchie wie die englische verwandelt worden. Zusammen mit der bereits angekündigten Abschaffung des preußischen Dreiklassenwahlrechts waren damit wesentliche derjenigen politischen Forderungen erfüllt, welche die Mehrheitsparteien teils seit langem zur Demokratisierung des

Reiches und Preußens vertreten hatten. Zu einem anderen Zeitpunkt hätten diese verfassungspolitischen Umwälzungen des Oktobers 1918 den Deutschen wohl den Atem stocken lassen.

Auf dem Weg zur Novemberrevolution

In der gegebenen Lage aber nahm die Öffentlichkeit in Deutschland von diesen Reformen kaum Notiz. Das alles beherrschende Thema dieser Herbstwochen war vielmehr das deutsche Waffenstillstandsersuchen vom 3./4. Oktober. Die Regierung Max von Baden hatte dem ständigen Drängen der Militärs nachgegeben und US-Präsident Woodrow Wilson in einer ersten Amtshandlung telegrafisch um entsprechende Vermittlung gebeten. Sie verband mit diesem Schritt die Hoffnung auf einen milden Frieden auf der Grundlage der so genannten Vierzehn Punkte Wilsons. Der US-Präsident hatte diese Punkte im Januar 1918 in einer Rede vor dem amerikanischen Kongress öffentlich vorgestellt und sich darin gleichermaßen als demokratischen Idealisten wie als Anwalt eines »gerechten« Friedens dargestellt. Aus dem Waffenstillstandsangebot der Reichsleitung entstand nun ein ausgedehnter deutsch-amerikanischer Notenwechsel, welcher sich bis Anfang November hinzog und in dem die US-Regierung – ihrerseits in ständiger Abstimmung mit den verbündeten Ententemächten – ihre Anforderungen schrittweise höher schraubte. Insgesamt ließen die Noten erkennen, dass es den Alliierten vor allem darum ging, ihren nahen Sieg durch deutsche Vorleistungen wie die Räumung der besetzten Gebiete und die Einstellung des U-Boot-Krieges zu sichern. Das deutsche Heer sollte keine Atempause erhalten, um sich vielleicht erholen und den Kampf später erneut aufnehmen zu können. Letztlich liefen die gestellten Bedingungen auf eine vorbehaltlose Kapitulation hinaus; gleichzeitig klang immer deutlicher die Forderung nach Entmachtung der Miltärs sowie – zuletzt auch – des Kaisers an.

Für die OHL waren das unannehmbare Ansprüche, die ihren Vorstellungen von militärischer Ehre eklatant widersprachen. In einem Aufruf vom 24. Oktober an die Truppen forderte sie daher die Soldaten zum Widerstand mit äußersten Kräften auf. Die Reichsleitung hatten die Generäle wie gewohnt nicht informiert, was einer unverhohlenen Herausforderung der politischen Führung gleich kam. Der Kanzler und seine Kabinettsmitglieder reagierten empört. Am 25. Oktober wurde daraufhin Prinz Max von Baden beim Kaiser vorstellig und stellte diesen vor die Alternative, die OHL müsse in ihre Schranken verwiesen und personell verändert werden oder er werde seinen Abschied nehmen. Der Kaiser beugte sich und ließ Ludendorff nunmehr fallen, der durch den bisherigen Leiter des Kriegsamtes im Preußischen Kriegsministerium, General Groener, ersetzt wurde; von Hindenburg behielt dagegen seinen Posten. Die Entlassung Ludendorffs war überfällig. Sie wurde herbeigeführt, weil die zivile Regierung zum ersten Mal den selbstherrlichen Militärs entschlossen die Stirn bot; die übermächtige Nebenregierung der OHL hatte damit ihr Ende gefunden.

Auf die unvorbereitete Bevölkerung wirkte das deutsche Waffenstillstandsersuchen unterdessen wie ein Schock. Wohl war im Sommer trotz der Zensur der Feldpostbriefe von der Front gerüchteweise durchgedrungen, dass die Kämpfe im Westen schwerer als erwartet waren; aber eine vollständige Niederlage konnte niemand erwarten, der bis dahin der geschönten behördlichen Informationspolitik Glauben geschenkt hatte. Plötzlich schienen nun mit einem Male alle Anstrengungen und Opfer vergebens gewesen zu sein. Die länger schon vorhandene Sehnsucht nach Frieden entwickelte sich in der Folge zu der ungeduldigen Forderung, jetzt sofort »Schluss zu machen«; niemand sollte mehr in dem verlorenen Krieg sinnlos sterben müssen. Hinzu kam die Furcht vor einem neuerlichen schweren Hungerwinter. Weil aber US-Präsident Wilson in seiner dritten Note vom 23. Oktober zu erkennen gegeben hatte, dass ein Friedensschluss mit denjenigen, die Deutschland bisher führten, nicht in Frage komme, verstärkte sich in weiten Bevölkerungskreisen der Gedanke, der Kaiser sei das hauptsächliche Friedenshindernis. Je länger sich der Notenwechsel zwischen Berlin und Washington hinzog und zugleich

2. Extraausgabe. Sonnabend, den 9. November 1918.

Vorwärts

Berliner Volksblatt.

Zentralorgan der sozialdemokratischen Partei Deutschlands.

Der Kaiser hat abgedankt!

Der Reichskanzler hat folgenden Erlaß herausgegeben:

Seine Majestät der Kaiser und König haben sich entschlossen, dem Throne zu entsagen.

Der Reichskanzler bleibt noch so lange im Amte, bis die mit der Abdankung Seiner Majestät, dem Thronverzichte Seiner Kaiserlichen und Königlichen Hoheit des Kronprinzen des Deutschen Reichs und von Preußen und der Einsetzung der Regentschaft verbundenen Fragen geregelt sind. Er beabsichtigt, dem Regenten die Ernennung des Abgeordneten Ebert zum Reichskanzler und die Vorlage eines Gesetzentwurfs wegen der Ausschreibung allgemeiner Wahlen für eine verfassunggebende deutsche Nationalversammlung vorzuschlagen, der es obliegen würde, die künftige Staatsform des deutschen Volks einschließlich der Volksteile, die ihren Eintritt in die Reichsgrenzen wünschen sollten, endgültig festzustellen.

Berlin, den 9. November 1918. **Der Reichskanzler.**

Prinz Max von Baden.

Es wird nicht geschossen!

Der Reichskanzler hat angeordnet, daß seitens des Militärs von der Waffe kein Gebrauch gemacht werde.

Extrablatt des sozialdemokratischen »Vorwärts« vom 9.11.1918 mit der Nachricht von der Abdankung Wilhelms II.

der Waffenstillstand auf sich warten ließ, desto nachdrücklicher wirkte diese Vorstellung auf die aufgewühlten Gemüter ein. So wurde die Forderung nach Abdankung Wilhelms II. weit über die Arbeiterschaft hinaus zunehmend zur beherrschenden Erwartung vor allem der großstädtischen Bevölkerung.

Noch während in der Öffentlichkeit über die Abdankungsfrage debattiert und gestritten wurde, war die Revolution bereits im vollen Gange. Den Anstoß zum Sturz des zusammenbrechenden Regimes gaben die Offiziere der Seekriegsleitung, die am 29. Oktober beschlossen hatten, den Engländern in der Nordsee ein letztes – wie sie meinten – ehrenvolles Gefecht zu liefern. Mit dieser spektakulären Tat wollten sie das Ansehen der deutschen Hochseeflotte retten und zugleich der neuen parlamentarischen Regierung demonstrieren, dass das Militär seiner mit den Oktoberreformen eingeleiteten Entmachtung nicht tatenlos zuzusehen bereit war. Folgerichtig war der Plan hinter dem Rücken der Reichsleitung gefasst worden. Das war ein Akt offener Auflehnung. Die Matrosen in Wilhelmshaven, wo die Flotte lange schon untätig vor Anker lag, reagierten auf die Rebellion der Admirale mit Meuterei. Sie weigerten sich, kurz vor Kriegsende ihr Leben für ein Unternehmen aufs Spiel zu setzen, von dem sie ahnten, dass es ohne Wissen und Willen der zivilen Führung ausgeführt werden sollte. In der Nacht zum 30. Oktober verhinderten Befehlsverweigerer das Auslaufen der Schiffe, woraufhin die »Rädelsführer« verhaftet und mit Teilen der Flotte nach Kiel dirigiert wurden. Hier kam es zu Demonstrationen von Matrosen der Schiffs- und Landeinheiten, welche die Freilassung ihrer inhaftierten und mit der Todesstrafe bedrohten Kameraden verlangten. Die Soldaten der Kieler Garnison sowie die Arbeiter der Werften und Großbetriebe solidarisierten sich. Es kam zur Bildung eines Soldaten- und eines Arbeiterrates, der den Generalstreik verkündete. Am Abend des 4. November befand sich die Stadt in den Händen der Aufrührer, hinter denen 40.000 dort stationierte Soldaten standen.

Von Kiel aus griff die Revolte am 5./6. November zunächst auf die weiteren norddeutschen Küstenstädte, dann rasch auch auf das Binnenland über. Am 7. November erreichte der Aufstand Hannover, am 8. November Braunschweig, Münster, Düsseldorf, Köln, Magdeburg, Dresden und Leipzig. Überall gaben Matrosen das Signal zur Erhebung, Arbeiter schlossen sich ihnen an, und man bildete spontan Arbeiter- und Soldatenräte, welche, ohne auf nennenswerten Widerstand zu stoßen, sogleich die Macht in den jeweiligen Städten übernahmen. Der Versuch der Reichsregierung, die sich lawinenartig ausbreitende Bewegung mit der Zusa-

Aufständische Soldaten und Arbeiter vor dem Brandenburger Tor in Berlin am 9. November 1918

ge von Amnestie und Straffreiheit für die Aufrührer zu beruhigen, schlug fehl. Denn inzwischen hatten sich die kriegsmüden Massen in den Großstädten mit den streikenden Matrosen zusammengetan und unter der Losung »Fort mit dem Kaiser!« weiter gehende politische Forderungen erhoben. Jetzt ging es um die völlige Abkehr vom alten System und dessen weithin in Verruf geratenen Vertretern; aus der anfänglichen Militärrevolte war somit eine Revolution geworden.

Als die immer breiter anschwellende Umsturzbewegung am 9. November Berlin erreichte, waren die Stunden des Kaiserreiches endgültig gezählt. Am Morgen dieses Tages traten die Arbeiter der Berliner Großbetriebe nach einem Aufruf der sozialistischen »Revolutionären Obleute« in den Generalstreik. Vor den Fabriken formierten sich daraufhin Demonstrationszüge, die von bewaffneten Arbeitern angeführt wurden und zum Regierungsviertel zogen. Die Truppen der Garnison weigerten sich, gegen die Zivilbevölkerung vorzugehen und stellten sich auf deren Seite. Angesichts des sich abzeichnenden Siegs der Demonstranten übernahm Reichskanzler Max von Baden die entscheidende Initiative. Seit Tagen schon hatte er vergeblich in Spa angerufen, um

Wilhelm II. persönlich zur Abdankung aufzufordern; seine Hoffnung war, so wenigstens die Monarchie als Staatsform retten zu können. Da sich der Kaiser weiterhin beharrlich weigerte, übergab der Reichskanzler einem großen Nachrichtenbüro am Mittag den Text einer von ihm mit entworfenen Abdankungserklärung. Um zu verhindern, dass die Staatsführung in die Hände der aufständischen Soldaten und Arbeiter fiel, übertrug er – wieder ohne dazu befugt zu sein – eine Stunde später das Amt des Reichskanzlers an Friedrich Ebert, den Führer der Mehrheitssozialdemokraten. Kurz darauf, um 14 Uhr, rief dessen Parteigenosse Philipp Scheidemann von einem Fenster im Reichstagsgebäude die deutsche Republik aus. Im Reich und in den Bundesstaaten war die Herrschaft der Fürsten damit beendet. Das Kaiserreich hatte unter den Belastungen des langen und entbehrungsreichen Krieges seinen Kredit weithin verspielt. Eine große Mehrheit der Deutschen hoffte jetzt auf einen »gerechten« Frieden und einen politischen Neuanfang.

Waffenstillstand

Zunächst aber warteten die erschöpften Menschen vor allem auf den Abschluss des ersehnten Waffenstillstandes. Am 5. November hatten die Alliierten dazu über die US-Regierung ihre Bereitschaft erklärt. Den schweren Gang übernahm als verantwortlicher deutscher Unterhändler Staatssekretär Matthias Erzberger. Die OHL sah sich nicht als zuständig an. Sie forderte Erzberger statt dessen auf, unter allen Umständen zu unterschreiben. Der militärischen Führung ging es allein noch darum, die Truppen vom Gegner zu lösen und so bald als möglich in die Heimat zu führen, wo aus ihrer Sicht jetzt ein Kampf gegen den vermeintlichen inneren Feind – den Bolschewismus - bevorstand. Für die Alliierten legte der französische Oberbefehlshaber Marschall Foch die Bedingungen vor; dabei stellte er von vornherein klar, dass es nichts zu verhandeln gebe. Die Sieger verlangten zunächst, dass die deutsche Armee die besetzten Gebiete und das linke Rheinufer unverzüglich räume. Weiterhin sollten alle alliierten Kriegsgefangenen - ohne Verpflichtung zur Gegenseitigkeit - frei gelassen und zurückgeführt werden; ferner mussten sämtliche U-Boote sowie große Mengen an Waffen, Munition und Fahrzeugen abgeliefert werden. Zudem war der Friedensvertrag von Brest-Litowsk aufzuheben, während die verheerende Seeblockade gegen das Reich einstweilen fortbestehen sollte. Die Bedingungen waren unerwartet hart. Sie zielten insgesamt darauf, dem deutschen Heer jede Möglichkeit zum Weiterkämpfen zu nehmen und zugleich die alliierte Überlegenheit zu sichern. Zu diesem Zeitpunkt standen deren Truppen unmittelbar vor dem Durchbruch durch die deutschen Linien und damit vor der Möglichkeit, über den Rhein weiter ins deutsche Reich einzumarschieren. Am 11. November 1918 unterzeichnete daher Erzberger in einem Eisenbahnwaggon bei Compiègne, unweit von Paris, das Abkommen, das auf einen Monat begrenzt war und Deutschland als besiegten Staat behandelte. Noch am gleichen Tag wurde der Krieg mit einem Erlass von Hindenburgs an die deutschen Soldaten offiziell beendet; seitdem schwiegen in Europa die Waffen.

Opferbilanz des Krieges

Mit dem Waffenstillstand endete ein jahrelanges Schlachten, das über die beteiligten Völker millionenfaches Leid brachte. Bis zum Herbst 1918 war die Gesamtzahl der toten und vermissten Soldaten an den Fronten auf etwa 10 Millionen angewachsen; hinzuzurechnen waren rund 20 Millionen Verwundete. In keinem Krieg zuvor hatte es auch nur annähernd so viele Opfer gegeben. Dies lag weniger an der langen Dauer der Auseinandersetzung als an der verheerenden Wirkung neuartiger Waffen wie der schweren Artillerie, der Maschinengewehre, des Giftgases oder der Tanks, welche das massenhafte Töten überhaupt erst ermöglichten.

Das Deutsche Reich hatte mit über 1,8 Millionen die meisten Gefallenen zu beklagen. Hinzu kamen 4,2 Millionen verwundete

Soldaten, darunter 2.400 Kriegsblinde und 65.000 Kriegsversehrte, die in den Kämpfen ein Bein oder einen Arm verloren hatten. Nicht mitgerechnet waren weitere etwa 310.000 Frontkämpfer, welche sich in den Materialschlachten des Krieges schwere seelische Verletzungen zugezogen hatten; viele von ihnen litten noch Jahre später oder dauerhaft unter Angstzuständen, Schreianfällen, Nervenschütteln oder völliger Teilnahmslosigkeit. Neben den Opfern unter den Soldaten erfassten die Statistiken 760.000 tote Zivilisten. Der weit überwiegende Teil von ihnen war Opfer der alliierten Blockade geworden und an Hunger oder Unterernährung gestorben; zumeist waren dies Säuglinge, Kleinkinder sowie alte, schwache und kranke Menschen, deren Widerstandskraft zum Überleben nach längerer Zeit der Entkräftigung nicht mehr ausreichte. Am Ende zählte mindestens jeder zehnte Deutsche zu den unmittelbar Leidtragenden eines Krieges, der von wechselseitigen Feindbildern und Hass der Völker aufeinander angetrieben worden war und auf allen Seiten als ein Kampf »auf Leben und Tod« gegolten hatte.

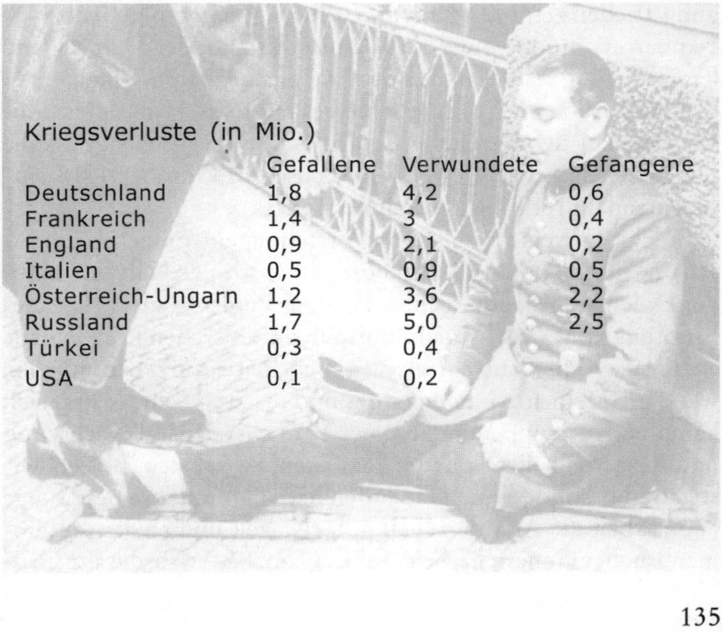

Kriegsverluste (in Mio.)

	Gefallene	Verwundete	Gefangene
Deutschland	1,8	4,2	0,6
Frankreich	1,4	3	0,4
England	0,9	2,1	0,2
Italien	0,5	0,9	0,5
Österreich-Ungarn	1,2	3,6	2,2
Russland	1,7	5,0	2,5
Türkei	0,3	0,4	
USA	0,1	0,2	

Nachgeschichte des Ersten Weltkrieges

Dolchstoßlegende

Noch im November 1918, als die deutschen Truppen wohl geordnet über die Rheinbrücken in die Heimat zurückzogen, begannen viele Deutsche mit der Suche nach Erklärungen für das schier Unfassbare. Jahrelang hatten die offiziellen Berichte von der Front optimistisch und siegesgewiss geklungen, ehe sich der Ton im Oktober 1918 plötzlich grundlegend wandelte und eine militärische Katastrophe zum Vorschein kam, auf die niemand im Reich vorbereitet war. Da indes auch nach dem Waffenstillstand eine umfassende und schonungslose Unterrichtung oder Aufklärung der Öffentlichkeit unterblieb, verfestigte sich die allgemeine Verwirrung noch. Für die Masse der Deutschen hatte das Reich in einem Augenblick kapitulieren müssen, als seine Truppen weit in »Feindesland« standen. Unmittelbar zuvor waren aber jene an die Regierung gekommen, welche schon immer einen Verständigungsfrieden gefordert hatten. Nur wenig später folgten die Novemberrevolution sowie ein Waffenstillstand, der Deutschland kampfunfähig machte und es dem unberechenbaren Willen seiner Gegner auslieferte. Vielen erschien es nur logisch aus dem zeitlichen Ablauf der Geschehnisse den Schluss zu ziehen, dass die Dinge erst mit dem Regierungswechsel im Oktober 1918 entscheidend ins Rutschen gekommen seien.

Solcherart verschwommene Vorstellungen von den Ereignissen und ihren Hintergründen boten einen idealen Nährboden für die Dolchstoßlegende rechter Politiker und Offiziere. Die Behauptung vom Dolchstoß knüpfte an die Ausreden Ludendorffs an, wonach die deutsche Armee nicht hätte aufgeben müssen, wenn die Heimatfront den tapfer und bis zum Schluss siegreich kämpfenden Truppen im Sommer 1918 ausreichend Nachschub und Reserven geliefert hätte. Pazifisten, Sozialisten, Bolschewisten und besonders auch die Juden hätten durch ihre beständige Wühlarbeit die Arbeiterschaft aufgewiegelt und so den Zusammenbruch im Innern herbeigeführt. Dann hätten sie die alte Ord-

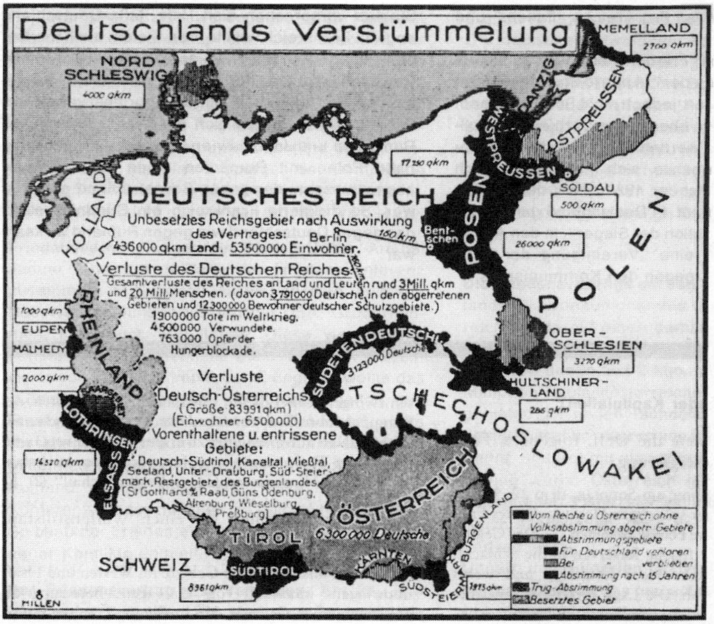

Von der Reichsregierung offiziell in Auftrag gegebene Lehrkarte (1928) für Schulen zur »Aufklärung« über den Versailler Vertrag

nung gestürzt und die Macht übernommen. Für die – unnötige - Kapitulation und den folgenden harten Waffenstillstand seien also jene politischen Linkskreise und Juden verantwortlich, die das angebliche »Verbrechen« der Novemberrevolution begangen oder es gestützt hätten. Dieses wahrheitswidrige Gerede vom Dolchstoß war durch die tatkräftige Mithilfe rechts stehender Zeitungen und Verlage schon früh reichsweit verbreitet worden. Es begann weithin Glauben zu finden, nachdem auch General von Hindenburg vor einem parlamentarischen Untersuchungsausschuss am 18. November 1919 sich in diesem Sinne zu den Gründen für den deutschen Zusammenbruch von 1918 geäußert hatte. Der General berief sich dabei auf einen hohen englischen Offizier, der erklärt habe, die deutsche Armee sei nicht besiegt, sondern »von hinten erdolcht« worden. Diese Dolchstoßlegende lieferte den rechten bzw. konservativ-nationalistischen Gegnern der Republik ein Schlüsselwort, mit dem sie fortan ihre ganze Wut und Verachtung für den jungen demokratischen Staat und seine angeblich »verbrecherischen« politischen Führer benennen konnten. Weil große Teile des deutschen Volkes die erlittene Niederlage nicht anerkennen wollten und nach Sündenböcken für die Schmach verlangten, reichte ihr Wirkungsgrad indes rasch weit über den Kreis der kompromisslosen Republikfeinde hinaus.

Der Versailler Vertrag und seine empörte Aufnahme in Deutschland

Die starke Wirkung der These vom Dolchstoß erklärt sich andererseits auch aus den endgültigen Friedensbedingungen, die im Frühsommer 1919 bekannt geworden waren. Die Entscheidung über die Friedensregelungen hatten die Siegermächte auf einer großen internationalen Konferenz zwischen Januar und Mai des Jahres in Versailles bei Paris gefällt. Deutsche Vertreter waren von den Verhandlungen unter Vorsitz des französischen Ministerpräsidenten Clemenceau von vornherein ausgeschlossen worden. Dennoch war man im Reich lange von einem Verständigungsfrieden im Geiste Wilsons ausgegangen. Denn Wilhelm II. war nach seiner Abdankung noch im November 1918 ins Exil nach Holland übergewechselt, und das Kaiserreich hatte sich inzwischen in eine parlamentarische Demokratie verwandelt, in der die Vertreter des »preußischen Militarismus« keine führende politische Rolle mehr spielten. In den Augen vieler waren also nun die Siegerstaaten am Zuge. Sie müssten jetzt ihrerseits das Versprechen des US-Präsidenten einlösen und den Deutschen, die aus eigener Kraft den angeprangerten Obrigkeits- und Militärstaat überwunden hatten, einen annehmbaren Frieden unter Wahrung der »nationalen Ehre« zugestehen.

Der Versailler Vertrag, den die sozialdemokratisch geführte Reichsregierung am 28. Juni 1919 unter Protest unterschrieb, machte all diese Illusionen zunichte. Das Deutsche Reich musste

Elsaß-Lothringen zurückgeben, das es 1871 von Frankreich annektiert hatte. Das Gebiet um Eupen-Malmedy westlich von Aachen ging an Belgien. Die Saar wurde für 15 Jahre unter die Kontrolle des gerade erst gegründeten Völkerbundes gestellt, während das linke Rheinufer mit den Brückenköpfen Köln, Koblenz und Mainz auf mindestens fünf Jahre von alliierten Truppen besetzt blieb. Im Osten fielen unterdessen Posen und der größte Teil Ostpreußens an den neuen polnischen Staat; Danzig erhielt den Status einer »Freien Stadt«. Das Memelgebiet fiel unmittelbar unter alliierte Verwaltung. Im südlichen Ostpreußen und in Ost-Oberschlesien sollten Volksabstimmungen zu einem späteren Zeitpunkt über die künftige staatliche Zugehörigkeit der Gebiete entscheiden. Weiterhin wurden die deutschen Kolonien in Afrika und Asien den Siegermächten als Mandatsgebiete übertragen. Insgesamt verlor Deutschland 10% seiner Bevölkerung sowie 13% seines Territoriums und - als Folge davon – 25% seiner Steinkohleförderung, 44% seiner Roheisen- und 38,8% seiner Stahlerzeugung, 75% seiner Eisenerzförderung, 68% seiner Zinkerze sowie 17% seiner Kartoffel- und 13% seiner Weizenernte. Gleichzeitig wurden die deutschen Streitkräfte auf ein Berufsheer von 100.000 Mann und die Marine auf eine Stärke von 15.000 Mann reduziert. Dem Reich war ferner verboten, schwere militärische Waffen wie Panzer, Flugzeuge, U-Boote und Schlachtschiffe zu bauen oder zu besitzen; außerdem durfte es in einer entmilitarisierten Zone von 50 Kilometern am rechten Rheinufer weder Befestigungsanlagen unterhalten noch Truppen stationieren. Zu diesen gebietlichen und militärischen Vertragsbestimmungen kamen sofort wirksame wirtschaftliche Forderungen. Danach musste Deutschland 60% seiner Kohleförderung übergeben, nahezu die gesamte Handelsflotte, fast alle modernen Lokomotiven, Hunderttausende von Eisenbahnwaggons, mehr als die Hälfte des heimischen Milchviehbestandes, jedes zweite Binnenschiff sowie 25% seiner momentanen chemischen und pharmazeutischen Produkte. Zur Begründung ihrer Ansprüche fügten die Alliierten den so genannten Kriegsschuldartikel 231 in das Vertragswerk, der Deutschland und seine Verbündete als »Urheber« der Katastrophe brandmarkte und demzufolge für alle Verluste und Schäden verantwortlich machte.

Diese Friedensbedingungen hatten in Deutschland zu einem breiten Aufschrei der Empörung geführt. Über Wochen hinweg fanden in zahlreichen deutschen Städten spontane Protestversammlungen der aufgewühlten Bevölkerung gegen das »Siegerdiktat« statt. Auch die Parteien waren sich fast durchweg einig in ihrer Entrüstung. Eine Zeitlang schien es im Mai/Juni 1919 sogar, als ob die Reichswehr, falls die Regierung sich zur Annahme des Vertrages entschließen sollte, putschen und eine Militärdiktatur errichten wolle. Besonders vehement wurde allgemein der Kriegsschuldartikel zurückgewiesen. In diesem »Schmachparagraphen« sahen nahezu alle Deutsche den Versuch der Sieger, vor allem Frankreichs und Russlands, von ihrer vermeintlich fest stehenden Mitschuld am Kriegsausbruch abzulenken und das geschlagene Reich politisch und moralisch in Verruf zu bringen. Nichts anderes schien für sie auch die französische Forderung nach Auslieferung von 900 deutschen »Kriegsverbrechern« in Heeresleitung und Staatsführung, einschließlich des Kaisers, zu bezwecken. Das Ausmaß und die Fortdauer der allgemeinen Erregung zeigten, wie sehr die überwältigende Mehrheit der Bevölkerung nach wie vor fest glaubte, dass sich Deutschland nichts habe zu Schulden kommen lassen und dass sich zudem die alliierten Regierungen allein von Gefühlen scheinheiliger Überheblichkeit leiten ließen. Ihnen ging es nach verbreiteter Überzeugung nicht um Recht, sondern um Rache und darum, einen gleichberechtigten weltpolitischen Konkurrenten durch einen niederträchtigen Gewaltfrieden aus dem Wege zu schaffen.

Streit um die Reparationen

Die Empörung in Deutschland erhielt bald vor allem durch die alliierte Politik in der Reparationsfrage weitere Nahrung. Aufgrund unterschiedlicher Ansichten und Interessen unter den Siegerstaaten war die Höhe von Wiedergutmachungsforderungen an das Reich 1919 zurückgestellt worden. Stattdessen wurde auf verschiedenen Reparationskonferenzen bis 1921 versucht, auf der Grundlage eines Vorschlags einer interalliierten Expertenkommission eine endgültige Summe festzulegen. Bis dahin hatte Deutschland erhebliche Vorleistungen in Form von Sach- und Geldzahlungen zu erbringen, die auf den späteren Reparationsbetrag angerechnet werden sollten. Ende Januar 1921 einigten sich die Ententestaaten dann in Paris zunächst auf eine deutsche Gesamtschuld von 226 Milliarden Goldmark. Die Summe sollte über einen Zeitraum von 42 Jahren in regelmäßigen Raten abgezahlt werden; für den Weigerungsfall drohten die Alliierten mit Strafmaßnahmen. Die französische Regierung hatte die Zahlungsdauer und die Höhe der Forderungen durchgesetzt. Sie sah in den Reparationen ein Mittel, um den Aggressor von der rechten Rheinseite möglichst nachhaltig und dauerhaft zu schwächen und dadurch die eigene Sicherheit ihm gegenüber zu erhöhen. Für die Reichsregierung, mittlerweile unter einem Kanzler aus der Zentrumspartei, und die deutsche Öffentlichkeit waren die Bedingungen von Paris unannehmbar. Sie wurden folglich entrüstet zurückgewiesen, woraufhin am 8. März französische und belgische Truppen zu Sanktionszwecken die rechtsrheinischen Städte Düsseldorf, Duisburg und Ruhrort besetzten. Wenige Wochen später stellten die Ententestaaten ein auf sechs Tage befristetes Ultimatum zur Annahme des so genannten Londoner Zahlungsplans. Danach musste das Reich einen inzwischen auf 132 Miliarden Goldmark ermäßigten Reparationsbetrag anerkennen oder in Kauf nehmen, dass die Alliierten in das damals wirtschaftlich unentbehrliche Ruhrgebiet einmarschieren würden.

Unter diesem großen Druck sah die Reichsregierung nun keine andere Möglichkeit, als sich dem Siegerwillen zu fügen. Statt sich wie bisher trotzig zu verweigern, wollte man von jetzt an die Forderungen der Alliierten sogar bis an die Grenze des wirtschaftlich Möglichen erfüllen. Durch diese so genannte Erfüllungspolitik sollten die Feindmächte überzeugt werden, dass Deutschland – entgegen der ständigen französischen Behauptung – trotz wieder kehrender innerer Unruhen, Streiks und fortlaufen-

Propaganda-Plakat der »Liga zum Schutze der deutschen Kultur« (1921)

Einmarsch französischer Truppen in Essen im Januar 1923

der Inflation zur ehrlichen Zusammenarbeit in der Reparationsfrage bereit sei. Die Hoffnung auf deutscher Seite war, dass die Alliierten über kurz oder lang selbst einsehen würden, dass sie das Reich, wenn sie sich nicht zu erheblichen Abstrichen bereit fänden, in die ökonomische Katastrophe und in der Folge in die Zahlungsunfähigkeit trieben. Von Mai 1921 bis April 1922 leistete Deutschland also Reparationen in Höhe von 1,2 Milliarden Goldmark; außerdem setzten Kohlelieferungen an Frankreich und Belgien ein, und auch zur Finanzierung der Besatzungstruppen im Rheinland wurde Geld überwiesen.

Die politische Rechte beantwortete die Erfüllungspolitik mit wüsten propagandistischen Angriffen. Die zuständigen Reichsminister, die der politischen Mitte oder der Linken zugehörig waren, beschimpften sie pauschal als Gehilfen der Feinde und »Totengräber« Deutschlands. Jedwede Zugeständnisse an die Siegerstaaten bedeuteten in ihren Augen Verrat an den nationalen Interessen; für die vernünftigen Argumente der Regierung hatten sie folglich nur Hohn und Verachtung übrig. Die Folgen dieser systematischen Hetz- und Verleumdungskampagne zeigten sich bereits am 26. August 1921 beim Mordanschlag auf Matthias Erzberger, der den Waffenstillstand abgeschlossen hatte und zu den bekanntesten Exponenten des neuen demokratischen Staates zählte. Etwa ein Jahr später, im Juni 1922, wurde auch der damalige Außenminister Walther Rathenau Opfer eines politisch motivierten Attentats; wie zuvor Erzberger, war der Jude Rathenau von den rechten Nationalisten öffentlich zu einem »Verbrecher« und Vaterlandsverräter gestempelt worden. Mit ihm wollten die rechtsradikalen Mörder zugleich die verhasste »Judenrepublik« treffen, die nach ihrer Auffassung »Versailles« mit verschuldet hatte.

Auf die Ententestaaten machte die zunehmende Radikalisierung in Deutschland bzw. die innere Spaltung des Landes in Verweigerer und »Erfüller« indes wenig Eindruck. Deutsche Forderungen nach Zahlungsaufschüben und veränderten Ratenzahlungsplänen verstärkten vielmehr ihren Argwohn, dem ehemaligen Kriegsgegner gehe es lediglich um Zeitgewinn. Hinter dem inzwischen rapiden Verfall der deutschen Währung vermuteten besonders die Franzosen demzufolge ein rein taktisches Kalkül. Während sie selbst im eigenen Lande drastisch sparten, um die finanziellen Kriegsfolgen zu beherrschen, ließen die Deutschen, wie sie meinten, die Inflation bewusst laufen, um die verlangten Entschädigungszahlungen mit wertlosem Geld zu begleichen. Ende 1922 verlor die französische Regierung unter Führung eines Politikers der harten Linie mithin endgültig die Geduld. Als das Reich bei den Reparationslieferungen geringfügig im Rückstand war, ordnete sie Mitte Januar 1923 die Besetzung des Ruhrgebietes an; mehr als 60.000 französische und belgische Soldaten wurden dazu in Marsch gesetzt.

Die Reichsregierung rief daraufhin im Vertrauen auf die moralische Überlegenheit ihrer Position die Bevölkerung an Rhein und Ruhr zum passiven Widerstand auf. Wieder, wie im Sommer 1914, fühlten sich die Deutschen mitten im Frieden unschuldig angegriffen und glaubten sich daher zur Notwehr berechtigt. Der patriotische Widerstandswille in diesen Wochen war so groß, dass wohl keine deutsche Regierung es sich hätte leisten können, anders zu handeln. Dennoch bedeutete die Politik des passiven Widerstandes vor allem ein unkalkulierbares wirtschaftliches Wagnis. Denn der Staat schleppte schon seit den Kriegsjahren eine riesige Schuldenlast mit sich, die 1918/19 wegen der hohen Kriegsfolgekosten wie die Hilfe für die anfangs zahlreichen Erwerbslosen immer weiter angewachsen war. Mit Beginn des Ruhrkampfes kamen weitere erhebliche Lasten dadurch hinzu, dass das Reich Millionen von Menschen in den besetzten Gebieten unterstützen musste, während gleichzeitig alle Steuer- und Zolleinnahmen von dort ebenso ausblieben wie Kohlelieferungen, welche für den devisenbringenden Verkauf ins Ausland vorgesehen waren. Weil kaum mehr reguläre Einnahmen zur Verfügung standen, ließ die Reichsregierung nun die Notenpresse laufen und beschleunigte durch den bald ungehemmten Druck ungedeckten Papiergeldes die Geldentwertung drastisch. Seit April/Mai 1923 stürzte der Wert der deutschen Währung in nicht für möglich gehaltener Geschwindigkeit ins Bodenlose. Zu den

Hauptopfern der so genannten Hyperinflation gehörten breite Schichten des deutschen Bürgertums. Betroffen waren besonders die zahlreichen mittelständischen Sparer, welche in kurzer Zeit verloren, was sie in Jahren oder Jahrzehnten mit ihrer Lebensarbeit angesammelt hatten und die für ihre plötzliche Verarmung oftmals den republikanischen Staat und seine angeblich untätigen Politiker verantwortlich machten.

Im Spätsommer und Herbst 1923 trieb Deutschland auf den wirtschaftlichen und sozialen Zusammenbruch zu. Die Papiermark hatte zuletzt jede Kaufkraft verloren, und in den Städten hungerten selbst diejenigen, die noch eine bezahlte Arbeit hatten. Gleichzeitig machte die französische Regierung keinerlei Anstalten, von ihrer Politik der Härte abzugehen. In dieser aussichtslosen Lage übernahm eine neue Reichsregierung unter Gustav Stresemann die politische Verantwortung; Stresemann bekannte sich inzwischen aus innerer Überzeugung zur Republik sowie zu einer Außenpolitik nach den Maßstäben politischer Vernunft und erklärte am 23. September den Abbruch des passiven Ruhrwiderstandes. Fast reflexartig reagierte die rechtsnationale Presse mit wütenden Beschimpfungen. Ohne wirklichkeitsgerechte Gegenvorschläge vorbringen zu können, diskreditierte sie die unumgängliche Entscheidung als »zweite deutsche Kapitulation«. Vielfach erklang nunmehr aus den Reihen der so genannten nationalen Opposition der Ruf nach einem Diktator, der Vergeltung an den Sozialdemokraten und allen anderen, die Deutschland 1918 angeblich verraten hätten, üben sollte. Wie stark die politischen Gefühle in dieser Phase aufgewühlt waren, zeigten auch die Ereignisse vom 8./9. November 1923 in München, wo General a. D. Ludendorff – das verklärte Idol vieler rechter Republikgegner – zusammen mit dem Führer der Nationalsozialisten, dem ehemaligen Gefreiten Adolf Hitler, zum »Marsch auf Berlin« antrat, welcher allerdings am Morgen des 9. Novembers schon im Ansatz kläglich zusammenbrach.

Der gescheiterte Hitler-Ludendorff-Putsch und die Einführung einer wertbeständigen neuen Währung nur wenige Tage später markierten zugleich den Höhe- und den Wendepunkt der schweren innen- und außenpolitischen Krise von 1923. Zwar hatte die französische Regierung im Ruhrkampf gesiegt und Deutschland auf demütigende Weise klar gemacht, dass es nach wie vor der Unterlegene war. Aber der wirtschaftliche Gewinn der gewaltsamen Pfandnahme des Ruhrreviers erwies sich am Ende als gering, und international war das als rücksichtslos empfundene Vorgehen der Franzosen überwiegend abgelehnt worden. Zudem hatten die USA nach einer Phase des Isolationismus mittlerweile begonnen, sich wieder stärker in Europa außenpolitisch einzuschalten und darauf gedrängt, die Reparationsfrage zu entpolitisieren bzw. unter dem Gesichtspunkt des wirtschaftlich Leistbaren zu regeln. Das Ergebnis war der Dawes-Plan von April 1924, der vorsah, dass Deutschland zunächst jährliche Ratenzahlungen entsprechend den jeweils erwarteten Zuwachsraten seiner Wirtschaft leisten sollte. Die Teilbeträge sollten bis 1928 auf 2,5 Milliarden Goldmark ansteigen und auf dieser Höhe bleiben, bis die alliierten Entschädigungsforderungen voll erfüllt waren; wann dies sein würde, war indes erneut offen geblieben. Es dauerte dann noch weitere fünf Jahre, ehe im Juni 1929 eine Expertenkommission unter dem Vorsitz eines US-amerikanischen Industriemanagers zu einem Ergebnis kam. Nach diesem so genannten Young-Plan belief sich die endgültige Forderungssumme der Siegerstaaten auf 122 Milliarden Reichsmark; die Zahlungen sollten sich über 59 Jahre erstrecken - also bis 1988 fortdauern – und durchschnittlich pro Jahr 2 Milliarden Reichsmark ausmachen. Als Gegenleistung sicherten die Alliierten die endgültige Räumung des Rheinlandes bis Ende Juni 1930 zu.

Letztlich konnte das Reich dieser insgesamt eher moderaten finanziellen Last jedoch entkommen, nachdem es fast zeitgleich mit der Unterzeichnung des Young-Plans im Januar 1930 von den Folgen der aufziehenden Weltwirtschaftskrise der frühen dreißiger Jahre erfasst worden war und erneut verarmte. Die schwere Krise traf das export- und kreditabhängige Deutschland besonders hart; Millionen von Menschen wurden arbeitslos und stürzten mit ihren Familien in heute unvorstellbare soziale Not. Im Sommer 1932 erklärten sich daraufhin Franzosen, Engländer und die übrigen Gläubiger bereit, auf weitere deutsche Reparationen zu verzichten. Man vereinbarte stattdessen eine Schlusszahlung von 3 Milliarden Reichsmark, die allerdings nie ernstlich verlangt und geleistet wurde. Erst jetzt, vierzehn Jahre nach dem Ende des Ersten Weltkrieges, war damit ein wesentliches Dauerziel der deutschen Außenpolitik erreicht. Der Erfolg bedeutete auch eine nachträgliche Bestätigung der beharrlichen Verständigungs- und Revisionspolitik Stresemanns, der seit Ende 1923 als Reichsaußenminister amtierte und bis zu seinem Tod im Herbst 1929 eine Politik der friedlichen Überwindung des Versailler Vertrages verfolgt hatte.

Die Räumung des Rheinlandes und die Streichung der Entschädigungsforderungen kamen gleichwohl zu spät, um die erneute innenpolitische Radikalisierung in Deutschland zu verhindern. Die extreme Rechte vermochte das aufwühlende Thema der Reparationen in den zahlreichen Wahlkämpfen zum Ausgang der Weimarer Republik erfolgreich für ihre politischen Zwecke auszunutzen. Für sie waren die vergangenen Jahre seit 1918 eine Phase der Schwächung und Erniedrigung in der deutschen Geschichte. In der Propaganda besonders der Nationalsozialisten dienten dabei die Reparationen als Beleg für den Willen der Alliierten, das Reich auf ewig zu versklaven und zu demütigen. Auch die Wirtschaftskrise stellten Hitler und seine Gefolgsleute als ein Ergebnis des Versailler Vertrages und des hinter ihm stehenden feindlichen Vernichtungswillens dar. Als Gegenvision zur bedrückenden Gegenwart versprach Hitler den zahllosen Unzufriedenen und Enttäuschten, das Regime der »Novemberverbrecher« abzulösen, die Not zu überwinden und das herabgewürdigte Reich wieder in den Kreis der geachteten Großmächte zurückzuführen.

Forschung und Literatur zum Ersten Weltkrieg

Die Zahl der Publikationen zum Ersten Weltkrieg hat seit 2004, seit der Veröffentlichung der ersten Auflage dieses Buches, weiter zugenommen; die wichtigsten der neueren Werke sind in den Literaturanhang eingearbeitet. Unter den zwischenzeitlichen Neuerscheinungen befinden sich verschiedene Überblicksdarstellungen, die gut verständlich und kompetent geschrieben sind und sich daher auch für interessierte Nicht-Spezialisten eignen. Dies gilt etwa für die Bücher von Sönke Neitzel aus dem Jahre 2008 sowie Wolfgang Kruse von 2009. Neitzel legt den Schwerpunkt auf die deutsche Sicht und spannt seine – vornehmlich politikgeschichtliche – Darstellung bis in die revolutionäre Umbruchphase von 1918/19. Das Buch Kruses ist thematisch-inhaltlich breiter angelegt. Er deutet die große Katastrophe als „Zivilisationskrise der europäischen Moderne" und nimmt stärker auch kultur-, mentalitäts- sowie sozial- und geschlechtergeschichtliche Teilthemen in den Blick. Wie Neitzel, behandelt Kruse am Schluss noch den Versailler Friedensvertrag von 1919, der bekanntlich keinen tragfähigen Friedensschluss hervorbrachte, sondern schon den Keim der späteren neuerlichen militärischen Konfrontation von 1939/45 in sich trug. Einen Einstieg in das Thema bieten ferner Hannes Leidinger und Verena Moritz in einem schmalen UTB-Taschenbuch aus dem Jahre 2011. Hier finden sich immer wieder auch in den einzelnen Kapiteln Hinweise auf den Forschungsstand und weiter führende Literaturhinweise; nützlich ist überdies das Schlusskapitel, in dem der Erste Weltkrieg aus der geschichtlichen „Vogelschau" betrachtet und entsprechend eingeordnet wird.

Auf den Kriegsausbruch von 1914 konzentrieren sich die Werke von Jürgen Angelow von 2011 sowie Gerd Krumeich von 2013. Angelow bietet eine zeitlich ausgreifende Darstellung vor allem der Vorgeschichte. Er stellt die Bündnis- und Diplomatiegeschichte in den Mittelpunkt und betont die Verantwortung „fatalistisch" sowie auch „verblendet" handelnder Entscheidungsträger in allen beteiligten europäischen Staaten an dem zweifellos vermeidbaren Unheil. Auch bei Gerd Krumeich, der zusammen mit Gerhard Hirschfeld und Irina Renz schon 2004 ein umfängliches Nachschlagewerk vorgelegt hat, das international als Standardwerk gilt, geht es um den „Juli 1914". Der Autor zeichnet die Hauptlinien der dramatischen Ereignisse nach und liefert insgesamt eine fundierte Bilanz, die den aktuellen Wissensstand in kompakter Form zusammenfasst.

Naturgemäß befasst sich Krumeich auch mit der Kriegsschuldfrage, welche die Geschichtswissenschaft nun schon einige Jahrzehnte beschäftigt. Eine markante Zäsur bildete dabei in den 1960er Jahren zunächst der Beitrag des Hamburger Historikers Fritz Fischer. Er hatte Deutschlands Rolle bei der Auslösung des Krieges ins Zentrum gerückt und den Machteliten des Wilhelminischen Kaiserreiches die entscheidende Verantwortung an der Katastrophe zugewiesen. Bis dahin war man fast einhellig der Auffassung gefolgt, die europäischen Regierungen seien in den Krieg „hineingeschlittert", was Fischer damals also vehement bestritt. Die deutsche Reichsleitung habe vielmehr im Sommer 1914 bewusst auf die militärische Eskalation hingewirkt und diese bereits seit langem geplant. Ihr Ziel sei es gewesen, mit Gewalt ein deutsch beherrschtes Mitteleuropa zu erzwingen. Die weithin als provozierend empfundenen Thesen Fischers lösten einen heftigen Streit aus: die sogenannte „Fischer-Kontroverse". In ihrem Gefolge wurde die Vorgeschichte des Ersten Weltkrieges bald zu einem der am besten erforschten Gegenstände der Neueren Geschichte. Zahlreiche Forscher widmeten sich dem Thema, und spätestens mit den beginnenden 1990er Jahren war ein Konsens gefunden. Danach hatte die deutsche Führung den Krieg nicht planvoll angesteuert, ihn wohl aber zumindest bewusst in Kauf genommen. Sie habe sich in den entscheidenden Wochen vor Kriegsbeginn - in der „Julikrise" 1914 - unter dem Druck der Militärs so verhalten, dass ihr ein maßgeblicher Anteil an dem schließlichen Gewaltausbruch zukomme. Diese Einschätzung jenseits einer überholten Alleinschuld-These bestätigt auch Krumeich in seiner jüngsten Bilanz des „Juli 1914". An anderer Stelle, in dem gemeinsam mit Gerhard Hirschfeld erarbeiteten Überblickswerk „Deutschland im Ersten Weltkrieg“, das ebenfalls in diesem Jahr erschien, formuliert er einprägsam, in Berlin habe man in besonderer Weise „an der Lunte hantiert“.

Längst gilt unter den Historiker mithin die Auffassung, alle beteiligten Herrscher, Politiker, Militärs und Diplomaten der jeweiligen europäischen Staaten hätten das Unheil mitverursacht. Auch Christopher Clark urteilt in seinem publizistisch viel beachteten Werk dieser Wochen so. Der in Großbritannien lehrende Forscher konzentriert sich in seiner erzählerischen Darstellung weniger auf das Warum als auf das – im Detail nachgezeichnete – Wie des Weges in den Krieg. Er nennt dabei den Kriegsausbruch „eine Tragödie“ und kein „Verbrechen“ mit einem etwa klar auszumachenden Täter. Auf allen Seiten seien 1914 an den Schalthebeln der Macht menschliche Akteure am Werk gewesen, die sich, getrieben von ihren je subjektiven Sichtweisen, Denkhorizonten, Gefühlen und Ängsten, blind und doch sehenden Auges eher stolpernd in diese Tragödie hineinbegeben hätten. Bei der „Schuldfrage“ kommt Clarke nicht zu grundsätzlich neuen Ergebnissen. Allerdings verteilt er in dieser Hinsicht anders als die meisten seiner Forscherkollegen. Deutschlands Verantwortung sieht er nicht größer als den „Schuldanteil“ der anderen beteiligten Regierungen, die allesamt in den Wochen nach den tödlichen Schüssen von Sarajewo beklagenswert versagt hätten.

Die Frage nach der „Kriegsschuld“ führt unmittelbar hin zum Versailler Friedensvertrag von 1919, der den diplomatischen Schlusspunkt des Ersten Weltkrieges bildete. Denn wesentliche Bestimmungen des Vertragswerkes fußten zu ihrer Rechtfertigung auf dem weiter vorn schon erwähnten Artikel 231, der Deutschland zum allein verantwortlichen Aggressor stempelte und als „Kriegsschuldartikel“ in der deutschen Öffentlichkeit bleibenden Zorn hervorrief. Die „Kriegsschuldfrage“ bildete die psychologische Grundlage für den schon bald erstarkenden Willen zur militärischen Revanche, den die radikale Rechte lautstark kund tat.

Entgegen dem Empfinden vieler Zeitgenossen und ihrer Rede vom überharten „Diktatfrieden“ herrscht in der Forschung ein weit nüchterneres Urteil vor. Die verschiedenen Studien zu dem Thema – zuletzt Eberhard Kolbs Buch von 2005 über „Versailles“ – betonen, dass die verantwortlichen Staatsmänner aus den Siegerstaaten im Frühjahr 1919 in dem damaligen Klima von Hass und Misstrauen vor einer sehr schwierigen Aufgabe standen. Zu unterschiedlich waren zudem die jeweiligen Interessen und Sichtweisen in ihren Reihen. Die Briten und Amerikaner etwa wollten eher gemäßigte Friedensbedingungen und ein darauf gegründetes Machtgleichgewicht in Europa; demgegenüber stand das massive französische Verlangen nach dauerhafter Sicherheit vor Deutschland. Diese gegensätzlichen Positionen erwiesen sich als nicht vereinbar. Zwangsläufig trug der Versailler Vertrag also am Ende den Charakter eines Kompromisses, der niemanden zufrieden stellte. Im Ganzen aber, so die Einschätzung innerhalb der Forschung, kamen die uneinsichtigen Deutschen, denen sogar die Zerschlagung des Reiches gedroht hatte, durchaus noch „glimpflich“ davon. Immerhin blieben für Deutschland die wirtschaftlichen und politischen Voraussetzungen bestehen, um wieder auf mittlere oder längere Sicht zu einer einflussreichen Großmacht zu werden. Der Versailler Vertrag war gleichwohl beides: einerseits zu milde, um das geschlagene Reich ein für allemal von fortbestehenden Großmachtambitionen abzuhalten und andererseits zu hart, um zu einer dauerhaft stabilen Friedensordnung in Europa überzuleiten.

Anhang

Abkürzungen

FVP	Fortschrittliche Volkspartei
Hg.	Herausgeber
Hrsgg.	Herausgegeben
MSPD	Mehrheissozialdemokratische Partei Deutschlands
OHL	Oberste Heeresleistung
SPD	Sozialdemokratische Partei Deutschlands
USPD	Unabhängige Sozialdemokratische Partei Deutschlands

Zeittafel zur Geschichte des Ersten Weltkrieges (1914-1918)

1914

28.6.	Ermordung des österreichischen Thronfolgerpaares in Sarajewo
5.7.	Deutsche Zusicherung an Österreich-Ungarn, das Reich werde ein militärisches Vorgehen gegen Serbien unterstützen (sog. »Blankoscheck«)
23.7.	Eng befristetes österreichisches Ultimatum an Serbien
30.7.	Russische Generalmobilmachung
1.8.	Generalmobilchung in Deutschland und deutsche Kriegserklärung an Russland; Generalmobilmachung in Österreich-Ungarn und Frankreich
2.8.	Besetzung Luxemburgs durch deutsche Truppen; Ultimatum des Reiches an das neutrale Belgien, deutschen Truppen den Durchmarsch zu gewähren
3.8.	Deutsche Kriegserklärung an Frankreich; Einmarsch in Belgien
4.8.	Bewilligung der Kriegskredite durch den Reichstag; Abbruch diplomatischer Beziehungen zu Deutschland durch Großbritannien
6.8.	Österreichische Kriegserklärung an Russland
11.8.	Französische Kriegserklärung an Österreich-Ungarn
20.8.	Schlacht bei Gumbinnen und Räumung großer Teile

Ostpreußens durch die deutsche 8. Armee nach russischen Erfolgen

22.8. Übernahme des Befehls über die 8. Armee durch die Generäle Paul von Hindenburg und Erich Ludendorff

26.8. Beginn der viertägigen Schlacht bei Tannenberg, die mit der Vernichtung der russischen Narew-Armee endet; Geburt des »Hindenburg-Mythos«

30.8. Vormarsch deutscher Truppen im Westen bis an die Marne

5.9. Formelles Kriegsbündnis zwischen England, Frankreich und Russland

5.9. Schlacht an der Marne, die am 12. September mit einem deutschen Misserfolg endete, damit verbundenes Scheitern des Schlieffenplans

6.9. Beginn der Schlacht an den Masurischen Seen bis zum 15. September und dadurch herbei geführte vollständige Befreiung Ostpreußens von russischen Truppen

14.9. Entlassung Generalstabschef von Moltkes und Ersetzung durch Generaloberst Erich von Falkenhayn (Bildung der 2. OHL)

20.9. Beginn der Ypern-Offensive

1.11. Übernahme des Oberbefehls im Osten durch von Hindenburg und Ludendorff

1915

25.1. Einführung der Brotkarte im Reich, Beginn der Lebensmittelrationierung

4.2. Deutsche Erklärung, das Seegebiet um die britischen Inseln als Kriegszone zu betrachten

22.2. Beginn des U-Boot-Handelskrieges durch die deutsche Marine

26.4. Londoner Vertrag Großbritanniens, Frankreichs und Russlands mit Italien, dem große Gebietesgewinne in Aussicht gestellt wurden, falls es sich auf die Seite der Alliierten stelle

1.-3.5. Erfolgreiche Durchbruchsschlacht deutscher und

österreichisch-ungarischer Verbände bei Tarnow und Gorlice und beginnende starke Zurückdrängung der russischen Armeen an der Ostfront; in der Folge gerieten bis zum Sommer weite Teile Galiziens sowie »Kongreßpolen« in die Hand der Mittelmächte bzw. Deutschlands

7.5. Versenkung des englischen Passagierdampfers »Lusitania« durch deutsche U-Boote

23.5. Kriegserklärung Italiens an Österreich-Ungarn (an Deutschland: am 28.8.1916)

6.9. Freundschafts- und Bündnisvertrag des Deutschen Reiches mit Bulgarien

11.9. Militärische Niederwerfung Serbiens durch Verbände der Mittelmächte und Bulgariens

22.9. Beginn der Herbstschlachten in der Champagne und bei Arras, in denen französische Truppen bis zum Oktober vergeblich den Durchbruch zu erzwingen versuchten

6.12. Einnahme Bukarests und Ausschaltung Rumäniens als Kriegsgegner

8.12. Abschluss der Konferenz von Chantilly, auf der sich die Ententemächte auf eine Koordination ihrer militärischen Aktivitäten auf den verschiedenen Kriegsschauplätzen einigten

21.12. Ablehnung einer fortgesetzten Billigung der Kriegskredite im Reichstag durch 20 Abgeordnete der SPD

1916

11.2. Erklärung der deutschen Reichsleitung, künftig würden bewaffnete Handelsschiffe um die britischen Inseln ohne Warnung angegriffen werden

21.2. Beginn der Schlacht von Verdun

6.3. Entschluss der deutschen Führung, den U-Boot-Krieg wieder einzuschränken; zuvor hatte ein deutsches Unterseeboot die »Sussex« versenkt, woraufhin es zu steigenden Spannungen mit den USA kam; daraufhin (am

9.3.): Rücktritt des Großadmirals von Tirpitz als Chef der Marineleitung

9.3 Kriegserklärung des Deutschen Reiches an Portugal

22.5. Errichtung eines »Kriegsernährungsamtes« des Reiches, um so die zentral gelenkte Lebensmittelversorgung der Bevölkerung sicher zu stellen

31.5. Seeschlacht am Skagerrak

4. 6. Beginn der russischen Brussilow-Offensive gegen österreichisch-ungarische Verbände in Galizien; zeitweiliger Zusammenbruch der österreichischen Front

24.6. Beginn der britischen Offensive an der Somme

27.8. Kriegserklärung Rumäniens an das Deutsche Reich

28.8. Kriegserklärung Italiens an das Deutsche Reich

29.8. Entlassung General von Falkenhayns und Einsetzung der nunmehr 3. OHL unter von Hindenburg und Ludendorff

30.9. Entwurf des »Hindenburg-Programms« durch die OHL zur Mobilisierung aller Arbeitskräftereserven sowie zur Steigerung der Rüstungsproduktion

5.11. »Polenproklamation« der Mittelmächte, mit der diese den Polen die Errichtung eines »selbstständigen« – aber von den Mittelmächten abhängigen – polnischen Staates in Aussicht stellten

15.11. Freigabe der Kriegszieldiskussion in der deutschen Öffentlichkeit

5.12. Inkrafttreten des »Vaterländischen Hilfsdienstgesetzes«

6.12. Einnahme von Bukarest durch die Mittelmächte

12.12. Friedensangebot der Mittelmächte durch Reichskanzler von Bethmann Hollweg, das aber wenig ernsthaft war und daher scheiterte

18.12. Vorschlag des US-Präsidenten Wilson, die Krieg führenden Staaten sollten einen »Meinungsaustausch über ihre Friedensbedingungen und Forderungen« beginnen

31.12. Ablehnung des deutschen Friedensangebots sowie auch des Vermittlungsversuchs Wilsons durch die Alliierten

1917

9.1.	Beschluss der deutschen Führung bzw. Militärs/OHL, trotz der Vermittlungsinitiative Wilsons zum 1. Februar wieder zum unbeschränkten U-Boot-Krieg übergehen zu wollen
23.1.	Ausgabe der Losung »Frieden ohne Sieger« durch Wilson
1.2.	Beginn des unbeschränkten deutschen U-Boot-Krieges
18.2.	Ende einer interalliierten Konferenz in Paris, auf der die Verbündeten ein weit reichendes Kriegszielprogramm vereinbarten
7.3.	Beginn der russischen »Februarrevolution«
12.3.	Abdankung des russischen Zaren; Bildung einer bürgerlichen Übergangsregierung
6.4.	Kriegserklärung der USA an Deutschland
7.4.	»Osterbotschaft« Wilhelms II. zur umfassenden Reform des preußischen Dreiklassenwahlrechts nach dem Krieg
14.4.	Appell des Petrograder Arbeiter- und Soldatenrates an die Völker der Welt, den Krieg durch einen Frieden »ohne Annexionen und Kontributionen« zu beenden
6.-8.4.	Gründungskongress der USPD in Gotha; damit: Abspaltung der Linken in der SPD
16.4.	Massenstreiks in Berlin, Leipzig und anderen deutschen Großstädten, die sich vor allem gegen die weiter verschlechterte Lebensmittelversorgung richteten; Forderungen nach »Brot und Frieden« wurden laut
27.6.	Eintritt Griechenlands in den Krieg auf der Seite der Alliierten
14.7.	Sturz Reichskanzler von Bethmann Hollwegs in der »Julikrise« 1917; sein Nachfolger wurde Georg Michaelis, der als »Mann der OHL« galt.
19.7.	»Friedensresolution« der so genannten Mehrheitsparteien (SPD, FVP, Zentrum und Nationalliberale) des Reichstages auf Initiative des Zentrumspolitikers Erzberger; das Ziel war die Herbeiführung eines Verständigungsfriedens

1.8. Friedensaktion des Papstes Benedikt XV.
2.9. Gründung der »Deutschen Vaterlandspartei«
24.10. Großer Sieg deutscher und österreichischer Truppen über die Italiener an der Isonzo-Front in den Alpen
1.11. Ablösung des Kanzlers Michaelis durch den bayerischen Ministerpräsidenten Graf Hertling (Zentrum)
7.11. »Oktoberrevolution« in Russland und Machtübernahme der Bolschewisten
9.11. Offener Friedensappell der russischen Revolutionsregierung
3.12. Beginn der Waffenstillstands- und Friedensverhandlungen in Brest-Litowsk zwischen den Mittelmächten und Russland
7.12. Kriegserklärung der USA an Österreich-Ungarn

1918

1.1. Gründung des »Spartakusbundes«, dem Vorläufer der KPD
8.1. Verkündung der »Vierzehn Punkte« US-Präsident Wilsons zur Herbeiführung eines weltweiten Friedens
16.1. Spontane Massenstreiks in Wien und anderen Industriezentren der Donaumonarchie gegen die Verhandlungsführung der Mittelmächte in Brest-Litowsk
28.1. Ähnlich motivierte Massenstreiks unter der Parole für »Frieden, Brot und Freiheit« auch in Deutschland, an denen etwa eine Million Arbeiter und Arbeiterinnen teilnahmen
9.2. Separatfriede zwischen den Mittelmächten und der Ukraine (sog. »Brotfriede«)
3.3. Unterzeichnung des Friedensvertrages in Brest-Litowsk durch die russische Revolutionsregierung; zuvor hatten die Mittelmächte die Kampfhandlungen wieder aufgenommen und waren u.a. in Richtung Petrograd vormarschiert
21.3. Beginn der großen deutschen Frühjahrsoffensiven im

Westen, die trotz großer Anfangserfolge stecken blieben

7.5. Friede von Bukarest zwischen den Mittelmächten und Rumänien

18.7. Beginnender Gegenangriff der Alliierten im Westen

8.8. Großer Tankangriff und alliierter Durchbruch bei Amiens

25.9. Friedensersuchen Bulgariens

26.9. Fortsetzung der erfolgreichen alliierten Vorstöße und Zurückdrängung der – zunehmend in Auflösung begriffenen - demoralisierten deutschen Verbände

29.9. Entlassung General Ludendorffs, Verlangen der OHL, sofortige Waffenstillstandsverhandlungen aufzunehmen sowie eine parlamentarische Regierung einzurichten

30.9. Rücktritt des Reichskanzlers von Hertling

3.10. Bildung einer parlamentarischen Regierung, jetzt von den Mehrheitsparteien des Reichstages getragen, unter Prinz Max von Baden; deutsche Note an US-Präsident Wilson mit der Bitte um Herbeiführung eines Verhandlungsfriedens auf der Grundlage seiner »Vierzehn Punkte« vom Januar des Jahres

21.10. Beginn der Revolution in Österreich-Ungarn

28.10. Parlamentarisierung des Reiches durch Verfassungsänderung (»Oktoberreformen«)

29.10. Meuterei der Matrosen der deutschen Hochseeflotte in Kiel

30.10. Ersuchen des Osmanischen Reiches an die Alliierten um Abschluss eines Waffenstillstandsvertrages

3.11. Separater Waffenstillstand Österreich-Ungarns mit den Alliierten

3.11. Beginn der revolutionären Aufstandsbewegung in Deutschland, die sich von Kiel ausgehend rasch über das ganze Reich ausbreitete (»Matrosenrevolte«)

7.11. Bildung einer Revolutionsregierung in Bayern

9.11. Sieg der Revolution auch in der Reichshauptstadt Ber-

	lin; Abdankung Kaiser Wilhelms II.; Ausrufung der Republik durch den SPD-Politiker Scheidemann; Übertragung des Kanzleramtes durch Max von Baden an den SPD-Vorsitzenden Friedrich Ebert
10.11.	Bildung einer - vorläufigen – neuen Regierung, des »Rats der Volksbeauftragten« aus MSPD- und USPD-Politikern; Ausweichen Wilhelms II. ins Exil nach Holland
11.11.	Unterzeichnung des Waffenstillstandsvertrages Deutschlands mit den Alliierten im Wald von Compiègne

Glossar/Worterklärungen

Alldeutscher Verband

Im Jahr 1891 entstandene überparteiliche, radikal-nationalistische und zugleich antisemitische Organisation. Das Fernziel der Alldeutschen war ein koloniales Weltreich, das mit einem kontinentaleuropäischen deutschen Kernimperium von den Niederlanden bis ins Baltikum verbunden sein sollte. Zu den zentralen Forderungen des bildungsbürgerlich geprägten Verbandes gehörte ferner die Stärkung des deutschen Nationalbewusstseins. Im Ersten Weltkrieg befürwortete der A.V. weit mögliche Gebietseroberungen zur Sicherung und Erweiterung des »deutschen Lebensraumes«.

Alliierte

Sammelbezeichnung (von frz.: allie' = Verbündeter) für die 1914 gegen die so genannten Mittelmächte kämpfenden verbündeten Staaten Großbritannien, Frankreich und Russland; später hinzu gekommene Verbündete wie die USA, die im April 1917 an die Seite der A. in den Krieg eintraten, wurden »Assoziierte« genannt.

Annexion

Der Begriff (von lat. annectere = anbinden, hinzufügen) meint die meist gewaltsame, widerrechtliche oder nur formal rechtliche Eingliederung fremden Gebietes in einen Staat.

Balance of power

Die Vorstellung eines Systems souveräner Staaten, die sich »die Waage halten« sollten. Es handelte sich konkret um die traditionelle britische Politik des »Gleichgewichts der Kräfte« auf dem europäischen Kontinent. Nach englischem Willen sollte in Kontinentaleuropa keine der konkurrierenden Staaten wie Deutschland oder Frankreich eine Vormacht- bzw. Hegemonialstellung einnehmen, weil ansonsten Großbritannien sich machtpolitisch herausgefordert sah. Diese Politik bildete vom 17. bis zum 20. Jahrhundert die Grundhaltung der auf Europa bezogenen britischen Außenpolitik.

Blockade

Der Begriff stammt aus dem Französischen (bloquer = einschließen). Er bedeutet im engeren Sinne die Absperrung eines Küstenabschnittes oder Hafens durch gegnerische Seestreitkräfte. Im weiteren Sine wird als B. jede militärische Absperrung eines Gebietes bezeichnet, welche das Ziel hat, Zufuhren von außen zu unterbinden. Die B. war nach der Pariser Seerechtsdeklaration von 1856 im Krieg oder als Repressalie zulässig; nicht zulässig war hingegen eine Fernblockade, wie sie England zu Beginn des Ersten Weltkrieges gegen Deutschland errichtete.

Bolschewisten

Im Juli 1903 spaltete sich im Londoner Exil die Sozialdemokratische Arbeiterpartei Russlands, wobei die radikale Mehrheit (bolschinstwo, russ. = Mehrheit) unter ihrem Führer W. I. Lenin ihre politischen Ziele, vor allem die Errichtung einer Diktatur des »Proletariats« bzw. die Schaffung einer »klassenlosen Gesellschaft« in Russland, durch eine Revolution, das heißt durch einen gewaltsamen Umsturz verwirklichen wollte. Ihre zahlenmäßig in der Minderheit befindlichen innerparteilichen Gegner, die so genannten »Menschewiki«, beabsichtigten dagegen mit Hilfe allmählicher Reformen die erstrebten grundlegenden Veränderungen im Zarenreich zu erreichen.

Burgfriede

Im Mittelalter boten Burgen ummauerten Orten erhöhten Rechtsschutz und erhöhte Sicherheit; innerhalb dieser Mauern waren Fehden, das meint gewalttätige Feindschaften und Streit, untersagt.

Dolchstoßlegende

Nach dem Ende des Ersten Weltkrieges verbreitete, letztlich auf General Ludendorff zurückgehende Erklärung für den deutschen Zusammenbruch von 1918. Hiernach war ein Teil der Heimatbevölkerung, von den Sozialdemokraten angeblich dazu angestiftet, dem vermeintlich im Felde unbesiegten Frontheer in den Rücken gefallen, was ursächlich zur militärischen Niederlage der deutschen Truppen im Weltkrieg geführt habe. Der Begriff D. wurde in den 1920er Jahren zum politischen Schlagwort, das die Rechtsparteien und später vor allem die Nationalsozialisten zur Agitation gegen die Weimarer Republik wirkungsvoll benutzten.

Donaumonarchie

Name für die offizielle Bezeichnung Österreich-Ungarns, das heißt die vom Kaiser von Österreich und König von Ungarn beherrschte habsburgische Doppelmonarchie.

Dreibund

Das durch den Beitritt Italiens am 20.5.1882 auf fünf Jahre abgeschlossene geheime Verteidigungsbündnis zwischen dem Deutschen Reich, der Donaumonarchie und Italien. Der D. wurde mehrfach, zuletzt 1912 verlängert. Er brach auseinander, als Italien 1915 auf der Seite der Entente-Mächte Großbritannien, Russland und Frankreich in den Krieg eintrat.

Dreiklassenwahlrecht

Nach diesem indirekten Wahlrecht, nach dem von 1849 bis 1918 das preußische Abgeordnetenhaus gewählt wurde, war die wahlfähige Bevölkerung einer Gemeinde entsprechend ihrer steuerlichen Leistung in drei Klassen eingeteilt. Jede dieser Klassen brachte dabei ein Drittel der Steuern auf und wählte ein Drittel der Abgeordneten. Zur ersten Klasse der steuerlich besonders leistungsfähigen Bürger zählten etwa im Jahr 1893 4%, zur zweiten 14% und zur dritten Klasse 82%. Dieses Wahlrecht begünstigte also die Reichen und bot dadurch sehr ungleiche politische Mitbestimmungsmöglichkeiten; es widersprach in besonderer Weise heutigen demokratischen Teilhabevorstellungen.

Entente cordiale

1904 zwischen Großbritannien und Frankreich getroffene Vereinbarung über ein »herzliches Einvernehmen« hinsichtlich der jeweiligen Interessensbereiche in Nordafrika; der Streit hierüber hatte bis dahin eine politische Annäherung der beiden Staaten verhindert. Die Entente bedeutete noch kein formelles Bündnis, bildete aber eine unmittelbare Vorstufe dazu.

Imperialismus

Allgemein bezeichnet der Begriff das Streben von Staaten nach weltweiter politischer und wirtschaftlicher Macht. Die Bezeichnung meint im vorliegenden Kontext die auf Ausdehnung und Schaffung eines Großreichs (»Imperium«) abzielende Politik der europäischen Großmächte in der 2. Hälfte des 19. Jahrhunderts, hier insbesondere deren aggressive überseeische Macht- und Wirtschaftspolitik seit 1880.

Inflation

Eine I. ist eine Geldentwertung großen Ausmaßes. Sie entsteht, wenn die umlaufende Geldmenge in einem Währungsgebiet ohne entsprechende Vergrößerung der Warenproduktion steigt, so dass die Kaufkraft kleiner wird. Die Ursache einer I. liegt zumeist in den wachsenden Ausgaben des Staates, die nicht durch ordentliche Einnahmen wie Steuererträge gedeckt sind, sondern durch den immer neuen Druck von Banknoten ermöglicht werden.

Jungtürken
So hießen die Anhänger der am Ende des 19. Jahrhundert entstandenen türkischen Bewegung, die aus der Türkei einen modernen Verfassungsstaat machen wollten.

Konstitutionelle Monarchie
Staatsform, in welcher der König nicht absolut herrscht, sondern an eine Verfassung (Konstitution) gebunden ist. Zwar ist der Monarch in der K. M. Staatsoberhaupt; aber je nach Verfassung ist er mehr oder weniger stark auf die Mitwirkung des Parlamentes bei der Gesetzgebung, der Kontrolle der Regierung und der Aufstellung des Staatshaushaltes angewiesen. Die Regierung hängt dabei – anders als in der parlamentarischen Monarchie – vom Vertrauen des Königs bzw. Monarchen ab.

Kriegsanleihe
Durch eine K. leiht sich ein Staat bei seinen Bürgern Geld, um anfallende Kriegskosten zu decken. Auf diese Weise können zumindest vorübergehend Steuererhöhungen zur Kriegsfinanzierung vermieden werden. Im Ersten Weltkrieg belief sich die Höhe dieser Anleihen des Deutschen Reiches auf zuletzt etwa 100 Milliarden Mark. Die hohen Zinsen, die hierfür zu zahlen waren, trugen unter anderem zur Inflation der frühen 1920er Jahre bei.

Militarismus
Überbetonung des Militärischen in einem Staat; die Verherrlichung des Krieges, der Vorrang der Rüstungspolitik, die bevorzugte Stellung des Militärs in der Öffentlichkeit sowie der große Einfluss der hohen Offiziere auf die Regierung sind dabei kennzeichnend.

Mittelmächte

Die Kriegsverbündeten Deutschland sowie Österreich-Ungarn wurden wegen ihrer geografischen Mittellage in Europa so genannt; auch für die später hinzu kommenden Verbündeten des Deutschen Reiches, Bulgarien und die Türkei, wurde diese Bezeichnung gebraucht.

Mobilmachung

Der Begriff meint die – im Frieden vorbereitete – Überführung der Truppen eines Staates in unmittelbare Kriegsbereitschaft; dies geschieht etwa durch die Einberufung von Reservisten.

Monarchie

Anders als in der Republik liegt in einer M. die Herrschaft in der Hand einer Person, des Monarchen bzw. Kaisers oder Königs. Kennzeichnend sind die rechtmäßige Amtsübernahme durch Wahl oder Erbfolge und in der Regel die Unabsetzbarkeit des Monarchen.

Nationalismus

Weltanschauung, welche die Nation oder den Nationalstaat in den Mittelpunkt stellt bzw. übersteigert hoch schätzt, oft unter gleichzeitiger Geringschätzung anderer Völker. Im 19. Jahrhundert gehörte der N. zu den zeittypischen, stärksten geistigen Kräften.

Panslawismus

Im beginnenden 19. Jahrhundert begannen Angehörige der verschiedenen slawischen Sprachen sich als eine gemeinsame Volksgruppe zu empfinden. Seit dem 1. Panslawischen Kongress in Prag 1848 wurde der P. zu einer politischen Bewegung, welche die Einigung aller Slawen anstrebte.

Parlamentarische Monarchie

In dieser Staatsform liegt die gesetzgebende Gewalt, die Legislative, bei einem aus Wahlen hervorgegangenen Parlament, die ausführende Gewalt, die Exekutive, hingegen bei der Regierung, welche dem Parlament und nicht dem Kaiser oder König verantwortlich ist.

Pazifismus

Grundsätzliche Einstellung, die aus ethischen oder religiösen Gründen jegliche Gewaltanwendung zwischen Staaten ablehnt, sich gegen Militär und Rüstung wendet und daher auch den Kriegsdienst ablehnt. Um 1900 erlangte der P. stärkeren Einfluss auf die Politik.

Reichstag

Im Deutschen Reich, das von 1871 bis 1945 bestand, war der R. das in allgemeinen, gleichen und geheimen Wahlen gewählte Parlament.

Reparationen

Finanzielle Wiedergutmachungsleistungen zur Kriegsentschädigung, gemeint sind hier die entsprechenden Forderungen der Siegermächte des 1. Weltkrieges gegenüber Deutschland. Begründet wurden die R.-forderungen mit der These von der deutschen Alleinschuld am Krieg.

Republik

Eine R. ist jeder Staat, der keine Monarchie ist und bei dem die Staatsgewalt nicht bei einer Einzelperson konzentriert liegt. In der R. geht die Staatsgewalt in der Regel von der Volksgesamtheit aus. Das Volk nimmt hierbei Einfluss durch die Wahl eines Parlamentes oder einer Regierung.

Zar

Russischer Herrschertitel 1462 bis 1917. Der Begriff ist abgeleitet von dem lateinischen Wort »Caesar« (Kaiser). Die Zaren waren zugleich Oberhaupt des Staates und der russisch-orthodoxen Kirche.

Biografischer Anhang

Bethmann Hollweg, Theobald von (29.11.1856–2.1.1921)

Der vormalige Oberpräsident von Brandenburg wurde 1905 preußischer Minister des Innern, 1907 Staatssekretär des Reichsamts des Innern und Stellvertreter des damaligen Reichskanzlers von Bülows. Er hatte eine glänzende Verwaltungslaufbahn hinter sich, als er am 14.7.1907 auf Empfehlung von Bülows als dessen Nachfolger zum Reichskanzler und preußischen Ministerpräsidenten berufen wurde. B. galt trotz seiner anerkannten politischen Analysefähigkeiten als Zauderer und Pessimist. Außenpolitisch suchte er vor allem gegenüber England den Ausgleich, doch gelang es ihm nicht, die diesem Ziel entgegengerichtete Flottenpolitik der Marineleitung unter Admiral von Tirpitz zu verhindern. In der »Julikrise« 1914 drängte B. Österreich-Ungarn zum raschen Losschlagen gegen Serbien, da er an eine Lokalisierung des Konflikts glaubte. Wegen seines Zögerns und seiner mangelnden Durchsetzungsfähigkeit in der Frage innerer Reformen (Dreiklassenwahlrecht, Parlamentarisierungsfrage) fand er zuletzt keinen Rückhalt mehr im Reichstag. Am 13.7.1917 wurde B. auf Druck der Obersten Heeresleitung, die sich zuvor des Einverständnisses der Mehrheitsparteien versichert hatte, vom Kaiser widerstrebend entlassen.

Bülow, Bernhard von (3.5.1849–28.10.1929)

B. war Jurist und durchlief seit 1874 verschiedene Stationen des diplomatischen Dienstes. Im Jahre 1897 ernannte ihn Kaiser Wilhelm II. zum Staatssekretär des Äußeren, am 16.10.1900 zum Reichskanzler und preußischen Ministerpräsidenten. Für Deutschland forderte B. öffentlich einen »Platz an der Sonne« bzw. eine aktive »Weltpolitik«. Am 14.7.1907 trat er jedoch zurück, nachdem er das Vertrauen des Kaisers wie des Reichstages verloren hatte.

Ebert, Friedrich (4.2.1871–28.2.1925)

Der aus Heidelberg stammende Sohn eines Schneidermeisters erlernte das Sattlerhandwerk und schloss sich 1889 in Mannheim der SPD an. Seit 1905 war er Sekretär des Parteivorstandes in Berlin, ab 1912 Mitglied des Reichstages, seit 1913 gemeinsam mit Hugo Haase Parteivorsitzender und ab Januar 1916 zusammen mit Philipp Scheidemann zugleich Fraktionsvorsitzender der SPD. 1917 wirkte E. an der Vorbereitung der Friedensresolution des Reichstages und am Sturz des Reichskanzler Michaelis maßgeblich mit. Am 9.11.1918 übernahm E., der im Grunde die Beibehaltung der monarchischen Staatsform befürwortete, aus den Händen Max von Badens das Amt des Reichskanzlers der entstehenden Weimarer Republik.

Erzberger, Matthias (20.9.1875–26.8.1921)

Der gelernte Volksschullehrer aus Baden wurde 1903 als Abgeordneter der katholischen Zentrumspartei in den Reichstag gewählt. Hier machte er sich rasch als Finanzexperte einer breiteren Öffentlichkeit bekannt. Im Weltkrieg war der gewerkschaftlich orientierte Zentrumspolitiker mit verschiedenen diplomatischen Missionen im Ausland beauftragt. In einem Memorandum von September 1914 setzte er sich zunächst für umfangreiche Annexionen im Westen (Belgien) ein, wandelte sich jedoch im weiteren Verlauf zum entschiedenen Verfechter eines Verständigungsfriedens. E., der am Sturz von Bethmann Hollwegs beteiligt war, unterstützte und initiierte maßgeblich die Friedensresolution des Reichstages von 1917 und trat im Oktober 1918 als Staatssekretär in die Regierung des Prinzen Max von Baden ein. Auf Wunsch von Hindenburgs leitete er im November 1918 die deutsche Delegation bei den Waffenstillstandsverhandlungen in Compiègne bei Paris. E. setzte sich später auch für die Annahme des Versailler Vertrages von 1919 ein, was ihn in den Augen rechts stehender politischer Kreise zum verhassten »Erfüllungspolitiker« und Helfershelfer der Siegermächte stempelte. Am 26. August 1921 fiel er im Urlaub einem politisch motivierten Attentat rechtsradikaler ehemaliger Offiziere zum Opfer.

Falkenhayn, Erich von (11.9.1861–8.4.1922)

Von 1907-11 war F. zunächst Generalstabschef des XVI. Armeekorps in Lothringen und führte als Nachfolger des Kriegsministers von Heeringen 1913 zielstrebig die deutsche Heeresvermehrung durch. Im Herbst 1914 wurde der General zugleich zum Nachfolger des Chefs der 1. OHL, von Moltke, berufen. F. setzte 1916 die Forderung u. a. des Oberkommandos Ost nach dem uneingeschränkten U-Boot-Krieg bei Reichskanzler von Bethmann Hollweg nicht durch und wurde nach dem Kriegseintritt Rumäniens abberufen und durch von Hindenburg und Ludendorff (3. OHL) ersetzt.

Haase, Hugo (29.9.1863–17.11.1919)

Der Königsberger Rechtsanwalt und geistige Führer der ostpreußischen Sozialdemokraten war 1897–1907 und von 1912-18 für die SPD Mitglied des Reichstages. Seit 1911 war er stellvertretender Vorsitzender seiner Partei und von 1912–16 Fraktionsvorsitzender der SPD-Reichstagsgruppierung. Als Verweigerer der Kriegskredite geriet H. 1916 in Gegensatz zur Fraktionsmehrheit, weshalb er die Sozialdemokratische Arbeitsgemeinschaft mit gründete, aus der 1917 die linkssozialistische USPD hervorging.

Hertling, Georg Friedrich Graf (seit 1914) von (31.8.1843–4.1.1919)

H., welcher der katholischen Zentrumspartei angehörte, war lange Professor für Philosophie in Bonn und in München. 1875–90 und 1896–1912 gehörte er als Zentrumsabgeordneter dem Reichstag an; von 1909–1912 amtierte er als Fraktionsvorsitzender seiner Partei. 1912 wurde H. bayerischer Ministerpräsident. Im 1. Weltkrieg übernahm der monarchisch-konservativ eingestellte Politiker am 1.11.1917 als Nachfolger von Michaelis mit 74 Jahren die Ämter des Reichskanzlers und des preußischen Ministerpräsidenten. Es gelang ihm aber nicht, sich gegen die auseinander liegenden politischen Interessen der Reichstagsmehrheit und der Obersten Heeresleitung durchzusetzen; den drängenden innenpolitischen Problemen (Parlamentarisierung, Abschaffung des Dreiklassenwahlrechts) war er nicht gewachsen; am 30.9.1918 trat H. von seinen Ämtern zurück.

Hindenburg, Paul von (2.10.1847–2.8.1934)

Nach seiner Teilnahme am deutsch-französischen Krieg von 1870/71 und nachfolgendem vielseitigen Truppen- und Generalstabsdienst nahm H. 1911 als dienstältester General zunächst seinen Abschied. Schon bald nach Kriegsbeginn wurde er indes nach den militärischen Fehlschlägen in Ostpreußen reaktiviert und am 22.8.1914 zum Oberbefehlshaber der 8. Armee, ab 1.11.1914 zum Oberbefehlshaber Ost ernannt. Durch die Siege bei Tannenberg und in Masuren avancierte er zum volkstümlichsten Heerführer des Krieges und Generalfeldmarschall. 1916 übernahm H. die Oberste Heeresleitung, die zuvor General von Falkenhayn inne hatte. Nach dem Krieg, im Herbst 1919, wirkte er zunächst als Kronzeuge der so genannten Dolchstoßlegende, wonach die Kriegsniederlage vor allem auf die verderbliche »Wühlarbeit« von Sozialdemokraten, Juden und linken Pazifisten zurückging. 1925 wurde der überzeugte Monarchist als Kandidat verschiedener Rechtsparteien in direkter Volkswahl als Nachfolger des verstorbenen Friedrich Eberts zum Reichspräsidenten gewählt.

Kapp, Wolfgang (24.7.1858–12.6.1922)

Nach seinem Jurastudium trat K., ein ostpreußischer Rittergutsbesitzer, in den preußischen Staatsdienst; 1891 war er zunächst Landrat in Guben, 1900 erfolgte seine Ernennung zum Vortragenden Rat im preußischen Landwirtschaftsministerium. 1906-1916 fungierte er als Generaldirektor der Ostreußischen Landschaft (Landwirtschaftskreditbank). K. vertrat alldeutsches politisches Gedankengut, und im September 1917 gründete er zusammen mit Alfred von Tirpitz die extrem nationalistische Deutsche Vaterlandspartei. Nach dem Krieg versuchte er gemeinsam mit General von Lüttwitz im März 1920 vergeblich, in einer Putschaktion die sozialdemokratisch geführte Reichsregierung der Weimarer Republik zu stürzen.

Kühlmann, Richard von (3.5.1873–6.2.1948)

Der Sohn des Generaldirektors der anatolischen Eisenbahngesellschaft und Dr. jur. trat nach dem Jurastudium 1900 in den diplomatischen Dienst ein. 1909–14 war er Botschaftsrat in London, wo er für einen deutsch-britischen Interessenausgleich eintrat. Nach kurzer Gesandtschaftstätigkeit im Haag (1915) amtierte K. als Botschafter in Konstantinopel (1916), 1917/18 als Staatssekretär des Auswärtigen Amtes. Nach seiner Reichstagsrede vom 24.6.1918, in der er sich nachdrücklich für eine Beendigung des Krieges aussprach, musste K. auf Druck General Ludendorffs am 9.7.1918 zurücktreten.

Ludendorff, Erich (9.4.1865–20.12.1937)

L., persönlich und politisch äußerst ehrgeizig, wurde 1881 Offizier. Von 1908–12 war er zunächst Chef der Aufmarschabteilung im Großen Hauptquartier, zu Beginn des 1. Weltkrieges dann Oberquartiermeister der 2. Armee im Westen und entscheidend an der Eroberung von Lüttich beteiligt, woraufhin der preußische General am 21.8.1914 zum Chef des Generalstabs der 8. Armee unter General von Hindenburg ernannt wurde. Unter beider Führung gelang bei Tannenberg und in Masuren ein eindrucksvoller Sieg über die Russen, der die weitere enge Zusammenarbeit zwischen den beiden Offizieren begründete. Gleichzeitig mit der Ernennung von Hindenburgs zum Chef des Generalstabs des Feldheeres wurde L. am 29.8.1916 Erster Generalquartiermeister bei voller Mitverantwortung in der OHL. Zugleich wuchs sein Einfluss auf die deutsche Politik, was sich unter anderem beim Entschluss zum unbeschränkten U-Boot-Krieg oder dem Frieden von Brest-Litowsk zeigte; vielfach wird sogar von einer »Diktatur« gesprochen, die er in der zweiten Kriegshälfte ausgeübt habe. Nach dem Scheitern der deutschen Frühjahrsoffensiven im Westen 1918 und dem daraufhin von L. geforderten sofortigen deutschen Waffenstillstandsersuchen erfolgte am 26.10.1918 auf Druck der neuen Regierung Max von Badens seine Entlassung. Nach dem Krieg kämpfte er gegen Freimaurer, Juden und »Marxisten«, denen er die Schuld am verlorenen Krieg gab, und 1923 nahm L. aktiv am Hitler-Putsch gegen die Weimarer Republik teil.

Max, Prinz von Baden (10.7.1867–6.11.1929)

Der am badischen Hof in liberaler Atmosphäre aufgewachsene Max (eigentlich: Maximilian Alexander Friedrich Wilhelm), seit 1889 Kavallerieoffizier, wurde 1907 badischer Thronfolger; 1911 schied er als Generalmajor aus dem aktiven Militärdienst aus. Im 1. Weltkrieg trat M., der in der Kriegsgefangenenfürsorge tätig war, für einen Verständigungsfrieden ein. Am 3.10.1918 wurde er als Nachfolger des Grafen Hertling letzter Reichskanzler des Kaiserreiches, wobei er eine Koalitionsregierung aus MSPD, Zentrum und Fortschrittlicher Volkspartei führte. Während seiner Kanzlerschaft wurden der U-Boot-Krieg beendet, General Ludendorff entlassen und das parlamentarische Regierungssystem (Oktoberverfassung) eingeführt. Am 9.11.1918 übergab M. das Amt des Reichskanzlers an den Vorsitzenden der MSPD, Friedrich Ebert.

Michaelis, Georg (8.9.1857–24.7.1936)

Der Jurist war seit 1879 im Staatsdienst tätig und machte bald Karriere im Justiz- und Verwaltungsdienst. 1902 wurde er Oberpräsident in Breslau, 1909 Unterstaatssekretär im preußischen Finanzministerium. Im Jahre 1915 folgte seine Ernennung zum Leiter der Reichsgetreidestelle, im Februar 1917 wurde M. Staatskommissar für Volksernährung, am 14.7.1917 dann als Nachfolger von Bethmann Hollwegs Reichskanzler und preußischer Ministerpräsident. Am 30. 10. 1917 trat er von diesem Amt zurück, nachdem sich die Mehrheitsparteien des Reichstags u. a. wegen seiner ablehnenden Haltung zu einer Reform des preußischen Dreiklassenwahlrechts von ihm los gesagt hatten.

Scheidemann, Philipp (26.7.1865–29.11.1939)

Der gelernte Buchdrucker schloss sich 1883 der Sozialdemokratie an und war seit 1895 Redakteur verschiedener Parteizeitungen. Seit 1903 dem Reichstag angehörend, gehörte er bald zu den führenden Personen der SPD; seit 1911 saß S. im Parteivorstand. Als Wortführer der Reichstagsfraktion forderte er im 1. Weltkrieg einen Verständigungsfrieden ohne Eroberungen und Kriegsentschädigungen. Nach der Fraktions- und Parteispaltung im Frühjahr 1917 war er neben Ebert anerkannter Führer der SPD. Im Oktober 1918 trat S. als Staatssekretär in die Regierung des Prinzen Max von Baden ein. Am 9.11.1918 legte er sein Amt nieder und verkündete wenige Stunden später ohne Einverständnis Eberts vom Reichstagsgebäude aus die Deutsche Republik. Vom 13.2.1919 bis zum 20.6.1919 führte S. die erste, von SPD, Zentrum und der Nachfolgeorganisation der Fortschrittlichen Volkspartei geführte demokratische Reichsregierung. Nach Bekanntwerden der Bedingungen des Versailler Vertrages trat er indes aus Protest gegen deren Härte demonstrativ zurück.

Schlieffen, Alfred Graf von (28.2.1833–14.1.1913)
Nach der Teilnahme unter anderem am deutsch-französischen Krieg 1870/71 als Generalstabsoffizier wurde S. 1884 Abteilungschef im Großen Generalstab, 1889 Oberquartiermeister, 1891–1905 Chef des Generalstabs der Armee, seit 1903 im Rang eines Generalobersten. 1911 erfolgte im Ruhestand die Ernennung zum Generalfeldmarschall. In seinem rein militärischen Denken ging der General von einem Zweifrontenkrieg gegen Frankreich und Russland aus und entwickelte seit 1905 zur Abwehr den so genannten »Schlieffen-Plan«, der insoweit nicht als Präventivkriegsplan anzusehen ist.

Stresemann, Gustav (10.5.1878–3.10.1929)
Der gebürtige Berliner und Sohn eines Bierverlegers war nach dem Studium der Staatswissenschaften und der Geschichte von 1902–18 Syndikus des Verbandes sächsischer Industrieller und seit 1903 Mitglied der Nationalliberalen Partei. Seit 1907 Mitglied des Reichstages, stieg S., der im Weltkrieg für einen annexionistischen »Siegfrieden« mit weit reichenden Eroberungen eintrat und den unbeschränkten U-Boot-Krieg befürwortete, 1917 zum Fraktionsvorsitzenden seiner Partei auf. Im gleichen

Jahr war er am Sturz von Bethmann Hollwegs maßgeblich mit beteiligt und lehnte entschieden die Friedensresolution des Reichstages ab. Unmittelbar nach dem Krieg gründete S. die rechtsliberale Deutsche Volkspartei und wurde nach seiner inneren Wende ab etwa 1920 zur Republik im Sommer 1923 zunächst (für drei Monate) Reichskanzler und Außenminister. Als solcher betrieb er bis zu seinem Tod im Herbst 1929 eine pragmatische Verständigungspolitik mit den ehemaligen Kriegsgegnern, insbesondere mit Frankreich. Sein Ziel war die Wiederherstellung der wirtschaftlichen und politischen Machtstellung Deutschlands mit friedlich-diplomatischen Mitteln.

Tirpitz, Alfred von (19.3.1849–6.3.1930)

T. war seit 1865 in der preußischen Marine, deren Torpedowaffe er zunächst organisierte. Seit 1897 Staatssekretär des Reichsmarineamtes, seit 1898 auch preußischer Staatsminister, brachte er die großen Flottengesetze von 1898-1912 durch und schuf die deutsche Hochseeflotte, die als zweitstärkste Flotte der Welt England u. a. von einem Krieg mit Deutschland abhalten sollte. Während des 1. Weltkrieges befürwortete er im Gegensatz zu Reichskanzler von Bethmann Hollweg den Einsatz der Flotte und den unbeschränkten U-Boot-Krieg, doch setzte er sich nicht mit all seinen Forderungen durch und trat daher 1916 zurück. Als Anhänger eines annexionistischen »Siegfriedens« gründete T. zusammen mit Wolfgang Kapp 1917 die Deutsche Vaterlandspartei; nach dem Krieg gehörte er als Abgeordeter der Deutschnationalen Volkspartei 1912-28 dem Reichstag an.

Wilhelm II. (27.1.1859–4.6.1941)

W., deutscher Kaiser und preußischer König, bestieg am 16.5.1888 im Alter von rund 30 Jahren den Thron. Er zwang im März 1890 den damaligen Reichskanzler und preußischen Ministerpräsident Otto von Bismarck zum Rücktritt, vor allem weil er ein »persönliches Regiment« führen wollte und von Bismarck ein zu starkes Hindernis dabei war. In seinen politischen, insbesondere den außenpolitischen Handlungen agierte W. oftmals unglücklich bzw. unbedarft und dilettantisch, was dazu führte, dass Deutschland im Ausland immer mehr als unberechenbar, großsprecherisch und anmaßend empfunden wurde. Sein ambitionierter außenpolitischer Kurs der Welt- und Flottenpolitik führte in die außenpolitische Isolierung. Nach 1908 (Daily–Telegraph–Affäre) trat W. politisch zunehmend zurück, während die Bedeutung des von ihm verabscheuten Reichstages zunahm. Im 1. Weltkrieg wurde W. immer mehr durch die Oberste Heeresleitung einerseits und den Reichstag andererseits entmachtet. In seiner »Osterbotschaft« 1917 versprach er eine Reform des Dreiklassenwahlrechts, zu der es aber erst am Kriegsende kam. Nach dem Ausbruch der Novemberrevolution gab der amtierende Reichskanzler Max von Baden am 9.11.1918 eigenmächtig den Rücktritt Ws bekannt. Am 10.11.1918 emigrierte der Kaiser aus seinem Hauptquartier im belgischen Spa ins holländische Exil und verzichtete am 29.11.1918 offiziell auf seinen Thron.

Literaturverzeichnis

Afflerbach, Holger, Der Dreibund. Europäische Großmacht- und Allianzpolitik vor dem Ersten Weltkrieg. Köln u. a. 2002

Angelow, Jürgen, Der Weg in die Urkatastrophe. Der Zerfall des alten Europa 1900-1914, Berlin 2010

Berghahn, Volker R., Sarajewo, 28. Juni 1914. Der Untergang des alten Europa, München 1997

Ders., Der Erste Weltkrieg, München 2003

Ders., Das Kaiserreich 1871–1914. Industriegesellschaft, bürgerliche Kultur und autoritärer Staat, Stuttgart 2003

Bessel, Richard, Germany after the First World War, Oxford 1995

Born, Karl Erich, Von der Reichsgründung bis zum Ersten Weltkrieg. Gebhardt Handbuch der deutschen Geschichte, hrsgg. v. H. Grundmann, 15. Aufl. Stuttgart 1994

Ders., Wirtschafts- und Sozialgeschichte des Deutschen Kaiserreiches (1867/71–1914), Stuttgart 1985

Chickering, Roger, Das Deutsche Reich und der Erste Weltkrieg, München 2002

Clarke, Christopher, Die Schlafwandler. Wie Europa in den Ersten Weltkrieg zog, München 2013

Craig, Gordon A., Deutsche Geschichte 1866–1945. Vom Norddeutschen Bund bis zum Ende des Dritten Reiches, München 1980

Erdmann, Karl Dietrich, Der Erste Weltkrieg. Gebhardt Handbuch der deutschen Geschichte, Bd. 18, hrsgg. v. H. Grundmann, 11. Aufl. München 1999

Haffner, Sebastian, Von Bismarck zu Hitler. Ein Rückblick, München 1987

Hardach, Gerd, Der Erste Weltkrieg. Geschichte der Weltwirtschaft im 20. Jahrhundert, Bd. 2, hrsgg. v. W. Fischer, München 1973

Hildebrand, Klaus, Deutsche Außenpolitik 1871–1918, München 1989

Ders., Das vergangene Reich. Deutsche Außenpolitik von Bismarck zu Hitler, Stuttgart 1995

Hillgruber, Andreas, Deutschlands Rolle in der Vorgeschichte der beiden Weltkriege, Göttingen 1979

Ders., Die gescheiterte Großmacht. Eine Skizze des Deutschen Reiches 1871–1945, Düsseldorf 1980

Hirschfeld, Gerhard u. a. (Hrsg.), Kriegserfahrungen. Studien zur Sozial- und Mentalitätsgeschichte des Ersten Weltkrieges, Essen 1997

Hirschfeld, Gerhard, Krumeich, Gerd, Renz, Irena (Hrsg.), Enzyklopädie Erster Weltkrieg, 2. erweiterte Aufl. Paderborn u. a. 2013

Hirschfeld, Gerhard, Krumeich, Gerd, Deutschland im Ersten Weltkrieg, Frankfurt am Main 2013

Kolb, Eberhard, Der Frieden von Versailles, München 2005

Krumeich, Gerd, Juli 1914. Eine Bilanz, Paderborn 2013

Kruse, Wolfgang (Hrsg.), Eine Welt von Feinden. Der Große Krieg 1914–1918, Frankfurt am Main 1997

Kruse, Wolfgang, Der Erste Weltkrieg, Darmstadt 2009

Langewiesche, Dieter (Hrsg.), Ploetz. Das deutsche Kaiserreich 1867/71 bis 1918. Bilanz einer Epoche, Freiburg-Würzburg 1984

Leidinger, Hannes, Moritz Verena, Der Erste Weltkrieg, Wien u. a. 2011

Loth, Wilfried, Das Kaiserreich, Obrigkeitsstaat und politische Mobilisierung, München 1996

Mai, Gunther, Das Ende des Kaiserreiches. Politik und Kriegsführung im Ersten Weltkrieg, München 1987

Meyer-Arndt, Lüder, Die Julikrise 1914. Wie Deutschland in den Ersten Weltkrieg stolperte, Köln u. a. 2006

Michalka, Wolfgang (Hrsg.), Der Erste Weltkrieg. Wirkung, Wahrnehmung, Analyse, München 1994

Mommsen, Wolfgang J., Die Urkatastrophe Deutschlands. Der Erste Weltkrieg 1914–1918, Stuttgart 2002

Mommsen, Wolfgang, Der große Krieg und die Historiker. Neue Wege der Geschichtsschreibung über den Ersten Weltkrieg, Essen 2002

Mosse, George L., Gefallen für das Vaterland. Nationales Heldentum und namenloses Sterben, Stuttgart 1993

Neitzel, Sönke. Blut und Eisen. Deutschland im Ersten Weltkrieg, Zürich 2003

Ders., Weltkrieg und Revolution 1914-1918/19, Berlin 2008

Nipperdey, Thomas, Deutsche Geschichte 1866–1918, Bd. 2: Machtstaat vor der Demokratie, München 1992

Roerkohl, Anne, Hungerblockade und Heimatfront. Die kommunale Lebensmittelversorgung in Westfalen während des Ersten Weltkrieges, Stuttgart 1991

Salewski, Michael, Der Erste Weltkrieg, Paderborn 2003

Schöllgen, Gregor, Das Zeitalter des Imperialismus, 2. Aufl. München 1991

Strachan, Hew, Der Erste Weltkrieg. Eine neue illustrierte Geschichte, 3. Aufl. München 2009

Stürmer, Michael, Das ruhelose Reich. Deutschland 1866–1918, 4. Aufl. Berlin 1994

Thoß, Bruno, Volkmann, Hans-Erich (Hrsg.), Erster Weltkrieg - Zweiter Weltkrieg. Ein Vergleich, München 2002

Tilly, Richard H., Vom Zollverein zum Industriestaat. Die wirtschaftlich-soziale Entwicklung Deutschlands 1834 bis 1914, München 1990

Ullmann, Hans-Peter, Politik im Deutschen Kaiserreich 1871–1918, München 1999

Ullrich, Volker, Die nervöse Großmacht 1871–1918. Aufstieg und Untergang des deutschen Kaiserreiches, Frankfurt am Main 1997

Ders., Kriegsalltag, Köln 1982

Winkler, Heinrich August, Der lange Weg nach Westen. Bd. 1: Deutsche Geschichte vom Ende des Alten Reiches bis zum Untergang der Weimarer Republik, München 2000

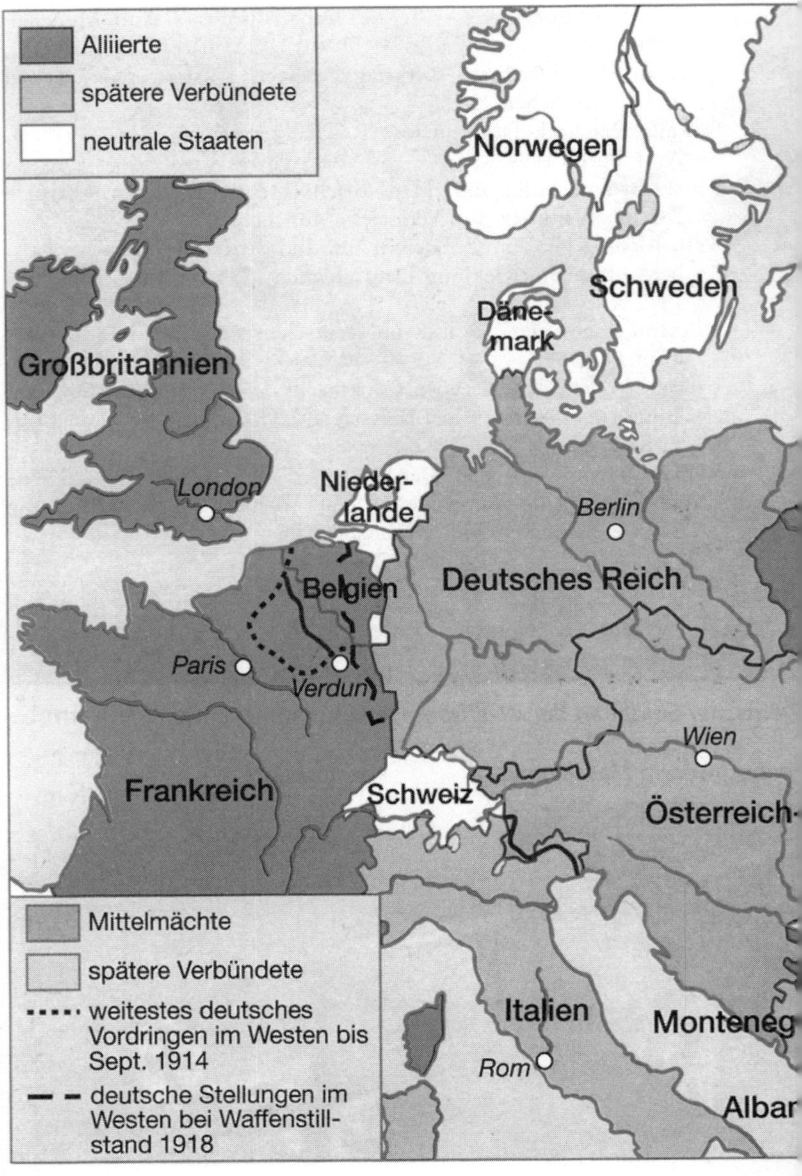
Alliierte
spätere Verbündete
neutrale Staaten
Norwegen
Schweden
Däne-
mark
Großbritannien
London
Nieder-
lande
Berlin
Belgien
Deutsches Reich
Paris
Verdun
Wien
Frankreich
Schweiz
Österreich-
Italien
Monteneg
Rom
Albar
Mittelmächte
spätere Verbündete
weitestes deutsches Vordringen im Westen bis Sept. 1914
deutsche Stellungen im Westen bei Waffenstillstand 1918

Die Lage im Ersten Weltkrieg an den Fronten

Ergebnisse der Reichtagswahlen 1890–1912

	8. Reichstag 1890			9. Reichstag 1893			10. Reichstag 1898		
	Mio.	%	-	Mio.	%	-	Mio.	%	-
Abgegebene Stimmen Wahlbeteiligung	7,228	71,2		7,674	72,2		7,752	67,7	
Stimmenanteil Mandatszahl Mandatsanteil	%		%	%		%	%		%
Christlich-Soziale	0,7	5	1,3	3,4	16	4,0	3,7	1,3	3,3
Konservative	12,4	73	18,4	13,5	72	18,1	11,0	56	14,1
Freikonservative	6,7	20	5,0	5,7	28	7,1	4,4	23	5,8
Nationalliberale	16,3	42	10,6	13,0	53	13,4	12,5	46	11,6
Liberale Vereinigung*	16,0	66	16,6	3,9	13	34,3	2,5	12	3,0
Forschrittspartei**	-	-	-	8,7	24	6,0	7,2	29	7,4
Deutsche Volkspartei	2,0	10	2,5	2,2	11	2,8	1,4	8	2,0
Zentrum	18,6	106	26,7	19,0	96	24,2	18,9	102	25,7
Welfen	1,6	11	2,8	1,3	7	1,8	1,4	9	2,3
Polen	3,4	16	4,0	3,0	19	4,9	3,1	14	3,5
Dänen	0,2	1	0,3	0,2	1	0,3	0,2	1	0,3
Elsaß-Lothringen	1,4	10	2,5	1,5	8	2,0	1,4	10	2,5
Sozialdemokraten	19,7	35	8,8	23,3	44	11,1	27,2	56	14,1
Sonstige	1,0	2	0,5	1,7	5	1,3	5,1	18	4,5
Insgesamt	-	397	-	-	397	-	-	397	-
Für ein Mandat durchschnittlich erforderlich	18 000 Stimmen			16 000 Stimmen			19 000 Stimmen		

* (seit 1893 Freisinnige Vereinigung; ab 1910 Fortschrittliche Partei)
** (Seit 1893 Freisinnige Volkspartei)

11. Reichstag 1903			12. Reichstag 1907			13. Reichstag 1912			
Mio.	%	-	Mio.	%	-	Mio.	%	-	
9,495	75,8		11,262	84,3		12,207	84,5		
%		%	%		%	%		%	1912 für ein Mandat erforderliche Stimmen
2,6	11	2,8	2,2	16	4,0	0,4	3	0,8	17 350
10,0	54	14,1	9,4	60	15,1	9,2	43	10,8	26 200
3,5	21	5,3	4,2	24	6,0	3,0	14	3,5	26 200
13,9	51	12,8	14,4	54	13,6	13,7	45	11,3	37 000
2,6	9	2,3	3,2	14	3,5	12,3	42	10,6	35 600
5,7	21	5,3	6,5	28	7,1	-	-	-	-
1,0	6	1,5	1,2	7	1,8	-	-	-	-
1,7	100	25,2	19,4	105	26,4	16,4	91	22,8	21 900
1,0	6	1,5	0,7	1	0,3	0,7	5	1,3	17 000
3,7	16	4,0	4,0	20	5,0	3,6	18	4,5	24 500
0,2	1	0,3	0,1	1	0,3	0,1	1	0,3	17 000
1,1	9	2,3	0,9	7	1,8	1,3	9	2,3	18 000
31,7	81	20,4	29,0	43	10,8	34,8	110	27,7	38 600
3,5	11	2,8	4,7	17	4,3	4,5	16	4,0	34 400
-	397	-	-	397	-	-	397	-	-
24 000 Stimmen			28 350 Stimmen			30 750 Stimmen			30 750 Stimmen

Personenregister

UN CHÂTEAU À IPANEMA

Martha Batalha est née au Brésil. Diplômée en littérature et journalisme, elle fonde sa propre maison d'édition avant de partir pour les États-Unis où elle travaillera quelques années en tant qu'éditrice. Elle vit actuellement en Californie et consacre désormais tout son temps à l'écriture. *Les Mille Talents d'Eurídice Gusmão*, son premier roman, a été adapté au cinéma en 2019 sous le titre *La Vie invisible d'Eurídice Gusmão* et a reçu le prix Un Certain Regard au festival de Cannes.

Paru au Livre de Poche :

Les Mille Talents d'Eurídice Gusmão

MARTHA BATALHA

Un château à Ipanema

ROMAN TRADUIT DU PORTUGAIS (BRÉSIL) PAR DINIZ GALHOS

DENOËL

Titre original :

NUNCA HOUVE UM CASTELO
Publié par Companhia Das Letras.

Illustration : © DR/Manchete Press.
Tous les efforts ont été faits pour identifier l'auteur de l'image.
L'éditeur accepte toute information concernant l'auteur de l'image,
son titre ou tout renseignement et s'engage à les indiquer
dans les éditions futures.
ISBN : 978-2-253-24085-3 – 1re publication LGF

À Juan

PREMIÈRE PARTIE

« Le petit château mauresque, qui avait même une tour, existait déjà en 1904. Ce fut l'une des premières maisons d'Ipanema, construite par le consul suédois Johan Edward Jansson. »

Ruy Castro, *Ela é carioca : Uma enciclopédia de Ipanema*

« Le passé est un lointain pays. Là-bas, tout est différent. »

L.P. Hartley, *Le Messager*

1

À quinze heures vingt ce samedi 6 janvier 1968, vent de nord-ouest, ciel partiellement nuageux et température en baisse, sans prêter la moindre attention à la forte odeur de steak tout juste saisi dans le beurre, ni à la voix du présentateur Silvio Santos, démultipliée par les postes de télévision de tout le voisinage, Estela macule de larmes et de mascara la taie brodée de son oreiller tout neuf. Ses cheveux longs recouvrent son visage, ses ongles rouges sont enfoncés dans un mouchoir en lin. Ses pieds dépassent du matelas, ses escarpins glissent et tombent à terre, et elle se recroqueville, ramenant ses genoux vers son menton. Estela ne pense plus à rien, elle ne fait que se répéter *pourquoi, mon Dieu, pourquoi*, tentant de trouver dans le chaos de sa tristesse la raison profonde de ses malheurs.

Puis elle s'endort. Quand un peu plus tard le même jour elle se réveillera, de même que dans les semaines, les mois et les années qui suivront, toutes les fois où elle se posera à nouveau la douloureuse question de cet après-midi, la réponse sans cesse lui échappera.

Cette réponse existe, mais elle est complexe. Ses origines sont si multiples, et si lointaines, qu'elles confinent presque au mythe. Voici l'une d'elles : rien ne serait arrivé si Johan n'avait pas fait la connaissance de Birgit, et si Birgit n'avait pas été aussi spéciale. S'ils n'avaient pas décidé de quitter un continent pour un autre et de se faire construire un château. Si trois enfants blonds avaient eu une enfance similaire à celle de leurs père, mère et grands-parents, plutôt que de naître étrangers dans le pays qui fut le leur.

Soixante-dix ans avant les sanglots d'Estela, Johan parcourait les rues de Stockholm en considérant des raies de cheveux impeccables et des creux de chapeaux. Il s'engonçait tant bien que mal sur les sièges des tramways, ne dormait jamais que les jambes pliées et, lorsqu'il s'étirait dans son lit, il touchait les deux murs opposés de sa chambre. Il n'allait déjà plus au théâtre. La dernière fois, quelqu'un lui avait crié « Baissez-vous ! », Johan s'était enfoncé dans son fauteuil, et un nouveau cri avait retenti : « Je vous ai demandé de vous baisser ! » Il avait vingt-deux ans et sa croissance ne s'était pas encore achevée : les pantalons taillés en début d'été lui arrivaient au-dessus des chevilles en automne. Même son père, champion de saut en hauteur qui portait une belle cicatrice au front depuis ce jour où il avait traversé un seuil en courant, devait lever les yeux à s'en casser la nuque lorsqu'il discutait avec son fils.

Son emploi de fonctionnaire ne lui allait pas non plus. Tout le jour, il devait se recroqueviller sur lui-même, les jambes comprimées l'une contre l'autre sous son bureau. Johan remplissait des formulaires qui se ressemblaient tous, recevait son salaire, et ne parvenait pas à se défaire de cette impression qu'il avait d'être rémunéré à souffrir.

« Si jeune et si triste », se lamentait Heidi, sa mère, lorsque de retour du travail il s'enfonçait dans le divan, face à la pendule à coucou.

Encore aurait-elle compris s'il avait eu cinquante ans : la famille Jansson abondait en hommes qui renonçaient à la vie bien avant que la vie renonce à eux. La mélancolie arrivait avec l'âge mûr, et les géants de la famille annulaient alors leurs parties de jeu de boules pour s'abandonner à leur canapé, qu'ils ne quittaient que pour leur cercueil. Mais son pauvre petit Johan était en pleine croissance : il avait encore toute sa vie devant lui.

« Il faut que tu te changes les idées, mon fils », disait Heidi, avec dans la voix un désespoir qui impliquait que ce conseil s'appliquait à tous les aspects de sa vie. « Va acheter du pain, va faire cirer tes souliers, va te promener en ville. Va te changer les idées. »

Johan l'écoutait sans relever les yeux de sa soupe. Il roulait une boule de mie de pain absolument parfaite, déclinait le dessert et se retirait dans sa chambre.

Il en fut ainsi jusqu'à une nuit de décembre. Il

aurait voulu dîner dans le silence, mais l'expression de suppliciée de sa mère le gênait tant qu'il essaya de lui faire la conversation.

« Christian donne une fête pour le Nouvel An », dit-il.

La table trembla alors, la soupe déborda et Heidi apparut soudain à quelques centimètres de lui.

« Tu vas enfin pouvoir te changer les idées !

— Je le connais à peine, ce Christian. À dire vrai, j'ignore pourquoi il m'a invité. Je ne pense pas que j'irai. Non, bien sûr que je n'irai pas.

— Le pantalon que je t'ai fait le mois dernier te va encore ? Tes souliers sont trop petits ? Et cette tache sur ton col ? Enlève ta chemise que je la lave tout de suite. »

Heidi mouilla un coin de serviette dans son verre d'eau et frotta le col de Johan. « Elle sera comme neuve pour la fête », dit-elle. Cela faisait des années qu'elle ne s'était pas autant rapprochée physiquement de son fils, et celui-ci put voir tous les détails du sourire qu'elle contenait, les cheveux blanchis aux tempes, et ses yeux pleins de larmes, des larmes de soulagement et non de tristesse, comme c'était trop souvent le cas.

« Le pantalon et les souliers me vont encore, ne t'inquiète pas. »

Deux semaines plus tard, dans la nuit du 31 décembre 1899, rabougri par le froid et la timidité, Johan frappa à la porte dudit Christian. Un domestique tendit les bras pour prendre son manteau, et Johan le remercia. Il pénétra dans le salon : les couples qui dansaient et les groupes qui discutaient aux quatre coins de la pièce le réchauffèrent aussitôt.

« Champagne, monsieur ? » proposa un autre domestique.

Johan déambula avec sa coupe jusqu'à apercevoir l'arbre de Noël. Il se posta derrière les branches, et fit alterner éternuements et gorgées de champagne. Au bout d'une quinzaine de minutes, tout lui parut parfait : la place qu'il s'était trouvée dans cette fête, les démangeaisons qui ne quittaient pas le bout de son nez, l'éclairage harmonieux du salon, les accords de l'orchestre de chambre et les parfums des jeunes filles. Il posait la tête contre le mur qui se trouvait derrière lui, avec la ferme intention de ne plus bouger d'un centimètre, lorsque quelqu'un lui effleura la cuisse.

Birgit. Soixante-dix kilos de femme répartis sur un mètre cinquante. Coiffés d'une chevelure blonde et ondulée en forme de trapèze : on lui avait conseillé pour l'occasion de ne pas s'attacher les cheveux. Birgit dit quelque chose, et Johan répliqua : « Comment ? » Elle répéta, et Johan rétorqua : « Pardon ? » Elle mit ses mains en porte-voix et s'écria : « Il paraît que nous devons tous danser sur la prochaine valse ! »

Johan répondit qu'il ne savait pas danser, et Birgit l'ignora. Il envisagea de lui faire comprendre son refus par une pantomime, mais elle lui tirait déjà le bras en direction du centre du salon.

Ce qui se passa alors se grava de façons diverses dans les mémoires, et fut oublié tout aussi diversement. Les mystiques eurent la certitude que Johan rapetissait et que Birgit grandissait à mesure qu'ils approchaient du centre du salon. Les romantiques eurent la même impression, mais prirent la peine de porter la main à leur cœur et de pencher légèrement la tête de côté. Les ivrognes virent un couple danser avec une perfection à laquelle seuls des gens ivres peuvent être sensibles. Les sceptiques ne remarquèrent rien, mais cela ne dura que quelques instants, car bien vite il ne fut plus possible d'ignorer les pas de danse du couple improbable. Lui tout en os, elle toute en chair. Lui impeccablement coiffé, elle avec ses mèches rebelles. Lui si près du lustre, elle au niveau des ceintures. Et pourtant ils n'étaient pas si différents, *regardez un peu comment sa main à lui tombe à la perfection sur sa hanche à elle, comme sa main à elle parvient à se poser sur cette épaule si haute,* songèrent les mystiques, les romantiques, les ivrognes et les sceptiques. Johan et Birgit dansèrent cette valse les yeux dans les yeux, sans avoir à les baisser ou à les relever. Minuit sonna, ils portèrent un toast à l'an 1900, à toutes les années qui suivraient, et qu'ils passeraient, cela ils le savaient, ensemble.

La passion de Johan et les certitudes de Birgit furent si impérieuses que les préparatifs du mariage s'enchaînèrent aussitôt. Ils louèrent la première maison qu'ils visitèrent sur Östermalmstorg, achetèrent des alliances à la bijouterie la plus proche, trouvèrent une petite place dans l'agenda bien rempli du pasteur. Ils trouvèrent des meubles d'occasion à bon prix et Johan demanda à sa mère la permission de prendre avec lui la pendule à coucou. Cette dernière était si ancienne que nul ne savait au juste quand elle s'était liée au destin de la famille : le grand-père de son grand-père prétendait qu'il la tenait de son grand-père. Johan avait pris l'habitude de calquer son existence sur son rythme, et il ne s'imaginait pas vivre sans. Tout fut si rapide qu'au début de la nuit de noces Johan prit conscience que c'était la première fois qu'ils se retrouvaient dans l'intimité.

Il sortit de la salle de bains la moustache bien peignée et la bouche fleurant bon la menthe. Birgit était assise sur le lit, les mains sur les cuisses et le dos collé à l'oreiller.

« Elles ont dit qu'il fallait que tu gardes tes bretelles pour aller au lit, déclara-t-elle.

— Que je garde quoi ?

— Tes bretelles. Elles ont dit que tu devais les garder. »

Johan ne comprenait pas. Qui avait dit cela, et pourquoi devait-il garder ses bretelles ? Il regarda sa jeune épouse, ses nattes épaisses, sa chemise de nuit blanche, ses magnifiques yeux bleus. Il fixa ceux-ci avec plus d'attention. Ils lui parurent moins magnifiques. Comme perdus.

« Ne t'approche pas de moi sans tes bretelles, Johan. Pas un pas de plus, pas un pas de plus ! »

Birgit renfonça la tête dans ses épaules et tendit les bras devant elle. Johan s'immobilisa et ouvrit grand les paumes, comme pour signifier qu'il n'était pas armé. Puis il se saisit de ses bretelles et les remonta. Sur le lit, Birgit étouffait ses sanglots, le visage enfoui dans ses mains. Johan en profita pour s'approcher.

Au bout de quelques minutes, elle fut de nouveau

en mesure de s'exprimer. Elle lui parla alors des voix qui ne la quittaient pas depuis sa plus tendre enfance : « Je crois même avoir appris à leur parler. » Ce n'était pas si horrible que cela, les voix pouvaient se montrer très serviables. Bien des fois elles exigeaient que Birgit sorte avec son parapluie alors qu'aucun nuage ne traversait le ciel matinal, et elle était la seule épargnée par l'averse surprise de l'après-midi. Elles lui indiquaient les nids-de-poule à éviter dans la rue afin qu'elle ne se foule pas la cheville. Et puis c'étaient de grandes amatrices d'art : elles passaient leur temps à la supplier d'aller au musée.

Sans cesser ses explications, Birgit tripotait les bretelles. Elle tirait sur l'une, puis sur l'autre, contemplait l'élastique qui se tendait puis revenait en place. Elle tirait, lâchait, et la bretelle claquait contre la poitrine de Johan dans un bruit sec. Birgit sourit, Johan aussi. Les voix disaient qu'il devait garder ses bretelles, sans préciser ni comment ni pourquoi. Les bretelles allaient et venaient, et cela faisait parfois un peu mal. Elles allaient et venaient, et parurent bientôt conçues à cette seule fin. Elles allaient et venaient, puis s'emmêlèrent, s'enroulèrent autour des poignets, des tailles et des cuisses, des bras, des genoux et des épaules, et tant d'autres parties de leur anatomie, de tant de manières différentes qu'il leur fallut faire durer la nuit jusqu'à cinq heures du matin, se réveiller à onze heures, reprendre jusqu'à la tombée de la nuit, à vingt heures, et prolonger de nouveau les choses jusqu'à cinq heures pour faire le tour du potentiel ludique de ces bretelles, d'apparence si triviale.

Ils étaient heureux. Johan se levait dès que le coucou sonnait sept heures, il s'habillait, mangeait ses flocons d'avoine, embrassait son épouse et partait travailler. Il se rendait à pied jusqu'au bâtiment officiel et, passé son seuil, devenait conseiller spécial attaché au ministère des Affaires étrangères.

Birgit faisait sa toilette en suivant les recommandations qui lui étaient faites – il fallait nouer ses cheveux parfois en une seule natte, parfois en deux. Elle faisait le ménage, allait au musée ou dans un café. Elle achetait un friand et en étudiait la pâte feuilletée comme s'il s'agissait d'une équation. Puis elle s'exclamait : « Vous aviez dit qu'il y aurait vingt couches, j'en ai compté vingt-trois : c'est moi qui ai gagné ! »

Le soir, tous deux se retrouvaient pour dîner. Ils parlaient de ce qui était arrivé au bureau de Johan ou de ce que Birgit avait vu en se promenant dans un jardin. Neuf heures sonnaient au coucou et leur conversation perdait toute importance. Les lumières faiblissaient, et le lit les appelait.

Il en fut ainsi jusqu'au début du printemps lorsque, sans doute jalouses de leur vie conjugale, les voix cessèrent de dispenser des conseils et se mirent à imposer leurs caprices. De retour du travail, Johan trouvait Birgit en train de faire les cent pas dans leur chambre, pieds nus sur le tapis, les mains enfoncées dans sa chevelure : « Je sais, je sais, je sais ! C'est Rembrandt qui a peint le tableau du copiste, ne m'obligez pas à retourner au musée pour vérifier. » Toute sortie à deux devint impossible : « Elles ont dit que nous ne pouvions pas dîner dehors, ce soir. » Impossible de discuter leurs ordres : « Ne mets pas ton costume bleu, ça meurtrit ton esprit. » Et les nuits blanches se multiplièrent : « Je promets de compter tous les moutons du troupeau, jusqu'au dernier. »

Johan s'approchait doucement et caressait ses cheveux en bataille : « Très bien, mon amour. Rien ne nous oblige à dîner au restaurant. »

Il demandait à leur domestique de réchauffer la soupe de la veille et ramassait ce qu'il restait de son costume bleu, découpé aux ciseaux par son épouse. Il essayait de pousser Birgit à s'alimenter, même s'il savait qu'elle ne desserrerait pas les mâchoires : les voix lui avaient dit qu'elles n'accepteraient d'avaler que de la soupe bien passée. Puis il la guidait jusqu'à sa coiffeuse et lui faisait des nattes. Ils se couchaient dans les bras l'un de l'autre, Johan s'endormait au mouton numéro 300, se réveillait au mouton numéro 1 020, se rendormait au mouton numéro 1 600, se réveillait de nouveau au mouton numéro 3 020, se rendormait une fois de plus au mouton numéro 3 500, pour se réveiller encore au mouton numéro 6 000.

La semaine suivante, Birgit étendit le comptage de moutons aux journées. Le troupeau comptait à présent plus d'un million de têtes, et lorsque le dernier mouton passait la barrière, les voix ordonnaient à Birgit de lui faire faire marche arrière. C'est à ce moment-là que Johan décida de chercher de l'aide. Il était hors de question qu'il fasse interner sa femme dans un quelconque asile : le simple fait de s'imaginer Birgit prisonnière d'une camisole de force, errant dans des salles glaciales aux murs recouverts de carreaux de faïence, lui était insupportable. Il se rabattit sur les médecines alternatives. Il écrivit à un médecin chinois, à une guérisseuse irlandaise et à un docteur viennois. Le médecin chinois fut écarté : le traitement qu'il proposait impliquait qu'il plante des aiguilles dans le corps de sa patiente, pratique qui parut à Johan aussi barbare que cruelle. La guérisseuse irlandaise répondit qu'elle ne pourrait établir de traitement qu'après s'être entretenue avec les voix de Birgit : elle aussi fut écartée. Le docteur viennois répondit qu'il s'efforcerait de la guérir au cours de séances thérapeutiques hebdomadaires.

Si cela avait été possible, Johan l'aurait également écarté : cet homme mélangeait allégrement mythologie grecque, rêves et sexualité, et prétendait guérir ses patients par de simples conversations. Mais Johan était désespéré, et il n'avait pas d'autre recours. Ils firent leurs valises, quittèrent leur maison de Stockholm et partirent s'installer à Vienne.

La première semaine se passa sans accroc. Johan consacra ses journées à sa correspondance et à lire des journaux, Birgit faisait sa toilette et partait en séance. Mais au début de la seconde semaine elle refusa de sortir. Elle défit ses nattes, renversa des chaises, jeta à terre tableaux et ouvrages, s'en prit à un ensemble de verres en cristal. Les passants levaient la tête en direction de la fenêtre d'où provenaient les cris, et les voisins hésitèrent à intervenir. Birgit jeta tout ce qu'elle put au sol avant de s'étendre sur les débris, les cuisses en sang, là où les tessons s'étaient plantés. Johan s'approcha doucement, chacun de ses pas crissant d'éclats de verre. Il s'accroupit tout contre son épouse, qui pressa son visage contre sa poitrine.

Et lui dit qu'elle n'en pouvait plus. Que les statues grecques du cabinet lui chuchotaient des choses, toutes en même temps, chacune tenant absolument à lui raconter comment elle avait été sculptée deux mille ans auparavant. S'il n'y en avait eu qu'une ou deux, elle n'en aurait pas fait toute une affaire, « les histoires des meubles sont toujours passionnantes », mais il y en avait dix-neuf, en plus des quatre aurochs des deux reproductions de peinture rupestre accrochées face au divan. Johan considéra sa femme comme si elle était elle-même une statue qui venait de prendre vie : « Tu as parfaitement raison, elles ne devraient pas parler ainsi, toutes en même temps, qu'est-ce que c'est que ces manières, à la fin ? » Puis il la guida jusqu'au lit et se coucha à côté d'elle, l'enlaçant de ses longs bras et de ses longues jambes pour la protéger de tout ce qui n'appartenait ni à son corps ni au sien. Il demeura ainsi jusqu'à ce que la respiration de son épouse devienne profonde et régulière et que le comptage de moutons laisse place au sommeil. Il se leva alors avec mille précautions, alla s'asseoir au secrétaire et rédigea une note à l'intention du docteur Freud, dans laquelle il s'excusait de mettre un terme aussi abrupt au traitement de Birgit.

Ils passèrent le reste de l'été à Vienne. Ils se promenèrent dans les parcs, déjeunèrent dans les cafés, allèrent au théâtre et achetèrent deux douzaines de verres en cristal afin de remplacer ceux qui avaient été brisés.

Loin des voix suédoises et des murmures du cabinet, Birgit put enfin faire preuve d'une lucidité égale à celle de Johan, et leurs moments de stricte intimité, qui avaient brillé par leur rareté (« elles m'ont dit que tu ne pouvais me toucher que les nuits de pleine lune sans brouillard »), redevinrent quotidiens, ponctués par les éclats de rire de Birgit.

Durant leur dernière nuit à Vienne, Johan contempla sa femme endormie, incapable de se défaire de son froncement de sourcils. À n'en pas douter, les crises reprendraient de plus belle à leur entrée en gare de Stockholm. Il était déterminé à fuir avec elle, aussi loin que possible de toutes ces voix importunes.

« Elles veulent fêter mon retour avec du champagne et un bavarois », l'informa Birgit alors qu'ils n'étaient pas encore descendus du train.

La semaine suivante, Johan voulut poser sa démission. Il informa le ministre qu'il songeait à partir à l'autre bout du monde, à cause des problèmes de santé de son épouse.

« Et renoncer ainsi à votre carrière ? » s'étonna le ministre.

Johan évoqua la lignée de charpentiers dont il était issu, ainsi que ses prédispositions pour le métier d'apothicaire, qualités professionnelles des plus recherchées que ce soit à Bogotá, Buenos Aires ou Goa, mais il fut interrompu par les hochements de tête négatifs du ministre.

« Le poste de consul au Brésil est à pourvoir, pourquoi ne pas emménager là-bas avec votre épouse ? »

Johan considéra la mappemonde qui se trouvait sur

le bureau. Il posa l'index sur Stockholm et le fit glisser lentement jusqu'au Brésil. Puis il lui fit retraverser l'Atlantique, satisfait par cette immensité océanique.

Trois mois plus tard, le couple embarquait pour Rio de Janeiro. Johan dit au revoir à ses parents non sans joie, agitant la main du pont du navire, soulagé de voir les bâtiments rapetisser. Birgit pleura un peu : c'était toute sa vie qu'elle laissait ainsi derrière elle. Mais elle sécha ses larmes et alla contempler l'océan à la proue : c'était toute sa vie qu'elle avait devant elle.

Ils débarquèrent sur le quai Pharoux au beau milieu d'un mardi de février qui réunissait tous les superlatifs d'un milieu de mardi de février à Rio. La chaleur était proprement étouffante, il n'y avait pas un soupçon de nuage dans le ciel et le soleil semblait négliger le reste du monde pour se concentrer exclusivement sur le port carioca.

« Les gens ne vivent pas, ici, ils se font boucaner sur pied », observa Birgit en sentant les toutes premières gouttes de sueur perler sur ses lèvres.

Son immense chapeau de feutre ne suffisait pas à protéger ses yeux des excès de cette nouvelle ville.

« Cette lumière, cette chaleur, je ne vais pas pouvoir résister une minute de plus », dit Birgit. « Pas une minute de plus » : elle devait répéter ces mots durant les nombreuses années qui suivirent.

Le couple passa les premiers mois dans une suite de l'Hôtel des Étrangers, un édifice à deux étages entouré de figuiers, sur la grande place de Catete. Les draps étaient en lin, le jet de la douche était puissant et le menu ne présentait pas le moindre mot de cette langue qu'ils se devaient d'apprendre. Il leur était proposé du *gigot d'agneau* et des *ris de veau*, le serveur validait leurs choix d'un *oui* et l'ensemble du personnel leur donnait du *bonjour* et du *bonsoir*[1]. Le matin, après un *croissant* et un *café au lait*, Johan partait gérer les affaires du consulat, pendant que Birgit restait dans la chambre à agiter son éventail et à regarder la ville derrière les rideaux de batiste.

À huit heures et demie, une dame à la coiffe emplumée apparaissait à l'autre bout de la place. Elle marchait d'un pas vif, évitant adroitement les flaques et les immondices, saluant des hommes en jaquette et des femmes sous ombrelle. Elle entrait dans l'hôtel et se présentait à la réception : Marie Antoinette, professeure de portugais. Elle montait les étages et dans la chambre de Birgit, retirait son chapeau : « *Comment allez-vous, madame ?* » Et la leçon suivait, durant une heure et demie, entre répétitions de « je vais, tu vas, il va » et curieuses déclarations en portugais. Elle montrait à Birgit les illustrations du livre et disait : « *Ivo comeu onze mangas* », « Yves a mangé onze mangues », « *Vovô caiu nas escadas* », « Papi est tombé dans l'escalier ». Birgit répétait, remuant la bouche comme jamais elle ne l'avait fait. Les sons étaient si simples qu'elle se voyait contrainte de les compliquer un peu, en accentuant fortement les « r », et en trichant sur *pão* et *capitão* : son *pan* et son *capitan* étaient salués par Marie Antoinette, elle-même tricheuse aguerrie qui au

1. En français dans le texte. *(Toutes les notes sont du traducteur.)*

marché n'hésitait jamais à demander un *melón* au lieu d'un *melão.*

Après le cours particulier, Birgit retournait à sa fenêtre. Elle s'éventait, défaisait ses nattes, les refaisait. Elle se baladait du lit au bureau, du bureau au lit, changeait de robe, défaisait ses nattes, les refaisait. Aux alentours de onze heures, elle descendait au salon de lecture et laissait glisser un doigt distrait sur les dos des ouvrages écrits en français, ou feuilletait des journaux brésiliens, trouvant leurs combinaisons de lettres très amusantes. À voix basse, elle répétait quelque gros titre, bien consciente que *Pressil : l'exportazion de zukrokmente* ne voulait rien dire du tout. Pour son déjeuner, elle demandait un *confit de canard* ou une *bouillabaisse*, salués par les *oui* du serveur. L'après-midi, elle retournait à nouveau à sa fenêtre. Le soleil perdait de son ardeur, une brise secouait les rideaux et Birgit se disait qu'après tout, peut-être était-il possible de survivre dans ce pays. Elle passait le temps en contemplant l'effervescence de la rue, et perdait le fil des heures jusqu'à ce qu'un géant apparaisse à l'autre bout de la place. Il marchait d'un pas vif, évitant adroitement les flaques et les immondices, sans saluer personne. Il apercevait Birgit et secouait le bras à son attention en souriant : des passants s'arrêtaient net, outrés, et levaient la tête, jusqu'à ce que le géant pénètre dans l'hôtel en se courbant en deux.

Johan décrivait alors la ville à Birgit. Il lui racontait qu'elle était belle et dangereuse, riche et très pauvre, moderne à certains endroits et d'un autre siècle partout ailleurs. Qu'on trouvait voleurs et maladies à chaque coin de rue, que d'impressionnantes collines avaient les pieds dans l'eau et que la forêt se dressait là où finissaient les faubourgs. Bientôt il lui ferait connaître les environs, mais en attendant elle devait rester bien sagement dans la chambre. À Rio, les femmes ne se promenaient jamais seules.

Cette réclusion ne dura pas plus de dix jours. Un après-midi, Birgit en eut assez des *je vais* et des *tu vas*, des *coqs au vin* et des *oui*, des doigts glissant sur les dos d'ouvrages et des journaux impossibles à déchiffrer, des nattes faites et refaites et des balades dans sa chambre. Elle s'assit face à la fenêtre et, secouant fébrilement son éventail, sentit des murmures enfler dans sa poitrine. Il s'agissait de la toute petite poignée de voix qui s'étaient décidées à la suivre jusque sous les tropiques et qui jusqu'ici n'avaient rien dit, indisposées par la chaleur. Elles exigeaient une sortie immédiate. Birgit jeta son dévolu sur sa robe la moins chaude, enfila son chapeau au bord le plus large et quitta l'hôtel.

Le portier eut tout juste le temps de lui lancer un « Madame, où allez-vous ? », mais quand bien même Birgit aurait compris la langue du pays, elle n'y aurait pas prêté la moindre attention. Elle fit quelques pas, dérapa sur les pavés glissants du trottoir, rattrapa son équilibre et traversa la place. Elle passa devant la Turque qui vendait des allumettes, devant l'homme qui vendait des volailles, le laitier avec sa vache et son veau, le pêcheur et son panier d'osier rempli de poissons, l'Italien et son plateau de petites bouchées salées, le mulâtre et son assortiment de sucreries. Tous pieds nus. Oui : pieds nus. Comment cela était-il possible, assurément ils savaient ce qu'était un soulier, alors pourquoi ne pas en porter ? Dans une rue plus loin, il y avait un noir si noir qu'elle le scruta longtemps : elle n'avait jamais vu personne avec une couleur de peau si dense. Elle vit des Arabes, des Indiens et des Chinois avec leurs charrettes remplies de fruits, de légumes, de poissons séchés. Des messieurs au col trempé de sueur, des dames au chignon à moitié défait par la chaleur, des cochers à la chemise trouée, des hommes à cheval portant des chapeaux de paille, des calèches centenaires qui dataient du règne du roi João. Des enfants en haillons qui jouaient à la balle, au cerf-volant, qui chantaient des comptines et dansaient en ronde. Au coin de la rue suivante un métis vendait des journaux, souriant d'une oreille à l'autre. Birgit lui rendit son sourire. Quelque chose la gêna sans qu'elle sache quoi, elle l'observa plus attentivement, et aperçut sa jambe difforme. Lui souriait toujours, et elle s'efforçait à présent de le faire.

Et elle continuait d'avancer ainsi, les yeux écarquillés, mouchoir devant le nez afin de se protéger de l'odeur d'urine sur les murs et des crottes sèches à chaque coin de bâtiment, se protéger des vents qui surgissaient de sombres ruelles, porteurs de la fièvre jaune, de la tuberculose et de maladies tropicales capables de tuer avant que la science ait le temps ne serait-ce que de les baptiser. Elle vit des boucheries à la clientèle essentiellement canine, des épiceries tenues par des poules et des boutiques de thé fréquentées par des chats. Elle quitta l'artère principale pour monter une sente sur la gauche, flanquée de maisons en mauvais état. Des enfants jouaient dans la rue, des cages remplies de canaris décoraient les façades. Il régnait un brouhaha continu, impossible à analyser. Ça venait d'un bout de la rue pour repartir de l'autre, ça s'apaisait par ici pour repartir de plus belle par là. Elle jeta un coup d'œil à l'intérieur des maisons qui se ressemblaient toutes. Des pièces sombres, du papier peint qui se décollait des murs, des meubles grossiers, des femmes aux robes défraîchies penchées sur leurs travaux de couture. C'était le bourdonnement de leurs machines à coudre qui constituait l'essentiel du brouhaha général, auquel venaient se joindre le fracas des casseroles, les disputes de couples, les pleurs d'enfants, un piano jouant du Bach. Birgit se retourna, et se retrouva littéralement nez à nez avec un vieil homme édenté. Elle courut jusqu'à la rue principale, où les boniments des commerçants l'apaisèrent. Elle croisa des commis en manches de chemise, des marchands portant des bagues en or, des noires parlant un dialecte inconnu, des soldats, des nochers, des mendiants, des agents des douanes, des vagabonds, des diseuses de bonne aventure, des Mandingues, des Bahianaises, des gitans, des grouillots, des ferblantiers, des portefaix, des marins.

Birgit se fit la réflexion que toutes ces images, toutes ces couleurs formaient un vrai tableau vivant. Et tandis qu'elle parcourait la ville, les Cariocas qui la croisaient en avaient autant à son endroit : une femme seule, à la peau si blanche, ne pouvait que sortir tout droit d'un tableau.

Birgit prit l'habitude de se promener tous les jours. Elle quittait sa chambre après son cours particulier de portugais, traversait la place, jetait son dévolu sur une rue au hasard et la suivait jusqu'au bout. Elle retournait ensuite sur la place, en choisissait une autre et faisait de même. Gagnant en confiance, elle étendit sa zone d'exploration, prenant tantôt à gauche tantôt à droite, contournant parcs et places. Le blanc de ses bras devint rouge, le rouge mit la chair à vif, et la chair à vif guérit en rose, la nouvelle couleur de peau de Birgit.

Au bout d'un temps, l'étrangère et les Cariocas cessèrent de se considérer réciproquement exotiques, pour appartenir pleinement au même décor. Chaque journée devint une journée de plus à Rio, avec ses va-et-vient incessants, ses bruits de travaux et ses silences de sacristie, ses parfums appétissants et ses odeurs moins ragoûtantes, les enfants qui jouaient comme si le temps n'existait pas, et cette blonde qui souriait au noir à la jambe difforme. Qui pressait le pas, évitant les pelures de fruits et les petits tas marronnasses dont il valait mieux ne pas imaginer l'origine. Qui passait sans s'arrêter devant les ruelles croupissant de maladies, saluant les hommes en jaquette et les femmes à ombrelle. Ou qui traînait son époux jusqu'au Café Lamas pour dîner d'un *caldo verde*, d'une *caldeirada* de raie ou de tripes à la mode de Porto. Ils en sortaient repus et rentraient à l'hôtel, au son distant du berimbau battant la mesure de la capoeira, tentant de saisir le sens des conversations qui sourdaient des fenêtres ouvertes, s'habituant à la profusion d'animaux nocturnes, les lézards des murs, les papillons de nuit autour des lampes, les crapauds et les vers luisants dans les ténèbres des culs-de-sac.

Birgit n'était pas encore au bout de ses surprises. Elle faisait une moue dégoûtée en voyant sur un étal des tripes recouvertes de mouches, des tripes qui en un clin d'œil trouvaient acheteur. Ou bien c'étaient les buvettes de la ville qui l'indignaient, la saleté des verres servis, les pains sortant du four déjà rassis, les sardines à moitié pourries. Elle était prise de nausée chaque fois qu'elle baissait les yeux sur le sol répugnant des tavernes, cet empilement de strates de crachats. Ou quand elle les relevait sur le torchon crasseux pendant sur l'épaule du serveur portugais, dont il se servait aussi bien pour se moucher et nettoyer le comptoir que pour éponger la sueur de son front et essuyer les assiettes. Elle tournait la tête, et apercevait un homme en train d'uriner contre un mur. Elle tournait la tête, et se retrouvait confrontée à une jeune fille mendiant pour son dîner. Elle tournait la tête, et voyait un chien auquel on avait coupé la queue, elle tournait la tête, et tournait la tête, et tournait la tête.

Elle s'étonnait également du nombre de cortèges funèbres qui traversaient la place de l'hôtel. Un, deux, parfois trois par jour, on mourait tellement dans cette ville ! Et il y avait tellement de petits cercueils, « Encore un petit ange qui monte au ciel », commentait un passant. Saisie d'un frisson Birgit refermait les volets, s'asseyait la main sur la poitrine, elle avait envie de pleurer cet enfant qui n'était pas le sien. Et puis elle entendait les accords des musiciens de rue qui passaient la nuit dans la rue adjacente. Quelle gentille coutume, se disait-elle, et elle se levait pour danser, oubliant tout le reste, se demandant quelle robe choisir, la verte ou la bleue, s'ils dîneraient à l'hôtel ou s'ils iraient se promener, un peu moins étrangère à chaque nouvelle virevolte.

2

Ils découvrirent Ipanema un dimanche de mai. Ils prirent une voiture pour aller pique-niquer à Copacabana, avec en tête les conseils du patron de l'hôtel, qui leur avait recommandé de ne pas partir à l'aventure dans les alentours. Ils déjeunèrent face à la mer, assis sur une couverture étendue sur le sable, le large chapeau de Birgit protégeant les aliments du soleil. Les coudes enfoncés dans la couverture, Johan tenait un verre de vin à la main, et Birgit épluchait une orange. La grande plage en arc de cercle se perdait dans les rochers tout à gauche, et tout à droite une petite église au sommet d'un *morro*[1] en marquait la fin.

« Qu'est-ce qu'il y a après cette petite église ? demanda Birgit.

— Rien », répondit Johan.

Johan eut beau se rappeler cette journée un nombre incalculable de fois, il aurait été bien incapable de dire

1. Grande colline typique de Rio.

si c'étaient les voix ou, au contraire, l'absence de voix qui avaient poussé sa femme à rétorquer :

« Dans ce cas c'est là-bas que nous devons aller. »

Ils parcoururent la grève jusqu'à la petite église, puis empruntèrent une piste flanquée de cerisiers créoles. Personne d'un côté, personne de l'autre, quelques ouistitis dans les arbres. À mi-trajet, Birgit détacha ses cheveux et enleva ses gants. Un peu plus loin, elle retira son chapeau et délaça son corset. Johan déposa son gilet et sa chemise sur un arbuste. Ils suivirent la piste jusqu'à déboucher sur une autre plage déserte. Elle était plus petite que celle de Copacabana, et son eau était si pure que même de loin on parvenait à distinguer les rochers sous-marins de la pointe orientale. La plage était coupée en son milieu par un ruisseau qui se jetait dans l'océan, et à l'autre bout de la grève d'autres rochers se dressaient, gigantesques, à moitié recouverts par la végétation rampante. Ils finirent de se déshabiller et passèrent le reste de la journée à se baigner, complètement nus.

« C'est ici, Johan, déclara Birgit. C'est ici que nous devons habiter. »

Il acquiesça. Le regard de sa femme ne lui avait jamais paru si plein de raison et de clarté.

Comment est-ce qu'une baignade sur une plage déserte peut amener à l'édification d'un petit château à Ipanema, voici le genre de question qui à première vue peut paraître tout à fait absurde, mais qui lorsqu'elle devient tangible passe pour la chose la plus évidente et la plus logique au monde. La vérité, c'est que Johan et Birgit éprouvèrent sur cette plage la même plénitude que lorsqu'ils firent connaissance lors de ce réveillon, mais aussi que le nombre de cortèges funèbres passant à proximité de l'hôtel avait dépassé celui des tours de chant des musiciens de rue, ce qui donnait plus envie à Birgit de partir que de danser. Ils devaient déménager, Ipanema semblait un nouveau monde dans ce nouveau monde, Birgit rêvait de châteaux, et puis, songeaient-ils, pourquoi ne pas commencer leur nouvelle vie dans un palais ?

Ils engagèrent pour ce faire Jacques Monempour, architecte français naturalisé brésilien, d'origine anglaise et plus anciennement allemande. Jacques établit son plan en s'inspirant de ses origines autant que de ce qu'il avait appris lors de sa formation et à la faveur de ses voyages. Le château serait mauresque devant, gothique derrière. La tour de trois étages qui se dresserait à gauche de l'entrée principale serait un hommage à l'histoire de l'architecture, avec ses éléments qui emprunteraient autant au baroque et à la Renaissance qu'à l'art islamique et au Moyen Âge occidental. Il y aurait une aile Tudor, en mémoire de sa grand-mère maternelle, et un jardin d'hiver espagnol que Jacques dessina en poussant force soupirs (il ne parvint jamais à oublier Mercedes, son premier et unique amour). Lorsqu'il fallut imaginer un deuxième bâtiment à gauche du terrain, l'architecte souffrit d'une panne d'inspiration. Il passa trois nuits courbé sur sa table à dessin, incapable de tracer le moindre ornement, ne parvenant à se figurer que des murs et des fenêtres aux lignes droites. Il finit par s'avouer vaincu, et esquissa un édifice dépourvu du moindre enjolivement. Cette partie fut baptisée « la maison simple », et ce n'est que vingt ans plus tard, lorsque de nouveaux concepts furent enfin acceptés comme éléments architecturaux de plein droit, que le bâtiment fut considéré comme un « véritable bijou Art déco ». À la fin, il ne manqua qu'une chose, un dôme en forme d'oignon qui figurait sur le plan mais qui ne fut pas construit, les voix de Birgit ayant clairement indiqué qu'il régnerait une chaleur insupportable à l'intérieur de l'édifice si l'on s'avisait de le coiffer d'un potiron pareil.

Le château était doté d'un cellier à salaisons et d'une cave regorgeant de vins européens. Le sol du salon était en marbre de Carrare et les huis en bois de jacaranda. L'étude de Johan, jouxtant la salle à manger, contenait un vaste bureau en bois d'imbuia, une chaise en cuir et une impressionnante bibliothèque réunissant des ouvrages étrangers et brésiliens. Le petit salon accueillait des meubles en rotin, un piano à queue et la pendule à coucou rapportée de Stockholm. Les voix de Birgit ordonnèrent d'installer une salle de bains à chaque étage. La chambre conjugale donnait sur un patio décoré d'azulejos portugais à motifs floraux peints à la main. Le puits du jardin se trouvait juste en face du potager, le poulailler contre le mur du fond de la propriété, et la maison simple accueillit les logements des domestiques. Les deux bâtiments étaient séparés par une pelouse où se dressaient des cocotiers.

Johan demanda à son tailleur de couper les jambes de ses pantalons et, l'été, il se mit à porter ses nouveaux bermudas. Il tourna autour des pêcheurs jusqu'à ce que ceux-ci l'invitent à les suivre au large, et il réitéra ses voyages marins jusqu'à vaincre son mal de mer. Il apprit à pêcher au harpon, à plonger doucement afin de ne pas effrayer les badejos et les mérous tapis dans les roches. Il rentrait avec des poissons trop grands pour le four, Birgit coupait l'animal en deux et cuisinait soit la tête, soit la queue. La qualité des repas s'améliora considérablement lorsqu'ils engagèrent une cuisinière du nom de Tiana, spécialiste des *moquecas*, du *pirão* et de l'*ensopado*. Dans les trois années qui suivirent naquirent les enfants du couple, Axel, Vigo et Nils.

À présent mari, père et propriétaire d'un petit château, Johan souriait constamment, ainsi que Heidi, sa mère, l'avait jadis souhaité. Parfois il s'étendait dans son hamac fait sur mesure, buvait une coco fraîche et s'amusait des surprises de la vie. Jamais il n'aurait pensé être aussi heureux en un lieu si différent.

Du temps où l'on pouvait encore trouver des vieux capables de se souvenir de cette époque, ceux-ci parlaient volontiers de cet homme qui se dressait sur la pointe des pieds pour saluer les yeux dans les yeux ses voisins habitant au premier étage ; qui touchait du front les saucissons pendus au plafond de son cellier, et qui lorsqu'il se saisissait d'une bisnaga, un de ces énormes cactus, donnait l'impression de se promener une baguette sous le bras. Un homme à la voix caverneuse, qui lorsque l'avancée des travaux de son palais le mettait en colère et qu'il criait : « La murrrrr est torrrrrdu », faisait trembler les tomettes et les azulejos, poussant les ouvriers à lâcher ce qu'ils tenaient pour plaquer leurs mains sur leurs oreilles. Selon ces mêmes vieux, le cri résonnait dans toute la zone, jusqu'au bord de la lagune où il soulevait des vols d'oiseaux terrorisés.

Mais les avis n'étaient pas unanimes à ce sujet. Il arrivait qu'une vieille s'interrompe dans son tricot pour préciser que ce n'était pas tout à fait vrai, que les souvenirs fantastiques de ses contemporains n'étaient que le fruit des mirages de la mémoire et des dérapages de la raison. Cet homme était grand, soit, mais pas à ce point, à en croire sa mère qui jadis habitait dans le coin et connaissait tous ceux qui y avaient vécu. « Maman, raconte-leur la vérité », lançait alors la vieille à son infirmière. Et puisqu'il faut toujours croire aux histoires qu'on nous raconte, ignorons donc cette vieille pour nous intéresser à ce vieux qui, entre deux bouchées de gelée aux fruits, insiste sur le fait qu'il ne tient pas son histoire de quelqu'un qui tient cette histoire de quelqu'un qui tient cette histoire de quelqu'un qui l'a vécue, mais de sa propre tante, qui habitait au premier étage d'une petite maison, et que Johan saluait les yeux dans les yeux. Cette tante était assez enrobée, elle avait de grosses cuisses, le nez crochu, les joues rondes, les cheveux clairsemés, et répondait au nom de Mariana Leocádia Carolina da Silva. Une sainte femme qui jamais ne mangea de viande le vendredi et qui, assurément, exista bel et bien. « C'est à elle qu'appartenait ce chapelet que je garde encore », dit le vieux, un peu d'écume à la commissure des lèvres après ce long récit, en ouvrant d'une main tremblante le tiroir qui renferme le chapelet en question.

Ce qu'on peut dire avec certitude, c'est qu'il y eut bien un Johan, un château et une femme aux cheveux blonds. Qu'ils eurent trois fils, et que ces trois fils devaient quitter Ipanema encore enfants.

Ce déménagement à Ipanema apaisa Birgit. Elle passait tous ses après-midi à la plage, sa robe retroussée jusqu'aux genoux. Elle s'asseyait face à la mer, les pieds enfoncés dans le sable humide, et applaudissait chaque coucher de soleil. Il lui arrivait encore de murmurer discrètement, mais les voix avaient perdu toute dureté en traversant l'Atlantique. Jamais plus elles ne lui demandèrent de compter ses pas de neuf heures du matin à midi, jamais plus elles n'exigèrent d'elle quarante-deux mastications pour la viande ou vingt-sept pour les légumes. De temps à autre seulement, elles requéraient son attention.

« Je sais, je sais ! J'ai déjà demandé à Naná de plier les chemises à l'envers », disait Birgit, les mains plongées dans sa chevelure.

L'âge avançant, Johan perdit de son endurance, et il ne put plus supporter les crises de son épouse lorsqu'elles se prolongeaient. Il quittait alors le château et partait se promener sur la plage. Il atteignait la pointe occidentale, faisait demi-tour et marchait jusqu'à la pointe orientale. Il s'asseyait sur les rochers, face à la mer. Les vagues partaient de loin, se déroulaient pour venir se briser à ses pieds. Johan contemplait l'eau se transformer en écume jusqu'à oublier ce qui l'avait amené là. Puis il rentrait chez lui et croisait Birgit dans le hall d'entrée.

« Elles m'ont dit que ces rochers se nourrissaient d'hommes. »

Johan s'approchait de sa femme, lui caressait la joue, lui prenait la main et la conduisait jusqu'à la chambre. Il coiffait ses cheveux en bataille, et ils se couchaient, dans les bras l'un de l'autre.

Birgit excédée au dernier point, qui invoque des saints en suédois. Axel, Vigo ou Nils, assis sur le couvercle des toilettes, une jambe plus haute que l'autre. Du sang au genou, au tibia ou au talon, à cause d'une bagarre, d'une course de vitesse ou d'une chute. Birgit tire de l'armoire la gaze, l'iode et le sparadrap, nettoie et panse les plaies avec zèle. Mais un ongle retourné ou arraché pendant une partie de ballon, ça, elle ne sait pas faire. La chair en dessous est blanche, jaune ou rouge, ça dépend surtout de son imagination. Elle ferme les yeux et n'adresse plus aux saints que des grossièretés en suédois. « *Shroshrershfitkuk* », entendent les petits garçons. À tâtons, elle se saisit de la fiole de teinture d'iode et désinfecte les yeux fermés. Plus d'une fois elle les rouvre pour constater qu'elle a posé la gaze sur le doigt d'à côté. « *Shroshrersh, shroshrersh !* » Elle tâtonne à nouveau, à l'aveugle, ouvre un œil et se rassure en constatant qu'elle ne s'est pas trompée. Les noms de saints font leur grand retour, et elle fait promettre au fils à qui elle a affaire de ne plus recommencer.

À huit ans, Axel tomba d'un rocher et se cassa un bras. Il cria du *morro* de Cantagalo jusque chez lui, trouva sa mère sur le perron, et ils crièrent tous deux de leur château jusqu'à l'hôpital. Peu de temps après, Vigo fut piqué par une raie manta et passa une semaine alité, à entendre la litanie sans fin de *Shroshrersh* que Birgit adressait cette fois aux poissons mortels qui infestaient les mers des tropiques. Le mois suivant, Nils fut surpris en train de voler des mangues sur l'arbre du voisin : il grimpa un mur à toute vitesse et un clou lui écorcha le front. Il arriva chez lui recouvert d'une telle quantité de sang que Birgit crut d'abord à une apparition, celle de l'esprit de son fils décédé tenant à tout prix à lui raconter ce qui lui était arrivé.

On fit douze points de suture à Nils qui considéra que le trajet de l'hôpital jusque chez lui constituait une convalescence bien assez longue. Ce même après-midi, il retourna chaparder dans le jardin du voisin, mais cette fois ne parvint pas à s'enfuir au premier « au voleur ! ». Il roula des yeux, ses jambes se firent cotonneuses et il tomba comme un sac de briques. Il se réveilla au lit avec quarante-deux de fièvre, pour demander où se trouvait le passage secret qui menait au royaume des Choses Qui Ne Changent Jamais. « Dites-moi, ô reine du château, où se trouve le passage secret ? » délirait-il, tandis que Birgit remplaçait la serviette froide sur le front de son fils, en répondant qu'elle aussi aurait bien aimé le savoir.

Lors de tels événements, Johan ne plaquait jamais

ses mains sur sa tête d'un air désespéré : il les posait sur le volant de sa voiture, les tendait pour attraper les formulaires à remplir à l'hôpital ou pour serrer celles des médecins. « Tout va bien se passer », disait-il, et on aurait dit alors qu'il était le maître absolu des voix de Birgit.

Et tout se passa bien au cours de cette brève époque. Les étés arrivaient, les étés repartaient, et la population d'Ipanema ne cessait d'augmenter. Apparurent bientôt une place, une église, une épicerie, des vendeurs en porte-à-porte, et jusqu'à une file d'attente devant le kiosque du coin de la rue pour consulter le résultat du *jogo do bicho*, le jeu de la bête, cette loterie illégale où à chaque nombre correspondait un animal. Même les tempêtes qui venaient du sud-ouest étaient parfaites : elles servaient à regretter le passé, et à redouter l'avenir.

En ces temps, les appareils photo étaient rares, et les caméras étaient des objets qui par définition n'appartenaient qu'à d'autres, de sorte que l'ampleur des tempêtes et des vagues qu'elles soulevaient ne dépendait que du bagout et de la mémoire des gens. On racontait que l'océan avalait des maisons, que le vent emportait des chariots et que la pluie ne cessait qu'après avoir fait déborder la lagune. Que la foudre abattait les arbres, que les arbres abattaient les murs et que la nuit tombait à midi. Il n'y avait plus d'éclairage public, et les habitants du quartier passaient leur après-midi à la lueur des bougies, inventant des histoires afin d'étouffer les bruits qui leur parvenaient de l'extérieur. Ipanema se transformait en quartier fantôme avec ses rues désertes, ses violents éclairs et ses volets qui claquaient.

Durant ces tempêtes, les enfants se cachaient sous leur lit et s'accrochaient à leur oreiller comme si leur vie en dépendait. Au premier coup de tonnerre, ils s'efforçaient de sauver la face, au deuxième ils pleurnichaient tout bas, et au troisième ils appelaient leur mère en hurlant. Birgit apparaissait sur le seuil et écoutait leurs doléances.

« C'est vraiment terrifiant, moi aussi j'ai très peur. »

Elle s'empressait de se cacher sous le lit en serrant dans ses bras les enfants, qui appelaient alors leur père.

Les tempêtes du sud-ouest arrivaient et repartaient sans crier gare, comme si elles se souvenaient soudain qu'il leur fallait affliger d'autres gens sur d'autres plages. Les vagues déchaînées laissaient place à une mer d'huile, les tessons et les bouts de bois luisaient au soleil, les pêcheurs réparaient leurs filets et leurs bateaux. Le tramway reprenait du service, les commerces rouvraient leurs portes par lesquelles le sable ressortait à grands coups de balai. Le lendemain matin, le pain crissait sous la dent, il fallait laver à l'eau la viande de chez le boucher, et les pans de tissu devaient être battus afin d'en retirer les grains de sable venus du sud-ouest. Les habitants d'Ipanema rendaient tout ce sable à la mer et reprenaient le cours de leur vie, pardonnant à la nature cet inutile accès de colère.

En plus des tempêtes, ce que tous se rappelaient, et racontaient à leurs enfants, petits-enfants et arrière-petits-enfants, aux infirmières et aux voisins, dans leur journal intime et dans leurs lettres, au plafond et aux murs, durant les dernières années solitaires de leur existence, c'étaient les fêtes. Les pique-niques sur la plage et les bals au château, preuves d'une part qu'il existait des relations entre le Brésil et la Suède, et d'autre part qu'elles étaient excellentes. Réchauffé par le climat, brûlé par le soleil, détendu dans ses bermudas et acclimaté à la férocité des piments, Johan considérait comme un acte diplomatique de donner de la voix de sa véranda pour inviter ses voisins à venir boire une bière en début de soirée. Les rafraîchissements s'accompagnaient d'amuse-bouches préparés par la cuisinière, Tiana, que l'âge rendait déjà un peu confuse. Elle faisait fumer les badejos, assaisonnait les sardines à l'huile de palme, faisait des boulettes de crevettes au lieu des boulettes de viande : il lui avait suffi de voir une fois Birgit préparer des crêpes suédoises pour considérer qu'elle savait tout de la cuisine nordique, dont l'ingrédient secret, selon elle, était la carambole.

Il y avait bal une fois par mois. Ces nuits-là, la population d'Ipanema passait du simple au double. Quiconque ne se trouvait pas dans une voiture se trouvait à sa fenêtre, chez soi, en train de contempler l'embouteillage créé par les convives qui arrivaient. Le château illuminé était nimbé de lumière, la musique qu'on jouait dans ses salons emplissait tout le quartier.

Axel, Vigo et Nils ne prenaient pas part aux fêtes. Ils restaient tout en haut de l'escalier, en pyjama, les mains sur les genoux, l'air ennuyé. Les surprises ne survenaient qu'au beau milieu de la nuit, quand les conversations se faisaient plus bruyantes. C'est à ces heures qu'ils virent le consul du Royaume-Uni s'agenouiller dans le jardin pour déclarer sa flamme à une chèvre ; un ministre se pencher brusquement vers une dame russe, sans remarquer que sa barbe prenait feu au cierge d'un chandelier ; ou encore la femme d'un industriel dans l'armoire de Birgit, saoule, en train de renifler ses chaussures impeccablement alignées.

Le bal de la Saint-Sylvestre de cette année n'aurait pas dû se distinguer des autres. Du haut de l'escalier, les frères assistaient sans s'y intéresser vraiment à l'arrivée des invités. Un comte, une comtesse, deux diplomates, quelques barons. Ils se levaient pour aller au lit lorsque la sonnette retentit. Ils tournèrent la tête par réflexe, et comprirent enfin ce que signifiait le mot « douleur ».

Dans le vestibule du petit château, tenant un sac à main nacré, se tenait une jeune fille aux cheveux noirs et courts et aux lèvres rouges, si rouges que pour la première fois de leur vie les trois frères s'intéressèrent à ce qu'était une bouche. Il leur fallut longuement contempler ses seins rehaussés par son décolleté pour s'assurer qu'il ne s'agissait pas d'un mirage. La robe rose à ourlet fleuri était à elle seule une énigme : elle semblait si simple, et cependant paraissait gêner tellement celle qui la portait, que ce devait certainement être bien plus qu'une simple robe. Son regard inquiet parcourut le salon, surprit les trois frères en haut des marches, et les fixa assez longtemps pour que les enfants sentent leur cœur se serrer, et la tristesse les gagner.

Puis elle détourna les yeux. « Enchantée, je m'appelle Laura », dit-elle d'un ton impatient aux autres convives qui s'interposaient entre elle et tout ce qu'elle désirait voir. Il y avait des boas et des plateaux, des danses et des discussions, de longs doigts manipulant des bracelets, des fume-cigarette, du tabac à priser. Elle passa le reste du bal à regarder tout ce qui l'entourait à l'exception des petits garçons en haut des marches, parce qu'elle savait que les petits garçons en haut des marches ne la lâchaient pas des yeux.

Une semaine plus tard, ils la revirent à l'occasion d'un pique-nique sur la plage. Elle portait une robe blanche qui laissait rêveur et croquait dans une pomme comme jamais personne, à leur connaissance, n'avait croqué dans une pomme. Les trois frères vieillirent de plusieurs années en quelques heures, se montrant extrêmement bien élevés en présence de la jeune fille. Birgit s'en étonna. Personne ne mit le moindre grain de sable sur la serviette, personne ne revint d'une baignade en trempant tout le monde. Ses fils restèrent secs et bien coiffés, conformément à l'étiquette qu'elle aurait aimé imposer lors des pique-niques familiaux. Et pourtant cette attitude lui parut alors aussi curieuse que le temps que prenait Laura à finir sa pomme.

Le mois suivant, Álvaro Alvim, père de Laura, emménagea avec sa famille dans une grande maison voisine du petit château.

« Un médecin, enfin ! Voilà ce qu'il manquait à

Ipanema », déclara Johan, réjoui, durant ce dîner où personne ne sourit.

L'emménagement de la famille Alvim à Ipanema marqua la fin du temps de l'innocence dans le quartier. La nouvelle ère débuta le matin où Laura ouvrit pour la première fois les volets de sa chambre. Elle s'extasia face au paysage plein de couleurs et feignit la surprise en apercevant les trois frères qui la regardaient de la tour du château. Elle les salua de la main et referma aussitôt sa fenêtre.

À dater de ce jour, chaque matin, les frères attendirent dans la tour que les volets de Laura s'ouvrent. Les saluts de la main étaient plus douloureux que tout, ce qui était tout à fait absurde. Et le plus absurde, c'était que leur absence était encore plus douloureuse.

Ce fut le début d'une année atroce. En février, les voix de Birgit lui dirent qu'elles savaient quelque chose, mais que ce n'était rien, ou peut-être que si, mais peut-être bien que non.

« Vous me cachez quelque chose, je le sais ! » leur répliquait-elle à voix haute, les mains enfoncées dans les cheveux.

C'était la troisième nuit blanche qu'elle passait à se murmurer à elle-même. Johan se réveillait par intermittence, au gré des cris quasi déments de sa femme : « Dites-le-moi tout de suite, je vous l'ordonne. Comment ? Vous avez parlé trop bas, je n'ai rien entendu. »

Au bout de cinq jours, la patience de Johan atteignit sa limite. Il prit son chapeau, claqua le portail et alla se promener sur la plage. Sur la grève, il entendait encore sa femme.

« Pourquoi refusez-vous de me le dire ? Je veux savoir, il *faut* que je sache ! »

Une nouvelle tempête arriva du sud-ouest. Il plut d'abord à grosses gouttes éparses, puis ce fut un vrai déluge, avec des vagues trois fois plus grosses que d'habitude. L'électricité fut coupée, portes et volets furent fermés. Ipanema était déserte à l'extérieur, terrorisée à l'intérieur.

Dans le petit château, sous le lit conjugal, se trouvaient Birgit, ses fils et ses voix.

« Mais pourquoi ne voulez-vous rien me dire ? Moi qui ai tant fait pour vous ! »

Peut-être fut-ce par loyauté envers Birgit. Peut-être se sentirent-elles mal à l'aise, à l'étroit sous le lit. Le fait est que, peu après le début de la tempête, elles révélèrent ce qu'elles savaient depuis une semaine.

« C'est aujourd'hui que Johan se fera avaler par les rochers de la pointe du Harponneur. »

Birgit s'écarta de ses fils et contint son cri jusqu'à ce qu'elle fût sortie de la chambre. Les petits garçons, se sentant encore plus petits, se serrèrent dans les bras les uns des autres. Birgit descendit l'escalier en se tenant aux murs et se dirigea jusqu'à l'entrée du château. Ouvrant la porte, elle fut giflée par un soufflet de vent, de pluie, de sable et d'océan. Se protégeant le visage à l'aide de ses bras, elle avança en appelant son mari, incapable pourtant d'entendre ses propres cris. Elle ne recula ni face à la foudre qui frappa à quelques mètres d'elle, ni face à la vague gigantesque qui se brisa à ses pieds : ce fut le désespoir de savoir ce qui était d'ores et déjà arrivé qui l'arrêta. Elle tomba au sol, exténuée, et s'abandonna à la pluie. Le sable recouvrit lentement son corps, comme une caresse. Elle était sur le point de perdre connaissance, et ça ne l'aurait pas gênée plus que cela de ne jamais plus se réveiller.

On la retrouva le lendemain, à quelques mètres à peine du château. « Johan, Johan ! » furent les premiers mots qu'elle prononça alors. Puis elle s'écria : « Johan, Johan ! » Mais ni ses appels ni les recherches des pêcheurs ne firent revenir le consul. « Johan, Johan ! » insistait-elle. Ce cri traversait les couloirs du château, résonnait entre les murs blancs, et son écho brisait le cœur des trois frères.

La mort de Johan plongea le quartier dans le silence. Quiconque arrivait à hauteur du château baissait la tête sans y penser, et même le tramway semblait gémir de tristesse quand il passait. On organisa une veillée funèbre symbolique dans la salle de bal. L'événement fut annoncé dans les journaux, et le quartier fut le théâtre d'un nouvel embouteillage. La file d'attente des personnes venues présenter leurs condoléances à Birgit faisait deux fois le tour du pâté de maisons. On y trouvait des ministres et des pêcheurs, des diplomates et des ouvriers. Des gens relatant des parties de pêche, se remémorant les bals, « Johan a payé pour mes médicaments, il m'a prêté des livres, il m'a appris à jouer aux échecs, il a réglé mon ardoise au magasin ».

Le petit château, qui jusqu'ici resplendissait, devint

dès lors un édifice macabre. Des vautours qu'on n'avait jusque-là jamais remarqués se mirent à planer au-dessus de la tour. Les moisissures colonisèrent les murs, la rouille se mit à ronger les arabesques du portail. Les salons devinrent plus humides, les volets se mirent à pourrir, et les azulejos se décollèrent des murs, se brisèrent sur le parquet qui à présent grinçait. Les voix de Birgit en restèrent muettes. C'était elle à présent qui parlait, avec une assurance absolue : « Plus un coup de balai à la maison, je veux que l'essence de mon mari demeure dans chacune de ces pièces. »

Les vents du sud-ouest soufflèrent fort durant cette année de cauchemar, faisant entrer tout le sable qu'ils purent. Il s'en forma des tas si gros dans tout le château que les trois frères n'eurent même plus à aller sur la plage pour jouer avec le sable. Nils se perdait derrière une colline et criait pour appeler Axel, qui lui indiquait sa présence en levant une main par-dessus un autre monticule, tandis que Vigo en escaladait un troisième pour s'asseoir au sommet, le menton dans les mains, ne sachant quoi faire pour la première fois de sa vie. Ils n'avaient plus envie d'aller à la pêche aux crabes ou à la chasse aux pirates, et seulement de temps en temps jetaient un coup d'œil en direction de la grosse maison voisine, plus précisément en direction de la chambre aux volets clos où se trouvait Laura Alvim.

Pour Birgit, ces vents du sud-ouest étaient les bienvenus. Elle passait ses journées les jambes ensevelies dans le sable, espérant que des bourrasques encore plus puissantes viennent l'ensevelir jusqu'à l'abdomen, jusqu'aux épaules, jusqu'au visage. Mais au bout de quelques semaines elle dut mettre un terme au processus d'enterrement à petit feu. Tiana frappait à la porte et demandait, une main à la taille: « Quand est-ce que madame compte régler ce qu'elle doit au boucher ? »

La dernière fois que Tiana avait acheté de la viande, elle l'avait fait avec l'argent que lui avait prêté le boulanger, et le boulanger avait beau aimer les Jansson, il fallait lui rembourser cette somme et trouver de quoi lui acheter du pain.

Birgit affronta plusieurs montagnes de sable pour parvenir au bureau de son mari. Elle ouvrit les tiroirs du secrétaire et souffla sur les documents recouverts de sable. Les paragraphes étaient sans appel. Elle referma les tiroirs et retourna dans sa chambre. Le lendemain, le château fut mis en vente.

Et ce fut la fin du Royaume suédois d'Ipanema, avec ses histoires parfois fantastiques, dont les témoins sont à présent tous morts. Avec ses horribles tempêtes, son château, ses bals et ses pique-niques, ses enfances de rêve, ses premières amours. Lorsqu'il restait encore des gens pour s'en souvenir, cette époque renaissait brièvement dans toute sa perfection. Des années entières se résumaient au sourire d'une jeune fille vêtue d'une robe rose lors d'un bal de fin d'année, à l'image du tramway arrivant du centre-ville quasi vide, à une promenade sur la plage déserte, les pieds dans le sable blanc, à une vague roulant dans son écume une armée de mollusques. L'image bientôt inconcevable d'un village de pêcheurs, de cerisiers créoles dans les jardins, de terrains vagues et de résidences donnant directement sur la plage, qui par leur imposante architecture créaient l'illusion de l'éternité.

Le petit château se vit allouer une nouvelle fonction. Il n'avait pas été bâti uniquement pour inaugurer le quartier, mais aussi pour subvenir aux besoins d'une veuve et de ses trois fils durant les années qui suivirent. Les salons, avec leurs lustres en cristal, leur marbre de Carrare et leurs portes de jacaranda, servirent à acheter une maison, rue Prudente de Morais, où toute la famille emménagea. Les chambres servirent à régler les mensualités du collège. La tour paya le salaire de Tiana et, quand elle se mit à saupoudrer les crevettes de sucre brun, permit de la mettre dans un asile décent. La maison simple se fragmenta en milliers de repas, composés au début de viande et d'accompagnements, et vers la fin de nouilles. Le terrain servit à payer le comptable, puis les intérêts et amendes à la suite des escroqueries du comptable, élaborées durant ces années sans patriarche.

Ce ne fut qu'après la vente qu'on retira le sable du château. Cinq hommes y œuvrèrent deux jours durant, transportant des seaux dans un sens et dans un autre, remplissant à vingt reprises la benne du camion. Birgit assista à l'ensemble des travaux, et tous ceux qui la virent alors en eurent le cœur brisé. Elle piochait une poignée de sable, en caressait les grains, la rapprochait de sa bouche et susurrait. Elle en vint à crier après un ouvrier qui avait laissé tomber un seau. « Traitez-le bien, ce sable ! Mon mari est là-dedans. »

Tout ce sable fut déversé sur la plage, donnant naissance aux premières dunes d'Ipanema. On raconte que pendant très longtemps, lorsque le vent soufflait sur ces dunes, on pouvait entendre un homme murmurer dans une langue étrange.

Après la grande tempête, Birgit se transforma. Elle adopta une nouvelle coupe qui ne nécessitait plus le moindre coup de brosse : ses cheveux avaient la même longueur sur tous les côtés. Sa garde-robe aussi changea, et ce ne fut qu'alors qu'elle comprit pourquoi elle avait acheté toutes ces robes qu'elle n'avait jusque-là jamais mises, toutes amples et violettes : c'étaient là ses robes de deuil. Elle comprit également pourquoi elle en avait acheté autant : c'était parce que son deuil devait durer le restant de ses jours.

3

Laura Alvim ne remplit jamais complètement ses robes et ses décolletés. Elle avait de petites mains et des poignets fragiles, des pieds d'enfant et des cuisses qui auraient gagné à s'étoffer un peu. Un physique qui passait inaperçu, ce que son père considérait comme un atout. Álvaro Alvim était un Brésilien bien trop occupé pour se soucier d'une fille voluptueuse. Il pratiquait la médecine, était chercheur et philanthrope. Dès son enfance, il prit l'habitude de s'imposer un maximum de responsabilités, et tout porte à croire qu'il n'ait souri qu'à deux occasions dans toute sa vie, à savoir lorsque sa mère le câlinait dans son berceau, et lorsqu'il se vit contraint de plaire à son futur beau-père, un caricaturiste qui dessinait pour se sentir aimé.

« Excellent coup de crayon ! » disait Álvaro, avant d'admirer ce qui méritait vraiment de l'être : les grains de beauté qui constellaient le décolleté de sa future épouse.

Álvaro ne souriait jamais, pas même sur les photographies de leur mariage. Il lui arrivait d'observer brièvement les grains de beauté du décolleté de sa femme, et parfois de l'engrosser en de telles occasions. Il ne tarda pas à considérer qu'il avait brillamment passé cette étape de la vie. Il laissa alors enfants et foyer aux bons soins de son épouse et s'attela au défi suivant : contribuer aux progrès de la médecine au Brésil. Très vite, il découvrit qu'il ne s'agissait pas d'un défi, mais d'un puits sans fond, une tâche infinie sur laquelle il plancherait le reste de son existence sans pour autant arriver au bout.

Álvaro passant tout son temps soit chez lui, plongé dans ses livres, soit à l'hôpital avec ses patients (pour chaque malade guéri, c'étaient trois autres qui venaient consulter), son épouse dut remplir à la fois le rôle de mère et celui de père auprès des enfants. Elle venait d'une famille de caricaturistes, de peintres et de musiciens, et bien qu'elle-même ne dépassât jamais le stade du dessin de la petite maison sous un ciel étoilé, elle nourrissait l'espoir de voir ses enfants hériter du don de leurs aïeuls.

Elle fit donner à Laura, à son frère et à sa sœur les cours particuliers les plus divers. Tous trois apprirent l'aquarelle, le piano et le chant. La philosophie, le violon et la poterie. La littérature, la danse classique et la calligraphie chinoise, dont leur mère ne voyait pas vraiment l'intérêt, mais qu'elle trouvait fort belle, et qui leur était enseignée par un monsieur qui prétendait avoir été précepteur de l'empereur de Chine. Il y avait tant d'allées et venues chez les Alvim qu'au bout d'un moment, on jugea préférable de laisser la porte principale ouverte. Les divers professeurs prirent leurs aises et eurent de moins en moins hâte de partir. Ils traînaient dans le salon, jouant de divers instruments de musique, récitant des poèmes, travaillant des pas de danse.

De temps à autre, Álvaro sortait du bureau qui jouxtait le jardin d'hiver pour s'aviser des progrès de ses enfants, ou pour demander au ténor de baisser d'un ton durant les scènes les plus tragiques de *La Traviata.* Il hochait la tête d'un air approbateur quand Laura jouait une petite marche au piano et applaudissait le récital de poésie française donné par l'aîné. Il dissimulait sa confusion face aux tableaux de sa fille cadette, qui, si elle était née quarante ans plus tard, serait passée à la postérité comme l'une des artistes d'avant-garde les plus inspirées.

« C'est la plage, papa.

— Quelle plage, ma fille ?

— La plage.

— Après les losanges verts ?

— *Dans* les losanges verts. »

Cette auberge espagnole qui lui tenait lieu de foyer et cette armée de tuteurs qu'on y croisait à toute heure plaisaient à Laura autant que les jours froids et pluvieux. À ses yeux, apprendre à lire des partitions, à déclamer des vers ou à peindre des idéogrammes, ça ne rimait à rien. Tout changea le jour de ses quatorze ans, lorsqu'elle alla au théâtre pour la première fois de sa vie. Une pièce jouée dans l'un des plus grands théâtres de la ville, le Lyrique. Un édifice aux porches voûtés, aux murs intérieurs recouverts de gigantesques glaces, où mille quatre cents personnes attendaient que le rideau de velours rouge se lève. Des femmes secouaient leur éventail, d'autres relevaient leurs jumelles, un jeune noir en frac vendait des cacahuètes, des hommes tendaient le cou derrière des chapeaux à plume. Tout cela, ce fut avant le début de la pièce. Car, au lever de rideau, tout disparut. Aux yeux de Laura, il ne resta plus que la scène, illuminée, immense, infinie, où une comédienne s'avançait, souveraine, en s'adressant directement à elle.

Comment expliquer ce désir de souffrir comme souffrait l'héroïne ? Comment expliquer cette extase à la fin de la pièce, lorsque toutes les lumières se rallumèrent, démultipliées par les glaces qui recouvraient les murs ? Comment expliquer l'énergie qui se dégageait des applaudissements et saturait l'atmosphère de la salle, tous ces bravos cathartiques qui résonnaient ? *Rien de plus facile*, songeait Laura qui applaudissait debout, si fort qu'elle en avait mal aux paumes. Ce qui était difficile à expliquer, c'était qu'elle ait vécu si longtemps sans savoir ce qu'était le théâtre.

Le trajet retour se fit dans le silence le plus complet. Les becs de gaz illuminaient la route, la Ford de son père dévalait les rues sans automobiles. Un ivrogne meugla quelque chose qu'elle ne comprit pas, son père maugréa des mots qu'elle n'entendit pas. Laura demeura immobile tout du long, la tête appuyée contre la vitre, jusqu'à ce qu'ils retrouvent les routes de terre battue d'Ipanema.

Álvaro Alvim attribua le silence de sa fille à la gorgée de vin qu'il lui avait fait boire, juste pour goûter, lors de l'entracte. *La pauvre enfant*, pensa-t-il. Tant d'émotions en une seule soirée. Sa première gorgée de vin, ses premiers bijoux, portés comme une dame. Sa première robe de soirée et ses premières chaussures à talons hauts. Jamais il n'aurait pu s'imaginer que rien de tout cela n'avait d'importance aux yeux de sa fille, que ce n'était pas même ce qu'elle avait vécu cette nuit-là qui chamboulait Laura, mais bien la possibilité de vivre tous ces destins si différents si elle devenait comédienne.

La semaine suivante, elle demanda à sa mère de l'emmener à la librairie Garnier, en centre-ville. Passant devant le présentoir des romans pour jeunes filles, elle éprouva un sentiment de trahison et d'indignation absolues. Elle avait perdu tant de temps à lire ces histoires édulcorées qui ne lui avaient jamais arraché que des soupirs d'ennui. Ce qu'il lui fallait, c'était de grandes tragédies, de grandes comédies, et elle en voulait tant et tant qu'elle faillit se briser le dos en transportant jusqu'à la caisse sa pile d'ouvrages, plus d'une dizaine au total.

Sa mère accorda quelques secondes de réflexion à cet achat, mais guère plus. Quel mal y avait-il à ce que sa fille soit une grande lectrice ? Elle veillait elle-même à son élévation personnelle, s'intéressait à divers sujets afin de devenir une jeune femme cultivée et intelligente.

Mais l'affaire fut tout autre lorsque, alors qu'elles remontaient la rue du Ouvidor, la jeune fille s'arrêta net devant une vitrine. Un châle rouge à franges dorées était épinglé à la paroi du fond de la vitrine.

Il était si extraordinaire que les mouchoirs et les chemisiers qui se trouvaient devant paraissaient insignifiants. Laura était immobile, en pleine extase, ne remarquant même pas les froncements de sourcils des passants qui devaient revoir leur trajectoire pour l'éviter. Elle se tourna soudain vers sa mère avec un air suppliant.

« Certainement pas », reçut-elle pour réponse.

Laura insista, les mains jointes en une prière, sautillant sur place, mais sa mère lui opposa un « jamais de la vie ». Ce n'était pas un accessoire convenable pour une jeune fille. Ce genre de châles n'allait qu'aux fonds de vitrine et aux épaules des « filles » du quartier de Lapa. Si elles s'avisaient de rapporter cette pièce de tissu chez elles, Álvaro plisserait le front comme jamais et se lancerait dans une tirade sans fin sur sa famille qui perdait la raison, sur les mœurs dissolues, la morale déclinante et le bon vieux temps. Mais Laura, insistant avec la même volonté dont sa mère faisait preuve jadis, et qu'on avait brisée chez elle à l'adolescence, parvint à chasser les « jamais de la vie » et à amollir l'index autoritairement dressé, jusqu'à ce que sa mère accepte qu'elles entrent dans la boutique, *mais uniquement pour regarder.* Jeune homme, s'il vous plaît, montrez-nous ce châle en vitrine, nous verrons, ma fille, nous verrons, ça te va drôlement bien, attention aux boîtes, Laura, mais vas-tu cesser de tourner ainsi sur toi-même, et ces grimaces, allons, ne me fais pas rire, jeune homme, combien coûte-t-il je vous prie ? Si je te l'achète, Laura, il faut que tu me promettes de ne jamais le montrer à ton père.

À compter de ce jour, les répétitions devinrent quotidiennes. Dans la chambre de Laura, il y avait toujours quelque héroïne qui, toute drapée de rouge, se battait, aimait ou mourait. Derrière son chevalet, sa sœur lui demandait de parler moins fort ; sur le petit fauteuil où il lisait de la poésie, son frère se plaignait. Exaspéré, Álvaro sortait de son bureau, et lorsqu'il frappait à la porte de la chambre de Laura, le châle disparaissait aussitôt, et son oreiller s'épaississait. « Tâche de crier un peu plus convenablement », demandait-il. Dans son atelier de couture, la mère faisait un point de broderie en souriant. Peut-être Laura avait-elle du talent, peut-être n'avait-elle besoin que d'une formation théâtrale digne de ce nom.

Le mardi suivant à seize heures quinze, Pietra di Santini frappa à la porte de la famille Alvim. La sonnette aurait dû retentir à seize heures, et Laura et sa mère trépignaient déjà depuis seize heures moins dix. Mais Pietra avait toujours eu maille à partir avec les aiguilles de sa montre. Elle convenait d'un rendez-vous et se disait : « Je partirai à quinze heures dix. » Elle s'habillait, se coiffait, enfilait ses chaussures et prenait son sac à main. Et puis quelque chose l'affectait alors, elle, ou bien affectait sa montre, ou affectait la notion même de temps, et Pietra se trouvait soudain dans l'incapacité de sortir. Elle fermait ses volets, passait la serpillière dans son salon, massait sa mauvaise jambe. Elle allait frapper chez la voisine pour la prévenir qu'elle cuisinerait des sardines à la poêle le soir même : « L'odeur vous est désagréable, je le sais bien, mais c'est le docteur qui m'a prescrit d'en manger. Et la toux de votre fils, ça va mieux ? » Et soudain il était déjà quinze heures trente, l'heure de partir en retard, et Pietra se rendait à son rendez-vous aussi vite que possible.

Pietra arriva hors d'haleine chez les Alvim. Elle s'étonna que la porte fût entrebâillée, mais le maître en calligraphie chinoise lui assura qu'elle pouvait entrer. Elle s'avança en claudiquant dans le couloir jusqu'à tomber sur la mère et la fille qui affichaient une mine lugubre. Sa détresse se transforma alors en un sourire épanoui qui éclipsa l'expression de ses hôtesses.

Elle avait été une grande comédienne, en son temps. Elle avait été vénérée par des hommes portant monocle qui se pinçaient la moustache lorsqu'on les présentait. « Pietra... », disaient-ils d'un ton qui transformait son prénom en véritable déclaration d'amour. Ceux qui l'avaient admirée et ceux qui l'avaient jalousée s'accordaient à dire que sa jeunesse n'avait été qu'un long cortège d'hommes transis, d'éloges de la critique, de bouquets toujours plus nombreux que les vases qu'elle possédait, et de bouteilles de champagne, parfois plusieurs par jour. Mais ce n'était pas ainsi que Pietra voyait les choses. À ses yeux, les meilleurs moments de son existence, ç'avait été d'être Juliette et de rendre l'âme, fidèle à Roméo pour le restant de l'éternité ; d'être Marguerite et de quitter ce monde entourée de camélias ou encore d'être Jeanne, de remporter des batailles et de mourir en martyre (elle mourut beaucoup au long de sa carrière).

Ses années fastes connurent une fin abrupte. Sortie

de scène après une tirade, Pietra entendit la réplique qui lui signalait de revenir et, oups, comment toutes ces cordes sont apparues ici alors qu'elles n'y étaient pas deux minutes auparavant ? Elle fit une chute terrible, qui plongea les autres comédiens dans un mutisme absolu et le public dans la panique la plus totale : le bruit que toutes et tous avaient si clairement entendu ne pouvait rien augurer de bon. Il fallut une petite poignée de secondes à Pietra pour qu'elle se décide à crier. Un cri profond, poussé par toutes les héroïnes qu'elle avait incarnées et qui redoutaient, ou qui regrettaient déjà, de devoir rester à jamais prisonnières du cœur de la comédienne.

Dès la représentation suivante, elle fut remplacée par une collègue plus jeune. Une blonde experte dans le jeté de cordes dans les coulisses et adepte de la théorie de la sélection naturelle. À ses yeux, c'était aux plus belles, aux plus jeunes et aux moins boiteuses que devaient revenir les premiers rôles.

Pietra passa d'une maison qu'elle louait à Laranjeiras à un deux-pièces dans le quartier de Glória. Elle réussit à y caser ses fauteuils en velours, ses verres en cristal et un cacatoès qui récitait *Macbeth*. Elle passa la décennie qui suivit d'hôtel particulier en hôtel particulier, où elle allait enseigner aux jeunes filles de la haute société carioca les rudiments du théâtre. Ce n'était pas Byzance, mais ça suffisait à payer les factures. Et puis il y avait les souvenirs, bien assez riches et nombreux pour continuer à vivre.

En posant les yeux sur Laura Alvim, Pietra se dit qu'elle avait enfin trouvé sa successeure. Cela faisait des années déjà qu'elle s'en cherchait une, mais ses élèves, les jeunes filles de la haute société précédemment citées, ne savaient qu'incarner des jeunes filles de la haute société. Elles allaient au théâtre, trouvaient ça joli et disaient : « Papa, je veux ça. » Pietra était alors recrutée à cet effet. Elle se rendait chez ses clientes avec des tragédies et des comédies à revendre, des exercices physiques et des exercices de diction. Mais après quelques semaines les jeunes filles découvraient que le théâtre était pour elles comme une robe trop grande, quelque chose dont il était inutile de s'encombrer. Les parents mettaient un terme aux leçons particulières, et Pietra devait de nouveau repousser le versement de son loyer.

L'impression d'avoir enfin trouvé une élève digne de ce nom ne dura que la seconde pendant laquelle Laura lança à sa professeure un regard indigné par son retard. Après quoi la jeune fille riva les yeux au sol, et conduisit Pietra jusque dans sa chambre de petite fille riche : lit en bois laqué et dessus-de-lit en satin, poupées de porcelaine et ours en peluche, table de chevet et armoire à glace. Face au lit se trouvait une scène improvisée, le mur du fond décoré par deux pans de tulle. À côté de la scène, deux chaises de paille. À droite du lit, une bibliothèque recelait des dizaines d'œuvres théâtrales, classiques et contemporaines, de luxueuses éditions à couverture cartonnée et lettres dorées.

Pietra songea aux livres jaunis qu'elle avait fourrés dans son sac à main, lus et relus tant de fois depuis tant d'années qu'il fallait les feuilleter très précautionneusement pour ne pas en déchirer les pages fragiles. Elle éprouva de la jalousie envers la gamine et sa scène tendue de tulle. Elle avança d'un pas et sa jambe l'élança, la jalousie se transformant en colère. Elle tourna la tête et la colère se transforma en sourire.

« Sur quoi êtes-vous en train de travailler ?

— *Médée* », répondit Laura, d'une voix qui ressemblait à une pensée.

Pietra reposa le regard sur la bibliothèque. Grande comédienne en herbe mon œil, c'est une élève comme les autres. Un petit machin de rien du tout qui doit encore apprendre à parler. Elle ouvrit l'exemplaire de la pièce d'Euripide et, sentant l'odeur d'encre toute récente, serra les dents. Elle se retourna et, dans un nouveau sourire, tendit le livre à Laura.

« Eh bien, nous commencerons par *Médée.* »

Elle tira l'une des chaises pour la positionner bien en face de la scène, s'assit et croisa les bras. Laura posa l'autre chaise entre les deux pans de tulle et s'enroula dans le châle rouge. Elle en ressortit une main, ouvrit l'ouvrage et se mit à lire. La chambre s'emplit alors d'une voix aussi monocorde que celle d'un prêtre récitant la messe, et bien que le texte n'eût rien d'une homélie, Pietra n'aurait pas affiché une autre moue si c'en avait été une.

Réprimant un bâillement, elle fit glisser son regard tout autour d'elle et s'arrêta sur la fenêtre qui donnait sur la mer. Elle eut une pensée fugace pour le châle rouge. Quelle personnalité, quelle force, quelle gestuelle. Puis elle revint à son projet de cuisiner des sardines à la poêle le soir même et de tenter de convaincre sa voisine d'emmener son fils chez le docteur : la toux du gamin ne lui disait vraiment rien qui vaille. Puis elle visita en pensée les plus grandes scènes de théâtre du monde, Rome, Londres, Paris, Rio de Janeiro. Rio de Janeiro, cette ville qui avait confondu ses sens et l'avait retenue à elle, peut-être à cause de cette autre comédienne, de ces hautes collines où poussaient les maisons, ou de la simple existence du jus de pommes de cajou. Pourquoi suis-je restée ici, se demandait-elle, pour se répondre en souriant ce qu'elle savait déjà.

Elle était restée à cause du Théâtre lyrique. Parce que, dès cette soirée de première, elle avait compris que cette scène, ce rideau, ce public lui appartenaient. C'était la maison qu'elle cherchait depuis qu'elle avait fui sa famille à l'âge de douze ans, la maison qu'elle avait cherchée en changeant de compagnie tous les six mois, en fréquentant les lits de ducs et de duchesses, de barons et de baronnes, dans tant de villes et tant de pays que toutes ces aventures s'embrouillaient pour ne former qu'un seul et même souvenir, rideaux épais dissimulant de hautes fenêtres, baldaquin, draps tachés de vin, chat angora sur le tapis. C'était une maison que recherchait Pietra. « Ce sera peut-être ici ? » se demandait-elle chaque fois que son navire entrait dans un nouveau port. Elle n'aurait jamais imaginé que ce soit à Rio de Janeiro, cette ville immonde et arriérée, inélégante et misérable. Elle s'éventa tant durant les premiers jours qu'elle souffrit d'une tendinite du poignet. « C'est un scandale ! » s'était exclamé le directeur de la compagnie. Le gérant de l'hôtel avait proposé de lui trouver une petite noire. L'esclavage avait été récemment aboli, et beaucoup de jeunes femmes noires erraient sans but dans les rues, acceptant de travailler presque gratuitement. Pietra l'avait remercié mais avait décliné: «Je n'ai besoin de personne pour m'éventer.» Elle dut modérer son usage de l'éventail et, le jour où elle se rendit pour la première fois au Théâtre lyrique, elle avait atteint l'ultime niveau du summum de la mauvaise humeur: il allait bien falloir que le monde s'adapte à elle, parce que l'inverse n'était pas près d'arriver. Elle exigeait la fin immédiate de l'été.

À peine eut-elle posé un pied sur la scène que tout changea. Les odeurs, les grincements du parquet, la caresse des murs sous ses mains, tout semblait si différent de ce qu'elle avait connu jusqu'ici, et en même temps tout paraissait lui appartenir depuis toujours. Pietra ne transpirait déjà plus, convaincue qu'entre les murs de ce théâtre ses désirs deviendraient réalité. Au beau milieu de la scène, elle récita des passages entiers de *L'Iliade*. Sa voix résonnait avec une telle pureté que les membres de la compagnie qui l'accompagnaient s'interrompirent pour l'écouter, le directeur se figea, bouche bée, cigare pendant aux lèvres, la cendre tombant entre ses pieds.

Les applaudissements qu'elle récolta à l'issue de la première la convainquirent de rester. Elle savait bien que les applaudissements sont comme des idiomes, changeant selon le lieu. Ceux de Rio étaient simples et intenses, sincères, un peu brusques, et lui appartenaient totalement.

Le petit machin de rien du tout termina de déclamer. Elle appela Pietra par son prénom, et celle-ci ne bougea pas, le visage tourné vers la fenêtre. Laura regarda aussi par la fenêtre, s'efforçant de voir ce qu'elle voyait. N'apercevant que la mer, elle s'adressa à nouveau à sa professeure. Cette fois, Pietra tourna presque aussitôt la tête, et fut confrontée au châle rouge et à la chevelure noire. Laura était de nouveau plongée dans *Médée.*

« Très bien, vraiment très bien », déclara-t-elle. Puis elles lurent ensemble d'autres passages, Laura recroquevillée sur elle-même, Pietra pleine de vague à l'âme.

Les semaines suivantes, Pietra arrivait toujours en retard, essoufflée, et effaçait les mines lugubres de la mère et de la fille d'un simple sourire. Professeure et élève se rendaient alors dans la chambre à l'étage, une chaise était disposée entre les rideaux de tulle, une autre face à la scène. Laura lisait des passages de *Médée* sans penser à Médée, Pietra écoutait sans penser à Laura. Elle dissimulait son expression en tournant la tête vers la fenêtre, et elle se perdait dans l'océan.

Ses souvenirs étaient si nombreux. Le dialecte de la noire au corps longiligne durant ce bal masqué. Les vers du poète qui était parti, le chant de victoire des commandants, les chapeaux. Le mouchoir brodé d'initiales qui n'étaient pas les siennes, la pile de revues et de journaux où l'on relatait les premières, dans cette bibliothèque qui du reste avait besoin d'un grand nettoyage. *Mais ça marquerait les journaux et ils ne seraient plus bons qu'à jeter. La voisine a dit d'utiliser de la térébenthine, et en parlant de la voisine, je l'avais prévenue que son petit garçon allait mourir. Je lui avais bien dit de s'occuper de cette toux, mais dona Isidra n'en a fait qu'à sa tête, et voilà le travail. Maintenant elle passe ses journées à pleurer, elle ne s'occupe même plus des autres enfants. Il ne se passera pas longtemps avant qu'un autre meure.*

« Pietra ! »

Pietra tourna la tête, effrayée, et aperçut le visage tout aussi effrayé de Laura. C'était la troisième fois que celle-ci appelait sa professeure.

« Très bien, vraiment très bien, déclara-t-elle. Nous allons lire ensemble le passage suivant. »

Laura disparut à nouveau dans son châle. Lorsqu'elle osait relever les yeux, ce qu'elle voyait, ce n'était pas une dame aux cheveux grisonnants et aux bras reposant mollement sur une bedaine flaccide, vêtue d'habits démodés, le regard perdu dans l'océan : Laura voyait une grande dame du théâtre brésilien, face à qui elle n'avait pas le droit à la moindre erreur. Mais parce qu'elle croyait ne pas avoir droit à l'erreur, elle n'avait jamais le bon ton, bougeait maladroitement et oubliait de respirer. Ses peurs gâchaient ce qu'elle avait appris en jouant seule. Jamais elle n'arriverait à la cheville de Pietra di Santini.

Arriva alors le printemps, avec ses jours de pluie constante. Le pire moment de l'année pour Pietra. L'humidité trouvait toujours un moyen de lui rentrer dans les os, et sa jambe se faisait plus douloureuse que jamais. Elle se réveillait au beau milieu de la nuit, le fémur l'élançait, elle pleurait et massait sa cuisse. Ses lamentations étaient étouffées par le déluge qui frappait le toit de ses innombrables grosses gouttes.

Le premier mardi de cette pluie incessante, Pietra arriva encore plus en retard chez les Alvim. Elle boitait deux fois plus, et sa douleur se lisait si ouvertement sur son visage que, cette fois, ce ne fut pas elle qui effaça les mines sombres de Laura et de sa mère. D'elles-mêmes, elles se changèrent spontanément en sourires, dans l'espoir de faire revenir celui de Pietra. En vain. La professeure posa son parapluie dans un coin du hall et gravit les marches en pinçant les lèvres. De la pluie, des marches, des os sensibles comme des nerfs, ce petit machin de rien du tout qui voulait être comédienne. Ce n'était définitivement pas un bon jour.

Chacune s'assit sur sa chaise. Laura tira une main de sous son châle, feuilleta son livre et retrouva le passage auquel elles s'étaient arrêtées la semaine précédente. Puis se mit à réciter des paroles vides de sens.

Pietra ne voulait pas même contempler la pluie par la fenêtre. *Ce temps de misère qui ne sert qu'à me faire souffrir.* Elle laissa glisser son regard sur la chambre et, ne trouvant rien d'intéressant, se concentra sur la jeune fille. Cette petite chose penchée sur son livre, rien qu'un châle et une tignasse brune. Elle bâilla, tapa du pied par terre, cela l'élança, et elle cessa. Elle écouta Laura, et cela l'amusa. Médée avait été abandonnée et elle parlait de cette trahison comme si elle se plaignait que quelqu'un ait oublié d'éteindre la lumière de la salle de bains.

« Il faut que tu ressentes dans le creux de ta poitrine la douleur, la rage de cette trahison », déclara Pietra.

Laura leva les yeux de son livre. Elle les rabaissa et reprit sa lecture.

« Je maudirai aussi ton nouveau foyer, ô Jason.

— Je veux la rage », insista Pietra.

Laura remua sur sa chaise.

« Je maudirai aussi ton nouveau foyer, ô Jason.

— La rage !

— Je maudirai aussi ton nouveau foyer, ô Jason.

— La rraaggee », répéta Pietra.

Elle était littéralement nez à nez avec Laura, son haleine fouettait les pommettes de son élève. Laura ne releva pas la tête.

« Je maudirai aussi ton nouveau foyer, ô Jason. »

Pietra se rassit, fulminant, manquant de renverser sa chaise. Elle croisa les bras sur son ventre et dévisagea Laura comme si celle-ci était une petite fille riche, pourrie gâtée, protégée du reste du monde dans sa demeure du front de mer, et qui ne saurait jamais rien de ce qu'est la vie.

Or Laura Alvim était en effet tout cela. Mais c'était également tout ce que Laura Alvim ne voulait pas être. Se voyant dans l'expression de Pietra comme dans un miroir, elle se releva, pleine de colère. Elle postillonna plus encore que Pietra ne postillonnait jadis au Lyrique, d'un ton plus violent que les tons les plus grasseyants des quartiers les plus pauvres.

« Je Maudirai Aussi Ton Nouveau Foyer, Ô Jason », dit Laura, et cette fois les paroles fusèrent telles des lances.

Médée, ivre de haine, avait l'écume aux lèvres. Elle avait été abandonnée par Jason, et s'apprêtait à tuer leurs enfants pour se venger. Laura sortit de scène à grands pas, la poitrine gonflée. Les veines de son cou saillaient, la sueur perlait à ses tempes. La colère ne s'exprimait pas qu'au travers des mouvements du châle, elle se déversait par des vociférations si violentes que Pietra ne savait même plus si elle souriait ou si elle grimaçait à son élève.

La maison tout entière fut plongée dans le silence. La sœur de Laura s'interrompit, le pinceau immobile face à la toile, une goutte de peinture tombant au sol. Son frère se figea telle une statue, le ténor oublia de refermer la bouche, l'expert en calligraphie chinoise macula sa feuille. La mère de Laura porta une main à son cœur. *Qu'ai-je fait à ma fille, mon Dieu, qu'ai-je fait ?*

Ce qu'elle avait fait, Álvaro le défit le mois suivant en rentrant d'un voyage d'études à Paris. Il n'était pas descendu de voiture qu'il entendit un hurlement viscéral, et en voulut d'emblée à la cuisinière, à qui il avait déjà dit de ne jamais tuer de cochon chez eux. Il entendit un deuxième cri et se figea. C'était un autre de ses enfants qui venait de mourir. Álvaro en avait déjà perdu six, emportés par le typhus, raison pour laquelle il avait choisi de s'installer à Ipanema, où l'air était des plus purs, épargné par les pestilences de la ville. Sans attendre que l'automobile se fût arrêtée complètement, il ouvrit la portière, se précipita chez lui, gravit quatre à quatre les marches, guidé par les cris, et pénétra dans la chambre de Laura.

Cet après-midi, elle était Antigone. Elle venait de perdre son frère et revendiquait le droit de l'inhumer dignement. Elle se déplaçait, désinvolte, avec sur les épaules ce châle rouge qui ressemblait tant à un autre qu'Álvaro avait vu en un lieu qu'il était hors de propos de se rappeler ici et maintenant.

La scène était tout à fait inadmissible. Un cadavre sans sépulture, une fille échevelée. Pietra debout sur sa chaise, dans le rôle du roi Créon. Les rideaux de tulle achetés pour le jardinier et la domestique, accrochés au mur, ne protégeant personne des moustiques. Álvaro s'éclaircit la voix.

« Ma fille, veuillez cesser cela immédiatement. »

Laura s'immobilisa, les bras ouverts, le châle semblable à des ailes.

« Comment ça cesser ?

— Cessez tout cela, tout de suite. »

Pietra se défit de l'expression grave de Créon, s'assit sur la chaise et risqua un sourire.

« Mais, monsieur Alvim, nous ne sommes pas encore arrivées au moment le plus dramatique de la pièce. Antigone n'a toujours pas enterré son frère.

— Elle ne l'a pas enterré et elle ne l'enterrera pas, en tout cas pas sous mon toit. Et je vous prie, madame, de bien vouloir sortir de chez moi. »

Le visage de Pietra redevint grave et elle sortit de la chambre. Álvaro demeura planté à côté de la porte, bras croisés, le front plissé, jusqu'à ce qu'Antigone ait totalement disparu et que Laura ne soit plus qu'une frêle adolescente.

Voilà qui est mieux, se dit-il. La fille d'Álvaro Alvim pouvait jouer du piano ou peindre des aquarelles, réciter des vers ou apprendre le violon, mais en aucun cas pousser des cris de comédienne. Ces cris qui entraient par une oreille et ne ressortaient jamais par l'autre, qui étaient aussi douloureux pour celle qui les poussait que pour ceux qui les entendaient.

Álvaro et Laura avaient des visions totalement opposées du monde du théâtre. Là où Laura voyait des fleurs jetées sur la scène, Álvaro ne voyait que de vieux bouquets qu'on ramassait pour la représentation du lendemain. Là où Laura voyait un public transporté, Álvaro voyait un ramassis d'énergumènes payés pour faire la claque. Là où Laura voyait des décors merveilleux, Álvaro ne voyait que des planches grinçantes. Là où Laura voyait des comédiennes souveraines, Álvaro ne voyait que des femmes qui feraient mieux de se trouver un vrai travail.

Dès la semaine suivante, il n'y eut plus de cours particulier de théâtre chez les Alvim. Durant les années qui suivirent, cette grande comédienne qu'était Laura n'eut pas d'autre public. Mais elle avait achevé sa formation. Pietra lui avait enseigné tout ce qu'elle savait, et puis il y avait toutes ces heures de répétitions solitaires dans sa chambre avec son châle. Elle était tout à fait immunisée contre les froncements de sourcils désapprobateurs. Le jour où Álvaro imposa la fin de ses cours particuliers, au moment où il sortit de la chambre de Laura, celle-ci lui tira la langue dans son dos. Elle serra les dents, folle de colère envers son bourreau, assena des coups de pied aux murs de sa chambre-prison, étouffa dans son oreiller ses cris de douleur, tant et si bien qu'à la fin elle ne savait plus si elle pleurait sur son sort, si elle jouait à pleurer, ou si elle jouait si bien qu'elle en finissait par pleurer sur son sort.

Tout cela se mélangea lorsque Pietra et elle se serrèrent dans les bras l'une de l'autre, au coin de la rue, après cet ultime cours particulier. Elles pleurèrent ensemble parce qu'elles s'aimaient sincèrement, et elles jurèrent, ou jouèrent à se promettre, qu'elles se reverraient un jour, dans un mois, un an, dix ans. Après cela, lorsque Pietra regardait à sa fenêtre – qui ne donnait pas sur la mer, rien que sur des souvenirs – elle repensait à son Lyrique, à quelque mouchoir brodé ou quelque chat angora, et à cette grande comédienne qu'elle avait connue, et qui jouait si divinement, maîtresse du moindre de ses gestes, entre deux rideaux de tulle.

4

Leur père disparu en mer, leur mère immobile sur le divan de cuir. Tiana qui pleurait tant et tant que tous ses plats étaient trop salés. Les crabes de la lagune qui mouraient de vieillesse, n'ayant plus à redouter les épuisettes des trois frères. Plus la moindre écorchure aux genoux, rien que les ombres d'anciennes cicatrices. Plus aucun ongle arraché, les garçons ne jouant plus au ballon. Les mangues du jardin d'à côté pourrissaient par terre. Le voisin regardait tristement les manguiers dont les branches ployaient et hésitait à appeler Nils pour qu'il vole quelques fruits.

La seule activité que les trois frères continuaient de pratiquer était de rôder autour de la maison de Laura pour la surprendre en train de contempler les lys du jardin. Laura sortait de chez elle, tendait les bras au ciel, souriait au soleil et se promenait le long des parterres. Elle s'immobilisait, surprise, devant une fleur ou une autre, fermait les yeux en se penchant vers une corolle, inspirait et soupirait comme si elle venait tout juste d'apprendre à respirer. Et tout cela sans remarquer les trois frères de l'autre côté du mur, à quelques mètres seulement. Un jour, Laura rouvrit les yeux au milieu d'un soupir et les regarda droit dans les yeux.

« Vous aimez le théâtre ?

— Le théâtre ? demanda Axel.

— Le théâtre.

— Le théâtre ? répéta Axel.

— Le théâtre.

— Le théâtre », insista Nils, que son frère agaçait.

Le visage d'Axel s'empourpra, et Laura éclata du même rire que cette femme au turban qu'il avait vue au bal du château.

« Je suis en train de répéter une pièce, ça vous dirait de venir voir ? »

Personne ne répondit. Vigo, le benjamin, poussa Nils du coude, qui poussa Axel du coude. Axel balbutia des *euh, ah, heum* et poussa Nils du coude qui aurait poussé Vigo du coude si Vigo ne l'avait pas fait avant lui, et Nils marmonna *maisbienvolontiers, mercibeaucoup, avecplaisir, àtrèsbientôt.*

Et ainsi débuta la cruelle routine des mercredis après-midi. Une succession d'après-midi identiques dans leur déroulement, dont les trois frères devaient longtemps se souvenir, non à cause de leur répétition, mais à cause des souffrances qu'elles leur valurent. Tous les mercredis, Axel, Vigo et Nils rentraient chez eux après l'école, s'approchaient de leur mère immobile sur le divan, écartaient ses cheveux blancs comme des rideaux et l'embrassaient sur le front. Puis ils s'asseyaient à table pour faire leurs devoirs. À quinze heures, le coucou de la pendule chantait. Les garçons refermaient leurs livres, se campaient devant la glace, nettoyaient d'un doigt mouillé de salive les traces de crasse sur leur visage et, tout beaux tout propres, allaient retrouver Laura Alvim.

Une fois chez elle, ils présentaient leurs hommages à sa mère, fronçaient les sourcils à l'intention de son père et saluaient quiconque se trouvait à proximité, le ténor, le sculpteur, le pianiste, le frère de Laura tentant pour la quatrième année consécutive de réciter d'une traite le même poème en français, la sœur de Laura face à une énième toile recouverte de losanges, le professeur de calligraphie chinoise, qui donnait sa leçon le lundi mais passait également les autres jours de la semaine, et que certains soupçonnaient d'habiter à la cave.

Puis ils gravissaient l'escalier en file indienne jusqu'à la chambre de leur amie et s'asseyaient face à la scène improvisée. Parfois Laura s'y trouvait déjà, d'autres fois elle surprenait son public en jaillissant, toute fâchée, de son armoire. Sa mine se fit plus dramatique lorsqu'elle se mit à chiper à sa mère du maquillage. Ses paupières devinrent violettes, ses lèvres noires, et son visage présentait toujours une mouche, petit point de crayon noir dont Laura se plaisait à changer l'emplacement. On la trouvait tantôt sur son menton, tantôt sous un œil. Les jours les plus bravaches, sur le front, comme ces femmes qu'elle avait vues dans un livre, la bouche dissimulée sous un voile.

Axel, Vigo et Nils semblaient très concentrés, mais c'était en réalité la tristesse qui les habitait.

L'odalisque-sorcière-martyre-danseuse était si proche qu'à chaque mouvement son châle leur chatouillait le nez. Pourtant, jamais elle n'appartiendrait à aucun des trois frères.

Ce ne fut pas faute d'essayer. Axel invita Laura à se promener sur la place toute récemment construite. Ils se donnèrent rendez-vous un dimanche à onze heures, lui arriva avec une heure d'avance, elle ne vint jamais. « Je ne me suis pas réveillée », prétexta-t-elle. Axel lui proposa un nouveau rendez-vous, à une heure plus que sûre, il arriva à quinze heures précises, parfumé pour la deuxième fois de sa vie. Laura ne vint pas. « J'avais peur que ce soit la varicelle », expliqua-t-elle en pointant un bouton sur sa joue.

Vigo lui écrivit des missives. Il faisait parvenir dans la chambre de Laura d'épaisses enveloppes remplies de feuilles noircies des deux côtés. Il découvrit que, dans le monde des lettres, tout était mieux. Les yeux brillaient comme des diamants, le cœur battait au rythme des chansons, les peaux blanches se changeaient en albâtre, les cheveux noirs se mêlaient à la nuit douce et consolatrice. Même une fugue à deux devenait simple, il suffisait d'un paragraphe pour en faire le récit.

Laura répondit à la quatrième lettre. « Mille mercis », écrivit-elle sur une feuille de papier de lin parfumé, qu'elle envoya dans une enveloppe crème. Vigo l'analysa lettre à lettre et n'oublia jamais son odeur. Il en écrivit une douzaine d'autres, pour lesquelles Laura ne le remercia pas. Plus jamais il ne reçut d'enveloppe crème.

Nils interpréta l'échec de ses frères comme le signe indubitable de son futur succès : *Elle a réagi ainsi parce que c'est moi qu'elle aime.* Ce dont ils avaient besoin, Laura et lui, c'était une déclaration aussi palpitante que l'amour qu'ils éprouvaient l'un pour l'autre. Un mercredi, après les répétitions, il attendit que ses frères aient quitté la chambre pour tomber à genoux face à sa dulcinée, avec tant d'allant que Laura recula par réflexe et se cogna la tête contre la bibliothèque, faisant tomber un berger et quatre moutons en terre cuite.

À genoux, les bras grands ouverts, Nils parlait d'amour éternel avec cette innocence et cette naïveté qui seules engendrent les amours éternelles. Immobile, adossée à la bibliothèque, les mains plaquées sur sa poitrine, Laura s'efforçait d'apaiser son cœur qui battait la chamade.

L'espace de deux secondes, elle ne fut plus Médée, ni la femme qui souriait de côté ou celle qui riait à gorge déployée. Elle ne fut plus ni Antigone, ni Juliette, ni Jeanne. L'espace de deux secondes, Laura fut Laura, et cela lui plut. Mais elle ne pouvait se le permettre. Elle tourna la tête, comme si elle venait de recevoir une gifle, protégeant sa joue du dos de sa main. « C'est impossible, jamais je ne pourrai, je t'en supplie, ne me tourmente plus. »

Nils pleura deux jours durant et finit par sécher ses larmes. De la même façon que Vigo parvint à oublier l'écriture élégante de Laura et qu'Axel reprit du poil de la bête après une semaine sans rien manger. Ils n'étaient pas heureux, mais au moins ils pouvaient contempler Laura pendant une heure et demie, toutes les semaines.

Ces après-midi demeurèrent immuables durant de longs mois. Ils traversèrent les rigueurs de l'hiver, ces jours horribles où les Cariocas évitaient de sortir, quand les thermomètres indiquaient une température polaire proche des dix-sept degrés. Ils survécurent à des périodes si pluvieuses que la lagune débordait et que les pêcheurs se déplaçaient en ville dans leurs bateaux. Ils l'emportèrent sur ces journées où l'eau de la mer était si limpide qu'il semblait contre-nature de ne pas piquer une tête. Ils se maintinrent durant les pires instants de l'été, où ceux qui pouvaient se le permettre demeuraient toute la journée parfaitement immobiles, afin de ne pas avoir plus chaud encore.

Jusqu'à un mercredi du mois de juin où les jeunes garçons ne vinrent pas. *À tous les coups, ils n'auront pas encore fini leurs devoirs*, songea Laura, tapotant du pied sous son châle rouge. Quinze heures trente et toujours rien. *Le semestre touche à sa fin, ils doivent sûrement réviser en vue des examens.* À seize heures, Laura cessa de tapoter du pied et de jeter des regards indignés à son horloge. Elle se débarrassa de son châle et partit à la recherche de son public.

Elle quitta l'avenue Vieira Souto pour s'engager dans la rue Farme d'Amoedo. Elle tourna au coin de la rue Prudente de Morais et pénétra dans le quartier où vivait à présent la famille Jansson. Elle frappa à leur porte mais personne ne lui ouvrit. Elle réitéra, toujours rien. Elle avait déjà tourné le dos lorsqu'elle entendit le verrou cliqueter.

Une tignasse immaculée apparut dans l'entrebâillement. Laura s'approcha et aperçut deux yeux bleus perdus au milieu des cheveux blancs.

« Les garçons sont malades, dit Birgit.

— Ils ont attrapé un rhume ? » s'enquit Laura.

Birgit ne répondit pas. Elle toisa Laura d'un regard si indigné que celle-ci en eut presque mal.

Ce jour-là, les trois frères étaient rentrés chez eux, avaient fait leurs devoirs et attendu que le coucou leur indique qu'il était quinze heures, l'heure d'aller retrouver Laura. Le coucou chanta, mais personne ne se leva. Tous s'étendirent sur la table, la tête dans les bras, s'avouant vaincus.

Birgit s'étonna du silence inhabituel, puis comprit : ils n'avaient plus la force de souffrir. Elle se leva de son divan – elle y passait tant de temps assise que le cuir avait pris la forme de son corps – et alla câliner ses enfants. Elle enfonça ses doigts dans les cheveux blonds, qu'elle fit glisser doucement sous ses mains en s'étonnant du plaisir qu'elle éprouvait. Durant toutes ces années de deuil, elle n'avait eu d'yeux que pour ce qu'elle n'avait plus, Johan dansant une valse, Johan revenant de la pêche, Johan marchant sur la plage, Johan. Les trois têtes se laissaient docilement caresser, et les trois frères redevinrent ce qu'ils auraient aimé ne jamais cesser d'être : des enfants dont la seule préoccupation au monde était de tourner la tête de sorte que leur mère les gratouille un peu plus près de l'oreille.

Et ils en étaient là lorsque la sonnette les avait interrompus.

« Ce n'est pas des cours de théâtre qu'il vous faut ma petite demoiselle, mais des cours de compassion, dit Birgit à Laura dans l'entrebâillement de sa porte.

— Mais qu'ai-je fait ? » demanda Laura, une main sur la poitrine.

Birgit ignora sa question. Elle resta plantée là, avec toute son indignation, devant Laura qui elle se comportait comme si on venait de transpercer son cœur de flèches enduites d'alcool. Elles restèrent ainsi un bon moment, Birgit grave et insensible aux souffrances de Laura, Laura innocente, stupéfiée par la réaction de Birgit. Jusqu'au moment où Laura plissa légèrement les yeux, ferma la bouche et haussa le menton, ainsi que l'aurait fait toute femme déterminée et courageuse, du moins le pensait-elle. Elle tourna les talons et reprit le chemin de l'avenue Vieira Souto.

Laura ne pouvait donc plus tourmenter les frères Jansson dans son théâtre très privé, mais elle pouvait toujours faire d'Ipanema sa nouvelle scène, où elle pourrait tout à loisir infliger d'autres souffrances. Elle se mit à prendre des bains de soleil sur un banc public face à la plage, à un pâté de maisons de chez eux. Elle aimait particulièrement le soleil du tout début de la matinée, qui dardait ses rayons à l'heure précise où les jeunes garçons allaient à l'école. Elle aimait aussi le zénith, qui coïncidait avec leur retour aux pénates. Elle vanta auprès de toute sa famille les qualités de cette épicerie qui venait d'ouvrir à l'autre bout d'Ipanema, avec ses arrivages continus d'oranges juteuses et sucrées. Elle se plaisait à traverser tout le quartier en zigzags, passant devant le terrain de football, celui du jeu de boules, près de la pêcherie ou par la grande place avec son kiosque à musique, à la recherche de citrons verts et de six yeux bleus.

Laura fit tout pour aggraver les souffrances des trois frères, et récolta encore plus que ce qu'elle avait semé : des quatuors, des quintets, des sextets d'admirateurs. Ils abordaient Laura très sûrs d'eux, essuyaient des salves de refus et finissaient par faire la fermeture des bars, par pleurer dans les bras de leur mère ou par envisager de se consoler en sautant du haut du Corcovado.

Laura repoussa vingt-deux demandes en mariage. Elle éconduisit d'autres demandes galantes moins formelles – trente-cinq selon ses calculs, deux cent trente-cinq à en croire certains de ses contemporains. « Je te ferai un théâtre dans l'ancienne maison aux esclaves, à côté de la piste de bowling, dans l'aile nord de mon harem », promettaient les plus riches. « Nous vivrons de pain et de poésie, nous planterons un potager et nous élèverons des poules », disaient les plus modestes. Laura leur adressait un sourire de façade et manipulait les perles de son collier : « Il est tard, je dois partir, demain c'est impossible. Je devrai passer ma matinée à coudre pour les orphelins. » À quoi bon se marier ? Laura aimait être une multitude de femmes, qui avaient pour point commun de n'appartenir à aucun homme.

Laura fut la muse de mauvais poèmes et de romans inachevés, le sujet de discussion des tables de bar et de canasta, de billard et de domino. Des hommes se souvenaient d'elle en contemplant le coucher du soleil, les montagnes et la lagune, ou un éboueur, un cor au pied et les peaux du lait refroidi. Pas un instant ne passait, si sublime ou trivial fût-il, sans que Laura taraude la mémoire de ses admirateurs.

Elle fut à l'origine de la création de la première association d'habitants d'Ipanema, constituée de voisins insomniaques, exaspérés par les sérénades données chaque nuit sous sa fenêtre. Ils s'organisèrent afin de réglementer les tours de chant : on ne pouvait donner de la voix que jusqu'à vingt et une heures, et on ne pouvait s'accompagner à la guitare qu'à condition que celle-ci fût accordée. Quiconque osait chanter *Vem, morena*, « Viens, belle brune », serait expulsé du quartier sur-le-champ : plus personne ne pouvait supporter cette ritournelle.

Laura se moquait éperdument de tout cela. Elle attirait les hommes afin de leur voler leurs sourires, elle repoussait leurs avances et, face aux mines meurtries dont elle était seule responsable, souriait comme pour signifier à sa victime : ton sourire est à moi, à présent. L'homme restait hébété, assommé par la violence du refus, puis se rassurait en se disant que son trouble extrême n'était dû qu'au grain de beauté de Laura, qui la veille se trouvait sur son menton, et aujourd'hui tout près de sa tempe.

De surcroît, Laura contamina les femmes du quartier. Toutes aspiraient à devenir comme elle, riche d'hommes et de sourires volés. Elles imitèrent ses manières douces et légères, généralisèrent l'emploi de la mouche inconstante et apprirent à défiler sur la plage. Ce fut une épidémie. Un quartier tout entier peuplé de femmes qui savaient se rendre irrésistibles.

L'amour que les trois frères Jansson vouaient à Laura connut une fin tragique. Aucun ne mourut d'un empoisonnement à la strychnine, d'un duel ou d'un lâche coup de poignard. Aucun ne sombra dans une folie aggravée par les frôlements du châle rouge. Ils ne se disputèrent pas, ne s'humilièrent pas, ne firent pas de grève de la faim, ne signèrent aucune lettre de leur propre sang.

La destinée de cet amour, ce fut le néant. Il mourut sans voir le jour. Il appesantit un peu plus l'air d'Ipanema, faisant de ce coin de la Terre un quartier où il était parfois douloureux de vivre. Pendant longtemps, les jours les plus critiques, les bourrasques qui précédaient les tempêtes du sud-ouest s'alourdissaient du poids des amours irréalisées, et il était alors presque impossible de traverser Ipanema. C'est l'humidité, disaient les ignorants. Les plus sensibles faisaient semblant de les croire.

Quelque temps après la confrontation de Laura et Birgit, les trois frères se mirent à pousser si vite qu'il fallut prendre l'habitude de ralentir le pas avant de passer un seuil, de peur de porter au front la même cicatrice que leur grand-père. À présent, sur le divan trois places, Birgit ne pouvait plus s'asseoir qu'avec un seul de ses fils. La consommation de savon doubla, toutes les serviettes de bain firent figure de serviettes de table. Les gâteaux disparaissaient aussitôt sortis du four, et les moments où le garde-manger demeurait plein étaient aussi rares que ceux où les trois frères n'étaient pas tiraillés par la faim. Birgit dut quitter son divan pour se pencher sur sa machine à coudre. Elle cousit deux draps ensemble pour chacun de ses fils, leur fit des pantalons et des chemises qui une fois prêts semblaient d'emblée trop justes. Ils se réfugiaient encore chez eux les jours où l'atmosphère d'Ipanema se faisait plus lourde, mais cette habitude ne leur apportait plus le soulagement escompté : ils devaient se relayer dans le salon et la chambre, chaque pièce ne pouvant accueillir que deux frères à la fois.

« Johan, c'est toi, mon amour ? demandait Birgit lorsqu'un de ses fils rentrait chez eux en courbant l'échine.

— Il ne reviendra jamais plus », répondait Vigo, et Birgit souriait, sachant pertinemment que Johan était bien là, avec son fils, dans chaque courbe de son corps.

Axel quitta Ipanema dès qu'il eut du poil au menton. Faisant le chemin inverse de celui de ses parents, il s'acheta un bateau et alla pêcher le saumon dans le golfe de Botnie. On raconte qu'il ne mangea plus d'autre poisson jusqu'à la fin de ses jours et qu'à chaque repas il laissait son regard se perdre au loin, se remémorant les crabes de son enfance. Bottes en caoutchouc toujours aux pieds, il survécut à douze générations de chiens qui portèrent tous le nom d'Argos. Il ne parla jamais plus de Laura, et on raconte qu'il ne couchait qu'avec des blondes.

Vigo quitta Ipanema dès qu'il eut mué. Il entendit parler d'une expédition en Amazonie, et il fut le premier à s'inscrire. Il passa des années à parcourir la forêt infinie, jusqu'à rencontrer une tribu et apercevoir au milieu d'une clairière sa future femme. On raconte qu'il s'immunisa naturellement contre la malaria, qu'il eut quatorze enfants et qu'il trouva un remède au cancer.

Nils resta à Ipanema. Les appels de sa mère furent plus forts que les autres, même s'ils se faisaient plus ténus de jour en jour. Birgit en effet s'amoindrissait peu à peu, par sa voix, par sa chair et par sa taille. Elle parcourait le quartier chaque matin, ses cheveux blancs en bataille contrastant avec le violet de ses robes, ses mèches recouvrant ses rides. Parfois elle s'imaginait qu'elle se promenait comme durant ses premiers mois dans cette ville. *Où est donc le noir à la jambe difforme*, se demandait-elle en s'aventurant un peu plus loin dans l'espoir de le croiser. Elle souriait sur le trajet retour, *peut-être Johan est-il déjà rentré à l'hôtel.* Elle saluait tout le monde au passage, intriguait les habitants récemment installés. Certains disaient qu'il s'agissait d'une professeure de hollandais qui avait basculé dans la folie par amour pour un commandeur marié. D'autres que c'était la fille d'un pharmacien polonais qui avait perdu la raison à cause de traitements inadaptés. Des rumeurs couraient également à propos de jours de fête dans un château et d'un époux englouti par les vagues et les rochers, histoire qui aux yeux de tous paraissait bien trop fantastique pour être vraie.

À la fin de sa promenade quotidienne, Birgit

rentrait chez elle et passait le reste de la journée sur la tache sombre du divan, murmurant par intermittence. Elle vécut sans déranger Nils, jusqu'au jour où elle se disputa avec l'Atlantique et décida de ne plus jamais regarder la mer.

Les voix tentèrent d'intervenir : « Ne te fâche pas avec l'Atlantique, c'est un océan si bon ! » Birgit leur ordonna de se taire. Elle se disputait avec qui elle voulait, et si cet océan était si bon que ça, il fallait lui expliquer à qui profitait sa bonté. Lorsqu'elle sortait se promener le matin, elle s'interdisait à présent de regarder du côté de la rue qui menait droit à la plage. Elle se fit renverser par deux bicyclettes et, lorsqu'une camionnette la frôla, Nils eut une discussion avec elle. Ils convinrent qu'elle limiterait ses balades à leur pâté de maisons, et qu'elle pourrait marcher à reculons dans la rue qui donnait sur la mer.

De temps en temps, Nils recevait une lettre de ses frères. Axel décrivant l'onctuosité des poissons à la chair rose, Vigo se plaignant de ses différends avec le cacique de sa tribu d'adoption. Petit à petit, des mots en suédois et en nheengatu s'invitèrent dans ces lettres, jusqu'à remplacer totalement les mots portugais. *Adjo*, *vi ses snart*, *minnen mom*, *se mumiri*. Il se donnait du mal pour déchiffrer cette correspondance, tentant de trouver quoi que ce soit de commun entre ses frères et lui. Mais le fossé linguistique était trop grand, à peine moins infranchissable que celui de l'oubli, qui se creusa une bonne fois pour toutes lorsque les lettres cessèrent de lui parvenir.

Cela arriva un peu avant que Birgit annonce sa

mort et fasse le tour du pâté de maisons pour saluer une dernière fois celles et ceux qu'elle connaissait. Elle refusa de se charger de messages pour les morts car sa mémoire était désastreuse, mais elle promit de leur transmettre les meilleures salutations des vivants. Elle tenta de se jeter dans l'océan, mais fut sauvée par un apprenti maître-nageur et trois estivants originaires de Botucatu. Elle rentra chez elle, se sécha, éprouva une sorte de peur absolue de tout, et alla mourir sous son lit.

Après l'enterrement, Nils se transforma en un homme solitaire, inerte sur son divan de cuir, avachi sur la tache sombre qu'y avait laissée le corps de sa mère. Il était à présent seul dépositaire d'un passé commun à beaucoup de gens. Il essaya de se débarrasser de ces souvenirs en projetant sur ses murs des images de son enfance, mais ces scènes refusaient de se fondre dans le ciment et venaient se planter dans sa poitrine, plus douloureuses que jamais.

Nils passa sur le divan de cuir deux semaines, quatre jours et six heures. Il se nourrit de biscuits secs et des parts de gâteaux qu'une boulangère de Bahia déposait sur le pas de sa porte. Il buvait au robinet et, parfois, dormait. Il se lamenta sur la vie qui passait si vite, sur l'avenir dont il ne voulait plus entendre parler, sur le passé déjà révolu et le présent qui se résumait aux craquements secs des biscuits et au tic-tac de la pendule. Entre ses murs, le coucou était la seule source de mouvement.

La dernière seconde de la dernière minute de sa retraite, le coucou sonna douze fois. Nils se leva alors dans des craquements d'os, sa peau se décollant presque douloureusement du cuir. Il s'étira, ses mains touchèrent le lustre, il se gratta les fesses et dit : « Qu'elle aille se faire foutre, la mélancolie ! »

Et *bam*, le sortilège fut brisé. Ce fut cette formule magique qui libéra le jeune homme de la tragédie de son enfance et de l'emprise de Laura. « Qu'elle aille se faire foutre », répétait-il, se sentant un peu plus libre chaque fois que cette phrase passait le seuil de ses lèvres. Il la répéta tant qu'il eut l'idée de la suivre à la lettre le soir même, et jeta son dévolu sur la première disciple de Laura venue, avec qui il passa la nuit. Il y eut ensuite d'autres nuits et beaucoup d'autres femmes. Quand, des années plus tard, il éprouva de légères douleurs dorsales, il pensa aussitôt aux rhumatismes, s'imagina déjà vieux, et décida qu'une épouse devait à présent prendre soin de lui. Il se choisit une femme dont la douceur n'avait d'égale que le strabisme. Guiomar compensait sa dissymétrie oculaire par une quasi-incapacité à dire non, et par un père propriétaire de divers commerces dans le quartier.

Nils devint mari et père, notaire et bohème. Il avait sa chope au bar Jangadeiros et son ardoise au bistro Mau Cheiro. Il fonda le groupe carnavalesque *Tarados de Roma* (les Tarés de Rome), et chaque année avant le défilé il entamait un peu plus la dot de sa femme pour confectionner les toges de son *bloco.* Il lança la mode du caleçon de bain noir et moulant, et le fait d'y ranger quelques billets pour une petite bière. Il lâchait un pet chaque fois qu'il passait devant la maison de Laura Alvim.

Lorsque les gardiens de l'immeuble où il emménagea après s'être marié se mirent à l'appeler « seu Nilson » (l'appeler « Nils », ç'aurait été vraiment déplacé), il accepta ce nouveau nom comme un cadeau. Il découvrit alors qu'il était né pour être Nilson. Le Nilson aux pieds assez costauds pour marcher sans chaussures sur l'asphalte brûlant, le Nilson dont la bedaine cachait la moitié de son maillot de bain. Le Nilson qui du lundi au vendredi administrait dignement l'étude de notaire de son beau-père, le Nilson qui se transformait en Jules César le samedi de Carnaval, enveloppé dans des draps blancs. Le Nilson qui devenait Nilsinho dans sa garçonnière de Copacabana, le Nilson qui pinçait les fesses des domestiques, et pas que les siennes, le Nilson qui avait écopé de quatre points de suture au front après avoir reçu un plateau de gâteaux en pleine tête au cours d'une bagarre dans un petit restaurant, le Nilson qui se transformait en Nils lorsque sa femme se faisait sérieuse.

Pendant le restant de ses jours, Nils Nilson Nilsinho fut un des plus grands guerriers dévoués à la lutte contre la mélancolie qui imprégnait l'atmosphère d'Ipanema. Ses nuits blanches, ses défilés d'empereur romain, ses mains baladeuses sur les seins ou les fesses des femmes émancipées du quartier rendirent Ipanema plus légère, plus frivole. Quand au beau milieu de la nuit il se réveillait couvert de sueur à cause d'un mauvais rêve (Johan se décomposant sur la plage) ou d'un joli rêve (Birgit en maillot de bain applaudissant le coucher de soleil, Laura jouant pour ses poupées de porcelaine), il se précipitait dans la salle de bains, faisait couler l'eau de la douche et pleurait tout bas. « Qu'elle aille se faire foutre, la mélancolie », répétait-il, jusqu'à ce que les souvenirs disparaissent, comme l'eau dans le siphon.

Nilson ne parvint pas à éradiquer totalement la douleur des amours irréalisées d'Ipanema. Mais il enseigna à tout le quartier que les amours irréalisées et les tragédies personnelles pouvaient être momentanément guéries par les discussions de comptoir.

Après sa mort, les toutes premières histoires d'Ipanema commencèrent à se désagréger. Très vite, plus personne ne s'en souvint, plus personne n'eut de certitude, plus personne n'en eut plus rien à faire. Cela se passa au milieu des années 1980, lorsque même les habitants les plus sensibles du quartier se mirent à considérer que la lourdeur qui régnait à Ipanema n'avait pas pour cause la mélancolie qui saturait l'air, mais tout simplement une humidité extrême.

5

La pauvre Guiomar. Elle naquit pourtant parfaite : petites fesses rebondies, joues roses à croquer, cheveux bouclés. Soit, elle avait un œil qui regardait par ici et un œil qui regardait par là, mais le docteur déclara que c'était normal, que ça passerait.

Ça ne passa pas, et la mère retourna voir le docteur avec sa fille. Il remua une petite lampe devant le visage de la gamine : « Regarde par ici, maintenant par là. » Un œil obéissait, l'autre n'en faisait qu'à sa tête. Le docteur éteignit sa petite lampe et pinça les lèvres. La petite loucherait à vie.

La mère de Guiomar soupira. C'était la volonté de Dieu, et au moins il lui restait quatre autres enfants aux yeux parfaits.

Dieu avait par ailleurs pourvu la famille de Guiomar d'avantages certains. Par exemple, un père au don d'alchimiste, capable de transformer n'importe quel négoce en or. Un petit palais face à la mer, dessiné par le même architecte responsable du petit château. Des jours paisibles passés dans le patio de marbre ouvragé, avec ses meubles en osier blanc. Du sirop de groseille, les enfants un peu plus loin, en train d'apprendre à faire du tricycle. Des revues et des bandes dessinées feuilletées sur des chaises en fer disposées sur la pelouse, et une cuisine d'où s'échappaient des fumets toujours succulents, variant selon l'heure : le matin, c'était le parfum du pain, à midi celui du ragoût. À quinze heures, c'était l'odeur de gâteau, la nuit celle d'un bon plat en sauce.

Cette ère de prospérité fut immortalisée par une photo de famille prise devant le petit palais. Le père et la mère de Guiomar se tiennent debout, lui avec sa moustache qui par miracle ne trempait jamais dans la soupe, elle avec une poitrine qui aurait pu rassasier des jumeaux voraces. Assis sur un banc, Dedé, Naná et Lulu, lui tenant un petit bateau, elles le visage incliné, reposant sur leur poing. Par terre, Chiquinha et Guiomar, leurs petites mains sur les genoux. Le portrait de famille fait figure de jeu des erreurs qui n'en compterait qu'une : l'œil de travers de Guiomar.

Le regard des autres fit que le strabisme de Guiomar s'étendit à son âme. Au parc, à la plage, à l'épicerie ou chez le boucher, toutes celles et tous ceux qui apercevaient son visage se concentraient sur ses yeux. *Elle a quelque chose de bizarre, celle-là,* songeaient-ils, et Guiomar entendait très clairement leurs pensées. De tout temps, elle fut toujours un peu étrange, pas très jolie, un peu effacée.

Cela empira lorsqu'elle alla à l'école. Les autres enfants apercevaient son visage, se concentraient sur ses yeux et grimaçaient.

« Pourquoi t'es comme ça ?

— Parce que c'est Dieu qui l'a voulu », répondait Guiomar, jusqu'à ce qu'un camarade la tire de son erreur. Elle n'était pas ainsi parce que Dieu l'avait voulu, mais parce qu'elle avait louché un jour de grand vent.

« C'est la vérité vraie, expliqua le petit garçon. Quand on joue à loucher, il suffit qu'il y ait un coup de vent et on reste comme ça. Pour toujours. »

C'était donc sa faute si elle louchait ! Guiomar analysa tous les instants de son bref passé, sans parvenir à retrouver le jour où elle s'était amusée à loucher. Était-ce arrivé durant l'été à Mangaratiba ? Ou à Ipanema pendant une tempête ? Dans l'obscurité de sa chambre, par une nuit venteuse ? À moins que quelqu'un ait soufflé sur son visage au moment où elle faisait une grimace ?

La fièvre ne la quitta pas pendant trois jours. *Ah, ma pauvre Guiomar. Elle est née si fragile, elle a grandi si chichement et elle s'en va déjà. Que la volonté de Dieu soit faite*, songea sa mère, consolée d'avoir quatre autres enfants parfaits.

Dans les délires de la fièvre, Guiomar se souvint de toutes les fois où elle avait louché. Cette journée à la plage où il ventait, et cette autre journée de pique-nique. Cet après-midi où elle avait louché en s'éventant. Son premier jour d'école et le jour de son baptême. En marchant dans la rue, en mangeant des haricots, en écoutant la radio, dans son bain, quand elle s'habillait. Elle était la personne qui avait le plus louché au monde.

À l'école, elle levait à peine les yeux des livres. Elle passait la récréation dans un coin, derrière une bande dessinée qu'elle ne lisait pas. Elle refusait les invitations à la plage et au parc. Guiomar devint la seule enfant de tout le quartier à avoir la peau aussi blanche qu'une serviette de lin. Elle passait ses journées toute seule dans sa chambre ou devant le phonographe du salon, à écouter de la musique avec son père. Seu Demóstenes aimait l'opéra *Aïda*, peut-être parce qu'il lui était permis de pleurer pendant les scènes les plus dramatiques.

Guiomar n'était qu'une figurante, dont la seule fonction sociale était de gonfler les effectifs, qu'il s'agisse d'applaudir et de chanter «Joyeux anniversaire», de réciter des poèmes à l'unisson avec le reste de la classe ou de déclamer le Notre Père durant la messe. Elle eut son moment de gloire à l'occasion d'un spectacle de l'école sur la naissance du Christ. Guiomar interpréta une brebis. C'est un rôle très important, lui dit sa maîtresse. Guiomar se tenait au côté de l'enfant Jésus. Entre la figure de plâtre et elle, il n'y avait que la vache, interprétée par Leocádia, à qui on avait donné un rôle muet parce qu'elle bégayait.

Lassée de voir sa fille rentrer de l'école pour passer son temps à enrouler et dérouler les rubans de ses cheveux, dona Henriqueta s'efforça de lui trouver des distractions. Elle lui fit essayer la toile et la gouache, qui se virent vite reléguées à un coin du jardin d'hiver. Elle lui fit essayer le violon, que la petite abandonna parce qu'elle n'en tirait que des torticolis. Elle lui fit essayer la danse classique, qui s'avéra être une véritable torture : Guiomar ne méritait pas de rester en équilibre sur les orteils en se dévisageant dans une glace.

Un après-midi, dona Henriqueta entra dans la chambre de sa fille avec un paquet en papier marron. Guiomar le soupesa, le secoua sans rien entendre. Elle défit la ficelle, déchira le papier et afficha un sourire. Elle avait entre les mains une pile de carnets de découpage, avec de petits personnages féminins entourés d'habits. En sous-vêtements, les mains à la taille, ces petites poupées de papier exigeaient : « Habille-moi ! » Guiomar se rua vers la boîte à couture de sa mère, prit les ciseaux et découpa personnages et vêtements jusqu'à l'heure du dîner.

Une semaine plus tard, elle louchait moins, et sa peau était moins pâle. Ses yeux s'efforçaient de trouver un consensus afin d'admirer les quinze poupées de papier étalées par terre, ses joues s'empourpraient de joie et d'effort tandis qu'elle les habillait et les déshabillait. Charlotte se préparait pour prendre le thé au palais de Buckingham, Marguerite faisait ses valises pour se rendre sur la Côte d'Azur. Rosemary était en retard à son rendez-vous avec la couturière, Mary Anne devait suivre son premier cours particulier de tennis. Toutes les demi-heures, le soleil se couchait et elles se retrouvaient toutes en chemise de nuit à volants. La minute d'après il faisait déjà jour, et il était l'heure d'aller à la messe ou au marché.

Le pédiatre et la maîtresse critiquèrent ce nouveau passe-temps. « Son bon œil sera trop sollicité », dirent-ils. Dona Henriqueta ne leur répondit pas. Elle avait été élevée par une gouvernante française qui considérait que l'opposition et la négation étaient des facultés exclusivement masculines. Mais si elle en avait joui, il est certain qu'elle aurait exprimé son désaccord avec le docteur et la professeure. Sa fille aussi avait droit à ses petits plaisirs, même s'ils étaient en papier.

Cela dura jusqu'à ce que le front de Guiomar se couvre de boutons, que ses robes se mettent à la serrer et qu'elle commence à voir ses poupées de papier comme de simples poupées de papier. Marguerite, Charlotte, Rosemary et quarante-cinq autres demoiselles se virent abandonnées, les mains sur les hanches, leur regard brillant d'un *Habille-moi !* impérieux, auquel Guiomar avait à présent la flemme de répondre.

Elle se mit à suivre sa mère de près et à s'intéresser à ses occupations. La confection de petits poissons en feutre pour la kermesse de la fin du mois, la réparation de la toiture qui dura plus de trois jours, l'inspection des armoires destinées aux serviettes et aux draps, la logistique des entrées et des sorties du garde-manger, les vitres lavées avec de l'alcool et des feuilles de journal. Elle imitait les intonations et les mimiques de sa mère Henriqueta, s'asseyait la main droite sur la cuisse ou en pliant le bras comme un bec de théière lorsqu'il s'agissait de perdre patience avec les domestiques.

Elle était heureuse. Le monde devenait plus flou et plus vague au-delà du portail du petit palais familial, et cessait complètement d'exister au-delà du quartier. Ses journées étaient toutes semblables, avec de temps à autre des fêtes de famille tout aussi identiques. À ces occasions, elle revêtait l'un de ses cinq tailleurs, dont le patron était le même que ceux de sa mère. Elle épinglait à son revers un scarabée en or aux yeux de rubis et se coiffait simplement, juste de quoi démêler ses nœuds. Elle plissait la bouche devant la glace de sa coiffeuse pour vérifier que le rouge à lèvres ne débordait pas. Elle retournait au salon en se sentant jolie, saluait de nouveau les membres de sa famille qu'elle venait de quitter cinq minutes auparavant. Des domestiques passaient, chargés de plateaux de petits fours, et Guiomar en prenait deux ou trois à la volée.

C'est lors d'une de ces fêtes que Nils se rapprocha de Guiomar. Ils fêtaient l'anniversaire du frère aîné, Dedé. Guiomar était assise sur l'un des neuf divans du petit palais, la main droite posée sur la cuisse, tenant de la gauche une serviette. Elle était vêtue d'un tailleur en lin rose, et le scarabée semblait escalader sa poitrine.

Pour Guiomar, ce fut un vrai cauchemar en cuisine, avec ces dizaines de bouchées au cœur de palmier sortant du four à une cadence soutenue. Pour Nils, ce fut une superbe soirée open bar, avec ses dizaines de chopes de bière servies à une cadence soutenue.

Il s'avança vers la jeune fille, poussé par un réel intérêt.

« Vous avez un petit bout de salade coincé entre les dents, dit-il à voix basse.

— Pardon ?

— Vous avez un bout de salade. Coincé entre les dents. »

Guiomar baissa la tête en cachant sa bouche derrière sa serviette.

« De l'autre côté, indiqua Nils.

— Ce sont les kebbés, expliqua-t-elle, toujours derrière sa serviette.

— Ils sont délicieux, remarqua Nils.

— Hm, hm. »

C'était la première fois que Nils parlait avec la sœur de son ami. Il avait toujours considéré Guiomar comme une fille distante, dont il ne voyait quasiment que la silhouette derrière les rideaux semi-transparents de l'hôtel particulier. Petit, lui aussi avait suivi le même processus que tout le monde, qui consistait à apercevoir puis analyser son visage, avant de lui faire des grimaces. Mais c'était à présent le processus inverse qui s'imposait à lui. Il fit une petite grimace, analysa Guiomar, puis la regarda.

Elle n'était pas jolie. Mais elle n'était pas laide non plus. Nils vit quelque chose en Guiomar, en dépit de son strabisme, et même à cause de son strabisme. Une femme qui se résumait à ce rôle dans ce spectacle d'école, quand elle n'était encore qu'une enfant. Guiomar était une brebis fragile, protégée par l'enclos du petit palais familial, épargnée par la vague de conversions qui avait fait des femmes d'Ipanema des disciples de Laura Alvim, la seule femme dont le fessier n'était toujours pas passé, sciemment ou fortuitement, entre les mains expertes de Nils. Celui-ci trouva un serveur, prit une demi-douzaine de kebbés et rejoignit aussitôt Guiomar.

Ils se fiancèrent l'été qui suivit, après que Nils eut

promis et repromis à Dedé et à seu Demóstenes qu'il serait un bon mari. Une partie des pourparlers eut lieu au bordel de Marlene, en haut de la rue Alice. Il assura son futur beau-frère et son futur beau-père qu'ils n'avaient aucun souci à se faire, que Guiomar était la femme de sa vie, qu'ils vivraient longtemps heureux tous les deux et « Oups, juste une minute, je crois que Dorinha est en train de m'appeler ».

La certitude de Nils en son choix se renforça juste avant son mariage, lorsque, alléguant diverses affaires en souffrance, il disparut d'Ipanema. En vérité, il était parti plonger la tête la première dans une fête monstre à Itanhangá, à quelques kilomètres à l'ouest, où la quantité de whisky n'était inférieure qu'à la quantité d'absinthe et la quantité d'absinthe à la quantité de métisses, de Chinoises et de Polonaises spécialement acheminées du quartier de Mangue pour l'occasion. Ce fut la cuite du siècle, et il finit par perdre connaissance. Le soleil qui lui brûlait le visage, les fourmis qui lui mordaient les jambes et les baisers d'une Russe qui lui répétait *Ya tebya lyublyu* parvinrent à lui faire rouvrir un œil. Nils marmonna quelque chose, et elle lui répéta *Ya tebya lyublyu*. Il rumina encore, eut droit à un nouveau *Ya tebya lyublyu*, et quelqu'un finit par lui répondre :

« On est le 15 octobre 1942.

— Je me marie demain ! » s'exclama Nils en sursautant. Il se rhabilla et courut plus d'un kilomètre sur une route de terre jusqu'à trouver une voiture à chevaux qui se rendait à São Conrado. Là, il supplia le patron d'un commerce de le conduire à Ipanema. Il arriva enfin chez sa promise, puant l'alcool, et demanda pardon à dona Henriqueta, à seu Demóstenes, à Dedé et à Guiomar.

Guiomar lui sauta au cou, interrompant le récit de son évasion du camp de gitans où il avait été retenu prisonnier. Les baisers dont elle recouvrait son visage étaient si purs que ni dona Henriqueta ni seu Demóstenes ne s'en offusquèrent. Chacun de ses gestes était si plein d'amour que Nils se sentit aussitôt à l'abri des gitans qu'il venait tout juste d'inventer. Guiomar avait beau avoir les yeux de travers, elle ne voyait que le bon qu'il y avait en lui.

Durant les premières années de leur mariage, ils déjeunaient avec toute la famille de Guiomar dans le petit palais, face à la mer. À la mort de Demóstenes, Dedé reprit ses affaires, et informa les autres ayants droit que le patriarche avait fait de mauvais investissements. Il ne restait rien de l'héritage, il fallait vendre le petit palais, une offre avait déjà été faite, « et puis allez, signez tout de suite ces papiers, des opportunités comme ça, ça n'arrive pas tous les jours ».

La mère signa en tremblant, les sœurs signèrent en pleurant et le petit palais sortit de leur vie comme un parent ingrat. Du reste il ne leur survécut pas longtemps : deux semaines plus tard, ce n'était déjà plus qu'un tas de gravats, assorti d'une pancarte qui annonçait la construction imminente d'un luxueux ensemble immobilier. Dedé ne tarda pas à s'en aller. Il dégota un contrat à Angra do Reis, la construction d'un port, semblerait-il. Il y avait également une île : un coin très prometteur. Il quitta Rio avec un œil au beurre noir : Nils avait fait ses adieux à son beau-frère en prenant soin de lui exprimer ses plus sincères sentiments. Mère et sœurs rejoignirent une branche de la famille, à Itu. Faute de moyens pour s'acheter un nouveau petit palais, elles se contentèrent d'une maison relativement imposante avec des colonnes grecques d'assez mauvais goût.

Guiomar s'acclimata au salon étroit et au petit nombre de chambres de l'appartement où elle s'installa avec Nils. Elle ne regretta ni les énormes fenêtres donnant sur l'Atlantique, ni la cuisine avec son énorme plan de travail et son énorme cuisinière, ni le couloir sans fin et toutes ces chambres. Guiomar n'avait besoin que de simples murs pour se sentir en sécurité, et cet appartement en avait bien assez.

Et ce fut ainsi qu'Otávio Jansson vit le jour, fruit d'un mariage heureux. Descendant des fondateurs du quartier, fils du plus grand bohème de la région, Otávio, alias Tavinho, régna une décennie sur Ipanema. Il était de toutes les fêtes, on le retrouvait dans tous les bars et il ne quittait jamais la plage. En son nom, les femmes se disputaient, pleuraient, faisaient la queue, rivalisaient de régimes et d'envoûtements, faisaient les trois huit et inventaient de nouvelles prières. L'offre semblait infinie, et afin d'être agréable à toutes il ne passait jamais plus de quinze jours avec la même. Sauf une fois où il tomba amoureux d'une jeune fille aux lunettes rayées et aux yeux bordés de khôl. Ils passèrent ensemble quelques mois, les meilleurs de sa vie.

À vingt-six ans révolus, parmi l'offre infinie

Tavinho jeta son dévolu sur une seule et unique femme : Estela Aguiar. Leur vie commune passa comme un songe, sans leur laisser le temps d'assimiler toutes les choses qui survinrent dans le quartier, et le reste du pays.

DEUXIÈME PARTIE

« Quelle hormone, distillée par quelle glande, donne envie à la femme d'empeser si soigneusement un napperon brodé assorti à son service à café ? »

Elsie LESSA

1

La première fois qu'Estela vit Maria Lúcia, elle était en train de faire pipi dans un seau à glaçons. Pas Estela, Maria Lúcia. Estela ne fit jamais pipi autre part que dans une cuvette, sauf une fois, durant une kermesse où elle avait pris deux verres de vin chaud et où la file d'attente pour les toilettes faisait le tour du terrain de sport. N'en pouvant plus, elle s'était finalement rangée au conseil d'une amie et avait disparu derrière la petite sacristie, moment qu'elle déteste se rappeler, et dont elle nierait en bloc l'existence si on lui en parlait.

Le pipi de Maria Lúcia fut bien différent. Il n'y eut ni cachotterie ni gêne : ce fut tout simplement un événement. Toutes les personnes présentes dans le bar s'interrompirent pour regarder, le serveur envisagea d'intervenir mais il jugea plus sensé d'attendre, quelqu'un applaudit même. Estela garda gravée dans sa mémoire l'expression de bonheur et de soulagement qui se dessina sur le visage de Maria Lúcia, yeux clos, sourire épanoui, tête en arrière.

La deuxième fois où Estela vit Maria Lúcia, elle tenait la main d'un homme blond et immense, qui parfois levait le bras pour embrasser sa main. Maria Lúcia souriait et ajustait ses lunettes. Elle était si absorbée par leur conversation qu'elle ne remarqua pas le long regard que cette jeune femme qu'elle ne connaissait ni d'Ève ni d'Adam portait à sa robe. De retour chez elle, Estela en dessina le patron sur un carnet et le montra à sa mère, lui demandant si elle se sentait capable de lui faire cette robe. Elles se rendirent toutes deux à la Casa Alberto et trouvèrent un tissu du même jaune que la robe de Maria Lúcia.

La troisième fois qu'Estela vit Maria Lúcia, elle était en compagnie de l'homme blond et immense. Elle, Estela. Ce fut lors du réveillon chez Heloísa, la veille du 1er janvier 1968. Elles se saluèrent presque sans s'entendre, le volume de la musique était bien trop fort, et Maria Lúcia alla demander qu'on le baisse. En chemin, un homme la tira par le bras et lui mit un coup de poing. La tête de Maria Lúcia partit en arrière et revint à sa place, protégée par une main, ainsi qu'Estela l'avait vu tant de fois dans les telenovelas.

La quatrième fois qu'elles se croisèrent, elles ne s'adressèrent pas la parole.

La cinquième, c'eût été impossible.

IPANEMA, 1967

Mais revenons à cette fête. Ce réveillon où tout commença.

À cette époque, Estela avait déjà épousé Otávio Jansson, et il aurait été inutile de demander s'ils étaient heureux en ménage : tout autour d'eux répondait à leur place. Ils habitaient un appartement de trois chambres dans un immeuble moderne de la rue Aníbal de Mendonça, avec parking et ascenseur, gardien jusqu'à dix heures du soir, et balcon donnant sur la mer.

Les rangements du couloir contenaient douze exemplaires de tout ce qui pouvait éventuellement servir : verres et coupes, grandes et petites assiettes, cuillers à soupe et à dessert. Sur les étagères se trouvait tout ce dont ils n'auraient jamais besoin : chauffe-plats et porte-caviar, pinces à asperges et boîte à cure-dents de Provence. Chaque meuble était à sa place, rempli des objets censés s'y trouver, cadeaux de leur mariage si parfait : la porcelaine dans le buffet de bois précieux, le vase chinois sur la table à manger, les verres à cocktail dans le bar américain, l'argenterie dans le coffret à intérieur velours, bien rangé dans l'armoire de la cuisine aux murs recouverts d'azulejos clairs, où la domestique vêtue d'un uniforme gris préparait trois repas par jour, lavait et empesait les serviettes en lin et faisait bouillir les torchons.

Estela se réalisa dans le mariage en se consacrant à des tâches qui peuvent prendre un jour, une semaine, une vie. Elle apprit les deux modes d'éclairage, direct et indirect, et les cinq façons de les décliner. Elle apprit toutes les façons d'éliminer crasse et taches, l'amidon en cas de moisissures, la glycérine pour les traces de café. Elle fit une partie de son éducation domestique dans des revues féminines, où elle apprit tout des paravents et de leurs fonctions, des dimensions optimales des abat-jour et des tissus les plus indiqués pour les coussins. Tout ce qu'elle avait besoin de savoir se trouvait dans ces articles qu'elle lisait jour après jour : *Occupez-vous de votre époux comme si vous étiez sur le point de le perdre*, conseillait l'un. *Faites très attention au type de tulle que vous choisirez pour vos rideaux. Il est indispensable de distinguer le blanc de neige, le blanc marbre, le blanc transparent et le blanc absolu*, mettait en garde un autre.

Durant les premiers mois, elle assortit la couleur du canapé avec celle du tapis et des rideaux, décora les murs du salon avec des tableaux de fleurs des champs et changea deux fois les motifs de son dessus-de-lit. Elle plaça les cendriers à des endroits stratégiques, afin de répondre parfaitement aux envies nicotinées de Tavinho après le dîner. Elle choisit des tons crème pour la salle à manger, parce qu'elle avait lu dans une revue que c'était ce qui convenait. Elle choisit du vert clair pour le salon parce qu'elle avait entendu dire que c'était chic. Elle acheta des housses en crochet pour les abattants des cuvettes des W.-C., qui une fois mises parurent absolument ringardes. Elle les donna toutes à sa domestique. Elle se permit le luxe d'une salle de bains de star, recrutant un ouvrier spécialisé afin d'installer des ampoules tout autour de la glace. Quand elle poussait l'interrupteur, elle devait se protéger les yeux tant l'installation était lumineuse.

Lorsque tout fut finalisé, Estela s'assit sur le

canapé. Elle admira l'harmonie du mobilier, s'enorgueillit de l'audace qu'elle avait eue d'opter pour un paravent à motifs tribaux. Elle contempla le buffet, acheté spécialement pour exposer le service à thé en argent. Un service qui ne serait quasi jamais utilisé, mais qui servirait à donner une impression de luxe et de richesse aux invités. Estela soupira, comblée. Les serviettes de la salle de bains étaient sèches, le sol était immaculé et le garde-manger était rempli. De la cuisine lui parvenaient les bruits adéquats, produits par la domestique qu'elle avait elle-même formée.

Elle soupira une deuxième fois et contempla de nouveau le buffet. Elle tambourina des doigts sur son avant-bras. La pile de revues sur la table basse la dérangeait. Mais bien sûr : il manquait un porte-magazines. En bois ou en osier, voire en plastique, dans une couleur moderne. Elle consulta le premier magazine de la pile en quête d'idées, se laissa distraire par un article sur l'importance d'une bibliothèque bien proportionnée, dont l'harmonie reposait entièrement sur un équilibre parfait entre livres et bibelots. Elle considéra sa bibliothèque, en releva les déséquilibres, et en accusa d'emblée le coq portugais que sa belle-mère leur avait rapporté de voyage. À moins que ce ne soit le vert lichen de l'encyclopédie des plantes. Ça faisait très vert, très lichen, ça ne marchait pas. Elle se leva pour ranger les étagères.

Estela n'avait pas son pareil pour s'occuper des détails d'un foyer parfait : les porcelaines, l'argenterie, le mari. Tavinho avait un emploi stable, un compte en banque bien fourni et des épaules toujours trop larges pour ses chemises. Les femmes qui le croisaient le regardaient toujours deux fois, la première fois juste pour voir, la deuxième pour voir à nouveau. Les hommes aussi le regardaient deux fois, mais en cachette : un mec, un vrai, ça ne regarde pas un autre mec. Il était blond, avait les yeux bleus et la peau dorée, et des pectoraux emboîtés les uns dans les autres comme les pièces d'un puzzle.

Tout comme Estela, Tavinho était comblé. Il travaillait avec son père dans leur étude de notaire : lorsqu'il authentifiait deux actes de vente immobilière dans la même journée, c'était un violent pic d'activité. Il mettait à profit l'heure du déjeuner pour résoudre les problèmes les plus urgents, sur la plage qui se trouvait en face de la rue Montenegro. Il avait tout ce qu'un homme pouvait demander : un appartement, des repas servis à l'heure, des vêtements propres et repassés, les matchs de Botafogo, une femme qui sentait bon le parfum et de la crème renversée tous les samedis.

Avec son mariage, Estela gagna bien plus que cet appartement de la rue Aníbal de Mendonça, ces cadeaux empilés dans les placards et cet époux blond assis dans le salon. Elle gagna des beaux-parents et le privilège de les recevoir tous les samedis pour le déjeuner. Estela aimait bien le père de Tavinho, Nilson, un homme aussi énigmatique que populaire.

Nilson marchait dans les rues d'Ipanema comme s'il défilait sur un char de carnaval. Il distribuait les saluts à distance, envoyait des baisers, saluait les gardiens d'immeuble et les ambassadeurs, les artistes et les nounous. Aux yeux d'Estela, qui avait vécu dans le quartier d'Estácio jusqu'à ses dix-sept ans, Nilson était une célébrité. Parfois elle se penchait vers son beau-père pour l'interroger sur son passé. Était-il vrai qu'il avait vécu dans un château qui donnait directement sur la plage ? Que son père était l'homme le plus grand qui ait jamais vécu à Rio et que sa mère parlait à l'océan ? Nilson fermait les yeux et hochait négativement la tête, comme si le simple fait de se souvenir lui était douloureux. « Ça remonte à si longtemps, je ne m'en souviens plus, mon petit », répondait-il en souriant et en serrant d'une main les joues de sa belle-fille.

Estela lui rendait son sourire. C'était agréable d'avoir un beau-père mystérieux, avec un château qui se dessinait dans les brumes de ses mystères. Elle avait mis en plein dans le mille pour ce qui était du mari et du beau-père. En revanche, pour ce qui était de la belle-mère… elle ne lui souhaitait rien de grave, mais elle aurait tout de même aimé qu'elle échange l'appartement où elle vivait pour une maison perdue au fin fond de l'État d'Acre, dans un village sans téléphone que le facteur avait beaucoup de mal à atteindre. Dona Guiomar nourrissait à l'endroit d'Estela des sentiments similaires, espérant en outre qu'il y ait dans le village un couvent de carmélites soumises au vœu de silence.

Toutes deux s'efforçaient de dissimuler ce qui les opposait durant ces déjeuners du samedi. La sonnette retentissait autour de onze heures, Estela allait ouvrir et Nilson serrait ses joues dans sa main, en lui donnant du « mon petit ». Dona Guiomar passait le seuil à sa suite, ses lèvres fines barbouillées de rouge, le bras droit plaquant son sac à main contre ses côtes. Un cinquième membre, ce sac à main. Amputé lorsque la domestique approchait avec le plateau d'*empadas*. Guiomar s'asseyait au bord du canapé, avalait l'un de ces amuse-bouches et en déposait deux autres sur sa serviette. Ce n'était qu'après avoir fini le troisième qu'elle déclarait que les *empadas* étaient trop salées, ou un peu trop froides, ou peut-être plus très fraîches.

Au début, Estela prenait la peine d'expliquer : « C'est le goût du fromage affiné, on vient tout juste de les préparer, le four est encore tiède. » Mais lorsque la routine s'installa dans leur vie de couple – c'est-à-dire, très précisément, à partir de ce jour où Tavinho cessa de fermer la porte des toilettes derrière lui –, ces remarques commencèrent à l'agacer. Cette belle-mère ne savait faire que deux choses, manger et dire du mal de ce qu'elle venait de manger. Mais Estela détestait les scandales et elle ne se plaignait pas directement à l'intéressée. Elle préférait faire la sourde oreille, noyant les remarques désobligeantes de Guiomar dans les bruits du quotidien, le tintement des glaçons dans les caipirinhas, le bruissement des steaks dans le beurre fondu, les nasillements de la petite radio portative de la domestique, Dalvanise, qui résonnaient faiblement à l'autre bout de l'appartement.

Dona Guiomar passait donc ses samedis après-midi à critiquer les imperfections de sa sauce cocktail, et Estela à conserver le calme olympien d'une cruciverbiste plongée dans sa grille.

« Beaucoup trop rouge, commentait la belle-mère.

— Lalali, lalala, chantonnait Estela en remettant de l'ordre dans les coussins du canapé.

— On sent trop la mayonnaise.

— Lalali, lalala, poursuivait-elle en rangeant les revues dans le nouveau range-magazines.

— Pas la bonne consistance », insistait Guiomar en tirant du bol la crevette qu'elle venait d'y tremper, laissant tomber une goutte de sauce sur le canapé.

Les yeux rivés sur la tache, Estela était saisie de l'envie de hurler.

« Dalvaniiiise ! »

La domestique arrivait dans l'instant, Estela lui ordonnait de nettoyer, et se sentait aussitôt un peu plus à son aise. Guiomar se taisait pour manger, indignée par l'insolence des jeunes. Quelle honte d'être ignorée de la sorte, sans raison, alors qu'elle était experte en sauce cocktail.

Au cours d'un déjeuner en août, ponctué des lalalilas d'Estela, la belle-mère éprouva une telle colère que le plat de morue dont elle reprit deux fois ne passa pas. Elle dut rester alitée, Nilson passant parfois la tête dans l'entrebâillement pour lui demander si elle avait besoin d'eau.

Au bout de deux jours, elle était guérie, et

différente. Le mépris que lui inspirait Estela, associé à l'indigestion et à d'autres déplaisirs de la vie – toujours extraordinairement nombreux chez les femmes qui n'expriment jamais rien – affecta un tout autre aspect de sa santé : Guiomar cessa tout à fait de voir sa belle-fille.

Le samedi suivant, elle fixa le seuil en saluant Estela. Puis elle croisa le regard de Tavinho, et s'y perdit si complètement que son strabisme s'effaça presque totalement. « Comment s'est passée ta semaine ? Tu as l'air fatigué. Et cette toux, ça va mieux ? » Lors de l'apéritif, dona Guiomar s'efforça d'ignorer les amuse-bouches, mais dès qu'elle sentit l'odeur du catupiry, ce fromage si crémeux, elle lâcha son sac à main et s'avança au bord du canapé, serviette à la main.

Cesser tout à fait de voir Estela n'était qu'une demi-victoire : continuer de voir ses prouesses culinaires était une demi-défaite. Et ce match nul se répétait chaque samedi : Estela passait son temps à aller de gauche à droite en chantonnant, tandis que dona Guiomar discutait avec les aliments. Elle observait le beignet de crevette dans lequel elle venait de mordre et disait qu'il avait un goût de marée basse. Elle mangeait la moitié d'une croquette en se plaignant qu'elle était trop dense. Elle faisait tourner un kebbé sur lui-même, l'approchait de ses yeux et concluait qu'il était trop gras.

Estela ne l'écoutait pas, et Tavinho et Nilson non plus. Dès le deuxième verre, ces deux-là n'écoutaient plus qu'eux-mêmes. Seu Nilson se rendait soudain compte qu'il détenait la vérité absolue. Il parlait fort afin que l'assurance de sa voix contamine son propos. « Les ananas de seu João sont les meilleurs du marché. Les-mei-lleurs. Troisième étal de la rue Prudente de Morais, suffit de dire que tu viens de ma part. » Il aimait également se rappeler les meilleurs moments passés dans des bars durant la semaine écoulée. « Tu connais la dernière du Portugais ? »

Estela riait sans conviction, obnubilée par les miettes d'apéritif qui tombaient sur le tapis. Elle quittait le salon pour aller inspecter la cuisine, et savait qu'il était l'heure de servir le déjeuner lorsque des cris masculins retentissaient. Tavinho était supporter de Botafogo, seu Nilson du Fluminense, et après quelques bières, tous deux se transformaient en pourfendeurs d'équipe de bras cassés et de jambes de bois.

Seuls des lasagnes, ou une *moqueca*, ou un rôti étaient susceptibles d'apaiser les esprits et de diluer l'alcool dans les veines. En se laissant conduire jusqu'à la table, les invités d'Estela avaient toujours l'impression d'être des divinités s'approchant d'un banquet olympien, mais en meilleur encore puisque, contrairement aux dieux grecs, eux connaissaient les délices de la *farofa*[1] aux œufs. La nappe en lin, les verres en cristal, les couverts parfaitement parallèles, les plats ornés d'arabesques, les serviettes à dentelle, la bossa nova en sourdine : tous ces détails rendaient les sauces

1. Farine de manioc frite consommée comme accompagnement.

onctueuses plus onctueuses encore, le poulet tendre encore plus tendre.

Durant ces déjeuners du samedi, Estela mangeait peu. Elle s'occupait d'une partie du service, enseignait quelques astuces culinaires à sa domestique et observait son beau-père et son mari, incrédule. Tavinho et seu Nilson engloutissaient des monceaux de nourriture comme s'ils mangeaient en hommage à leurs ancêtres nordiques, qui durant les maigres hivers n'avaient droit qu'à une pomme de terre par jour. Même sa belle-mère observait une trêve dans ses plaintes pour s'absorber dans ses mastications. Ils ne revenaient à eux qu'à l'heure de se curer les dents.

Débutait alors la dernière phase de la visite, la plus angoissante. Le ventre plein, Nilson devenait mélancolique. Il allumait une cigarette et s'adossait à son siège pour se lamenter sur les problèmes du pays. Il parlait comme un grand patriote, comme si son arrière-grand-père était né sur les rives de l'Ipiranga le jour de la déclaration d'Indépendance. Une vraie tragédie, tout ça. Les élections présidentielles au suffrage indirect, la censure des médias. Les violences policières sur les étudiants. Il relatait les gros titres des journaux, mélangeait tout ça avec des discussions de comptoir et ressassait les thèmes qui le peinaient le plus.

Dona Guiomar hochait la tête, Tavinho écoutait sans rien dire, Estela se crispait malgré elle. Peu importait le nombre de cendriers qu'elle déposait sur la table, lorsque seu Nilson se perdait dans ses considérations politiques, il finissait toujours par mettre de la cendre plein la nappe. De gros bouts de cendre de cigarettes qu'il oubliait de fumer au nom de ses grands idéaux. Estela fit repriser deux nappes, mais le résultat ne lui plut pas : elle les donna à sa domestique. Si elle avait pu, elle aurait crié sur son beau-père comme sur un petit garçon : « Attention à la cendre, elle va tomber, elle va tomber ! » Mais seu Nilson n'était pas un enfant. C'était un vieil homme aux cheveux gris et aux idées noires qui tentait de se consoler avec la crème renversée de sa belle-fille. N'y trouvant aucun réconfort, il demandait un petit café. Dépité, il remuait la cuiller dans sa tasse et, se tournant à nouveau vers Estela, essayait de savoir si par hasard il lui restait des bonbons à la noix de coco faits maison.

Le vieux finissait les bonbons toujours aussi triste. Il traînait les pieds jusqu'au canapé et s'écroulait sur les coussins, la tête dépassant d'un côté, les jambes pendant de l'autre, Scandinave autochtone allongé sur un divan de Lilliputiens. Tavinho allait s'allonger, et Estela et Guiomar se retrouvaient seule à seule dans le salon.

Silencieuses.

C'était à cette heure de l'après-midi que la pendule à coucou retentissait le plus fort. Ce coucou était l'unique contribution de Tavinho au trousseau du couple, outre six slips en coton. Un machin qui ne se mariait avec rien, et qu'Estela avait envie de renvoyer à son cher Tyrol.

Les silences du samedi entrecoupés par le coucou

angoissaient considérablement Estela. Elle frémissait à l'idée de voir Guiomar assise au bord du sofa, son sac à main regreffé, comme en attente d'un coup de sifflet pour partir en courant. Elle passait le temps en brodant : ses premiers ouvrages furent des dossiers pour les canapés. Ce n'était pas vraiment le fin du fin, mais cela protégerait le tissu mis à rude épreuve par les longues siestes du beau-père. Seu Nilson dormait la bouche ouverte, bavant parfois, et la tache qu'il laissait refusait de partir, même sous l'effet d'un cocktail bicarbonate/alcool.

En milieu d'après-midi, Dalvanise passait par le salon pour informer Estela qu'elle partait.

« À lundi, répondait celle-ci, sautant sur l'occasion pour disparaître elle aussi. Vous savez comment c'est, avec les employées de maison, elles laissent toujours tout un tas de choses à faire derrière elles. »

Elle se réfugiait alors dans la cuisine où elle réarrangeait les plats, réorganisait les provisions et recomptait les verres, en faisant assez de bruit pour réveiller son mari et l'obliger indirectement à retourner dans le salon. Parfois Nilson aussi se réveillait et, dès le cinquième de ces samedis, il prit l'habitude de se servir dans le frigo, avec un sans-gêne qu'il n'aurait pu surpasser qu'en allant faire pipi sans fermer la porte des toilettes. Il s'étirait dans un rugissement, engloutissait ce qu'il restait de crème renversée et buvait de l'eau glacée à même le goulot.

Ce fut par une invraisemblable effronterie à ses propres yeux qu'Estela mit fin à l'angoisse de ces samedis après-midi. Ce jour-là, Dalvanise avait fini de nettoyer la cuisine en avance. Il faut dire que, durant les semaines de répétitions qui précédaient les défilés du Carnaval, elle devenait extrêmement compétente, et extrêmement sensible aux microbes : il n'était pas quatorze heures que la vaisselle était déjà propre, et elle ne revenait le lendemain matin qu'après dix heures à cause d'un gros rhume persistant. Ce samedi-là, comme à son habitude, Estela se réfugia dans la cuisine et réorganisa ce qu'elle put. Elle ouvrit et referma des tiroirs, fit tinter les couverts et résonner les plats en argent comme s'il s'agissait de cymbales. Tavinho était étendu sans connaissance dans leur chambre, occupé à digérer la *batida* de pommes de cajou et la queue de bœuf mijotée. Sur le canapé, Nilson ronflait la bouche ouverte.

Estela retourna au salon. Elle reprit sa broderie et s'assit dans son fauteuil en s'efforçant d'ignorer sa belle-mère en silence. Il s'en fallait d'un rien pour achever une petite fleur, il ne manquait que la tige. L'aiguille n'avait qu'à entrer par un trou pour ressortir d'un autre, rentrer et sortir à nouveau. La belle-mère accrochée à son sac à main, un trou, un point, un autre trou, un autre point. Ce serait bientôt terminé, *Je ne vais pas penser à ma belle-mère*, et encore un trou et un point, et encore. *Je ne vais pas y penser*, un trou, *Je ne vais pas y penser*, un point, *Je ne vais pas y penser*, un trou et un point, jusqu'à ce que le coucou brise le silence pour annoncer qu'il était quatorze heures. Estela sursauta, se piqua avec son aiguille et lança sans réfléchir à sa belle-mère :

« Et que diriez-vous de regarder un peu la télévision ?

— Si vous voulez », répondit Guiomar.

Estela alluma le poste en s'efforçant de penser le moins possible à ce que ce geste avait de tout à fait déplacé. Allumer le poste avec des invités à la maison, avait-on jamais vu ça ? C'était indigne d'une maîtresse de maison raffinée. Mais une maîtresse de maison raffinée n'avait pas un beau-père qui buvait l'eau à même le goulot, disséminant dans la bouteille des particules du repas achevé, une maîtresse de maison raffinée n'avait pas une belle-mère aussi causante et enjouée qu'une statue de sel, ni un mari dont le tic principal consistait à se gratter constamment les parties intimes, au point qu'Estela était obligée de repriser ses bermudas à l'entrejambe.

À dater de ce jour, la télévision s'imposa comme la présence la plus réconfortante des déjeuners familiaux. Nilson s'abîmait dans le canapé, Tavinho disparaissait dans la chambre et Dalvanise prenait congé. Dans le silence, Estela allumait le poste de télévision et Guiomar cachait sa joie. Nilson se réveillait en milieu d'après-midi et, en chemin pour la cuisine, s'arrêtait à côté de la télé. Encore somnolent, il considérait la lucarne, s'étirait jusqu'à ce que ses mains touchent le plafond et jaugeait les jurés du télécrochet.

« Lui, là, c'est une pédale. Celui qu'on vient de voir aussi. Celui-ci, là : une pédale. Le bouc et la moustache, c'est un truc de pédale. »

Personne ne répondait. La lucarne magique leur apportait le soulagement absolu : enfin, quelqu'un faisait la conversation à leur place. Dona Guiomar lâchait son sac à main et s'adossait à son siège, les épaules d'Estela se décontractaient. Au bout de trois samedis de ce régime, elle prit l'habitude de se déchausser pour pouvoir mettre les pieds sur son fauteuil.

2

La plus grande différence entre Estela et Guiomar ne résidait pas dans leurs yeux ou leur âge, mais dans leurs recettes. Estela cuisinait bien mieux que sa belle-mère. Chaque matin, elle pénétrait dans sa cuisine et en ressortait radieuse aux alentours de onze heures, avec une infime trace de farine sur son tablier, laissant derrière elle des plats impeccablement garnis et sa domestique en train de nettoyer le four. Elle connaissait toutes les combinaisons de viandes, poissons et sauces, de matières grasses et de légumes, de farines et de salaisons, ainsi que le prouvaient les odeurs qui sourdaient de sa cuisine et mettaient l'eau à la bouche de tout le voisinage.

Guiomar quant à elle, outre son absence totale de talent culinaire, jouait de malchance. La levure qu'elle achetait était toujours morte, le riz collait, les pluies de mars affadissaient les haricots. « C'est toute la récolte qui est comme ça, cette année, tous les haricots ont ce goût de torchon mouillé », tentait-elle d'expliquer aux hommes de sa famille.

Au début de son mariage, c'était encore pire. Tout ce qu'elle cuisinait devenait potentiellement non comestible. Ses purées se transformaient soit en soupes soit en blocs de béton. La viande de bœuf suscitait des grimaces quelle que soit la recette, et le ragoût de poulet était si moche que pour un peu on se serait désolé du sort du volatile, mort pour rien. Les restes, qui représentaient les trois quarts du plat, restaient un certain temps au frigo, jusqu'à ce que la domestique les recycle pour ses déjeuners.

Il en fut ainsi jusqu'à un dîner dont le plat de résistance était un foie de veau aux pommes de terre-céleri. Nilson était déjà passé maître dans l'art de dîner un sourire figé sur la figure, dont la fonction était autant de s'assurer du bonheur de Guiomar que de tenter de se convaincre qu'il pourrait survivre à un énième repas dont elle avait le secret. Mais cette fois-ci, lorsque sa fourchette et son couteau touchèrent le foie à moitié cru, à côté des tubercules mal nettoyés dans cette flaque de sauce marronnasse, l'expression du bon époux se défit tout autour de son sourire figé, et ses yeux manquèrent de lui sortir des orbites.

« C'est plus possible, j'y arriverai pas, j'en peux plus ! » s'exclama-t-il en se levant de table, désespéré, en envoyant sa chaise cogner contre le mur derrière lui.

Les voisins crurent qu'il parlait de leur mariage, mais pas du tout, l'union de Nilson et de Guiomar était même trop parfaite. En tout cas jusqu'à l'affaire du foie de veau. L'abat sanguinolent, les oignons mal émincés, les pommes de terre-céleri qui se décomposaient… Il aimait Guiomar, mais il avait atteint sa limite. Même Tavinho, qui à cette époque ne connaissait pas d'autre nourriture que les plats préparés par sa mère, avait l'intuition qu'un repas n'était pas nécessairement un moment sinistre. Seu Nilson sortit en claquant la porte et descendit l'escalier avec une telle fureur qu'on put l'entendre jusqu'à la porte de l'immeuble. Sa colère nordique, endormie depuis des générations, venait d'être éveillée par un foie de veau cru.

Il revint au bercail à l'aube suivante, gémissant. Non à cause de son œil au beurre noir, mais parce qu'il lui était interdit de retourner au bar Jangadeiros. Cette nuit-là, il y avait échoué et avait demandé huit portions de beignets. Il les avait avalés sans répit, à en perdre la raison, une vraie cuite alimentaire. Pour la seconde fois cette nuit, Nilson s'était ensuite levé de table, résolu comme jamais. Il s'était introduit de force en cuisine et avait soumis cette proposition au cuisinier originaire de l'État de Ceará : « Viens t'installer chez moi. Je te paie le double de ton salaire ici. »

Le cuisinier avait porté la main au menton, estimant déjà les répercussions positives de cette augmentation sur sa vie quotidienne, mais il n'eut pas même le temps d'initier les négociations. Le patron du bar, un Portugais, s'était déjà interposé entre Nilson et lui, criant à tue-tête que c'était son cuisinier à lui. Invoquant la Loi d'or, Nilson argua qu'ils étaient dans un pays libre, et que depuis l'abolition de l'esclavage, personne n'appartenait à personne. Le Portugais rétorqua que ce n'était que pendant le Carnaval que personne n'appartenait à personne, mais Nilson l'ignora. Il lui assena un coup de poing, le Portugais riposta avec une poêle, et c'était à présent le cuisinier qui s'interposait entre les deux autres, tandis que quatre serveurs immobilisaient Nilson et qu'un cinquième éloignait les casseroles autant que possible du patron.

Dévastée par les violentes conséquences de son incompétence, dona Guiomar se rendit dès le lendemain à la librairie São José. Elle fila au rayon « arts de la table », effrayée et résignée. Sans espoir, elle se mit à feuilleter les *Secrets d'une cuisine merveilleuse* et, avec une émotion certaine, s'attarda dans sa lecture. C'était une succession de photos pleine page sur papier couché, escalopes milanaises, aubergines frites, crevettes croquantes. Les aliments géants qui s'étalaient sur les pages brillantes illuminèrent le visage de Guiomar. Elle venait de découvrir l'ultime secret culinaire : la friture.

À partir de ce jour, elle n'éprouva plus jamais la moindre appréhension face aux fourneaux. Il suffisait de tout plonger dans l'huile bouillante, et le tour était joué. Les pommes de terre, le poulet, le chou-fleur. Tout aliment qui lui passait sous la main finissait recouvert d'une couche de graisse croustillante qui le rendait momentanément irrésistible. Dona Guiomar se sentit plus sûre d'elle, et même plus belle. Elle se mettait du rouge à lèvres pour frire des steaks à la poêle.

Durant les années qui suivirent, elle découvrit en outre que la mayonnaise et la crème étaient d'excellents moyens de dissimuler les exactions qu'elle faisait subir aux légumes. Quand elle assaisonnait la salade, elle avait le temps de chanter deux fois « Frère Jacques » avant de redresser la bouteille d'huile d'olive. Elle savait mélanger comme personne ketchup et crème fraîche liquide pour sa sauce cocktail revisitée. La cuisine, finit-elle par se dire, c'était comme la vie : il y avait une solution à tout. Il suffisait d'une épaisse couche de mayonnaise industrielle Hellmann's, agrémentée de quelques gouttes de moutarde.

Les deux hommes du foyer plébiscitèrent cette nouvelle approche. Ce que préparait Guiomar passait tout seul avec une petite bière. Et lorsque Tavinho et Nilson s'encanaillaient ailleurs, pour le steak frites du Bar 20 ou le *bobó* de crevettes du Bar Veloso (dont le fumet s'infiltrait dans tous les appartements du voisinage, brisant le cœur des maîtresses de maison les plus sensibles), Guiomar ne s'en inquiétait pas, parce qu'elle savait que ses hommes reviendraient. Ils finissaient toujours par revenir, même pendant le Carnaval, lorsqu'ils disparaissaient trois jours de suite et revenaient travestis en femmes.

Le monde de friture et de chapelure de Guiomar fut totalement chamboulé par l'arrivée de sa belle-fille. Ce fut d'abord Tavinho, qui partit un samedi matin pour la plage, téléphona pour dire qu'il ne rentrerait pas déjeuner et ne revint qu'à la nuit tombée. Différent. Il leur raconta qu'il avait fait la connaissance d'une jeune fille potelée là où il fallait, aux cheveux châtains et portant à la cheville une chaînette avec de petites pierres de couleur. Estela s'habillait comme une jeune femme émancipée de son époque, c'est-à-dire généralement très court, et faisait une paella si sublime que celle-ci justifiait à elle seule la perpétuation du système patriarcal. Elle était tout à la fois moderne et traditionnelle, féministe mais pas trop, avec des doigts plutôt courts et des ongles un peu trop longs.

Puis ce fut Nilson, qui déclara que si c'était à ce point sérieux, il se devait de faire la connaissance de la jeune fille et de sa paella. Guiomar écouta la discussion en faisant frire des beignets de légumes. Elle comprit dans l'instant qu'elle allait perdre et son fils et son époux.

Après le mariage de Tavinho, Guiomar dut entendre Nilson déborder d'éloges quant au dernier déjeuner d'Estela, ou se réjouir du prochain. Il lui fallut entendre les compliments de son fils et de son mari durant le déjeuner, qui ne manquaient jamais de susciter chez Estela des sourires ravis, et qui à elle, Guiomar, lui fichaient de l'urticaire. Tous les samedis, elle lorgnait sur les amuse-bouches préparés par sa belle-fille en cherchant quelque chose à critiquer, elle reniflait sa fourchette d'un air méfiant, la portait à la bouche et finissait par baisser les armes. Tous les samedis, la victoire d'Estela était écrasante.

3

Après le mariage d'Estela et d'Otávio Jansson, après leur lune de miel à Buenos Aires et sa prolongation à Ipanema, quelque chose de curieux arriva dans l'appartement de la rue Aníbal de Mendonça.

La jeune femme dont Tavinho était tombé amoureux cessa d'être une créature de la plage d'Ipanema pour devenir une créature d'intérieur d'Ipanema. Son horizon n'était plus celui de l'océan, mais celui des murs du salon et des chambres. Rien que de très prévisible à cela, du reste. Les premiers horizons d'Estela n'avaient pas été le sable blanc ou le soleil battant sur la peau humide d'eau de mer, mais le bruit du fouet qui précédait l'odeur de gâteau, les vases remplis de fleurs tout juste achetées au marché. Ou encore le bruit des pas de son père sur le palier, les coups frappés à la porte. Tous les jours, aux mêmes heures, son père partait travailler et rentrait chez eux, cadence immuable qui à elle seule résumait la classe moyenne.

Tavinho comprit ces changements. « Je n'ai pas très envie de retrouver tout le monde au bar ce soir, mon amour, j'ai une de ces migraines » : les migraines en question étaient celles qui l'assaillaient le soir, à l'heure où ils étaient censés aller boire un verre ou voir un film français à la cinémathèque du musée d'Art moderne. Il comprit mais ne s'en formalisa pas, car ce qu'il préférait le plus chez Estela ne changea pas ; ses mains délicates qui préparaient une *moqueca* inoubliable, ses jambes bien en chair pesant sur les siennes, son visage lisse dont les sourcils ne se fronçaient qu'à la lecture d'un article un peu compliqué dans un magazine. Estela était faite pour admirer des décorations de Noël, et pour qu'on l'admire en train d'admirer des décorations de Noël.

Tavinho lui aussi avait changé. Il ne voulait plus être le figurant de choix, grand et blond, de toutes les fêtes et de toutes les soirées, il ne voulait plus se sentir obligé d'avoir entendu la dernière chanson de Chico Buarque, vu le dernier film de Glauber Rocha, lu la dernière chronique de Rubem Braga. Il avait la flemme de faire la queue au Bar Veloso uniquement parce que c'était là que tout le monde voulait dîner. Ça ne l'empêchait pas de jeter un œil à l'océan chaque matin afin de savoir si ce serait une belle journée de plage, de participer financièrement à deux groupes carnavalesques et d'être de méchante humeur à chaque défaite de Botafogo. Mais c'était tout de même un Tavinho nouveau, marié à une nouvelle Estela, tous deux détachés de certaines choses et attachés à d'autres, et qui scellaient leur accord parfait en s'endormant tous les soirs en cuiller.

Hors de leur appartement, le monde était bien trop

compliqué. Le type qui lisait Gramsci au fond du Bar Lagoa avait disparu. « Paraît que c'était un terroriste », avaient dit les serveurs. À la PUC, les militaires avaient interrompu un cours de sémiologie, tout le monde avait été interpellé, il y avait eu des coups de feu. On racontait que la maison à l'angle de la rue Joana Angélica et de la rue Prudente de Morais était le quartier général d'une cellule, mais il fallait garder ça pour soi. Quand il n'y avait pas de treillis en vue, les langues d'Ipanema se déliaient sur la lutte armée, la reprise du pouvoir, les guérilleros, les terroristes, les putschistes, les marxistes, les trotskistes. Tous ces « istes » mettaient Estela mal à l'aise. Elle aspirait elle aussi à la fin de la dictature, mais que faire ? Elle n'allait quand même pas jouer des coudes au milieu des soldats pour faire entendre sa petite voix de citoyenne. Entre être pliée en deux sur un chevalet de torture ou au-dessus de l'évier de la cuisine, elle préférait encore sa cuisine.

Et puis il y avait tout le reste, que le coup d'État militaire n'avait même pas compliqué ou interdit, mais qui n'en était pas moins compliqué. La pilule et la minijupe, les Beatles et les Rolling Stones, les immeubles lugubres qui poussaient à Ipanema, amenant tout le monde à se demander comment on pourrait respirer avec autant de nouveaux habitants, et pourtant la population du quartier ne cessait d'augmenter, et tout le monde continuait de respirer. Le premier homme sur la lune, le LSD, les nouvelles musiques populaires brésiliennes. Tellement de choses qu'il valait mieux se dire : « Viens par ici, mon amour, couche-toi avec moi dans le hamac, oublions un peu tout ça. »

Cet isolement du couple s'interrompit à la fin de l'année 1967, lorsque Maria Lúcia les invita tous les deux à une fête de réveillon, chez Luiz et Heloísa Buarque de Hollanda. Maria Lúcia donnait un coup de main pour l'organisation, et à ce titre elle pouvait inviter qui elle souhaitait. Estela ne connaissait pas Maria Lúcia, et elle ne l'aimait pas : elle avait été la seule histoire sérieuse de Tavinho.

« Ce sera la fête de l'année, dit Maria Lúcia au téléphone. Arrange-toi pour passer, j'aimerais bien faire la connaissance de ta femme. »

Tavinho ne répondit ni oui ni non.

« Walter est en train de réaliser une sculpture pour le jardin. Un champignon géant imbibé d'alcool qui implosera après minuit. Tu te souviens de Walter ? »

Walter, le sculpteur pour lequel Maria Lúcia l'avait quitté ? Le type qui s'était installé chez elle avec cinq kilos d'argile et deux rouleaux de fil barbelé ? Celui qui avait démonté le mixeur de Maria Lúcia et en avait aligné les pièces sur le plancher du salon, pour désigner chaque vis comme une œuvre d'art, « justement parce que c'est la définition du non-art » ?

« Je crois que oui, répondit Tavinho. Le type avec ses tuyaux ?

— Eh bien, tu sais, les tuyaux ne sont plus sous le lit. Walter en a fait une installation, il a tout envoyé à Venise pour la Biennale. »

Tavinho prononça un « hm, hm ».

« Tout le monde sera là, Tavinho. Toute la bande de la plage, toute celle de la fac. »

Ils se turent l'espace de quelques secondes. Maria Lúcia aurait voulu lui dire qu'elle regrettait ces fois où ils achetaient un sorbet chez Morais, ces nuits où ils se promenaient sur la plage et s'asseyaient sur le sable, face à la mer, et partageaient des silences sereins. Qu'à présent elle fumait à pleins poumons en jetant la tête en arrière, et qu'un jour en passant devant un miroir elle avait compris qu'elle était dépendante à cette cochonnerie, et que ça ne lui plaisait pas.

« Tu as lu le reportage que j'ai fait sur les fourmis géantes de São Gonçalo ? T'imagines pas. Elles mangent la bouffe des poules en apéritif et dévorent la poule en plat de résistance, si j'étais pas allée là-bas et que je l'avais pas vu de mes yeux, j'y aurais pas cru. Tu me promets que tu viendras ? »

Tavinho répondit qu'il allait voir. Ils raccrochèrent. Maria Lúcia alluma une cigarette, inspira à pleins poumons et rejeta la tête en arrière.

Tavinho regarda Estela qui depuis le début de la conversation téléphonique s'était campée, bras croisés, s'efforçant de trouver dans le ton de ses « hm, hm » une raison de se disputer. Elle n'en avait pas trouvé, et lorsque Tavinho aperçut l'expression de sa femme, il partit se réfugier dans la chambre. Estela l'y rejoignant, il retourna dans le salon et, son épouse toujours sur les talons, il passa dans le couloir. Estela pressa le pas, et il s'enferma dans les toilettes. Elle approcha le visage de la porte : « Où est-ce que cette femme a trouvé notre numéro de téléphone ? Qu'est-ce qu'elle te veut ? Non mais pour qui elle se prend ? Et toi, pour qui tu te prends ? T'es vraiment dégueulasse, Tavinho.

— C'est pas ça, mon amour, je suis pas dégueulasse, elle est pas dégueulasse, personne n'est dégueulasse. Un ami lui a passé notre numéro, elle a juste appelé par politesse. En plus Maria Lúcia est fiancée à un sculpteur célèbre, ils vont peut-être partir s'installer à Madrid. »

Les fiançailles et l'Espagne n'étaient que des demi-inventions de Tavinho. Maria Lúcia lui avait dit que Walter était l'amour de sa vie. Il en avait conclu que, si c'était le cas, le mariage serait pour bientôt, et il savait que Maria Lúcia souhaitait depuis toujours aller à Madrid.

Estela demeura ainsi, bras croisés, la tête appuyée contre la porte des toilettes, tâchant de déterminer si un sculpteur amoureux et la capitale espagnole constituaient des raisons valables de s'apaiser. D'aucune façon : cela faisait bien longtemps qu'elle attendait que Maria Lúcia renaisse de ses cendres, parce que c'était justement le propre des ex-fiancées. Elles ne disparaissent que pour revenir et essayer de voler les hommes des autres. Si seulement son mari avait pu avoir une ex-fiancée laide ou ennuyeuse, mais non. Depuis qu'elle avait emménagé à Ipanema, Estela voyait Maria Lúcia partout. Même du temps où elle était encore célibataire, de la fenêtre de sa chambre, qui donnait pile sur le Bar Veloso. Durant sa première année dans le quartier, Estela avait passé tous ses samedis soir debout à la fenêtre de sa chambre, à assister à la petite vie du bar, et Maria Lúcia y était toujours fourrée. À danser la samba sur les tables, à serrer les serveurs dans ses bras, à faire pipi dans un seau à glaçons. Elle faisait partie de ces femmes d'Ipanema qui se croyaient plus femmes que les autres parce qu'elles étaient plus d'Ipanema que les autres. Mais les choses n'allaient pas en rester là. Estela avait beau être une fille modeste née dans les quartiers nord, personne ne s'habillait aussi bien qu'elle, personne ne recevait aussi bien qu'elle, personne ne cuisinait, personne n'aimait aussi bien qu'elle. Peut-être l'heure était-elle venue de montrer à Maria Lúcia à qui appartenait Otávio Jansson.

« Tu peux sortir de là, Tavinho. Et ton amie, là, tu lui diras que nous serons de la fête. »

4

La maison où eut lieu le réveillon se trouvait dans l'une des ruelles transversales à la rue du Jardin botanique, qui débutait dans le quartier de la Lagune et grimpait au cœur de la forêt de Tijuca pour déboucher sur des demeures perdues au milieu de la végétation. C'était un bâtiment de béton et d'acier en forme de L, dont les portes de verre donnaient sur une vaste pelouse, au milieu de laquelle se dressait un arbre centenaire. L'énorme salon au plancher lustré ne contenait que des meubles modernes, un couloir sur la droite donnait accès aux chambres, et la cuisine se trouvait tout au fond.

Les invités représentaient l'éventail idéologique et social de l'époque. Industriels, entrepreneurs, étudiants, professions libérales, communistes et démocrates, guérilleros bohèmes qui apprenaient encore à manier une arme. La classe ouvrière était également présente : ses membres déchargeaient les caisses de whisky et servaient les petits fours. Il y avait des réalisateurs, des musiciens, des plasticiens, des écrivains, des partisans de Lacerda, des partisans de Goulart, des éditeurs, des lecteurs de Marcuse, et encore plus de lecteurs des résumés des livres de Marcuse.

Dès vingt-deux heures, la multitude attendant dehors de prendre part à la fête qui battait déjà son plein décida de ne plus respecter la file. Craignant une quatrième bagarre, le maître des lieux déclara : « Celles et ceux qui ne sont pas complètement nus, qu'on les laisse entrer. »

Estela et Tavinho se laissèrent emporter par la marée humaine, passant devant un agent de sécurité qui ne jeta pas même un coup d'œil à leur carton d'invitation. Ils atteignirent la vaste pelouse, et Tavinho s'écarta aussitôt de sa femme pour serrer un ami dans ses bras : « Merde, espèce de pédale, on s'est plus vus depuis São Bento ! » Estela vit son mari s'éloigner comme une enfant lâchant son ballon d'hélium. Elle croisa les bras et s'enferma dans un sourire de façade. Elle voulait soit s'enfuir, soit qu'on la sauve, ce que fit, dans un sens, un homme qui aurait eu grand besoin de passer chez le coiffeur. Il s'appelait Emílio, il était professeur de chimie et poète concret. Il demanda à Estela qui elle connaissait ici.

« Malu », répondit-elle en se forçant toujours à sourire.

Il ferma les yeux, comme s'il avait besoin d'être dans le noir pour respirer.

« Malu est une muse », déclara-t-il. Puis il les rouvrit et leva son verre. « Emílio aime Malu. Emílio aime la muse amusante Malu. »

Son sourire factice toujours aux lèvres, Estela vit

passer Tavinho au loin. Elle aurait voulu le rejoindre, elle aurait voulu qu'on la voie pendue à son bras avec son maquillage encore parfait de début de fête, mais le poète l'en empêchait. Il enchaînait les allitérations en « m », à si grande peine qu'il dut de nouveau fermer les yeux, ce qui permit à Estela de prendre la fuite par la gauche.

Elle déambula et tomba sur un groupe de jeunes qui buvaient les paroles d'un homme basané. Son visage ne lui était pas complètement inconnu, c'était peut-être un acteur de télénovela, mais il n'avait la tête à jouer ni un gentil ni un méchant. Quelqu'un chuchota qu'il s'agissait de ce réalisateur de la vague du Cinema Novo, et Estela fit une moue entendue. Puis elle afficha un grand sérieux en entendant le réalisateur expliquer que « le Tiers-Monde c'est un musée à Paris et le Quart-Monde appartient au domaine de Valadô, où vivait un chef révolutionnaire métis d'Indien du nom de Benedito. Le Quint-Monde c'est l'Île d'Itaparica, où pleurent les fidèles de Rogério Duarte, provocateur des trente-sept folies volontaires ».

Discrètement, Estela jetait des regards autour d'elle afin de voir comment étaient habillées les autres femmes, et dans l'espoir de retrouver Tavinho. Il surgissait de loin en loin, en train de parler avec un barbu, de s'interposer dans un début de bagarre, de fumer une cigarette. Son mari ne semblait plus trop lui appartenir, c'était à peine plus qu'un simple personnage parmi tant d'autres dans cette étrange soirée.

Un étudiant en communication posa une question

sur les mécanismes du Quint-Monde, Estela céda sa place et s'éloigna. La voix du réalisateur se fit de plus en plus distante, « Le rationalisme est une interprétation juridique de la raison, comme l'ont fait remarquer Kant et Hegel. Mais quand Marx a démoli les thèses de Feuerbach c'est parce qu'il en avait plein les bottes de la spéculation pure et en vérité le plus important… », tandis qu'augmentait le volume des rires et de la musique yé-yé. Un serveur passa avec un plateau chargé de verres de whisky, et avant qu'Estela ait pu décliner, parce qu'elle ne buvait jamais de whisky, sa propre main se tendit pour en saisir un, sa propre bouche en avala une gorgée, son propre visage afficha une grimace, sa propre bouche but une autre gorgée, et la jeune femme se sentit plus femme. Tavinho était quelque part par là. Près d'un arbre. Sur la piste de danse. Sur le canapé en cuir.

Estela traversa le salon, se plaqua à un mur pour laisser passer un groupe qui discutait de masses de manœuvre, de classe moyenne et de biens de consommation. Elle passa devant un autre groupe qui définissait le théâtre comme une expérience libertaire. Elle écouta des conversations stériles sur la lutte des classes, la désublimation répressive, la jeunesse cooptée et les superstructures. Elle envisagea de grignoter quelque chose mais n'eut pas le courage de courir après les petits fours, posa son verre vide sur une étagère de la bibliothèque et en prit un autre, plein.

Un peu avant minuit, elle retrouva Tavinho. Pendant qu'il lui disait : « C'est incroyable, il y a ici des gens que je n'ai plus revus depuis des années », elle pensait *C'est incroyable, c'est donc ça qu'éprouvent les hommes quand ils boivent du whisky.* Ils entendirent le compte à rebours, s'enlacèrent et s'embrassèrent en passant d'une année à l'autre. Et sentirent quelqu'un s'immiscer littéralement entre eux.

Maria Lúcia. Pantalon moulant, body, anneaux d'oreilles dorés : autant de détails qui furent éclipsés par le sourire qu'elle arbora, et qui la définit tout entière.

« Je t'avais dit qu'elle serait géniale, cette fête ! Alors, tu me la présentes, ta femme ? »

Estela s'approcha de Maria Lúcia avec un sourire encore plus grand que le sien. Elle l'embrassa sur la joue et lui dit quelque chose.

« De quoi ? » demanda Maria Lúcia.

Estela répéta, mais elle n'entendit pas plus que la première fois.

« Attends, je vais demander qu'ils baissent un peu le son », dit Maria Lúcia avant de s'éloigner. À mi-chemin, un homme en pantalon pattes d'éléphant lui saisit le bras et lui assena un coup de poing. Maria Lúcia tomba, Tavinho se jeta sur le type, beaucoup d'autres firent de même, tellement que certains durent immédiatement changer de camp pour protéger un tant soit peu l'agresseur. Estela se précipita dehors : elle avait horreur des bagarres. De la pelouse, elle vit Maria Lúcia quitter la fête en sang, et Tavinho disparaître dans la foule. Elle prit un autre verre et erra dans le jardin.

Estela finit son troisième whisky, retrouva Tavinho pour le perdre à nouveau, éblouit plusieurs hommes qui la voyaient pour la première fois, passa inaperçue la deuxième fois, fut à l'origine d'une dispute entre une comtesse italienne et sa petite amie de la haute société, et comprit que l'essence même de ce genre de fêtes, c'étaient la solitude et la liberté. Elle flânait entre les couples qui s'embrassaient, les couples qui se déchiraient, les intellectuels qui trouvaient des solutions magiques aux problèmes du pays, les serveurs qui évitaient les convives saouls, les serveurs qui allaient sciemment à leur rencontre, elle passa devant une astrologue qui pleurait en prédisant les événements de 1968, devant une naine déguisée en fée que seuls certains parvinrent à surprendre alors qu'elle se faufilait en un éclair entre les jambes des convives, devant des jeunes qui arboraient leurs derniers sourires parfaits et dont les prochaines nuits seraient les dernières sans cauchemar, destinés qu'ils étaient à être interpellés et torturés par le régime, et puis il y avait encore les pompiers, extincteurs en main, éteignant les flammes du champignon de Walter, la grand-tante de quelqu'un, assise immobile sur le sofa, le maître des lieux qui se désolait : « Pas sur l'arbre, arrêtez de pisser sur l'arbre », la maîtresse des lieux qui à la faveur des conversations de cette nuit trouva le sujet de sa thèse. Estela circulait, absorbée et distraite, entre les verres vides, les serviettes sales et les vestiges de sandwichs. Elle s'asseyait jambes croisées, sa minijupe menaçant de révéler à tout moment sa petite culotte, se relevait pour aller danser, se rasseyait. Et ainsi de suite jusqu'à ce qu'on la pousse dans une armoire.

Elle aurait été incapable de dire combien de

temps elle passa là-dedans. Elle ne se souvint que de l'odeur de naphtaline, de cette haleine où se mêlaient fromage et tabac, et de ces mains qui glissaient sur son corps en sachant précisément où elles voulaient en venir, sans pour autant se presser d'y arriver. Après une exploration poussée, elles se refermèrent sur sa poitrine. Le corps poussa ses hanches contre les costumes qui pendaient à leurs cintres, et la langue glissa le long de son cou jusqu'au *Ah mon Dieu, non, pas là, pas là, ah oui, là.* Les jambes pressaient Estela dans des mouvements coordonnés, précis, parfaits. Dans cette armoire, la jeune femme, qui s'était déjà détachée du reste du monde, se détacha tout à fait d'elle-même et s'abandonna à cet individu qu'elle ne voyait pas. Il s'ensuivit alors quelque chose d'inédit. Une explosion entre ses cuisses, l'énergie se répandant dans tout son corps, des secondes d'extase interrompues par un brusque retour à la raison.

Lorsqu'elle réintégra la fête, il ne lui restait plus beaucoup de certitudes. Elle demanda un verre d'eau à un serveur, évita des corps étendus par terre. Un peu plus loin, une autre bagarre éclata : elle fit demi-tour et sortit prendre l'air. Elle attendit patiemment dans la file des toilettes, où une femme pleurait, deux autres s'embrassaient et une autre encore dormait assise. Son tour venu, elle entra et poussa le verrou derrière elle. Elle s'étonna de voir dans le miroir la même image que d'habitude. Elle s'approcha du reflet, observa stupéfaite ses cheveux ébouriffés et ses lèvres sans rouge. L'une de ses boucles d'oreilles en strass avait disparu, ses bottes blanches avaient perdu de leur éclat. La longueur de sa minijupe la gêna soudain, et elle la tira vers le bas.

Cette fois, elle rechercha plus activement Tavinho, et le trouva pris en otage par le réalisateur : « La fin du rationalisme traditionnel équivaut au dépouillement visant à la raison pure, qui se fonde sur la déconstruction linguistique chronique, et c'est là que les structuralistes se mettent le doigt dans l'œil. Les fils du capitalisme, en tirant profit de l'Éros, sont en train d'épuiser l'argent et ses représentations au point que bientôt il n'en restera plus rien, et c'est pour cette raison que la dialectique du développement passe nécessairement par l'allégorie de la classe moyenne qui peut être comprise comme le…

— Rentrons à la maison, Tavinho. Tout de suite. »

S'ensuivirent deux jours de gueule de bois, Tavinho gémissant de son côté du lit, Estela du sien. Dalvanise passait dans la chambre plongée dans l'obscurité afin de leur proposer des infusions pour l'estomac. Estela préféra ne rien avaler, et Tavinho vomit quasi telles quelles les parts du gâteau de riz que sa mère lui avait préparé. Excellents pour les troubles digestifs, selon Guiomar.

Au matin du troisième jour, Tavinho se leva pour aller travailler. Estela resta au lit, en faisant semblant de dormir. Seule dans la chambre, elle glissa ses mains sous sa chemise de nuit, repensa à l'haleine de fromage et de tabac, et se leva dans un bond. C'était le jour de l'argenterie. Elle s'habilla, se brossa les dents, se coiffa, jeta un coup d'œil à la glace illuminée comme un miroir de loge de théâtre, sans s'arrêter à son reflet. Elle ordonna à Dalvanise de nettoyer les plats en argent, prépara un risotto, feuilleta quelques magazines.

En fin d'après-midi elle décida d'achever cette gueule de bois une bonne fois pour toutes en allant piquer une tête dans l'océan. Sur la plage, à côté de sa natte, un groupe parlait justement de la fête. Au début, Estela fut saisie de crainte. Peut-être que parmi ces gens se trouvait l'homme qui lui avait fait découvrir des zones de son propre corps qu'elle ne savait même pas érogènes. Mais sa curiosité l'emporta. Elle apprit que le coup de poing que Maria Lúcia avait reçu l'avait rendue méconnaissable, qu'elle avait dû prendre une semaine d'arrêt de travail. Que, le lendemain, les hôtes avaient retrouvé des flèches plantées dans l'arbre centenaire – une nouvelle technique d'attaque militaire ou de guérilla urbaine, selon le positionnement de la personne qui en parlait. Et qu'à cause de la fête Machin, Un Tel et Truc avaient décidé de se séparer de Machine, Une Telle et Bidule. Estela entendit encore des histoires de bagarres, griffures, coups de poing et morsures, robes déchirées, vers composés, discours prononcés, plans établis pour libérer, éduquer, endoctriner, quitter le pays ou y retourner. Et elle apprit que tout cela se retrouverait dans l'article que le journaliste Elio Gaspari avait promis d'écrire malgré les problèmes qu'il rencontrait avec ses sources : la majorité des témoins étaient incapables de se rappeler ce qu'ils avaient fait cette nuit-là.

Tavinho, lui, avait changé. En ce tout début de nouvelle année, il ne souriait presque plus, ne parlait pas beaucoup et, chaque matin en se réveillant, regardait par la fenêtre d'un air triste. Estela interpréta ce comportement inhabituel qu'elle se résuma en deux mots : *il sait.*

Elle fit alors ce qu'elle n'aurait pas dû faire. *Je savais que c'était précisément ce que je ne devais pas faire, je le savais*, se dit-elle par la suite, toutes les fois où elle se souvint de cet instant. Au lieu de fermer les yeux sur les soupirs angoissés de Tavinho, au lieu d'ignorer sa mélancolie quotidienne, au lieu de ne se soucier que de la liste des courses et de l'heure de son rendez-vous au salon de beauté, Estela lui demanda ce qui se passait.

« Rien.

— Comment ça, rien, Tavinho ? Ça fait une semaine que tu ne vas plus à la plage, tu n'as pas vu le match de Botafogo mercredi, tu n'as pas touché à mon strogonoff, et tu ne veux même plus que je te masse la tête. Tu appelles ça rien, toi ? »

Tavinho resta là, à manipuler son paquet de cigarettes en silence. Il en tirait une, l'y remettait aussitôt, en tirait une autre, la remettait.

« Ça va pas.

— Tu veux que j'appelle le docteur Zuzarte ?

— Non, ça va. Enfin je veux dire, la santé, ça va.

— Alors qu'est-ce qui ne va pas, Tavinho ? »

Il releva la tête et posa un regard de supplicié sur Estela. Puis il rebaissa les yeux sur son paquet.

« Je crois que j'aime les hommes. »

Le mois de janvier à Rio est fait de canicules insupportables en milieu de journée et de brises nocturnes qui découragent les Cariocas d'aller vivre ailleurs que dans cette ville. Cette nuit-là, juste après la révélation de Tavinho, un courant d'air traversa l'appartement de la rue Aníbal de Mendonça. Il entra par la fenêtre, joua avec les rideaux, souleva quelques feuilles du journal, trouva son chemin jusqu'à l'office et ressortit par la buanderie. Ce fut alors au tour de Dalvanise de faire irruption dans le salon pour savoir si elle pouvait servir le dîner.

« Vous pouvez, oui. »

« Vous pouvez, oui » furent les premières paroles d'Estela après la révélation de Tavinho. Les suivantes furent : « Passez-moi le sel », « La viande n'est pas assez cuite », « Attention à ne pas salir la nappe » et « Veuillez débarrasser, Dalvanise, je vous prie ».

Ces phrases qu'elle aimait prononcer, parties intégrantes du monde parfait qui était le sien depuis son mariage avec l'homme le plus convoité de tout Ipanema, ne semblaient plus vraiment être siennes. Elles semblaient plutôt appartenir à une autre femme, assise à la table à manger d'un autre appartement, en compagnie de son mari dont le plus vilain secret était de renifler son fil dentaire après se l'être passé entre les dents.

Cette même nuit, Tavinho soumit des explications plus détaillées. Il s'était senti bizarre durant la fête de réveillon, comme détaché d'Estela. Il avait erré dans la propriété, évitant les gens ivres et les discussions emmerdantes, s'arrêtant pour prêter l'oreille aux groupes les plus intéressants, ignorant les sollicitations des femmes présentes et acceptant les verres de whisky comme les cuillers de bouillie que lui donnait sa mère quand il était bébé, et qu'il avait toujours été incapable de refuser. Au bout du troisième ou du quatrième whisky, on l'avait poussé dans une armoire. Une barbe s'était frottée à son visage, un pantalon masculin s'était collé au sien, des mains poilues lui avaient massé le dos, et tout cela ne lui avait pas déplu. La puissance de l'embrassade, l'intensité des caresses, cette haleine où se mêlaient tabac et fromage…

« Je ne veux rien entendre, je ne veux rien entendre ! » s'écria Estela.

Elle parut se rétracter au fond de sa nuisette et tourna le dos à Tavinho qui resta immobile, n'osant pas même toucher à un seul des cheveux de sa femme.

« Mieux vaut fermer cette fenêtre, ce vent m'empêche de dormir », dit-elle sans se retourner.

Le déjeuner qu'elle prépara pour ses beaux-parents le samedi d'après le réveillon n'alimenta que l'ego de Guiomar. Les petits pains au fromage étaient plus durs que de la résine, le riz plus croquant que des céréales soufflées. La viande était presque impossible à trancher, les petits pois ressemblaient à des verrues. Les haricots étaient trop fermes, leur sauce trop fade, et une partie des fruits de jaquier qu'elle avait utilisés pour la compote étaient trop mûrs. Dans leurs assiettes respectives, Tavinho, son père et sa mère aménagèrent un espace vide, planchant sur la meilleure configuration afin de faire croire qu'ils avaient touché à leur plat.

Cette technique était plus que familière à Nilson

et à son fils, mais jamais ils n'auraient imaginé devoir l'appliquer au cours d'un repas cuisiné par Estela. Du reste, cette dernière semblait encore plus déprimée que son repas était déprimant. Elle demeura tête baissée assez longtemps pour compter tous les points de croix des roses de sa serviette. Nilson mit sa tristesse sur le compte de ce déjeuner raté. « Allez, mon petit, qu'est-ce que c'est que ces bêtises, se mettre dans un état pareil, ce sont des choses qui arrivent ! Il y a des problèmes tellement plus graves dans la vie ! »

Guiomar elle-même tenta de lui apporter son soutien. « Je comprends, ma belle. Ça fait tellement mal, quand on n'arrive pas à satisfaire nos hommes. »

Estela se précipita dans sa chambre et étouffa ses pleurs dans son oreiller. Elle macula la housse de mascara, s'essuya le nez dans les petites fleurs brodées sur la bordure. Elle sanglota longtemps, ramena ses genoux vers son menton, serra traversins et oreillers dans ses bras et s'endormit sans même s'en rendre compte.

Il y avait dans les pleurs d'Estela deux mariages et un voyage transatlantique. Une chaise face à la fenêtre de sa chambre avec vue sur le bar tumultueux du trottoir d'en face. Il y avait des vitrines de Copacabana avec des plats en argent et des robes, et le rêve d'enfiler cette robe pour apporter ce plat en argent à son mari attablé, le fumet du ragoût envahissant le couloir. Et puis il y avait aussi dona Ana considérant Estela et Tavinho au beau milieu de leurs noces : « J'ai toujours su que ma fille ferait un très bon mariage. »

5

Estácio, 1940

Joaquim et Ana n'avaient qu'une photographie de leur mariage. Lui est vêtu du costume qu'il enfilait tous les jours pour aller travailler comme caissier au cinéma de la rue da Carioca, elle porte une robe qu'on lui a prêtée. Lui a un regard enfantin et une petite moustache toute fine, elle s'efforce de paraître plus âgée en affichant une mine grave. Sur la table qui se trouve en face d'eux, six bouteilles d'eau-de-vie et une génoise.

Cela faisait tout juste six mois qu'ils étaient arrivés du Portugal. À Rio, Joaquim avait tout d'abord enchaîné les petits boulots d'appoint, puis était passé aux emplois mal payés, avant de s'établir en tant qu'ouvrier portuaire. Ana lavait et repassait les draps brodés qu'elle allait chercher sur le seuil des maisons avec jardin du quartier de Rio Comprido.

Joaquim recevait son salaire, mettait de côté une ou deux pièces pour ses cigarettes, et remettait la liasse de billets à sa femme. Celle-ci y ajoutait l'argent qu'elle gagnait en lavant du linge, en reprisant des chaussettes et en cousant pour les filles de dona Constança, travaillant en tant que nourrice à Botafogo et vendant du pain au maïs aux stations de tramway de l'avenue Rio Branco. Travail et constance dans l'effort aboutirent à l'achat d'un appartement de cinq pièces dans le quartier d'Estácio, où ils ouvrirent une pension.

Les quatre grandes fenêtres donnaient sur la rue Júlio do Carmo, et l'une des pièces était assez grande pour accueillir dix tables à manger. Douze, après qu'Ana eut poussé quelques meubles pour faire encore plus de place aux clients. Le quartier n'était pas tout à fait le plus distingué de la ville. D'un côté, la rue permettait de relier le centre, où chaque année de nouveaux immeubles surgissaient de terre. De l'autre, elle aboutissait à des maisons suspectes, aux fenêtres desquelles se penchaient des femmes au visage peinturluré. La simple vision de ces maisons suffisait à mettre dona Ana mal à l'aise. Elle prit vite l'habitude de ne regarder que du côté qui donnait sur l'avenue du Président Vargas.

Mais l'emplacement était idéal. Des hommes passaient à la pension pour se préparer avant d'aller voir les femmes du bout de la rue, ou après, pour s'en remettre. Les affaires étaient plus lucratives d'année en année, de quoi se retourner pour voir le chemin parcouru et deviner vaguement la misère, loin, très loin derrière soi. Il ne manquait plus qu'une chose.

Joaquim et Ana voulaient être plus que deux. Ils faisaient l'amour le jour le plus propice du mois, mais leur déception n'en était que plus grande lorsque les menstrues d'Ana revenaient. Ils finirent par se synchroniser, et Ana tomba enceinte. Une, deux, trois fois. Mais ses bébés étaient semblables à des étoiles filantes, à peine annonçaient-ils leur présence que déjà ils disparaissaient.

Estela fut conçue par hasard, alors que le couple ne se souciait déjà plus des meilleurs jours pour se reproduire. Ana était tellement préoccupée par les problèmes liés à la pension – pour la deuxième fois dans la même semaine, une bagarre avait éclaté dans la file d'attente du déjeuner, et il y avait eu pénurie de poisson avant la dernière commande – qu'elle n'avait pas remarqué que ses règles avaient du retard. Ce ne fut qu'au mois suivant, lorsque Estela était déjà une petite boule au fond de son bas-ventre, qu'Ana se rendit compte qu'elle était sur le point de faire une fausse couche.

Mais il n'y eut pas de fausse couche, et voyant son ventre grossir, ses jambes enfler et ses doigts se transformer en cannelloni, elle comprit que cette fois elle irait jusqu'au terme. Elle se dit qu'il n'y avait rien de plus naturel à cela, qu'elle allait enfin devenir une femme comme les autres. Jusqu'à ce qu'elle sente la première contraction.

Ana hurla si fort que le quartier tout entier fut plongé dans le silence complet, si fort que son mari aurait voulu être quelqu'un d'autre. Elle arriva à l'hôpital en hurlant encore plus fort, au point que tous les autres patients se turent. Le médecin expliqua que c'était le bébé qui voulait sortir par le nombril. Il s'essaya à diverses manipulations, comme de masser le ventre d'Ana comme s'il pétrissait du pain. Ce fut à cet instant précis qu'Ana perdit la raison. Elle crut qu'elle allait mourir et confondit la blancheur des murs de l'hôpital avec le royaume immaculé du Seigneur, les marguerites imprimées de sa robe avec les jardins de l'autre monde, et le bébé qu'on lui mit dans les bras avec un petit ange des cieux.

Quand elle reprit ses esprits, elle comprit que blancheur et marguerites étaient bien de ce monde, mais son bébé, sa petite fille, elle ne cessa jamais de la considérer comme un ange.

Estela grandit entre les tables de la pension de dona Ana. Elle apprit à marcher en s'appuyant aux chaises, apprit à courir entre les draps qui séchaient sur leur fil. Elle fit du tambour sur les casseroles, se fit des petits chiens avec des pommes de terre et des curedents. Elle faisait attention à tout ce que sa mère pouvait faire, des plats à l'huile d'olive aux annotations dans le livre de caisse. À ses yeux, il n'existait pas de femme plus belle au monde, avec son chignon bas et son tablier gris sur sa robe crème.

Et aux yeux d'Ana, il n'existait pas non plus de petite fille plus jolie et plus soignée. Estela aurait tout ce qu'elle n'avait pas eu. Des souliers vernis et trois paires de chaussettes. Un couvre-lit à volants et cinq robes dans son armoire. De gros rubans dans les cheveux et de l'eau de Cologne pour enfant. Estela avait même une poupée qui ouvrait et fermait les yeux, et qui pleurait quand on lui mettait la tête en bas.

« Maman est là, jamais tu ne manqueras de rien », disait la petite à sa poupée, la serrant dans ses bras comme pour l'asphyxier, ainsi que le faisait Ana quand elle l'embrassait.

Mère et fille allaient ensemble chez le boucher, à l'épicerie et au marché de la rue Santa Maria. Estela apprit d'Ana à déterminer la fraîcheur d'un poisson à l'éclat de ses yeux, à trouver les melons au goût de miel cachés au milieu des melons au goût de rien, à déterminer à coup sûr si la viande du boucher était vraiment du jour.

Une à deux fois par an, Ana prenait un jour de repos afin d'aller en centre-ville avec sa fille. Elles prenaient le tramway à deux pâtés de maisons de la pension et descendaient la rue do Ouvidor. Elles passaient devant des vitrines agréables au premier regard, vexantes au deuxième, lorsqu'elles lisaient les prix affichés. Puis elles allaient manger un beignet de crevette et boire du sirop de groseille à la confiserie Cavé. La promenade s'achevait dans les boutiques populaires de la rue du Saara, où les promotions indiquées sur les étals déterminaient les priorités d'achat d'Ana. Elles rentraient en tramway au coucher du soleil, Estela la tête appuyée contre le bras de sa mère, admirant par la vitre les lumières des immeubles modernes de l'avenue du Président Vargas.

Le dimanche, toute la famille se promenait dans le parc du Campo de Santana. Estela courait après les écureuils, Joaquim donnait à manger aux pigeons au bord de l'étang. Ana s'asseyait sur l'un des bancs qui faisaient face à l'étendue d'eau, jambes croisées sous sa nouvelle robe, tenant ses gants dans ses mains posées sur son sac à main en cuir. Et elle se disait qu'en fin de compte peut-être était-elle riche, même si ce n'était que de ces instants-là.

Un après-midi, de retour de chez le boucher, mère et fille passèrent devant une gamine qui sautait à la corde à quelques mètres de la pension. Ana pressa le pas, Estela ralentit. Elles rentrèrent chez elle, et pendant qu'Ana se mettait à trancher les steaks pour le repas à venir, sa fille ressortit dans la rue.

Ana lui dit de rentrer immédiatement, mais Estela n'entendit pas. Elle comptait les tours qu'elle faisait faire à la corde à sauter, « dix-onze-douze-treize-quatorze, à toi, Iolanda ». Ana l'appela à nouveau, et entendit en réponse « trois-quatre-cinq-six-sept-huit ». Elle réitéra en haussant le ton et Estela finit par entendre les cris de sa mère, si lointains à ses oreilles qu'elle aurait cru qu'elle murmurait. Elle lâcha la corde, contrariée, et rentra d'un pas furieux, en colère contre sa mère pour la première fois de sa vie.

Ana demeura sur le seuil, essuyant un peu trop longtemps ses mains sur son tablier, tandis que Iolanda enroulait sa corde autour de ses poignets et s'éloignait en direction d'une des maisons du bout de la rue. Ana avait toujours autant de déplaisir à regarder ces habitations suspectes, et pas seulement parce qu'elle trouvait que c'était une honte. Quand elle les regardait, c'était son propre destin qui lui sautait aux yeux. Malgré les repas de plus en plus riches et complets et la douzaine de vêtements dans l'armoire, en dépit du fait qu'en ses rares moments d'extravagance elle pouvait à présent mettre derrière ses oreilles deux petites gouttes d'un parfum minuscule que Joaquim lui avait offert, en dépit du fait que sa fille avait des vêtements en lin, le fait de regarder ces maisons du bout de la rue rappelait à Ana qu'ils n'étaient pas assez riches pour vivre ailleurs.

Afin qu'ils le soient un jour, Ana travaillait deux fois plus, et parce qu'elle travaillait deux fois plus, elle avait moins de temps à consacrer à Estela, qui allait jouer avec Iolanda.

Les petites dessinaient avec un bout de charbon une marelle devant la maison d'Estela. « Une peau de banane, c'est ce qu'il y a de mieux pour le lancer », disait Iolanda. « Le mieux, c'est une boule de mie de pain », objectait Estela. « Nan, une peau de banane », « nan, de la mie », et elles se disputaient, se rabibochaient, et jouaient une fois avec de la mie de pain, une autre avec une peau de banane. Elles attachaient une extrémité de la corde à la grille afin qu'Estela compte et Iolanda saute, ou l'inverse. Elles concoctaient des élixirs à base de terre et de feuilles d'arbre, qu'elles administraient aux criquets de l'hôpital du jardin. « Celui-là est très malade », disait Iolanda après en avoir écrasé un sous son poing. « Celui-là aussi », disait Estela en arrachant une patte à un autre.

Il fallut attendre quelque temps avant qu'Estela se décide à partager avec son amie son bien le plus précieux au monde : sa poupée dont les yeux s'ouvraient et se fermaient, et qui pleurait quand elle s'éloignait.

« Aujourd'hui Gina est pas malade, déclara-t-elle. Tu peux la prendre dans tes bras. »

Assise, Iolanda se redressa soudain. Durant les huit ans qu'elle avait passés sur Terre, elle n'avait jamais touché à quoi que ce soit d'aussi précieux. Non pas qu'elle n'eût jamais touché une poupée, Marialva dormait avec elle toutes les nuits. Mais la poupée de Iolanda souffrait d'insomnie, elle était incapable de fermer l'œil, et elle mangeait si salement qu'un peu de bouillie était restée collée pour toujours sur sa joue.

« C'est pour ça qu'elle a cette tache », expliquait-elle.

La poupée d'Estela n'avait pas de tache. Elle dormait la nuit, pleurait quand on la secouait et avait une jupe en crochet, avec un gros nœud dans le dos.

« Maintenant tu as une marraine, Gina, dit solennellement Iolanda en la prenant dans ses bras. Je serai toujours là pour toi. »

Un jour, Iolanda vint jouer accompagnée d'une amie qui s'appelait Otília. Elles allaient enfin pouvoir jouer au facteur et à grand-mère veux-tu. Estela devint immédiatement amie avec Otília, qui pensait elle aussi qu'un bout de mie de pain, c'était ce qu'il y avait de mieux pour jouer à la marelle. La poupée eut dès lors deux marraines, ce que Iolanda et Otília trouvèrent vraiment parfait : elles aussi avaient beaucoup, beaucoup de marraines, et toutes leur donnaient des bonbons. Estela les jalousa. Elle n'avait qu'une seule marraine, qui habitait loin et passait son temps à lui pincer la joue. Elle détestait le trajet en train qu'il fallait faire pour aller la voir, et les heures qui s'allongeaient dans ce salon étouffant, sans rien à faire du tout. Elle détestait particulièrement les rites d'arrivée et de départ, quand elle était obligée d'embrasser sa marraine et qu'elle ne parvenait pas à éviter la verrue velue que celle-ci portait au menton.

« Dimanche c'est l'anniversaire de ta marraine, on va lui rendre visite pour l'occasion », disait sa mère une fois par an.

Mais, cette année, Estela répondit que non. Qu'elle n'irait pas, qu'elle n'irait pas, qu'elle n'irait pas. Sa mère rétorqua que si, elle irait, *non, j'irai pas*, ah ne me réponds pas sur ce ton, *si je réponds, je l'aime pas ma marraine, je veux avoir d'autres marraines comme mes copines*, tu ne sais même pas ce que tu dis, *si je sais, leurs marraines à elles sont tellement plus gentilles que la mienne*, tu es en train de dire de grosses bêtises, *non, c'est pas des bêtises, une des tantes d'Otília lui a offert un bâton de rouge à lèvres*, allez, tais-toi, ça suffit, assez d'insolence comme ça, *moi aussi je veux du rouge à lèvres*, ce que tu veux, c'est une grosse fessée avant de filer dans ta chambre, et la dispute laissa place à des cris, les cris à une punition, et la punition à des sanglots dans l'obscurité de sa chambre.

Quelques semaines plus tard, Ana appela sa fille dans le jardin.

« Nous allons dans le centre. »

Estela applaudit : c'était ce jour spécial de l'année. Elles allaient faire du lèche-vitrines, goûter à la confiserie Cavé, peut-être aurait-elle même droit à un cadeau.

Cet après-midi-là, Ana acheta beaucoup de choses pour Estela. Deux chemises de nuit en batiste, une paire de souliers en cuir, une brosse à dents, une brosse à cheveux, six culottes blanches, cinq paires de chaussettes 3/4, deux cahiers, une trousse avec des crayons, un taille-crayon et une gomme. Estela riait en dévisageant sa mère, qui évitait le regard de sa fille.

Sur le chemin du retour, Ana s'arrêta devant la boutique d'un photographe. La vitrine était pleine de photographies de mariages, de familles et d'enfants. Certaines avaient été retouchées, et les personnes qui y figuraient avaient les joues très roses et les lèvres très rouges. Il y avait également des cartes postales de Rio, avec des ciels trop bleus, des *morros* peints d'un vert artificiel. Ana serra la main de sa fille et la fit entrer dans la boutique. Elle peigna ses cheveux avec un soin excessif, la regarda avec une tendresse démesurée. Un homme maigre aux joues creuses demanda à la petite fille de s'asseoir sur le tabouret face à l'objectif et il disparut sous un pan de tissu noir.

La photographie se trouve à présent dans le couloir de l'appartement d'Estela, entourée d'autres portraits de famille. À en croire les revues de décoration, c'est la mode d'accrocher ainsi des photos au mur. On y voit une petite fille les mains posées sur les cuisses, les pieds ne touchant pas le sol. La tête est légèrement penchée de côté, comme si le ruban noué dans ses cheveux était trop lourd. Il suffit de regarder attentivement la photo pour se rendre compte qu'elle regarde devant elle, mais pas l'objectif. Estela sourit à sa mère, qui elle a les yeux rivés par terre. Le dimanche qui suivit, Ana, Joaquim et Estela prirent le bus jusqu'à Petrópolis, où se trouvait le futur internat de la petite fille.

Estela ne fut informée de son exil que le jour même de son grand départ.

« Tu vas poursuivre tes études dans un internat, déclara Ana.

— C'est quoi, un internat ? » demanda la petite.

Estela pleurait, Joaquim et Ana dissimulaient leurs larmes. S'il vous plaît, s'il vous plaît, s'il vous plaît, je veux rester avec vous, suppliait Estela, les bras cadenassés autour du cou d'Ana. Ma chérie, il faut que tu y ailles. *Mais pourquoi ?* Pour avoir une bonne éducation. *Mais maman, je veux pas être toute seule.* Tu ne seras pas toute seule, tu vas te faire beaucoup d'amies dans cette école. *Mais, et toi ? Et papa ? Et mes copines d'ici ?* Nous, on ne part pas d'ici. *Et quand est-ce qu'on se verra ?* Nous te rendrons visite tous les quinze jours. *Tu me promets ?* Je te le promets. *Vraiment ?* Vraiment. *Mais maman, je reviendrai plus jamais, moi ?* Si, tu reviendras pour les vacances. *Et c'est quand les vacances ?* En juillet. *Et c'est quand juillet ? Dans trois jours ? Dans sept heures ? Dans une semaine ? Juillet c'est le petit doigt de ma main ?* Juillet, c'est quand il fera plus froid. *C'est dans longtemps qu'il fera plus froid ?* Un peu.

Il n'y avait pas d'issue. Si seulement ils avaient eu les moyens d'emménager dans un meilleur quartier ! Mais il devait se passer encore quelque temps avant qu'ils disposent des moyens suffisants, et si tout se passait bien, d'ici quelques années la petite fille qui embrassait désespérément sa mère serait d'ores et déjà mariée, et une autre petite fille la serrerait de toutes ses forces dans ses bras, sans la moindre once de désespoir.

6

La première année, Estela trouva l'internat trop grand et trop froid. La dernière année, son avis était tout autre. Si l'on avait demandé à Estela enfant quelle était la plus grande des solitudes, celle de la mort ou celle de l'internat, elle aurait désigné la seconde sans hésiter. Mais si on avait posé la même question à Estela, ne serait-ce qu'au sortir de l'adolescence, elle se serait redressée sur son siège, aurait croisé les jambes et aurait répondu : « En fait, ça n'a pas été aussi horrible que ça. »

Estela ne se souvient que de bribes de cette période de sa vie. L'odeur de naphtaline dans l'armoire des uniformes neufs, le bruit de la cireuse à parquet dans le long couloir sombre, la tasse en aluminium qui se recouvrait de buée quand on la remplissait d'eau froide, la soupe de légumes après la prière de six heures. La sonnerie qui annonçait l'heure de la broderie, de la peinture sur porcelaine, des cours, de la messe, du réveil, du coucher, de la toilette, du repas et du repos. Les cheveux attachés, le visage bien débarbouillé, les souliers cirés, les ongles limés, les réponses polies.

Bien évidemment, ce ne fut pas tout. Il y eut également de la chimie, de la physique et des sciences. Des cartes de civilisations anciennes copiées sur du papier-calque durant ces après-midi où elle apprit le sens de la vie, qui est d'oublier le temps. Il y avait deux sœurs si douces et si gentilles que parfois sa mère ne lui manquait presque plus.

Il y avait aussi les autres, celles qui ne souriaient pas. Certaines par manque de pratique, d'autres par regret amer de la vie dont elles se voyaient privées, et parce qu'elles savaient que les années à venir ne seraient que de simples caricatures de celles qui s'étaient écoulées. Et puis à quoi bon rire, si la messe du Coq ne servait qu'à évoquer l'année merveilleuse qui venait de s'écouler, et le fait que la nouvelle année commencerait peut-être par un mauvais rhume ? Les sœurs qui leur enseignaient la religion faisaient preuve de beaucoup de créativité lorsqu'elles évoquaient l'enfer, décrivant en détail les escaliers de pierre recouverts de boue, les cris amplifiés et répétés par l'écho, et ces petites créatures armées de lances qui la nuit, dans ses cauchemars, perforaient les reins d'Estela, qui se réveillait dans ses draps mouillés.

Ce qui lui resta de cette expérience, ce furent les valeurs. Ainsi qu'elle ne se lassa jamais de le répéter à ses amis, parents, voisins, invités, aux bouchers, pharmaciens, cordonniers, marchands des quatre-saisons, vendeurs ambulants, professeurs de ses enfants, manucures, chauffeurs de taxi – et même, un jour, à un policier de faction à l'angle de la rue Visconde de Pirajá et de la rue Farme de Amoedo – cette école qui avait été la sienne préparait ses élèves non à une carrière mais à la vie, avec des cours de religion quotidiens, l'étude du latin et diverses activités extrascolaires telles que la confection de mobiles en carton et de décorations en papier crépon.

Plus que tout, ce qui resta à Estela de l'esprit de cet internat fut ce réflexe inconscient d'accueillir toutes sortes de problématiques diverses et variées par le même froncement de sourcils, et la même ligne directrice : *Ce doit être comme ça parce que ce doit être comme ça, ça ne peut pas être autrement, tout simplement.*

Pour les vacances d'été, elle revenait toujours chez elle avec plus de décorations qu'un général.

« Celle-ci c'est une médaille d'excellence dans l'application, celle-ci c'est pour le sens de l'organisation et la ponctualité », expliquait Estela, en pointant du doigt les récompenses accrochées à sa tête de lit.

Joaquim les manipulait comme s'il s'agissait de médailles d'or. Ana riait, émerveillée, cachant sa bouche derrière sa main. Elle s'était fait arracher une molaire, et ne pourrait se la faire remplacer que l'année suivante, à condition que la pension accueille autant de clients que cette année, que son mari décroche son augmentation et qu'il leur reste encore un peu d'argent après avoir réglé l'excursion que ferait Estela avec les sœurs de l'internat au sanctuaire d'Aparecida do Norte. Elle regardait sa fille et voyait toujours un ange, à présent vêtue de chaussettes 3/4 et d'une jupe plissée, avec les cheveux attachés en queue-de-cheval.

En revanche, le point de vue d'Estela sur sa mère changea très vite. Plus elle recevait de médailles, plus Ana se transformait à ses yeux en une immigrée au tablier sale, jeté sur une robe trouée, chignon vite fait pour ne pas avoir des cheveux plein les yeux, et cuticules ramollies par l'eau de vaisselle et la lessive. Ana sentait cette distance croissante chez sa fille, mais elle ne s'en offusquait pas, parce que dans le nouveau monde d'Estela il n'y avait pas de place pour les maisons du bout de la rue où vivaient Otília et Iolanda.

Estela acheva ses études l'année où ses parents lui annoncèrent qu'ils emménageraient à Ipanema. Dona Ana souffrait de douleurs à la poitrine que le docteur avait attribuées à du surmenage et à une atmosphère trop souvent viciée. Le vent marin contribuerait grandement à améliorer son état de santé. À cette époque, la petite famille disposait d'assez d'argent pour des prothèses dentaires et un déménagement. Ils vendirent la pension, réunirent toutes leurs économies et achetèrent un appartement rue Montenegro.

Au début, Estela se sentit seule, étrangère à ce nouveau quartier. Elle voyait en cette solitude à la fois un châtiment et un péché. C'était un péché d'être célibataire, et la punition de ce péché était sa perpétuation. Et le fait d'habiter juste en face du Bar Veloso ne facilitait rien. Les samedis soir étaient les plus difficiles à supporter : le père qui dormait, la mère aussi, le silence qui régnait chez eux, et le vacarme du bar. Les heures les plus longues de toute l'existence d'Estela s'écoulèrent durant ces premiers samedis soir à Ipanema : elle regardait la télévision, tâchait de se concentrer sur le livre qu'elle lisait, brodait ou cousait. Elle n'appartenait pas à ce monde, et c'était peut-être par masochisme que de sa chambre elle observait le chaos qui régnait sur le trottoir d'en face. Une fois, elle ne put faire autrement que de s'asseoir sur son lit, la main plaquée sur sa bouche, stupéfiée. Comment cette femme pouvait-elle faire pipi ainsi, dans un seau à glaçons, dans un coin du bar ?

À cette même fenêtre, elle vit bien d'autres femmes du quartier. Elles passaient cabas à la main, papotant sur le chemin de la plage, dans les bras de leur amoureux. Elle prêta grande attention à leur façon de marcher, de s'habiller et de se maquiller. Leur façon de toucher leurs cheveux, d'ajuster leurs boucles d'oreilles, de porter la main à leurs colliers. Estela oubliait sa broderie, son livre, sa couture et la télé pour se camper debout à sa fenêtre. Quand ses jambes fatiguaient, elle tirait une chaise à elle, s'asseyait et continuait à regarder. Elle plissait les yeux, désespérant de percer le mystère auquel elle était confrontée : *Que dois-je faire pour être un jour comme elles ?*

Quelques mois plus tard vint pourtant le jour où elle fut *comme elles*. Difficile de dire comment cela arriva au juste, peut-être fut-ce l'air marin, le terme d'une période d'adaptation toute naturelle, ou la farouche volonté de mener une existence qui ne se résumerait pas à se regarder seule dans le miroir de sa chambre. Le fait est que ce jour arriva après qu'elle eut découvert l'existence de la boutique de vêtements

Mariazinha, après qu'elle eut décidé de raccourcir ses robes, et après qu'elle eut acheté un bracelet de cheville doré incrusté de pierres bleues qui avait le curieux pouvoir de la faire rougir d'audace. Ce jour-là, Estela descendit les marches, s'avança jusqu'au portail, le traversa, et sentit qu'elle était l'une d'elles.

Elle marchait à présent sans regarder ni à droite ni à gauche : c'étaient les autres qui la regardaient. Elle savait se faire observer comme Maria Lúcia l'avait laissée l'observer, Maria Lúcia qui elle aussi avait un jour découvert la façon de se faire observer, de la façon dont les autres femmes du quartier l'avaient laissée les observer. Elles s'imitaient toutes les unes les autres, déclinant les mêmes maniérismes et les mêmes attitudes d'une façon si propre à chacune qu'ils en paraissaient originaux et personnels. Estela se fit des amies, fréquenta des bars, se fit inviter à des soirées, éconduisit des prétendants. Elle fit la connaissance d'Otávio Jansson, et elle sut. Elle sut que c'était son futur mari.

Seulement Tavinho, lui, ne sut pas immédiatement qu'il serait le mari d'Estela. Il en fut informé petit à petit par Estela, qui le gâtait de bons petits plats et de petits câlins. Tavinho avait la tête si pleine de toutes ces délicieuses attentions qu'il eut à peine conscience de ce qu'il faisait le jour où il se présenta chez sa chérie avec deux bagues en or. Il transpirait et tremblait, mais se dit que c'était normal, et que tout rentrerait sûrement dans l'ordre après un petit massage du cuir chevelu dont elle avait le secret. Ce fut alors qu'il se rendit compte qu'il était en train de répondre aux félicitations de son futur beau-père, transmettant par une simple poignée de main toutes les garanties dont Joaquim avait besoin pour assurer à sa fille une fête de mariage à l'opposé de ses modestes noces avec Ana.

Le soir même, après que Tavinho fut rentré chez lui et qu'Estela se fut couchée en sentant le pouvoir de sa bague de fiançailles se diffuser dans tout son corps, Joaquim se souvint des six bouteilles d'eau-de-vie précautionneusement disposées sur la table de son mariage afin de la faire paraître moins vide. Il réfléchit un instant aux générations qui se succédaient, chacune connaissant sa part de progrès, et il prit la ferme résolution d'être à compter de ce jour un homme riche. Il remit le carnet de chèques à son épouse, en lui confiant des consignes bien précises : « Au mariage d'Estela, il faut qu'il y ait du bon, et du meilleur encore. »

Dona Ana fut tout d'abord prise de court. Elle avait encore l'habitude de se laver uniquement à l'eau lorsque le stock de savons était épuisé avant la fin du mois. Mais bien vite elle trouva ça fort gentil. Elle n'avait pas décidé d'être riche, mais elle apprécia beaucoup que son mari ait décidé qu'ils l'étaient. Elle partit en compagnie d'Estela à la recherche du bon et du meilleur, et lorsqu'elle hésitait, elle achetait les deux. Pour l'église, fleurs des champs ou lys ? Fleurs des champs à l'entrée, bouquets de lys pour l'autel. Cocktail ou dîner ? Cocktail de huit à neuf, dîner de neuf à dix. Sur d'autres sujets, la décision ne prêtait pas même au doute : c'était nécessairement le meilleur du meilleur qui s'imposait. Cérémonie à l'église de Nossa Senhora da Glória do Outeiro, réception au Clube Piraquê. Bouquet de mariée réalisé par des ouvrières spécialisées de Catete, des dizaines de mètres de taffetas, de gros-grain, de dentelle française et de tulle, qui auraient pu habiller tout un orphelinat, mais qui servirent à confectionner une seule robe de mariée qui comptait plus de couches et de sous-couches qu'un millefeuille de la pâtisserie Colombo.

La liste des invités subissait des modifications quotidiennes. La présence de la famille de Tavinho dans le quartier remontait à si longtemps qu'on ne savait plus trop qui avait précédé quoi, Ipanema ou le clan des Jansson. Tavinho tenait à inviter ses amis de la plage, seu Nilson, Ipanema tout entier. Dona Guiomar aussi avait ses invités. Les membres de sa famille la plus proche étaient tous morts, mais elle gardait contact avec un cousin d'Itu et une amie d'enfance qui s'était installée en banlieue.

Le nombre d'invités du côté du futur marié s'élevait à trois cents les jours chiches. Les jours de faste, on atteignait allégrement les trois cent soixante.

« Mais mon petit, il faut quand même que j'invite Túlio, expliquait Nilson à Estela, qui croisait les bras et les jambes. C'était l'otorhinolaryngologiste de Tavinho, il joue avec moi dans l'Orchestre d'Ipanema et il habite au premier étage de l'immeuble. S'il ne reçoit pas son invitation, je fais quoi la prochaine fois qu'on se retrouve tous les deux dans l'ascenseur ? »

Estela avait envie de dire non mais finissait par dire oui, pour découvrir ensuite que Túlio avait quatre fils, et que ses quatre fils avaient des fiancées, et que s'ils invitaient le trompettiste de l'Orchestre d'Ipanema il fallait aussi inviter le saxophoniste, et tous les tambourins, et le type à la grosse caisse, et tous les gamins qui jouaient du reco-reco.

Du côté d'Estela, ça n'avançait pas non plus. Joaquim et Ana souhaitaient convier les membres de leur famille qui habitaient le quartier de Realengo et faisaient partie intégrante de la communauté portugaise de Rio, très traditionaliste. C'étaient des Portugais par essence comme en apparence, danseurs de *vira*, grands amateurs de fado, durs envers les leurs comme avec les autres, débordant d'un amour teinté de brutalité. Mais ces parents de Realengo étaient aussi liés les uns aux autres que les maillons d'une chaîne : impossible de n'en inviter que quelques-uns. Il y avait également les membres du club Casa da Vila da Feira e Terras de Santa Maria, qu'Ana et Joaquim connaissaient depuis leurs années de petits boulots et d'emplois mal payés. Une armada d'enfants, petits-enfants, belles-filles et beaux-fils si nombreuse qu'au bout d'un moment on ne pouvait faire autrement que de porter la main au front et arrêter de compter.

La liste des invités atteignit les cinq cents. Une absurdité, selon Estela. Elle demanda à Tavinho si on pouvait faire l'impasse sur le cousin d'Itu. Guiomar répondit que c'était hors de question. Ces derniers temps, elle était de très mauvaise humeur, et pas seulement parce qu'elle était sur le point de perdre ses hommes, conquis par la cuisine de sa future belle-fille : il lui fallait aussi perdre dix kilos et se faire belle pour le rituel de la perte définitive de son fils. Pour ce faire, elle se condamna à ne manger que de la soupe au chou, dont elle détestait l'odeur, le goût et l'aspect : à chaque repas, elle fermait les yeux et s'efforçait de respirer le moins possible par le nez. En outre, Guiomar s'indigna du refus tout net d'Estela de commander des apéritifs à son amie d'enfance qui fournissait toutes les fêtes du quartier de Méier. Ses petites boules de fromage étaient de toutes les noces, argumentait Guiomar, mais cette fois Estela n'avait aucune envie de céder, et elle ne céda pas. Avec sa mère, elle avait déjà engagé un cuisinier français qui se faisait appeler Jean-Jean, et qui s'était rendu célèbre dans tout le sud de Rio grâce à ses *petites boules de fromage*[1].

Une nuit de janvier, Estela et Ana étaient assises à la table à manger, penchées sur la liste des invités, à la recherche de la formule magique qui saurait la raccourcir. Il fallait absolument diviser par deux le nombre de convives. Joaquim finit par prêter attention à leurs bidouillages et perdit tout à fait patience : « Plein les bottes de cette liste, que tout Ipanema soit de la fête, et tout le personnel du Club Bragança, et les cousins du quartier de Pilares. »

Il plut le jour du mariage. Une averse d'une rare violence, la foudre qui tombait tout près et le tonnerre qui faisait trembler les murs. Quand la pluie commença à tomber, Estela, à bord de l'Aero Willys garée face à l'église, s'apprêtait à faire son entrée avec vingt minutes de retard. La pluie s'intensifia et le retard ne fut plus du tout planifié : elle refusait que

1. En français dans le texte.

son mariage ne soit qu'à moitié parfait. On finit pourtant par la convaincre, plus personne ne supportait de rester enfermé à l'intérieur de l'église, il y avait des fleurs partout, leur parfum était beaucoup trop capiteux, et puis pas une fenêtre d'ouverte, on se serait cru dans un cercueil. Estela ouvrit la portière et trempa la pointe de son escarpin dans une flaque d'eau. Deux parapluies s'ouvrirent, mais ce ne fut pas suffisant pour garder au sec l'intégralité de la traîne.

« Mariage pluvieux, mariage heureux », dit quelqu'un.

Estela sourit et donna le bras à son père, qui regardait sa fille, stupéfié, en se disant : *c'est moi qui ai fait ça*.

La fête de mariage débuta sans que personne ne s'en rende compte, et s'acheva beaucoup trop vite. Il ne resta de cette nuit que des fragments de souvenirs, des flashs tels que :

Dona Guiomar faisant la moue parce que la fermeture de sa robe s'était bloquée au niveau des hanches. Elle passa le reste de la nuit assise, espérant que les serveurs chargés de plateaux de *petites boules* du chef Jean-Jean viennent spontanément dans sa direction.

Le chroniqueur du *Jornal do Brasil* prenant des notes sur une serviette. Il fut présenté aux autres convives par son grand ami, Nilson, qui ajoutait systématiquement le même murmure à l'oreille : « C'est une pédale, mais c'est vraiment un chouette type. »

Les quarante-quatre jeunes Portugaises assises sur le bord de la piste de danse, attendant toutes que quelqu'un les invite pour une valse ou les demande en mariage.

Les quarante-quatre amis du jeune marié tournant autour des jeunes Portugaises. Certains en invitèrent à danser, d'autres en épousèrent certaines.

Le cousin d'Itu, lunettes noires vissées sur le nez malgré la luminosité toute relative qui régnait à onze heures et demie du soir. Il passa toute la fête immobile, assis à une table dans un coin, et ne sourit qu'une fois, lorsque Estela le remercia pour les plats en argent qu'il leur avait offerts.

La table qui drainait le stock de whisky, occupée par des journalistes qui bientôt fonderaient un journal de gauche du nom de *Pasquim.* Il s'agissait des plus grands intellectuels du pays.

« Espèce de pédale, disait l'un.

— Espèce de pédale, rétorquait l'autre.

— Vous savez pour Mário ? » demandait un troisième.

Joaquim dormant littéralement dans son assiette, la joue collée sur le dos d'une langouste. Il avait plus bu en une nuit qu'au cours de toute son existence.

Dona Ana, comblée, incapable d'avaler quoi que ce soit. Elle ne but qu'une gorgée de vin et passa la nuit à observer la fête, assise à la grande table. Une vie entière de travail justifiée par une seule nuit : *J'ai toujours su que ma fille ferait un bon mariage.*

7

Lorsque Estela se réveilla, après ces sanglots qui contenaient tant de choses, après la révélation de son mari, elle trouva la maison plongée dans le silence. Tavinho n'était pas au salon, Dalvanise était déjà partie. Afin de lutter contre l'inertie et l'apathie, elle se rendit dans la salle de bains et alluma ses ampoules de comédienne. Elle se passa de l'eau sur le visage, s'essuya et se regarda droit dans les yeux.

Estela refusait de se rendre. Elle refusait que Tavinho devienne quelqu'un de bizarre, elle se refusait à endosser le rôle de la femme abandonnée. Rien que d'y penser, elle sentait les poils de ses bras se hérisser.

Tavinho non plus n'avait que faire d'une autre vie. Parce que, même en y réfléchissant bien, ce qui s'était passé au tout début du collège n'avait été qu'un simple enfantillage. Et l'autre fois à quinze ans, une simple poussée d'hormones, rien de plus normal à vouloir expérimenter de nouvelles choses. Qui n'avait jamais rien fait de semblable, ça, il aurait bien aimé le savoir. Et depuis, ça n'avait été que des rêves avec des nageurs, et les rêves, techniquement, objectivement, définitivement, ça n'avait rien de réel. Ces sept gaillards au garde-à-vous qui lui caressaient le dos et les cuisses n'existaient pas.

Et puis Otávio Jansson avait une réputation à tenir. C'était un homme, un vrai, grand et puissant, et sa femme, Estela Jansson, avait des courbes qui évoquaient le mont du Pain de Sucre. Il y avait quelque chose de profondément injuste à la voir se maquiller les yeux uniquement pour salir la taie de son oreiller. Il allait vite oublier tout ça, mais peut-être valait-il mieux en parler à quelqu'un avant. Un mercredi où il ne croulait pas sous le travail, il téléphona à Maria Lúcia.

« Tavinho ! Tu m'as tellement manqué, on s'est à peine croisés au réveillon ! Oui, ça va, c'est guéri. »

Tavinho lui dit qu'il avait besoin de parler de certaines choses.

« Ah, ça, c'est clair qu'on a besoin de se parler. Il faut absolument que je te dise. Après la fête, j'ai rompu avec Walter. Quand il boit, ça devient un sale type, il vaut encore moins que les vieux tuyaux qu'il entrepose derrière la porte. Il s'est mis à me pleurer dans les jupes, à genoux, à me servir tout un discours à la "je peux pas vivre sans toi", il m'a dit que ça n'arriverait plus jamais, qu'il m'avait frappée juste parce qu'il était jaloux du type avec qui j'avais dansé. Putain, Tavinho, j'ai dansé une demi-chanson avec ce mec, je méritais quand même pas ça ! Et puis en plus notre relation est fondée sur l'amour libre, tu vois. On s'aime, on accepte les désirs de l'autre, et on se laisse la liberté de faire les expériences qu'on veut. J'ai fini par apprendre que Walter et le type se connaissaient depuis l'enfance, qu'il y avait encore une vieille rancune pour une histoire d'images Panini. Ils sont toujours incapables de s'encadrer, ça a quand même de ces lubies, les hommes. »

Maria Lúcia poursuivit en racontant que Walter et elle s'étaient finalement remis ensemble, mais qu'elle ne savait pas trop si ça tiendrait, que peut-être l'heure était venue pour elle de partir pour Madrid. Et puis elle se tut. À l'autre bout de la ligne, on n'entendait que la respiration de Tavinho, et pendant quelques secondes ce fut le même silence que ces nuits où ils s'achetaient un sorbet chez Morais et se baladaient sur la plage. Ils s'asseyaient sur le sable et finissaient leur glace sans un mot, lui grattant le fond de son petit pot en carton, elle gardant longuement la petite cuiller en bois dans sa bouche. Et tout à coup Maria Lúcia éprouva le besoin de se remettre à parler. « Je vais peut-être avoir une promotion au journal, ce qui fait que c'est pas forcément le bon moment pour courir le monde. Au fait, tu as lu ce reportage que j'ai fait sur la petite vieille qui habite dans un arbre ? »

Tavinho répondit que oui.

« Vieille, noire et pauvre : même pas de quoi s'offrir une baraque en tôle dans la favela ! Elle a quand même réussi à trouver un filleul qui a bien accepté de clouer quelques planches à un figuier et c'est là qu'elle dort, elle descend pour aller chercher son eau, et elle remonte avec son bidon sur la tête. Cela dit, pour

Walter, je sais pas trop. J'hésite à lui rendre sa clef de l'appartement. J'hésite à jeter ses tuyaux, ses tubes et le mixeur qu'il a démonté, et qui n'a plus jamais fonctionné. C'était vraiment une super idée de m'appeler, j'avais vraiment besoin de parler à quelqu'un. Le rédac chef m'appelle, là. Je te rappelle plus tard, il faut qu'on se voie, je te rappelle, promis juré, et promis juré, on essaye de se voir, peut-être la semaine prochaine. »

Durant toute l'année 1968, l'appartement de la rue Aníbal de Mendonça fut en proie au désarroi et au doute. Tout le monde fut concerné : Estela, Tavinho et même Dalvanise, à l'office, à la cuisine, dans chacune des pièces que la gêne contaminait peu à peu.

Les chorégraphies du quotidien permettaient de tenir le coup. Il y avait la douche, le petit déjeuner, les au revoir sur le seuil. Tavinho partait pour son étude de notaire, à la plage, jouer au poker avec ses amis. Estela allait au salon de beauté, chez le boucher et à l'épicerie, déjeunait avec des amies, rendait visite à sa mère. Le soir, ils dînaient ensemble et regardaient la télévision, les jours de match Tavinho insultait les attaquants, leur criait de la mettre tout au fond, traitait l'arbitre de pédale. Ils éteignaient la télévision aux alentours des neuf heures, se brossaient les dents, se déshabillaient. Estela enfilait une de ses chemises de nuit en batiste, s'enduisait de crèmes hydratantes et de lotions astringentes, se perçait un point noir sur le nez. Tavinho lisait un livre, Estela avait toujours un magazine à portée de main.

Le samedi, ils recevaient les parents de Tavinho à déjeuner. Estela et Guiomar s'ignoraient, regardaient la télévision, et Tavinho allait dormir. Nilson ouvrait le frigo pour boire de l'eau froide au goulot et reluquer les fesses de Dalvanise. De retour au salon, il se lamentait sur le sort du pays.

« Ils arrêtent des étudiants, maintenant. Des étudiants ! »

La nuit venue, Estela enfilait un de ses cinq babydolls et déposait deux petites gouttes de parfum derrière ses oreilles. Tavinho s'attardait dans la salle de bains, ne sortant que lorsque les lampes de chevet étaient éteintes. Ils faisaient l'amour aux alentours des neuf heures, et à neuf heures et quart tous deux dormaient déjà.

Ce *modus vivendi* semblait viable, mais ses imperfections se faisaient jour dès que les chorégraphies du quotidien étaient un tant soit peu bousculées. À ces brefs instants, les révélations de Tavinho apparaissaient irréversibles, et l'appartement devenait invivable. À son insu, Estela se demandait intérieurement si son mari *en était* vraiment. Et, à sa plus grande horreur, elle ne pouvait que répondre par l'affirmative.

Ce qu'elle souhaitait le plus au monde, c'était que Tavinho la désire comme il feignait de la désirer. Et qu'elle le désire comme elle feignait de le désirer. Elle le souhaitait plus que de changer ses plats en argent en plats en or. Plus encore que de ne plus jamais grossir.

Elle devint une fervente adoratrice de Notre Dame de la Paix. Elle allait à la messe tous les dimanches, à confesse une fois par semaine. Elle soumit au curé la version catholique de la crise que traversait son mariage : « C'est mon mari, il semble être, comment dire, distant. » Elle n'obtenait que des réponses aussi vagues que des horoscopes du jour : « Tout mariage est jalonné d'épreuves, vous devez vous montrer patiente. Vous me réciterez trente Je vous salue Marie et dix Salut, Reine. »

Estela remit la main sur le chapelet de nacre auquel elle n'avait plus touché depuis sa confirmation et récita plus de Notre Père que durant un an à l'internat. Elle procéda à tant de génuflexions devant l'autel qu'elle souffrit très vite des mêmes douleurs que les quatre veuves qui semblaient ne jamais quitter l'église. Elle alluma des cierges, promit des offrandes, des jeûnes.

Tous ces efforts furent vains : ses baby-dolls ne suscitaient toujours pas l'intérêt escompté. Tavinho faisait preuve d'économie alors qu'Estela aurait voulu tellement plus. Elle aurait voulu tellement plus de minutes avec lui le samedi soir, et d'autres minutes encore, exotiques, dans des lieux et à des endroits où il aurait été merveilleux d'avoir un mari créatif ne serait-ce qu'une seule fois dans sa vie, comme sur le tapis du couloir, ou sous la douche, ou sur le plan de travail de la cuisine, et pourquoi pas la bibliothèque ? songeait Estela en évaluant visuellement l'espace entre le coq portugais et l'encyclopédie des plantes.

Les prières n'aidèrent en rien. Et parce qu'elle était profondément catholique, parce qu'elle croyait de toute la force de sa foi qu'une union devant Dieu ne pouvait être défaite par les hommes, Estela partit à la recherche d'un *pai de santo*[1].

Une semaine plus tard, ses pieds délicats, déchaussés, foulaient le sol de ciment d'un *terreiro*[2]. Sa belle chevelure était nouée en queue-de-cheval, ses cuisses étaient dissimulées sous une jupe blanche. Cette petite maison du quartier de Pavuna, avec son petit muret, son portail rouillé et ses manguiers dans le jardin, était là où officiait le *pai de santo* Laudelino de Oxalá. Les seules différences entre cette maison et celles qui l'entouraient étaient les cages remplies d'oiseaux qu'on trouvait empilées dans tous les coins et la petite grotte fermée par une grille, au fond de laquelle on devinait une créature écarlate armée d'un trident qu'Estela jugea préférable d'ignorer.

Elle allait tout raconter. *Tout*, se promettait-elle dans l'antichambre où assises sur des chaises alignées le long des murs, d'autres femmes attendaient comme elle, avec leur jupe blanche, leurs pieds nus, leurs bras croisés et leur visage fermé. *Vraiment tout.* Elle préparait ses phrases, remettait de l'ordre dans la suite des événements. Quand elle était lasse de réfléchir à son cas, elle lançait un coup d'œil discret aux autres femmes, s'efforçant de deviner à leur expression tendue la gravité de leurs problèmes.

Elle fut appelée en fin d'après-midi. Elle entra dans la pièce baignant dans la pénombre, avec des tambours dans les coins, des bougies allumées et des

1. Prêtre d'un des cultes syncrétiques brésiliens.
2. Lieu de culte candomblé.

vases remplis de feuilles de palmier. Un noir aux cheveux grisonnants était assis à une table dans le coin de droite. Il était vêtu de blanc, portait des colliers de coquillages, fumait la pipe et plissait les yeux sans arrêt, comme saisi d'un tic nerveux. L'atmosphère était saturée de l'odeur de l'huile de palme, et Estela se sentit un peu écœurée.

Raconter quoi, en définitive ? songea-t-elle alors. L'idée de cette consultation, ses raisons mêmes, tout cela lui semblait soudain peu important. Elle aurait voulu rentrer chez elle, mais ses pieds le lui interdirent. Elle s'assit sur un tabouret, devant la table. *Et si quelqu'un écoute, les assistants, les autres femmes ?* Elle se pencha un peu plus près du médium, pardessus la table, et se retrouva si près du *pai de santo* que ses lèvres effleurèrent le lobe de son oreille. Prise d'un frisson, elle se recula aussitôt, très gênée. Elle réessaya, prenant soin cette fois de garder une certaine distance. Et elle se mit à tout raconter, sans pouvoir s'arrêter.

« Qu'est-ce que j'ai fait pour mériter ça, qu'est-ce qu'il a pu faire, qu'est-ce qu'on a pu faire contre nous ? Pourquoi ça nous arrive, pourquoi moi, pourquoi lui ? Aidez-moi, *pai* Laudelino, est-ce qu'il existe un remède, un contre-charme, une solution ? »

Dans la salle d'attente, les femmes refermèrent totalement la porte et augmentèrent la cadence du ventilateur. Le *pai* Laudelino plissa les yeux : « Et depuis combien de temps ça dure ? »

Estela répondit que ça remontait à quelques mois. Il tira plusieurs bouffées sur sa pipe, saisit des coquillages en chantonnant, les secoua et les jeta sur la table. Puis il considéra la figure aléatoire qu'ils formaient, avec un air qui ne laissait pas présager du meilleur.

Une heure plus tard, debout dans le bus qui la ramenait dans la zone sud, Estela se sentait comblée, heureuse, même. Elle ne se formalisa pas des odeurs d'aisselles ni de tous ces gens qui la collaient. Arrivée chez elle, elle prit deux bains successifs, afin de se débarrasser de la chaleur et de l'odeur de la banlieue. À six heures du soir, Tavinho rentra. Estela n'attendit pas qu'il se soit changé. Elle suivit son mari à travers l'appartement, lui contant ce qu'elle avait appris, jusqu'à ce que l'homme à la mine grave qui venait de jeter ses clefs sur la table à manger se transforme en homme soulagé déboutonnant sa chemise.

« La jalousie, déclara Estela. *Pai* Laudelino me l'a confirmé. Quelqu'un a fait faire un travail contre notre mariage : certaines personnes n'aiment pas voir les autres heureux. Ah, Tavinho, je m'en doutais, tu sais. Notre vie est trop belle, les autres nous envient. Mais le plus important, Tavinho, le plus important de tout, Otávio, répéta-t-elle en posant les mains sur les épaules de son mari, c'est qu'il y a une solution. »

Estela faisait à présent un aller-retour jusqu'à Pavuna tous les mercredis matin. Elle quittait la rue plantée d'amandiers, prenait le bus jusqu'à la gare Central do Brasil, puis un tramway jusqu'à la banlieue nord. Elle descendait au bout d'une grosse dizaine d'arrêts, généralement exaspérée. C'était à se demander pourquoi on considérait cette banlieue qui s'étendait à perte de vue comme une partie de Rio : elle était si différente de la zone sud. Estela parcourait des rues bordées de maisons modestes, arrivait devant le portail rouillé qu'elle poussait pour accéder au *terreiro*. Elle emporta un jour une nappe brodée pour la table des offrandes, et décorait fréquemment les autels avec des roses blanches. Elle passait ses mardis à cuisiner pour les saints, du maïs, de la patate douce, de la farofa, des cornilles.

Elle parvint à traîner Tavinho jusque là-bas. Il la suivit à contrecœur, il ne voulait rien avoir à faire avec le petit peuple. Mais Estela lui avait dit que c'était son problème à lui : c'était donc à lui d'aller voir le *pai de santo*. Durant la consultation, Tavinho, assis devant le *pai* Laudelino, paraissait encore plus grand que d'habitude. Ils murmurèrent tout du long, pliés en deux au-dessus de la table. Le *pai* Laudelino plissait les yeux à cause de son tic, Tavinho plissait les yeux pour ne pas pleurer. Il apprit qu'il était fils d'Omulu, le seigneur des maladies. Il les attirait, ce qui expliquait qu'il ait contracté ce mal dans l'armoire pendant le réveillon. Il reçut des prières, prit des bains, s'habilla tout en blanc, se rendit à une autre consultation, découvrit de nouvelles choses. En plus de l'influence d'Omulu, il y avait un *encosto*, une possession. « Ils t'ont envoyé cet esprit des morts pour te nuire encore plus », lui révéla le *pai* Laudelino.

Tavinho prit peur pour de bon. Un esprit malin avait élu domicile dans son corps. Il attirait tous les maux, lui qui à son âge avait toujours peur des fantômes. Il prit l'habitude de dormir avec la lumière du couloir allumée, et avait besoin de compagnie ne serait-ce que pour aller faire pipi. Parfois, alors qu'elle était au salon, Estela entendait des pas précipités dans le couloir : c'était Tavinho qui était allé changer de chemise mais, ne pouvant rester seul dans la chambre, s'empressait de retourner à ses côtés, terrorisé.

Malgré les offrandes et les bains de maïs soufflé, les samedis soir étaient toujours aussi mornes, ce qui amena Estela à se rabattre sur un centre de spiritisme. Il y eut des formules et des passes magnétiques, et elle revint accompagnée de Tavinho. Le problème était d'ordre karmique, expliquèrent les médiums, tout était lié au rythme de l'univers. La cartomancienne entra dans des détails que l'astrologue confirma. Deuxième semestre, garantirent les deux. La gitane affirma que c'était une affaire de quelques mois, la voyante corrobora ses dires. Le tirage du tarot indiqua une amélioration après octobre. « C'est le mois d'octobre, alors ? » demanda Estela. « C'est le mois d'octobre », acquiesça la femme aux cristaux. « Si votre mari s'appelait Adílio, ç'aurait été en juin, mais comme il s'appelle Otávio sans C entre le O et le T, il faudra attendre octobre pour que ça s'arrange », confirma la numérologue.

Le premier samedi d'octobre, Estela prépara un déjeuner de gala pour ses beaux-parents. La nuit venue, elle ouvrit une bouteille de bon vin et enfila un tout nouveau baby-doll. La taille bien prise mettait en valeur les cuisses, ses seins semblaient tout faire pour bondir hors du corsage. Tavinho passa de longues minutes dans la salle de bains et n'alla se coucher qu'une fois les lampes de chevet éteintes. Il déclina le vin, prétextant des aigreurs d'estomac, et fit l'amour à Estela pendant quinze minutes.

De désagréable, la situation devint vite horrible. Tavinho et Estela partageaient leur dîner avec l'émotion de clients faisant la queue à la banque. Dalvanise les servait et les débarrassait, incrédule : comment pouvaient-ils faire une tête pareille devant un filet mignon ?

Un mardi soir, Tavinho s'approcha de sa femme.

« Il faut qu'on parle, mon amour. »

Estela sentit ses épaules se crisper. Elle sourit par réflexe et s'assit sur le bord du canapé, les mains sur les genoux. Tavinho alla au bar se servir un verre de whisky. Il avala une gorgée, regarda le mur, en but une deuxième et alla s'asseoir à côté d'Estela.

Il lui dit que les temps changeaient. Qu'un vent de liberté soufflait dans toute la société, que beaucoup de gens se lançaient dans de nouvelles expérimentations, en Europe, aux États-Unis, et même à Ipanema. La fidélité n'était qu'un traquenard de la morale bourgeoise, et le fait d'être à l'écoute de ses désirs était un véritable acte de résistance.

« Quand tu y réfléchis un peu, tu te rends vite compte que la monogamie c'est un truc super réactionnaire, un piège tendu par le patriarcat. Un machin créé uniquement pour justifier la concentration des biens, les héritages, tout le bazar qu'on accumule au cours de notre vie. Et donc », conclut-il en posant son verre sur la table basse pour prendre les mains de son épouse dans les siennes, « on pourrait essayer deux ou trois trucs. L'amour libre, par exemple.

— L'amour libre ?

— L'amour libre. On reste mariés, mais avec la liberté de faire de nouvelles expériences. Comme ça de mon côté je pourrai mieux comprendre ce qui m'arrive, et toi aussi, du tien, tu pourras faire les expériences que tu voudras. Ça restera entre nous. Et puis on parlera de tout ça et on avisera. »

Estela se leva du canapé et traversa le salon. Elle contempla les bibelots et les tableaux, la bibliothèque, les verres en cristal, le vase chinois, le paravent à motifs tribaux. Autant de choses qui représentaient les fondations mêmes de son mariage. Elle marchait lentement, faisant glisser ses doigts sur ces objets. Elle se retrouva face au buffet, derrière le canapé, où reposait le service à thé en argent. Trois pièces de style baroque, des anses en forme de rose et la base sculptée en haut-relief. Argent 925.

« Ce service est si délicat, si élégant », dit-elle. La pulpe de ses doigts suivait les arabesques brillantes, s'attardait sur les détails des pétales. Relevant la tête, elle regarda Tavinho. « Je me suis mariée avec toi à cause de ce sucrier. »

Elle saisit alors la raison de leur union et le jeta à la tête de son mari.

Le lendemain, Dalvanise nettoya le sucre répandu par terre. Tavinho alla travailler avec un pansement au front, Estela alla au marché, puis au salon de beauté.

Sur le trajet du retour, elle s'assit sur un banc qui faisait face à la plage. La mer était agitée, les vents du sud-ouest soufflaient fort. Il n'y avait personne à l'eau, personne sur le sable, et la brume marine était si dense que les rares automobiles qui empruntaient l'avenue Vieira Souto roulaient phares allumés. Estela croisa son gilet sur sa poitrine et fit le gros dos. La pluie et les embruns des vagues géantes qui se brisaient à ses pieds lui fouettaient le visage. Le grondement intense de l'océan, le rauquement constant du vent, le chuintement du sable dans l'air et le martèlement des gouttes de pluie au sol résonnaient dans le vide aux oreilles d'Estela.

Les bruits de la tempête faisaient taire les habitants d'Ipanema, bien au sec et en sécurité dans leurs appartements, et laissaient la parole à tout ce qu'ils ne pouvaient entendre : les murmures de Johan – *Les vagues d'ici, ma chérie, sont faites pour l'oubli. Elles avalent les problèmes et rejettent ce néant si agréable* –, les opinions de Birgit – *Mais quelle surprise ! Mon petit-fils est né si bronzé !* –, les lamentations de ceux que Laura avait fait souffrir – *Je ne demandais qu'un baiser, même soufflé du bout de ses doigts* –, des histoires de pêcheurs – *J'ai déjà attrapé un petit requin de quarante kilos dans ces rochers* –, de commerçants – *Je vends que de l'indienne de qualité, celle-ci, c'est encore mieux que de la soie* –, de personnes qui avaient longtemps vécu ici, de très nombreuses années auparavant – *Aujourd'hui c'est la messe de la Pentecôte, Iracema, laisse-moi te faire tes tresses, João est né coiffé, Dadinho est mort de son ver solitaire, attention il y a des serpents par ici*. Des disputes, des réconciliations, des pleurnicheries, des câlineries, des insolences, des élucubrations, des bluettes, des surprises, des désillusions, des mensonges, de gros éclats de rire, des paris, des craintes, des méfiances, des tentations, des rêves et des promesses, des projets et des plans sur la comète.

Estela entendit tout. Et au milieu de toutes ces voix, en procédant par élimination, elle finit par trouver la sienne. Elle aurait pu en entendre plus, elle aurait pu rester là plus longtemps, mais il fallait mettre ce litre de lait au frigo avant qu'il tourne. Elle reprit ses sacs de commissions, se leva du banc et rentra chez elle.

Elle prit un bain chaud et dîna sans prononcer un mot. Et, avant de dormir, elle dit à Tavinho : « On va voir si ça marche, cette histoire d'amour libre. »

8

En 1968, à Rio, la manifestation des Cent Mille exigea le retour de la démocratie, et le Brésil reçut la visite de la reine Elizabeth. Edson Luís fut le premier d'une longue liste d'étudiants tués par la police durant les manifestations contre le nouveau régime, Martin Luther King et Robert Kennedy furent assassinés. La Tchécoslovaquie se métamorphosa durant le Printemps de Prague, des étudiants envahirent les rues de Paris. Tavinho prit l'habitude de rentrer plus tard le soir, Estela découvrit une fuite dans la salle de bains.

En l'espèce, une tache sombre en forme de chaussette qui se trouvait au plafond depuis des mois, mais qui selon Estela pouvait se mettre à goutter d'un moment à l'autre.

Elle alla frapper chez la voisine, à qui elle expliqua le problème. Dona Ivone l'écouta, impassible, et répondit enfin qu'elle ne pouvait rien faire sans l'aval de son époux.

« Paulo y jettera un coup d'œil, mais il ne reviendra

du tribunal qu'après cinq heures. Paulo est toujours très pris. Il est procureur. »

Curieux, songea Estela. Ivone avait tant de fierté à parler de son mari que ses joues semblaient se gonfler à chaque « Paulo » prononcé.

Paulo rentra, Paulo repartit, et personne ne vint frapper à la porte d'Estela. Le lendemain, elle se présenta de nouveau sur le seuil de sa voisine.

« Paulo a dit que ce n'était pas une fuite. Qu'une tache au plafond n'est synonyme de fuite que quand il y a une augmentation de l'humidité ambiante. »

Estela fit venir un maçon qui défonça le plafond. Elle trouva derrière la cloison un tuyau humide et fit venir la voisine.

« Regardez, voici la preuve qu'il y a bien une fuite. »

Dona Ivone leva les yeux.

« Je ne vois rien.

— Là, montra Estela. Le tuyau humide.

— Mais ça ne goutte pas.

— Bien sûr que ça goutte.

— Bien sûr que non.

— Bien sûr que si. »

Le volume sonore du bien-sûr-que-si-bien-sûr-que-non augmenta progressivement jusqu'à ce que dona Ivone gonfle les joues en mentionnant son époux.

« Paulo viendra voir ça. »

Paulo passa en fin de journée. Il regarda en haut, grimaça afin de mieux y voir, puis reporta son attention sur Estela.

« Il faut voir si le problème vient d'un tuyau vertical

ou d'un tuyau horizontal. Si c'est un tuyau vertical, ça relève de la responsabilité de la copropriété, pas de la nôtre.

— Mais le tuyau humide est horizontal.

— Il est humide mais ça ne goutte pas.

— Bien sûr que si.

— Bien sûr que non.

— Bien sûr que si.

— Bien sûr que non. »

De nouveau, le volume sonore du bien-sûr-que-si-bien-sûr-que-non augmenta jusqu'à aboutir à une cacophonie totale. Madame, je vous prie de me témoigner un peu de respect, monsieur, je vous prie de faire preuve d'un peu de sang-froid, ça ne goutte pas, bien sûr que si, bien sûr que non, bien sûr que si, bien sûr que non.

Lorsque Estela déposa une main courante dans le registre de l'immeuble, elle y trouva le rapport de dona Ivone.

« Sauf le respect que je lui dois, c'est ta mère qui est déséquilibrée », dit Estela à la page, avec tant de colère qu'elle parut presque s'enlaidir.

Ce soir-là, Tavinho rentra tard, et le lendemain matin il repartit tôt. Estela l'appela à l'étude et, toujours en colère, lui raconta en détail l'épisode du bien-sûr-que-si-bien-sûr-que-non. Éloignant le combiné de son oreille, Tavinho lui dit qu'il s'en occuperait. Et il appela aussitôt Paulo, le procureur.

« Salut, mon vieux, t'as vu le match hier ? »

Ils conversèrent des buts marqués et convinrent d'un rendez-vous dans un bar à billard. Il rentra aussi tard que d'habitude. Les voisins paieraient pour les travaux.

Voici le souvenir qu'Estela garda de ces semaines : elle, une main sur la hanche, la tête basculée en arrière, observant les pieds abîmés et les vieilles tongs du maçon engagé pour les travaux. Le maçon, au sommet de l'escabeau, ses jambes dépassant du trou du plafond, dont il ressortait la peau recouverte d'une fine couche de plâtre blanc. Le maçon accroupi par terre, mangeant avec la main riz, haricots et farine contenus dans sa gamelle. Estela qui allait chercher un médicament anti-nausée dans l'armoire à pharmacie, l'estomac retourné par l'image de ces tas de nourriture engloutis par cet homme. Le médicament provoquait une certaine somnolence : Estela passait le reste de l'après-midi à dormir.

Et voici le souvenir qu'en garda Tavinho : il arrivait de bonne heure à l'étude et disait à ses employés qu'il avait beaucoup à faire. Il demandait à un clerc de s'occuper des affaires courantes et s'enfermait dans son bureau. Des silhouettes d'employés et de clients passaient derrière le verre dépoli de la porte vitrée, tandis que Tavinho, coudes posés sur la table, tête dans les mains, gardait les yeux rivés sur les imperfections du bois. À l'heure du déjeuner, il sortait en disant qu'il ne reviendrait pas. Quelques minutes plus tard, au volant de sa Ford Corcel, il passait devant le parc de Flamengo. Il allait se garer à Cinelândia, près de la place Carioca ou de l'église Nossa Senhora de Candelária. On pouvait les voir dans des snack-bars, dans les halls d'immeuble, aux arrêts de bus, au coin des rues et sur les places, ces hommes qui renvoyaient à Tavinho son regard, ces hommes qui savaient.

Il y eut des moments que Tavinho aurait voulu oublier. Comme toutes ces fois où il fit le tour du cinéma São José, place Tiradentes, spécialisé dans les films pour messieurs. Un après-midi, il y entra. Le hall était d'une splendeur décadente, avec un ascenseur en fer forgé, des mosaïques au sol, des bouquets de fleurs et une odeur d'urine dans les coins. Dans le fond, un rideau de velours bleu dissimulait la salle de projection. Tavinho en écarta un pan et pénétra dans la salle obscure, où des spectateurs étaient assis sur des chaises en bois, disposées n'importe comment. L'image était d'une qualité exécrable, les haut-parleurs grésillaient. Il s'assit sur une chaise cassée, oscillant entre plaisir et panique. Un homme prit place à côté de lui, et Tavinho se leva. Il retourna dans le hall et emprunta l'escalier pour accéder à l'étage supérieur. Les murs de la cage d'escalier étaient recouverts des noms de ceux qui fréquentaient ces lieux, au milieu desquels, écrite au marqueur rouge, ressortait la phrase « Tentation, sublime tentation ». Des hommes murmuraient à son oreille, lui touchaient le bras, se détournaient pour frotter leur corps au sien. Des messieurs, des étudiants, des grouillots, de jeunes garçons imberbes, des ouvriers. Tous regardaient Tavinho, et tous savaient.

Sa nuit dans le quartier de Vila Isabel aussi, il aurait aimé l'oublier. C'était jour de match pour l'équipe nationale, tous les hommes du pays se pressaient autour des radios.

« Allez le Brésil ! s'écria un type.

— Et merde ! s'exclama un autre.

— Putain, fulmina un troisième.

— C'est pas possible, lâcha un quatrième en fixant la radio. C'est pas possible », répéta-t-il en toisant Tavinho.

Il avait la peau brune, les lèvres épaisses et les cheveux ondulés, un paquet de cigarettes se dessinait dans la poche de sa chemise moulante. Les jambes négligemment écartées sur sa chaise, son verre de bière à la main. Il en demanda un autre à la fin du match.

« Une petite cachaça pour moi », demanda Tavinho au serveur.

Jorge habitait tout près, il n'avait jamais vu Tavinho au bar.

« C'est parce que j'habite à Laranjeiras », expliqua Tavinho.

Ce fut une nuit étrange, marquée par les divergences d'avis qui assaillirent son corps tout entier. Ses yeux fixaient Jorge, puis se rivaient à la porte ; ils retournaient à Jorge, Tavinho se détendait un peu, jusqu'à ce que brusquement son regard fuie à nouveau vers la porte. Ses cuisses voulaient et ne voulaient pas se coller à celles de Jorge, et les mains de Tavinho passaient sans arrêt de ses lèvres à son verre, de son verre à ses lèvres. À onze heures, ils burent un dernier verre.

Ils quittèrent le bar et marchèrent en silence jusqu'à la voiture. Tavinho ouvrit la portière, Jorge se colla à lui. Tavinho répondit par un coup de poing.

« Sale pédale ! » s'écria-t-il en montant à bord. Il démarra aussitôt et regarda dans son rétroviseur. Jorge était à terre, ses mains entrouvertes dissimulant son visage en sang.

De retour chez lui, il trouva Estela assise sur le canapé, en peignoir, bras et jambes croisés, un pied remuant en cadence dans le vide.

« C'est la troisième et la dernière fois, Otávio. La troisième, et la dernière. »

Tavinho alla se servir un whisky, tournant le dos à sa femme. Il but une gorgée, considéra le mur qui lui faisait face, en avala une autre. Il alla s'asseoir sur le canapé, jouant avec les glaçons qui tintaient dans son verre tout en écoutant la diatribe d'Estela.

Paulinho, le délinquant qui faisait office de fils à dona Ivone et à Paulo, le procureur, venait de découvrir toutes les potentialités ludiques du papier toilette, dont il faisait des boules qu'il mouillait et lançait sur le balcon d'Estela et de Tavinho. Elle en avait parlé avec la mère du criminel, avec le syndic de copropriété, elle avait porté la main à son front en soupirant : « Il ne me manquait plus que ça », mais tout cela avait été vain : la guerre des boulettes mouillées battait son plein.

« Il faut que tu interviennes, Otávio. »

Tavinho s'enfonça au fond du canapé. La troisième gorgée descendit toute seule.

Et puis ce n'était pas tout, poursuivit Estela. Paulinho prenait le hall d'entrée de l'immeuble pour un vélodrome et s'y entraînait quasiment tous les jours. Estela s'en était plainte auprès de dona Ivone qui dans un haussement d'épaules avait répondu que son fils était en pleine forme, qu'il aimait jouer comme n'importe quel enfant de son âge. Et quand Paulinho ne jetait pas des boulettes de papier toilette mouillées sur le balcon et ne dégradait pas le hall, il ne cessait de sauter partout.

« Et ça cavale, et ça martèle, et ça cogne au plafond. Tu n'imagines pas ce que j'endure tous les jours, Otávio. Tous-les-jours. »

Tavinho lui dit qu'il s'occuperait de ça. Il finit son whisky et alla dans la chambre. Enfila son pyjama, se coucha tête tournée vers la fenêtre. Se félicitant d'avoir bu, il s'endormit presque aussitôt.

Il resta muet le reste de la semaine. Il s'enfermait toute la journée dans son bureau et, de retour chez lui, n'avait que ces mots : « Je vais m'occuper de ça, Estela, je vais m'occuper de ça. » Il allumait la télévision et restait immobile des heures durant : le jour de match, il n'insulta personne, ne fit pas la moindre remarque. Il sentait la présence d'Estela, quelque part dans l'appartement, se distrayait en regardant le journal télévisé national, et se sentit un peu heureux le soir du bœuf strogonoff.

Il aurait aussi aimé oublier la fois où il trompa sa femme avec une ex-petite amie. C'était une expérience qu'il se devait de faire, afin de savoir si le problème venait de lui ou d'Estela. Il mit la main sur un vieux carnet d'adresses chez ses parents et jeta son dévolu sur Cristina, une blonde aux cheveux secs et aux sourcils fins semblables aux aiguilles d'une horloge indiquant 10 h 10. Ils réservèrent une table au fond du restaurant Antonio's pour le déjeuner. Cristina s'exprimait avec tout son corps, le buste penché au-dessus du riz au brocoli, ses mains tournoyant dans l'air. Elle lui parla de ses cousins, de sa mère, de ses vacances à Cabo Frio.

« Tu te souviens de la maison ? »

Tavinho acquiesça. La pelouse avec les jasmins, le muret imitant l'ondulation d'une vague, la petite piscine ronde.

« Ton père a toujours son bateau ?

— Il l'a revendu, répondit Cristina en penchant la tête de côté.

— Quel dommage », fit-il, inclinant lui aussi la tête.

Après le déjeuner, ils se rendirent dans la garçonnière d'un ami de Tavinho. Ils tirèrent les rideaux, allumèrent le ventilateur, se couchèrent sur le lit disposé au beau milieu du salon. Cristina serra les bras de Tavinho, lécha son torse, lui mordit la nuque.

« Tu sais ce que j'ai appris depuis tout ce temps ? Tourne-toi que je te montre, tu m'en diras des nouvelles. »

Tavinho lui rendit la pareille, par réflexe. Le parfum doucereux et presque écœurant de Cristina, la base du soutien-gorge soulevé barrant la moitié des seins, la jupe enroulée aux hanches, son pantalon à lui à peine baissé aux genoux, la chemise à moitié ouverte, les mouvements mal coordonnés, ce désir idiot et artificiel, rien de tout cela n'avait de sens. Le lit gémissait plus que ses occupants, et même ces grincements semblaient manquer de sincérité.

Tavinho avait hâte d'atteindre l'orgasme, non pour le plaisir qu'il en tirerait, mais pour en finir au plus vite. Le meilleur moment de cette trahison fut de se retrouver étendu, avec la tête de cette femme sur sa poitrine, immobile. Il lui fit un petit massage de la tête, et regretta soudain de ne pas être au côté d'Estela.

En fin d'après-midi, il passa au bar pour rendre à son ami les clefs de sa garçonnière. Il marcha jusqu'à la plage, se déshabilla et piqua une tête. Il avait épousé la meilleure des femmes, il vivait avec elle, que voulait-il de plus à la fin ? Même quand il lui avait proposé de faire des expériences chacun de son côté, Estela avait opiné. Soit, le sucrier avait volé, mais elle avait fini par céder avant même que la plaie soit totalement guérie. Et elle avait dit oui, tout gentiment, comme si elle avait dit : « On peut aller au cinéma ou manger une pizza, tout me va. »

C'était un vendredi : il décida d'apporter sa contribution à la soirée baby-doll. Il passa chez le fleuriste pour acheter des roses. En entrant chez lui, il cria *Estela*, mais personne ne répondit. Dalvanise ignorait où elle était allée, tout ce qu'elle savait, c'était qu'elle était censée rentrer *tout de suite tout de suite*. Tavinho posa le bouquet sur la table, se servit une bière et alluma la télévision. Le journal national débuta, s'acheva, la télénovela débuta à son tour, et s'acheva également. Tavinho bâilla et demanda à Dalvanise de servir le dîner. Il mangea seul et alla se coucher. Estela arriva après onze heures et se leva avant sept heures du matin. C'était un samedi, jour du déjeuner en famille. « Bonjour, mon amour, oui très bien, comment s'est passée ta semaine, oui je suis rentrée tard, je suis sortie avec des amies. » Et au baiser qu'elle déposa sur son front, à son expression insouciante, à ses fredonnements et à ses déhanchés, Tavinho sut qu'Estela avait un amant.

9

Estela fit la connaissance de Beto alors qu'elle faisait signer une pétition pour organiser une assemblée générale extraordinaire de copropriété et définir les règles de conduite des enfants de l'immeuble. Ses négociations avec dona Ivone avaient abouti à une impasse : « Paulo a dit qu'il n'y avait rien à faire : Paulinho est un enfant heureux, c'est tout. » Et elle n'eut pas plus de chance avec Paulo lui-même, le procureur : « Il ne figure dans le règlement de copropriété aucun article spécifique sur l'usage de vélocipède, ce qui entraîne implicitement une autorisation pleine et entière d'en faire. »

Interrogé sur les petites boules de papier hygiénique, Paulo argua qu'il n'existait aucune preuve définitive quant à leur origine, argument auquel Estela répondit en soulignant qu'il n'existait en l'espèce que trois coupables possibles, le fils du procureur, l'octogénaire du quatrième étage et Notre Seigneur Jésus-Christ, les seuls individus habitant au-dessus de son appartement à elle. Paulo avait alors fermé les yeux dans l'espoir absurde de faire disparaître Estela : « Je ne peux rien faire. »

Mais moi oui, pensa-t-elle alors.

Elle s'adressa au syndic, un général réserviste qui avait pris part à la révolution de 1930 et qui s'était découvert une nouvelle jeunesse en voyant ses collègues prendre le pouvoir. Il se teignait les cheveux en noir et, afin que ça ne fasse pas trop bizarre, se teignait aussi les sourcils. Le général Orestes ouvrit sa porte et Estela réprima un sursaut : il y avait devant elle tant de rides et tant de cheveux noirs que l'un ou l'autre de ces traits était nécessairement faux. Le syndic écouta les doléances d'Estela et lui confirma l'absence de règles relatives aux bicyclettes, ce qui poussa Estela à porter une main à son front, au bord des larmes. Orestes sentit sa gorge se nouer. Il ne pouvait voir une femme pleurer sans se rappeler les sacrifices de feu sa mère qui avait élevé seule ses dix-huit enfants. Il regarda à droite et à gauche, s'assurant qu'il n'y avait personne dans le couloir, et se pencha vers Estela : « Ça reste entre nous, je ne veux pas de problème avec le procureur, mais vous pouvez faire signer une pétition pour organiser une réunion extraordinaire durant laquelle on pourra revoir le règlement de copropriété. »

Le lendemain, Estela frappa à la porte de tous les appartements de l'immeuble. Le dernier se trouvait au rez-de-chaussée, à côté du bureau du gardien.

« Qui est-ce ? demanda une voix masculine derrière le battant.

— Estela, je suis une de vos voisines. »

La porte ne s'ouvrit pas. Estela frappa à nouveau.

« Qu'est-ce que vous voulez ?

— M'entretenir avec vous d'un problème qui vous concerne. »

La porte s'ouvrit enfin, et un visage apparut dans l'entrebâillement, des lunettes réparées au sparadrap sur le nez.

« J'ai pas le temps.

— Ce sera rapide », dit-elle en poussant la porte.

L'appartement était sombre et poussiéreux. Une ampoule pendait à un fil au plafond, unique source de lumière qui révélait le peu de choses à voir dans le salon. Certaines petites lames du parquet n'étaient plus fixées, un téléphone reposait au sommet d'une pile de vieux papiers. Quelques livres étaient rangés dans une bibliothèque, et des assiettes sales reposaient sur la table à manger.

Le voisin lui désigna son canapé. Estela considéra les taches qui le maculaient, et préféra rester debout. Puis elle se dit qu'il était plus correct de s'asseoir et elle s'avança vers le canapé en songeant : *Mieux vaut rester debout, mieux vaut s'asseoir, mieux vaut rester debout, mieux vaut s'asseoir.* Elle finit par prendre place au bord du sofa, sa pétition sur les genoux. Le voisin lui demanda si elle désirait boire quelque chose, elle répondit qu'un verre d'eau serait le bienvenu. Il disparut dans la cuisine, et Estela entendit l'eau couler à travers le filtre. Il revint avec un verre qui dans une autre vie avait contenu du fromage frais. Il le tendit à Estela, prit une chaise et s'assit en croisant les jambes pour former un quatre.

Estela s'obligea à ne pas regarder autour d'elle. Elle lui parla de dona Ivone, de Paulo, le procureur, de leur fils turbulent, de procès-verbaux, d'immeuble et de hall. Les phrases sortaient toutes seules de sa bouche, ce qui était heureux car elle était incapable de penser à autre chose qu'au voisin qu'elle avait face à elle. Cheveux châtains en bataille, barbe de trois jours, lunettes cassées. Vieux jean déteint, chemise froissée, sandales en cuir. Une cicatrice au menton, sans doute un accident du quotidien. Estela parlait de la nécessité, de l'urgence qu'il y avait à s'organiser face à des individus puissants et dénués de scrupules qui habitaient le…

« Où est-ce qu'il faut signer ?

— Ici », répondit-elle en désignant une ligne.

Il se pencha en avant et saisit la pétition posée sur les genoux d'Estela.

« Voilà, c'est fait », dit-il en se levant.

Estela l'imita et se dirigea vers la sortie.

Le mercredi suivant, Tavinho téléphona de l'étude pour avertir sa femme qu'il rentrerait tard. Estela alla frapper à la porte du voisin du rez-de-chaussée. Elle avait juste deux ou trois choses à voir avec lui, elle lui promit que ce ne serait pas long. Beto ouvrit et Estela s'assit au bord du canapé. Elle posa son cahier sur ses genoux et commença à se tordre les mains. « C'est que, la voisine, et le voisin, leur fils, le nombre des signatures, le général Orestes et les grincements de la grille de l'ascenseur…

— Ça vous dirait d'aller au cinéma ? lui demanda-t-il.

— Oui», répondit-elle en posant les mains à plat sur son cahier.

Ils se retrouvèrent le lendemain à la cinémathèque du musée d'Art moderne. On était en plein milieu de la semaine : le cinéma était désert, il n'y avait pas l'ombre d'une file d'attente à la billetterie. Ils eurent même le temps de se promener un peu avant le début du film : ils empruntèrent le petit chemin pavé à la portugaise qui reliait la cinémathèque et le musée aux rives de la baie de Guanabara. Des voiliers glissaient paisiblement sur les flots, des bateaux de pêche quittaient l'anse du Pain de Sucre. Beto avançait les mains dans les poches, les épaules rentrées, et Estela garda les bras croisés durant toute la balade. Il fit une remarque qui se voulait drôle, elle eut un rire nerveux. Sur le trajet du retour, elle fit un faux pas et s'appuya sur Beto. Le talon d'un de ses escarpins s'était coincé entre les pavés.

«Il n'y a pas que les talons que ces pavés abîment, il y a aussi cette partie en cuir», remarqua-t-elle en levant la jambe afin de lui montrer l'étendue des dégâts.

Beto toucha la cheville d'Estela, tous deux se regardèrent dans les yeux au bon moment, et tout s'enchaîna. Ils pressèrent le pas pour attraper un taxi, ne prêtèrent pas la moindre attention au trajet, au compteur ou au chauffeur. Ils entrèrent en courant dans l'appartement de Beto, se débarrassèrent de leurs habits comme on se dépouille de ses angoisses, échangèrent des baisers qui en vérité n'en étaient qu'un. Ils étaient portés par une urgence, comme si d'un instant à l'autre ils auraient pu être interrompus par des coups frappés à la porte, une pensée mélancolique, un policier en civil, un organe de censure quelconque.

La nuit tomba sans qu'ils s'en aperçoivent. Un silence absolu se fit dans la chambre, avec au loin la sirène d'une ambulance.

« Je crois que c'est à cause de cette cicatrice que je suis revenue ici, dit Estela en caressant le menton de Beto.

— Une chute de vélo quand j'étais gamin. Je descendais la rampe du garage, je me suis cogné contre le mur. Cinq points de suture. »

Elle continua de caresser la cicatrice jusqu'à ce que Beto se lève dans un bond, laissant la main d'Estela suspendue en l'air.

« Il faut que j'y aille », fit-il alors qu'il se rhabillait, lui tournant le dos. Il donnait des cours particuliers d'anglais, et le prochain était à six heures et demie.

Beto et Estela se revirent à de nombreuses reprises. Le fait qu'ils étaient amants et résidaient dans le même immeuble, le fait qu'elle était mariée et qu'il était plus jeune qu'elle, le fait qu'elle s'inquiétait de choses qui n'avaient pas la moindre importance pour lui, et que lui n'aimait que des choses dont elle se fichait, le fait qu'ils devaient étouffer leurs cris de plaisir afin de ne pas attirer l'attention du gardien de l'immeuble, que plus d'une fois on surprit Estela sur le seuil de l'appartement, et qu'elle dut improviser de son mieux (« Je repasserai bientôt afin que nous parlions de ce procès-verbal, dona Isabel »), tout cela n'étaient que des détails sans importance, ignorés de toutes et tous.

Roberto Batista avait vingt ans, un petit diplôme d'anglais en poche, et une idée très vague de ce qu'il voulait faire de sa vie. Il avait parfois envie de travailler près de la mer à cause des livres de Jorge Amado. Mais toute autre chose aurait convenu, il ne savait pas trop, il n'avait aucune certitude, aucune idée arrêtée. Faute d'avoir des certitudes, il avait tout son temps devant lui, alors à quoi bon se décider maintenant ? Le cordon ombilical qui le reliait à sa mère n'était toujours pas coupé, et il avait eu très tôt conscience de sa propre beauté, de son intelligence et de sa chance. Jusque-là, tout s'était passé sans heurt ni douleur, comme si sa vie d'adulte n'était que le prolongement naturel de son enfance. Une enfance idéale, une scolarité sans traumatisme, des amis parfaits, des amours sans douleur, des hivers à la montagne, des étés à la plage.

À dix-huit ans, après le bac, Beto opta pour des études d'ingénierie, moins par vocation que parce qu'il le fallait. Il entra à la PUC et abandonna au sixième semestre. Trop de chiffres et pas assez de sens, expliqua-t-il à sa mère. Les mains de dona Odete avaient alors quitté sa tête pour se tendre au ciel : « Mais, mon fils, des études d'ingénieur ! Des études d'ingénieur à la PUC ! »

Oui, acquiesça Beto, c'était bien des études d'ingénieur à la PUC, mais il n'irait pas au bout. Il continua à fréquenter les fêtes organisées par les associations d'étudiants et fit de ses cours particuliers d'anglais sa principale activité. Au foyer familial, sa mère levait toujours les bras au ciel : « Des études d'ingénieur ! Des études d'ingénieur à la PUC ! »

Sachant pertinemment que c'était sur des études d'ingénieur à la PUC qu'il avait fait une croix, et ne se destinant pas plus à une carrière dans la fonction publique (« Et pourquoi tu n'enverrais pas ta candidature à la Banque nationale ? »), Beto quitta l'appartement parental. Il avait besoin de passer un peu de temps loin des conseils de dona Odete. Un ami accepta de lui céder son appartement pendant son voyage en Amérique latine, et il emménagea dans l'immeuble de la rue Aníbal de Mendonça.

Accueillir régulièrement la jolie fille du deuxième dans son lit au sommier tordu n'avait jamais été dans les projets de Beto. Au demeurant, Beto n'avait pas de projet. Le monde était grand, la plage toute proche, les factures si peu nombreuses, la vie si douce. Il se réveillait tard, et n'avait qu'à tendre le bras pour attraper sa guitare. Quand il avait faim, il n'avait qu'à enfiler son jean pour aller prendre son petit déjeuner au café. Puis il rentrait chez lui, enlevait son jean, remettait la main sur sa guitare. Il sortait donner son cours, rentrait et reprenait sa guitare. Pour le déjeuner, des pâtes aux saucisses, du riz aux saucisses, un sandwich aux saucisses. Il ressortait donner un autre cours, rentrait, reprenait sa guitare.

Entre les cours d'anglais et les accords de guitare, il n'eut aucun mal à trouver du temps pour Estela. Ils tombèrent d'accord pour se voir trois fois par semaine après le déjeuner, mais ces rendez-vous prirent de plus en plus d'heures par jour, et de plus en plus de jours par semaine. Tout cela était si naturel, nécessaire et urgent que, sans s'en étonner, Beto préféra très vite avoir sous les doigts les vertèbres délicates d'Estela plutôt que les cordes de sa guitare.

Et Estela éprouvait la même urgence à sentir les doigts de Beto sur ses vertèbres. Ces mois furent les seuls de toute sa vie où elle se moqua éperdument du menu du dîner, du linge froissé et de son prochain rendez-vous chez la manucure. Elle enfilait les couloirs de l'immeuble, rayonnante comme si les ampoules de star de sa salle de bains l'illuminaient de l'intérieur. Elle entrait dans l'appartement du rez-de-chaussée, refermait la porte derrière elle, laissait tomber son sac à main par terre. Beto était au lit, le visage dissimulé derrière un livre ouvert. Elle enlevait ses sandales, déposait bracelet et boucles d'oreilles sur la table de chevet. Elle déboutonnait sa robe comme si c'était son travail, se couchait et posait la tête sur la poitrine ou l'épaule de Beto.

« Compliqué, ce matin ? demandait-il en mettant son livre de côté.

— Plus ou moins. Tavinho a pris un temps fou pour partir, il est convaincu d'être malade. Un éternuement, et pour lui c'est déjà la pneumonie. Il a fait des gargarismes, s'est mis du Vicks sur la poitrine, a demandé à Dalvanise de lui faire un jus d'oranges pressées. Et il est parti travailler en col roulé. »

Elle parlait de son mari comme s'il s'agissait d'un personnage fictif. Une entité qui n'existait pas dans la réalité de l'appartement du rez-de-chaussée.

« Aujourd'hui c'est la soirée poker de Tavinho. Tavinho dort toujours avec des chaussettes. »

Beto écoutait sans se fâcher. Il n'attendait d'Estela que ces heures passées chez lui. Leur façon de faire l'amour se suffisait à elle-même, c'était urgent et circonscrit, cela commençait et cela finissait entre deux conversations sans importance. Il y avait toujours quelque chose à dire ou à répéter sur l'habitude qu'avait le gardien de se curer les oreilles de la pointe de son stylo, sur l'élève de Beto qui depuis deux ans projetait de partir à Londres le mois suivant. Sur la situation du pays (*rien à faire, ça ne fait qu'empirer, on régresse de jour en jour*). Sur n'importe quel sujet qui en amenait un autre, Caetano Veloso, le mercurochrome, le fait que Beto ne porterait jamais de cravate. Puis ils échangeaient une caresse, faisaient de nouveau l'amour, et parlaient de la vague de froid prévue pour la fin de la semaine, le concert de Gal Costa, la chronique de Clarice Lispector dans le *Jornal do Brasil* qu'Estela devait absolument, mais absolument lire.

Dans le petit appartement de Beto, Estela ne croisa jamais les jambes en une pose mûrement réfléchie. Jamais elle ne se soucia de la poussière sur les meubles ou du lit défait. Elle se servit de verbes qu'elle n'avait jamais vraiment utilisés. Lécher, lambiner, lubrifier, oindre, profiter, jouir. Elle n'était jamais pressée de ramener le drap sur son corps, et elle n'eut jamais froid. Quand elle entrait dans cet appartement, elle semblait toujours laisser son armure sur le pas de la porte, comme pour être pleinement libre de ses mouvements, libre d'en apprendre d'autres. Les jours de marché, elle achetait des clémentines qu'ils mangeaient au lit en jetant les peaux par terre. Estela passait ses doigts parfumés sur le dos et le visage de Beto. Ou alors elle apportait des fleurs, coupait les tiges et mettait ce qu'il restait dans une casserole à lait. « Un jour j'apporterai un vase », disait-elle en arrangeant les lys. Jamais elle n'en apporta.

On ne pouvait remarquer les changements survenus chez Estela qu'entre les murs écaillés de l'appartement de Beto. Ou bien à la condition d'être doté d'une considérable sensibilité. Et Tavinho, qui l'aurait cru, découvrit qu'il était une âme particulièrement sensible. Durant un déjeuner du samedi, lorsque son père demanda : « Oh, Estela, elle est passée où la sauce tartare pour les crevettes ? » et qu'elle cria de la cuisine : « Elle arrive, seu Nilson », Tavinho vit son épouse enfiler le couloir avec une mine si radieuse qu'il sentit un aiguillon lui percer le cœur. Il y avait dans sa façon de marcher des joies qui ne le regardaient ni de près ni de loin. Il observa Estela poser la saucière devant son beau-père et retourner en cuisine en chantonnant des lalalilas. Ça n'avait rien d'un palliatif aux critiques de sa belle-mère : ces sons sortaient de sa bouche simplement parce qu'elle était incapable de les contenir dans sa poitrine. Il y avait des accentuations rythmiques – *la la li LA* – qui ne pouvaient provenir que d'une âme tout aussi sautillante.

Sa femme avait un amant, et il n'y avait rien à faire. Cela faisait partie de l'accord, Tavinho avait vu du pays sans sortir de Rio, il aurait été plus que déplacé de refuser à Estela quelques incartades. Il avait lui-même outrepassé les limites de ce dont ils étaient convenus, en rentrant à l'aube, en emplissant les pièces de leur appartement d'odeurs suspectes venues d'autres maisons, en faisant semblant de ne pas remarquer les yeux humides d'Estela lorsqu'elle lui avait dit que la tache de sauce tomate sur le col de sa chemise refusait de partir. En se réveillant d'un mauvais rêve, criant : « Reviens, Getúlio, reviens ! », et en répondant aux : « C'est qui, Getúlio » d'Estela par un déplorable : « Le plus grand président que le Brésil ait jamais eu : Getúlio Vargas. »

Il décida d'agir avec plus de circonspection. En lui offrant un bouquet de temps en temps, de petits cadeaux, en suivant une nouvelle routine qui impliquait de rentrer avant six heures, de ne ressortir que pour aller piquer une tête à la plage ou pour aller jouer au poker le jeudi, et ne jamais faire de détour par le bar, ni avant ni après la plage ou le poker.

Estela ne remarqua pas ce changement d'habitudes chez son mari. Elle qui avait imploré la Vierge Marie et le *pai de santo* Laudelino de Oxalá, elle qui avait quémandé les vibrations positives des médiums au cours de plusieurs séances de spiritisme, elle qui avait cherché des réponses jusque dans le marc de café, elle enfin qui avait passé tant de nuits avec pour seule compagnie celle de sa chemise de nuit de batiste, en vint finalement à la conclusion que la présence ou l'absence de Tavinho ne faisait pas la moindre différence. Elle posait les yeux sur son mari et ne voyait qu'un corps destiné à manger de la crème renversée et à s'asseoir devant la télé. Comme la pendule à coucou, sa seule utilité était d'occuper de la place. Ce qu'elle allait faire de ce mari-plante verte, cela, elle l'ignorait, mais le conquérir lui avait demandé tant d'efforts qu'elle préférait réfléchir à tout cela plus tard.

La grande gagnante de la relation d'Estela et Beto ne fut autre que Dalvanise. Du statut d'incapable, l'employée de maison fut promue à celui d'être humain à part entière, ce qui lui conféra entre autres le droit de prendre des décisions. Avant Beto, Estela entrait dans la cuisine pour lui dire : « J'ai envie de faire des boulettes de viande, regardez s'il nous reste de la chapelure. » Après Beto, quand elle passait, c'était Dalvanise qui lui disait : « Il faudra acheter du veau, je vais faire des escalopes milanaises avec de la purée. »

Ce fut le couronnement de sa carrière de domestique, qui avait débuté lorsqu'elle avait quitté la région de Cariri en autostop pour monter à Rio de Janeiro, après avoir enterré son frère aux côtés de leurs père et mère. Dalvanise en avait assez de couper de la canne, assez de ces repas de farine et de viande séchée. Elle voulait savoir si ce qu'on disait du Sud était vrai. À Rio, elle n'en crut pas ses yeux. L'eau sortait du robinet quelle que soit l'heure de la journée, et dans toutes les maisons où elle travailla la farine n'était jamais rationnée. Elle remerciait ses employeurs de leur bonté en travaillant sans interruption et en menant une existence quasi transparente. Elle parlait peu, mangeait peu, et on la voyait à peine.

Quasi, mais pas totalement transparente. Partout où elle travaillait, elle ne laissait dans son sillage que saccage et destruction. Verres brisés, nappes tachées, fers à repasser qui ne chauffaient plus, linge brûlé par des fers à repasser qui chauffaient trop. Elle se demandait elle-même comment elle pouvait abîmer tant de choses, « oh, qu'il est beau, ce vase », et crac, « plus vraiment, maintenant ». Elle passait de maison en maison comme on saute de pierre en pierre pour traverser une rivière, sans la moindre assurance d'arriver sur l'autre rive.

De toute son existence passive et soumise, elle ne se montra jamais aussi humble que lors de son entretien d'embauche avec dona Estela. Elle avait de l'expérience, elle était très travailleuse, et elle était toute disposée à apprendre. Estela de son côté calqua son attitude sur celle de la mère supérieure de son internat. « Si vous êtes prête à apprendre, je vous enseignerai tout ce qu'il y a à savoir. » Elle lui expliqua comment nettoyer les objets en cristal du salon, comment amidonner les chemises en coton, et comment faire tout ce qu'il restait à faire lorsque les objets en cristal du salon étaient propres et les chemises en coton amidonnées. Durant cette formation, les erreurs et ratés furent aussi nombreux que prévisibles. Les serviettes bordées de dentelle furent plongées dans l'eau de Javel et en ressortirent dans un état déplorable. Dalvanise les raccommoda comme elle put et s'en servit pour décorer la petite table du taudis où elle vivait. Le fouet électrique cessa tout à fait de fonctionner et le mixeur se mit à émettre un son si terrifiant qu'on le céda au gardien de l'immeuble.

Malgré tout, Estela s'entêta à poursuivre la formation de son employée de maison. Elle avait un certain talent pour enseigner, elle parlait d'un ton posé et toujours égal, sauf cette fois où Dalvanise voulut nettoyer le service à thé en argent à la paille de fer.

« Ce n'est pas une casserole ! » s'était-elle écriée.

Dalvanise avait laissé tomber la paille de fer et avait aussitôt reposé la théière sur le buffet. Au début, elle ne comprenait pas l'obsession de sa patronne pour ce service à thé, cet assortiment de vieux machins dont la seule fonction était de se faire nettoyer. Mais lorsqu'elle se mit à idolâtrer tout à fait Estela, elle considéra chacun de ces objets comme les artefacts les plus raffinés de toute l'histoire de l'humanité.

Sa vie, comme elle ne cessait de le dire à ses amies de la favela, au contrôleur du bus, au jeune pharmacien, à la caissière de l'épicerie, toute son existence, elle la devait à dona Estela. Malgré les assiettes ébréchées, les crevettes carbonisées, le sol rayé, dona Estela ne l'avait pas renvoyée. Elle lui avait appris à mettre la table dans les règles de l'art, à équilibrer un plateau et à faire un lit au carré, sans faux pli. Envers et contre tout, elle demeura convaincue que Dalvanise pouvait apprendre à faire les choses correctement, comme ranger les tasses en porcelaine anglaise à côté des petites cuillers que Dalvanise redoutait de perdre, de tordre, de casser, de briser. Elle reproduisait les gestes de sa patronne et suivait ses consignes avec un zèle infini. Puis elle s'asseyait, les mains sur les cuisses, et admirait son ouvrage.

Aux yeux de Dalvanise, personne au monde n'avait autant de raffinement et d'élégance que dona Estela. Elle imitait jusqu'à sa façon de marcher, défilant en uniforme dans l'appartement. Lorsqu'elle décrochait, son « allô » était la copie conforme de celui de sa patronne.

« Estela ?

— Dalvanise à l'appareil », répliquait-elle.

Après Beto, Dalvanise fut en mesure de ressembler encore plus à Estela. Elle géra sans la moindre erreur logistique le contenu du réfrigérateur et celui du four, coordonna à la perfection les jours de lessive et les jours de repassage, et prit même un ascendant certain sur son patron. « Comme dona Estela a dit que vous ne deviez pas manger de crème renversée durant la semaine, j'ai préparé de la papaye », déclarait-elle la tête haute, sans même un regard à Tavinho.

Dalvanise était au courant pour Beto, et elle protégeait farouchement sa patronne. « Dona Estela est allée déjeuner chez une amie, elle est chez sa mère, elle avait rendez-vous chez le dentiste. »

Dans un pincement de lèvres, Tavinho allumait la télévision : « Vous n'aurez qu'à servir le dîner à huit heures, Dalvanise. Même si dona Estela n'est pas rentrée. »

La relation de Beto et Estela changea par un samedi de mai. Beto était allé chez un ami afin de tenter de composer quelque chose à deux pour le festival de la chanson. Il avait passé des heures avachi sur un pouf, testant toutes les suites d'accords imaginables sur sa guitare. Dans son hamac, l'ami en question inventait des vers de mirliton. La troisième bouteille de bière vidée, Beto rentra chez lui, convaincu que les strophes de Chico Buarque et les arrangements de Tom Jobim se mariaient mieux encore sur sa guitare à lui.

C'était une nuit typique d'Ipanema, où les bruits du premier bar venu se mêlaient au suivant, et ainsi de suite. Les rues étaient saturées de gens qui riaient, buvaient, parlaient de la vie et oubliaient ces moments de la semaine où la solitude les avait tourmentés.

Beto songea à son appartement sale et en désordre, à son réfrigérateur vide et à son lit défait. La solitude de sa semaine empiétait sur le samedi. Il y aurait une fête étudiante mardi, peut-être y ferait-il un saut. À deux blocs de son appartement se trouvait le dernier bar du trajet, dont les fenêtres et les portes étaient grandes ouvertes sur la rue. Il était bondé : on faisait la queue sur le trottoir pour y entrer, verre de bière à la main.

C'est alors qu'il aperçut Estela assise à une table, près de la porte. En pleine conversation avec une amie qui lui ressemblait beaucoup. Même maquillage, même coiffure, même type de robe. Il posa sa guitare au sol, curieux de voir sa maîtresse hors du cadre qui lui semblait le plus naturel, celui de son petit appartement du rez-de-chaussée. Quelqu'un fêtait son anniversaire, un serveur arriva avec un gâteau qu'il déposa devant un homme blond, assis à côté d'Estela. Tout le groupe chanta la chanson consacrée, l'homme souffla les bougies. Estela lui sourit, lui saisit les joues et l'embrassa sur la bouche. Elle ferma les yeux lorsque leurs fronts se touchèrent, lui dit quelque chose à l'oreille. L'homme sourit à son tour. Il coupa la première part de gâteau et la donna à Estela. Ils s'embrassèrent à nouveau, elle tourna la tête afin de reprendre sa conversation avec son amie, tout en mangeant très lentement. Ses coups de fourchette étaient délicats et précis, son but n'était pas simplement de manger cette part de gâteau, mais de montrer au monde entier comment on se doit de manger du gâteau : petit bout par petit bout, avec lenteur et application. Ses petites mains, ses ongles longs. Le bracelet en or glissant du poignet, ses jambes doublement croisées, au niveau des genoux et au niveau des chevilles, sous la table. La jupe jaune, très courte, qu'il avait vue tant de fois en tas par terre, dans sa chambre.

Le lendemain, Estela fronça les sourcils en entrant chez lui.

« Qu'est-ce que c'est que cette odeur ?

— Du détergent, répondit Beto. J'ai fait un peu de ménage dans la salle de bains et la cuisine. »

Estela écarquilla les yeux de surprise. Elle enleva ses bijoux et ses sandales, et se coucha afin de procéder à l'inspection minutieuse du corps de son amant, qui quant à lui semblait découvrir pour la première fois le fin duvet blond autour du nombril de sa maîtresse et sur ses jambes galbées. Il lui proposa de rester au lit jusqu'à la tombée de la nuit, et elle accepta.

Elle posa la tête sur la poitrine de Beto, le laissa lui caresser le visage. Beto l'interrogea sur sa journée, sa semaine, son enfance. Elle répondit par des phrases qui ne dévoilaient rien de la vie qu'elle menait hors de ces quatre murs. Elle consulta sa montre à une ou deux reprises, et se rhabilla à six heures environ.

Ce devint alors une habitude : Beto en voulait plus, et Estela faisait la libellule, se posant à la surface de l'eau, sans jamais plonger au fond. Il lui demandait plus de caresses, plus de baisers, elle lui demandait s'il devait donner un cours du soir. Beto imposa alors sa volonté dans le seul domaine dont il était véritablement maître : ce lit au sommier cassé, où les poignets joints, immobilisée sous le poids de son corps, cette femme lui appartenait. Il s'intéressait à divers orifices, jouissait une deuxième fois, disait que ça ne lui suffisait pas, qu'il lui en fallait plus, lui demandait quand elle reviendrait. « Peut-être plus tard, demain de toute façon », répondait Estela. Elle lui lançait un sourire en se rhabillant, et fermait brusquement la porte derrière elle.

Un après-midi de baisers voraces et de légères griffures dans le dos, Estela quitta le lit plus tôt. Lui demeura allongé, la tête posée sur son bras fléchi, tandis que, de dos, elle se rhabillait. Il lui demanda de rester.

« Tavinho rentre tôt aujourd'hui, et je ne sais même pas ce que je vais faire pour le dîner. »

En entendant le nom de son rival, Beto sentit une colère noire monter en lui. Tavinho n'était plus ce personnage fictif qui n'existait que très loin de son appartement. Tavinho était un homme de chair et de sang, qui fêtait son anniversaire, buvait des bières avec des amis et passait toutes ses nuits avec cette femme qui aurait dû lui appartenir à lui, Beto. Il entendit Estela claquer la porte derrière elle et demeura allongé jusqu'à la tombée de la nuit.

Dans l'appartement d'à côté, le gardien dînait avec sa famille. Une voix de femme comptait les cuillerées d'un bébé, en lui promettant que s'il mangeait tout, la maison dans le fond de l'assiette apparaîtrait. Deux autres enfants chantaient *Am Stram Gram*. De sa grosse voix, le père leur dit d'arrêter, il n'entendait rien aux informations. Le bébé se mit à pleurer. « Non non non, la tétine, où est passée la tétine de Nando ? » Des chaises qui grincent au sol, « Am stram gram, pic et pic et colégram », « Fermez-la, je veux écouter ça », « Bour et bour et ratatam, Am stram gram ».

Le remue-ménage amusa Beto, qui repensa à Estela. La seule chose qui bougeait dans la chambre plongée dans l'obscurité était un moustique qui lui bourdonnait à l'oreille et s'éloignait dès qu'il essayait de l'emprisonner dans son poing.

Lui demander de vivre avec lui, c'était impossible, ç'aurait même été ridicule. Pourtant ils se voyaient tous les jours, c'était bien qu'ils avaient autant besoin l'un de l'autre ? Et si c'était le seul destin possible, si c'était tout le reste qui n'allait pas ?

Il pouvait reprendre ses études. Aller au bout de sa formation d'ingénieur ou passer un de ces concours de la fonction publique si chers à sa mère. Gagner de l'argent, acheter une voiture, une maison, avoir deux ou trois enfants. Non, deux, ce serait parfait. Ce n'était pas si absurde dans le fond, c'était l'évidence, la simplicité même. Il suffisait de convaincre Estela, il suffisait de lui dire : Viens par là, donne-moi ta main, j'ai quelque chose à te dire.

« Viens par là, donne-moi ta main, j'ai quelque chose à te dire. »

C'était un après-midi nuageux. Estela était venue du marché avec une livre de clémentines, dont les épluchures jonchaient à présent le sol. Les fleurs destinées à la casserole à lait étaient encore sur la table, dans du papier journal. Beto était adossé à la tête du lit, la main droite d'Estela dans les siennes. Elle était couchée, les jambes en l'air, ses orteils aux ongles vernis effleuraient les volets clos, le bras droit tendu, sa main dans celles de Beto. Ses cheveux détachés recouvraient l'oreiller, le pendentif de son collier en or avait disparu dans le creux de sa nuque.

Il lui parla de projets d'avenir et d'une nouvelle vie, prononça le mot « mariage » en baissant les yeux. Puis il la dévisagea.

« Tu n'as qu'à le quitter, on trouvera un appartement dans un autre quartier. Je retourne à l'université et je finis ma formation d'ingénieur, après quoi je trouve un emploi stable. Ce sera un peu difficile la première année, mais ça s'arrangera vite. »

Estela ne dit rien. Elle porta la main à son collier, tira sur la chaînette jusqu'à ce que le pendentif se trouve de nouveau devant.

Beto poursuivait. Il avait déjà obtenu son diplôme et trouvé un excellent poste. « Les militaires sont en train de lancer tout un tas de travaux partout dans le pays, ce n'est pas le boulot qui manquera. » Puis ce fut la fulgurante ascension sociale et l'achat d'un appartement. « Un quatre-pièces à Cosme Velho ou Laranjeiras, avec de la nature tout autour. » Il ferma les yeux et le lui assura : « Tu verras, Estela, je vais gagner beaucoup d'argent, vraiment beaucoup d'argent. » Il les rouvrit pour regarder sa maîtresse, et plus il la contemplait, plus il avait la certitude qu'il deviendrait ingénieur, ingénieur en chef, vice-directeur, directeur général d'une entreprise d'ingénierie. Avec Estela à ses côtés, tout était possible. « Viens avec moi. Si on vit ensemble, je réussirai tout ce que j'entreprendrai. »

Estela ne répondit pas. D'habitude, Beto n'avait que mépris pour la classe moyenne, les valeurs bourgeoises et consuméristes. « Je refuse de céder face au système », lui avait-il répondu un jour qu'elle lui avait demandé pourquoi il n'avait qu'un seul jean. Les doigts d'Estela glissèrent sur les lèvres fines de son amant, sur sa joue lisse et son nez en trompette, et se figea à l'approche du menton.

« Tu sais, ce jour-là, c'est à cause de cette cicatrice que je suis revenue. »

Elle considérait Beto d'un regard affectueux, et ses yeux se transformèrent en miroirs.

Et Beto comprit que rien de ce qu'il avait rêvé n'arriverait. Il comprit qu'une femme comme elle ne pouvait fréquenter un appartement comme celui-ci que par simple toquade. Que ce n'était pas Tavinho, mais lui, Beto, et l'Estela de cet appartement du rez-de-chaussée qui étaient les véritables personnages fictifs. C'était ce monde qui ne leur appartenait qu'à eux qui était invraisemblable, absurde par rapport au reste de l'univers. Au-delà de la porte de cet appartement, elle était Estela Jansson, l'épouse modèle du deuxième. Pleinement épanouie et heureuse en mariage, comme le prouvaient les sourires nocturnes au bar et les déjeuners familiaux hebdomadaires. Il baissa les yeux. Il ne voulait plus la voir.

S'il avait continué à la contempler, il n'aurait plus vu son propre visage dans ses yeux, mais un point brillant qui résumait en partie ce qu'elle était : le reflet d'argent du service à thé qui ne quittait jamais le regard d'Estela.

10

Quelques semaines plus tard, au dîner, quand Tavinho demanda à Estela de lui passer la salade, elle rétorqua : « Te passer quoi ? », et en répétant : « La salade, Estela », Tavinho comprit que l'aventure extraconjugale de son épouse s'était achevée. Ce fut le plus triste passage de salade auquel il lui eût été donné de participer, et même d'assister. Estela se saisit du saladier avec si peu de conviction, d'une poigne si fantomatique qu'il était convaincu que tout allait tomber, et que ce serait sa femme qui s'en trouverait brisée.

Ses gestes empreints de mélancolie lui déchiraient le cœur, et il eut envie de la serrer dans ses bras. Mais tant de choses les séparaient, le riz, les haricots, la salade de la tristesse, et tant de choses les sépareraient encore ensuite, le dessert, le journal télévisé national, le match du championnat du Brésil, que Tavinho jugea préférable de ne pas bouger.

Les robes d'Estela commencèrent à paraître trop larges, ses cheveux vaguement en bataille, et ses yeux ne bénéficiaient plus de l'aide précieuse du fard et du mascara. Ses cuisses amaigries semblaient appartenir à une autre femme, et ses joues se creusaient un peu plus chaque jour. Tavinho savait que sa femme ne quittait plus leur chambre qu'à l'heure du dîner. « Ah, tu es là ? J'allais justement me coucher », mentait-elle. Il aurait voulu en savoir plus, mais il ne parvenait pas à soutirer à Dalvanise la moindre bribe d'information.

« Allô, Estela ?

— Non, Dalvanise à l'appareil.

— Salut, Dalvanise. Est-ce qu'Estela est là ?

— Oui, monsieur.

— Je peux lui parler ?

— Dona Estela peut pas vous répondre. Elle dit qu'elle est occupée.

— Elle va bien ?

— Comme un charme. Comme-un-charme », répondit Dalvanise avec une intonation qui progressivement s'éloignait de celle d'Estela pour faire de ce « comme un charme » son « comme un charme » à elle.

Estela annula même le déjeuner du samedi qui suivit le triste passage de salade.

« Dis à tes parents de venir la semaine prochaine, Tavinho. Aujourd'hui j'ai la migraine. »

« C'est grave ? » demanda Nilson lorsque son fils l'informa que le déjeuner était annulé.

Tavinho répondit que non, et qu'ils déjeuneraient ensemble comme prévu le samedi suivant. Le samedi suivant, Estela ne fit son apparition qu'une fois les plats servis, et ne mit pas un orteil en cuisine.

Dalvanise prépara les lasagnes, le dessert, filtra le jus de fruits et mit la table sans l'aide de personne.

« Un vrai délice, Dalvanise », déclara Nilson au plat de résistance.

Dalvanise considéra Nilson du coin de l'œil, muette et sûre d'elle, comme s'il lui était fondamentalement impossible de faire autre chose que des lasagnes délicieuses.

Estela joua avec les strates de pâtes du bout de sa fourchette. Dona Guiomar gratta les bouts de fromage grillé sur les bords du plat en pyrex. La crème renversée fut servie, et vite expédiée. Tavinho se retira dans la chambre, tandis que Nilson pliait et dépliait sa serviette brodée.

« Impossible de savoir ce qui se passe par la presse, tous les journaux sont censurés. Maintenant ma seule source d'inspiration, ce sont les discussions de comptoir. »

Il alla dans la cuisine, ouvrit le réfrigérateur et but de l'eau à même le goulot. De retour au salon, il s'avachit sur le canapé. Estela alluma la télévision et s'assit à côté de Guiomar. En fin d'après-midi, Nilson se réveilla, s'étira et s'immobilisa devant le poste : « L'acteur, là, dans le coin, c'est une pédale. Celui-ci aussi, c'est une pédale. Le musicien, là, une pédale. Le violon, c'est vraiment un instrument de pédale. »

Personne ne répondit. Dona Guiomar s'efforçait de deviner les notes des concurrents du télécrochet, Estela s'efforçait de comprendre pourquoi Beto avait fait ça.

Ce qu'il avait fait était fort simple : du jour au

lendemain, il avait cessé de l'aimer. *Mais comment ça, Beto ?* Je sais pas, j'ai plus envie, c'est terminé. *Mais c'est à cause de quoi ?* De rien. J'ai envie de voyager un peu, de faire d'autres choses. *Voyager où ?* Porto Seguro, Ilhéus, je sais pas. *Toi et ta fixation sur Jorge Amado.* C'est pas une fixation. J'ai juste envie de changer d'air, c'est tout. *C'est parce que je t'ai dit que je ne pouvais plus te voir tous les jours ?* Bien sûr que non. T'as ta vie, ton mari, ton appartement, je comprends. *C'est à cause de quelque chose que j'ai fait ?* Non, t'as rien fait, t'inquiète pas. *Alors pourquoi ?* Parce que c'est comme ça, merde.

Il avait demandé à Estela de lui rendre le double des clefs tandis qu'il enfilait son jean. Elle avait tiré le trousseau de son sac à main en ravalant ses larmes. Elle posa la main sur le bras de Beto, qui s'écarta comme s'il venait d'être électrocuté. Estela se rhabilla, posa les clefs sur la table et colla l'oreille à la porte. À première vue, personne dans le couloir : elle quitta l'appartement.

Après quoi Beto avait disparu. De la vie d'Estela, de l'immeuble, du quartier. Les premiers jours, elle ne quitta son lit que dans l'espoir de le croiser par hasard. Elle passait devant le gardien, l'oreille vissée à sa petite radio. Elle faisait un tour dans le quartier, puis rentrait. Elle croisait dona Ivone avec Paulo, le procureur, et Paulo le petit délinquant, pédalant de toutes ses forces sur son vélo. Elle croisait dona Margarida avec son pékinois, elle croisait le général syndic de l'immeuble avec ses cheveux noirs. Elle trouvait de tout sur son chemin, tapissiers, facteurs, domestiques, électriciens, pompiers, nounous, disputes de couple, disputes de voisins, discussions politiques, invitations à une vente de charité, ménagères de retour de commissions, invités, curés, inconnus, militaires, infirmières.

Un après-midi, de retour de courses, alors qu'elle traversait le hall d'entrée, Estela entendit des sons provenant de l'appartement de Beto. Elle lâcha ses sacs de commissions, se recoiffa brièvement du bout des doigts et sonna à la porte. Il y eut des bruits de pas, et ce grincement de poignée annonciateur de ses après-midi en compagnie de Beto. La porte s'ouvrit sur une dame en robe de chambre et bigoudis.

« Excusez-moi, c'est une erreur », dit Estela, comme si elle avait composé un mauvais numéro. Elle prit ses sacs et rentra chez elle.

Les derniers mois de l'année furent particulièrement difficiles. Les minutes avaient davantage de secondes, les heures davantage de minutes. Les yeux grands ouverts, Estela passait des aubes sans fin à se répéter en boucle : *C'est à cause de quelque chose que j'ai fait, forcément, ça ne peut être que ça.*

Pour la dernière soirée de l'année, Tavinho et Estela invitèrent leurs parents à réveillonner chez eux. Guiomar se plaignit du rôti de porc trop sec, Ana lui répondit que c'était impossible, qu'elle avait veillé elle-même à l'arroser de vin blanc durant toute la cuisson. Guiomar baissa les yeux et pinça les lèvres, contrariée, en faisant mine de rajuster le scarabée en or épinglé au revers de sa veste. Nilson s'absenta la moitié de la soirée afin d'aller faire des offrandes à Yemanjá sur la plage. Il sortit en emportant des glaïeuls et la moitié des roses du bouquet de la table à manger. « J'en apporte plus pour être sûr de faire plaisir à la sainte, en espérant que l'année à venir soit meilleure que la précédente. » Joaquim passa le plus clair de la soirée à faire des mots croisés. Tavinho essaya à plusieurs reprises de prendre sa femme dans ses bras, mais elle se dérobait systématiquement pour mettre la table, faire frire du pain perdu ou servir des lentilles. À minuit, une coupe de champagne apparut dans la main d'Estela. Elle fit semblant d'en boire, serra dans ses bras père, mère, belle-mère et beau-père, embrassa son mari et alla se coucher.

L'année 1970 parut meilleure que la précédente, en tout cas à l'extérieur de l'appartement de la rue Aníbal de Mendonça. Le Brésil remporta la coupe du monde, le gouvernement annonça un miracle économique. Du travail, de l'argent, de grands travaux, de la croissance. De la répression et de la lutte armée, aussi. Des éléments subversifs enlevèrent le consul du Japon, et le gouvernement promit de faire disparaître ceux qui s'étaient volatilisés dans la nature avec le diplomate. Ce fut ensuite au tour de l'ambassadeur allemand, et le gouvernement réitéra ses menaces. De disparition en disparition, c'était comme si diplomates et kidnappeurs n'avaient jamais existé. Les seules vérités officielles étaient la croissance économique du pays et le troisième titre de champions du monde de football.

Tous les samedis, Nilson commentait les nouvelles

de la semaine à la faveur du déjeuner familial. Tavinho écoutait sans rien dire, Guiomar hochait la tête, Estela se levait pour aller désenfourner les rissoles, laissant Nilson au beau milieu de la triste histoire de l'amie du fils d'une connaissance qui était sortie de chez elle un matin, et n'était jamais revenue. Dona Guiomar entendait Estela revenir avec le plateau, et elle s'asseyait au bord du canapé, serviette à la main.

Le déjeuner, le dessert, le café. Tavinho qui disparaît dans la chambre, Nilson qui s'endort au salon. Estela et Guiomar assises devant la télévision, côte à côte. Nilson qui se réveillait soudain, s'étirait et essuyait le filet de bave qui pendait à la commissure de ses lèvres. En se dirigeant vers la cuisine, il passait devant le poste de télé et pointait un acteur du doigt: « Le gilet, c'est vraiment un vêtement de pédale. »

Après des heures de télécrochet, Estela se sentait anesthésiée, physiquement et mentalement. Une sensation qu'elle apprit à considérer comme bonne principalement parce qu'elle était le signe qu'une nouvelle journée venait de s'écouler. Le coucou sonnait six heures, Nilson déclarait qu'il était temps pour eux de rentrer, Guiomar et Estela se levaient. D'ici trois heures, Tavinho et Estela auraient droit à ce qui leur faisait office de vie sexuelle.

Cette nuit-là, Estela attendit Tavinho dans un baby-doll qui n'était plus si neuf que ça. Tavinho sortit de la salle de bains vêtu d'un bas de pyjama rayé, sans rien en haut, ni rien en-dessous. Il s'assit au bord du lit et posa la main sur le genou d'Estela. Il y avait dans ce contact une intimité qui parut étrange à Estela, et qui la gêna légèrement. Sans retirer sa main chaude fermement posée sur le genou rond, il lui dit qu'il s'était lassé de ses expérimentations. Qu'il ignorait où était passée son Estela, mais qu'il était prêt à partir à sa recherche dans ce lit, dans cette chambre, dans cette vie.

Peut-être fut-ce à cause de la fenêtre ouverte, la lune illuminant le toit, ou peut-être à cause du mutisme inespéré du voisin qui habituellement emplissait la nuit de sa toux grasse. Peut-être fut-ce parce que Estela avait besoin de réconfort après cette année de deuil de Beto, ou parce qu'elle avait fini par se convaincre qu'elle ne pouvait mener une autre existence. Le fait est que, cette nuit, Estela tomba enceinte.

Après cela, tout s'enchaîna très vite. Pedro vit le jour aux forceps, Estela pleura pendant trois jours. Priscila naquit par césarienne, Estela pleura trois jours de plus. L'appartement de la rue Aníbal de Mendonça perdit de son cachet au profit d'une décoration mutante, avec tapis d'éveil, biberons traînant sur la table et petites voitures aux quatre coins du salon et du couloir. Tavinho voulut s'habiller comme un bon père de famille et se mit à porter des chemises à carreaux. Estela gagna quelques centimètres de tour de taille, mais pas beaucoup. Dalvanise travailla plus encore, et dut laisser un peu de place à Nazaré, l'infirmière aux airs graves, puis à Estefânia, la nounou qui était incapable de se taire. Estefânia demandait et Estefânia répondait du réveil au coucher. « Il faut les stériliser ces tétines de biberons ? Sûrement, je vais m'en charger. Ouh là, l'eau est bien froide, ça va prendre un peu de temps, encore une chance qu'il y ait cette petite casserole, je vais la prendre. Eh bien, où est-ce qu'elle a pu passer cette casserole ? Dalvanise, tu sais où est la casserole qui sert à stériliser les tétines ? Laisse, c'est bon, Dalvanise, je l'ai trouvée. Tu fourres toujours tout au fond des placards, on dirait que tu veux cacher les choses, pas les ranger. Je vais stériliser tout ça et après je coucherai Pedrinho, hier il a pas fait sa sieste et Pedro pleure la nuit quand il dort pas l'après-midi. Il est passé où, Pedrinho ? Il doit sûrement être devant la télé, laisse, je vais le chercher. Mon petit prince chéri, c'est l'heure de… »

Estela ne se souvenait plus de la dernière fois où elle avait été aussi heureuse. Ou peut-être s'en souvenait-elle, mais plus heureuse que ça, non, ça ne lui était jamais arrivé. La préparation des deux trousseaux de naissance, la découverte de cette dame du quartier Comprido qui réalisait les couvertures les plus belles pour les berceaux les plus chers, la brodeuse du quartier de Grajaú qui lui fournit deux douzaines de babygros avec des oranges, des pommes et des petits canards brodés sur les cols. La moustiquaire, le panier en osier décoré de rubans de satin jaune, contenant alcool à soixante-dix degrés, coton, huile pour bébé, crème contre l'érythème fessier, eau oxygénée, eau boriquée, cotons-tiges, talc et eau de Cologne Pompom sans alcool. Langes brodés et imprimés, flanelle et coton, crochet et tricot. Petites vestes en laine bleues et roses, jaunes et vertes. Mouchoirs à motifs, coussins qui semblaient conçus pour le repos des mains. Épingles de nourrice agrémentées de petits nuages fantaisie. Les chaussons, impossible d'évoquer ces petits chaussons sans pousser un soupir. Et lorsque surgirent les pieds destinés à ces chaussons, Estela comprit : *C'est pour ces petits pieds que je vivrai.*

Nazaré, l'infirmière originaire de Bahia qui accompagna les premiers mois de Pedro puis de Priscila, était convaincue de tout savoir sur les bébés. Ceux qui avaient la chance de se retrouver sous sa responsabilité étaient les plus propres et les mieux soignés, jouissaient du meilleur sommeil et de la meilleure alimentation qui soient. Partout où elle travaillait, elle régnait vite en souveraine. Parmi ses derniers vassaux on comptait deux banquiers, trois juges, un diplomate et un patron de supermarché. À peine posait-elle un pied chez quelqu'un qu'elle se mettait à dispenser ses consignes : « Veuillez parler moins fort, monsieur, lavez-vous les mains, madame, ce n'est pas comme ça qu'on tient un bébé. » Elle imposait les horaires d'allaitement, de sommeil et de veille, de promenades au soleil et à l'ombre.

De temps à autre, elle autorisait l'un des parents à prendre un enfant dans ses bras, à condition qu'il ou elle fasse preuve d'humilité, ou qu'il ou elle lui soit sympathique. Tavinho joua de malchance. Dès le premier jour, Nazaré le traita comme s'il était un germe de la grippe à taille humaine. Il ne lui était permis de voir son fils qu'en coup de vent, lorsque celui-ci jouait sous le mobile dans son berceau ou lorsqu'il se promenait dans le salon, collé à l'épaule de Nazaré. Dona Ana se fâcha avec l'infirmière à cause de la taille du coton mouillé qu'elle avait posé sur le front de Pedro pour lui faire passer son hoquet, trop grand à son goût, minuscule selon Nazaré. Cet incident lui valut de ne pouvoir rendre visite à sa fille durant trois semaines. Dona Guiomar, toujours soumise et disponible, eut le droit de prendre Pedrinho dans ses bras pour lui faire faire son rot.

Le fait de tapoter le dos de son petit-fils fut le seul privilège qu'elle acquit durant ces premiers mois vécus en qualité de grand-mère. Estela fit la sourde oreille à ses conseils sur l'endormissement du nouveau-né, sur le régime à suivre pour lui épargner des coliques, les massages à réaliser sur elle-même pour avoir assez de lait, et du bon. La naissance de son enfant chamboula ses hormones, ses réserves et ses barrières. Estela agissait à présent comme elle l'entendait et n'avait aucun mal à faire la grimace à sa belle-mère, comme pour lui dire : *C'est mon fils, ce sont mes seins, mon lait, et mes croquettes au poulet n'ont jamais été trop denses.* Guiomar, qui depuis ses quarante ans rêvait de devenir grand-mère, répondait par des sourires. Plus jamais elle ne se plaignit de la sauce cocktail, plus jamais elle ne fixa le tapis lorsqu'elle saluait ou prenait congé de sa belle-fille.

Il fallut attendre la naissance de Priscila pour que Pedrinho connaisse d'autres bras que ceux de sa mère, de l'infirmière et de sa nounou. Tavinho put enfin parader avec son fils le long de la plage, manœuvrant la poussette comme s'il s'agissait du nouveau modèle de Chevrolet. Il s'étonnait de l'indifférence du reste du monde : aucune des personnes qu'il croisait ne cherchait à savoir ce qui se trouvait sous cet amoncellement de langes et de couvertures. Ana et Joaquim emmenaient le petit au jardin d'enfants, Guiomar lui chantait des chansons italiennes qu'elle tenait de sa grand-mère. Nilson le présenta à son ami du marché qui vendait les meilleurs ananas de tout Rio. Puis il l'emmena au Bar Jangadeiros, où il baptisa les lèvres de son petit-fils de quelques gouttes de bière, fraîches et amères.

Le passé se transforma alors en vie antérieure. Une existence totalement déconnectée du présent, une existence totalement libre, et totalement dénuée de sens. La notion d'amour libre leur devint totalement étrangère, et on pouvait même mentionner Maria Lúcia sans esclandre.

Tavinho raconta qu'il l'avait rencontrée par hasard du côté de la Lagune. Il lui avait demandé comment allait Walter. « Quel Walter ? » avait rétorqué Maria Lúcia. « Le plasticien », précisa Tavinho. « Ah, le type aux tuyaux. Merde, ça remonte, cette histoire. » Elle évoqua un juge et un scientifique, lui annonça qu'elle avait épousé le maestro de l'Orchestre symphonique.

« L'Orchestre symphonique national ! » dit Tavinho à Estela, admiratif.

Il n'aurait jamais cru que Maria Lúcia finirait un jour par se ranger. Elle semblait heureuse, elle habitait un de ces petits immeubles, en haut de la rue Fonte da Saudade. Il jugea préférable de passer sous silence les minutes qu'ils avaient passées sans rien se dire, assis face à la lagune, jusqu'à ce qu'un mendiant vienne leur demander quelques pièces.

Estela écarta Priscila de son sein et la posa sur son épaule pour lui faire faire son rot. Elle eut une pensée fugace pour les petits immeubles, le chef d'orchestre assis devant un piano à queue et Maria Lúcia, vêtue d'un kimono, buvant un verre de vin sur le divan du salon. Dans sa chambre, Pedro se mit à pleurnicher : Estela déposa sa fille dans son berceau pour aller s'occuper de son fils. Cette scène ne lui revint à l'esprit que trois jours plus tard, et elle s'imagina les verts et les bleus du kimono, et les instruments posés sur le tapis persan.

Tous les soirs, après avoir couché les enfants, Estela retournait dans le salon. Tavinho regardait le journal national. Parfois elle observait longuement son époux dont l'attention était monopolisée par le présentateur. *Après tout, ça doit être ça, la vie.* Ce n'était pas le mariage dont elle avait rêvé, mais c'était enfin un mariage stable. Elle s'asseyait à côté de son mari, et ensemble ils n'avaient plus d'yeux que pour le journal télévisé.

11

Beto, mon chéri. Tu as encore le temps. Les inscriptions pour le concours de la Banque nationale vont se prolonger jusqu'à la semaine prochaine. Pas besoin d'être diplômé, je me suis déjà renseignée. Un salaire de trois mille pour un poste de comptable. Iracema m'a dit que son fils allait tenter sa chance, je te paierai ton inscription. Tu n'auras plus jamais à rechercher d'emploi de toute ta vie, c'est du solide, du durable. Avec plan de carrière, sécurité sociale et même des clubs pour fonctionnaires. Iracema m'a dit que celui d'Itaipava avait une piscine et un terrain de tennis.

Assise tout au fond d'un bus de la ligne 121, un gâteau encore tiède sur les genoux, dona Odete se murmurait ce qu'elle dirait à son fils lorsqu'elle pénétrerait dans son nouvel appartement du quartier de Glória. Cela faisait une semaine qu'il ne lui avait pas téléphoné, mais Beto était comme ça, *il croit qu'il est né dans un chou.*

Elle descendit à l'arrêt de la rue du Catete, tourna au coin de la rue Santo Amaro et entra dans un immeuble sur la droite. *Un jour tu oublieras même mon prénom, Beto.* Elle prit l'ascenseur jusqu'au quatrième étage et alla tout au bout du palier. Elle sonna, et personne n'ouvrit. Elle remarqua l'infime entrebâillement de la porte, la poussa et étouffa un cri. La bibliothèque était vide et les tiroirs ouverts. Le sol était jonché de papiers. Le cuir du sofa avait été lacéré de coups de couteau, des touffes de mousse sortaient des plaies béantes tels des viscères. Odete porta la main à sa poitrine. Celui qui avait fait cela au sofa avait peut-être fait subir le même sort à son fils.

Odete téléphona à tous les hôpitaux et toutes les prisons de Rio de Janeiro. Elle vomit juste avant de pénétrer dans l'institut médico-légal, et tout de suite après en être sortie. Elle s'adressa à des amis à lui, mais personne ne savait rien, personne n'avait rien vu, personne ne pouvait rien dire. Elle trouva enfin le nom de Roberto Batista dans la liste des prisonniers du DOI-CODI[1].

« Votre fils est un terroriste, dit le policier avant d'encaisser un coup de sac à main.

— Ça toujours été un gentil garçon, veuillez me témoigner le respect que vous me devez », rétorqua Odete.

Le policier lui témoigna autant de respect que

---

1. *Destacamento de Operações de Informação – Centro de Operações de Defesa Interna* (Détachement des opérations d'information – Centre des opérations de défense intérieure) : agence de répression et de renseignement de la dictature militaire brésilienne.

possible au vu des circonstances : il ne fit rien d'autre que d'esquiver ses coups de sac à main. Ses autres doléances – « Je veux voir mon fils, j'exige que vous le relâchiez, ou qu'il soit entendu par notre avocat » – furent éconduites, et Odete reconduite à la porte du DOI-CODI.

À dater de ce jour, elle prit l'habitude de sortir de chez elle tous les matins avec un sac rempli de vêtements propres, un gâteau dans du papier aluminium et un thermos de café. Elle prenait le bus Lagoa-Tijuca et profitait de la circulation en accordéon pour raconter les malheurs de Beto au passager assis à côté d'elle. Ç'avait toujours été un gentil garçon, il ne lui avait jamais causé le moindre problème, toujours bon élève, toujours studieux. Et on l'arrêtait comme ça, sans raison. Incroyable, impensable qu'on ait pu lui faire une chose pareille. Toujours été un gentil garçon, jamais causé le moindre problème, toujours studieux. Et on l'arrêtait comme ça, sans raison.

Certains passagers s'excusaient et descendaient à l'arrêt suivant. D'autres l'écoutaient, par compassion ou réel intérêt. Il y en avait qui lui racontaient des histoires similaires. Des histoires d'autres gentils garçons, toujours studieux. Et qu'on arrêtait comme ça, sans raison.

Odete descendait à l'arrêt de la rue Barão de Mesquita et passait sa matinée sur le seuil de la caserne, à demander qu'on la laisse entrer. Les gardes s'y refusaient, elle insistait, les gardes ne répondaient pas. À grands coups de sac à main, elle attaqua un commandant qui en sortant déjeuner eut le malheur d'ignorer ses questions. Elle rentrait chez elle à la tombée de la nuit, après avoir jeté le gâteau et le café dans la poubelle qui se trouvait en face de la caserne. Elle ouvrait le papier aluminium et laissait tomber le gâteau petit bout par petit bout. Puis venait le rituel du café. Elle vidait le thermos très lentement, en regardant droit dans les yeux le soldat chargé de garder l'entrée du bâtiment, comme pour lui dire : « Regardez le gâchis que vous faites, dans ma cuisine, dans ma famille, dans mon pays. »

De retour chez elle, elle ouvrait son répertoire. Il fallait absolument alerter la presse, l'avocat, l'archevêque de Rio de Janeiro, la voisine qui était la maîtresse d'un colonel, le cousin capitaine, le médecin qui connaissait tout le quartier, sa sœur qui vivait à Teresópolis.

L'avocat se déclara incompétent en la matière : « Le dénommé Roberto Batista est irrévocablement tombé sous le coup des dispositions arbitraires de la loi d'exception AI-5. » Les journalistes dirent qu'ils mèneraient leur enquête, mais rien ne fut publié. L'archevêque promit qu'il l'aiderait, en priant pour le salut de Beto. La voisine l'assura qu'elle en parlerait au colonel, mais elle avait déjà intercédé pour un membre de sa propre famille, et ça ne se présentait pas bien du tout : Agripino était distant, il s'était sûrement réconcilié avec sa femme, ou alors il avait trouvé quelqu'un d'autre, mais mieux valait espérer que non, sinon qui allait bien pouvoir régler ses factures à elle ? Le cousin capitaine répondit qu'il ne pouvait pas l'aider. Le Brésil allait enfin de l'avant, peut-être qu'après tout c'étaient les amis terroristes de Beto qui l'avaient kidnappé, les communistes, c'était capable de tout. Le médecin en parla à d'autres journalistes et à certains militaires, et il dut sûrement insister un peu trop, parce qu'il commença à recevoir des appels anonymes qui lui signifiaient que dans son propre intérêt – et celui de sa femme Domitila, et de ses enfants André et Tati, huit et six ans, tous domiciliés au 2600 de l'avenue Epitácio Pessoa – il valait mieux arrêter de poser toutes ces questions idiotes.

Odete racontait tout à sa sœur qui habitait Teresópolis et elle avait moins de mal à respirer. Elle raccrochait, et elle posait la main sur sa poitrine, pour faire passer la douleur. Odair, son mari, venait lui caresser le dos : « Le bouillon de poule va refroidir, mon amour. » Elle avalait quelques cuillerées, puis allait préparer le gâteau pour le lendemain matin. Odair débarrassait la table et lavait la vaisselle. Il faisait tremper les haricots pour la nuit, étendait le linge, pliait celui qui était déjà sec. La répartition des tâches ménagères, instituée au long de trente ans de vie commune, était à présent inversée : c'était Odete qui partait le matin sans faire le lit et Odair qui restait à la maison. Il balayait, s'essayait à diverses recettes et attendait que le téléphone sonne.

On fêta l'arrivée de Beto au DOI-CODI avec de la bière. Un des policiers militaires brisa une bouteille contre le mur, s'approcha de Beto et s'amusa à lui faire des tatouages. « Tu vas parler oui ou non ? » demanda-t-il pour la deuxième fois. La première fois, la question s'était accompagnée de coups de pied. Beto avait serré les dents à cause de la douleur, et parce qu'il n'avait aucune intention de parler. Cela dit, il ne savait pas grand-chose. Il avait quitté Ipanema grâce à un ami tombé dans la clandestinité, membre d'une organisation de gauche. Ils avaient besoin d'un locataire pour l'appartement à Glória, un homme de paille qui dissimulerait dans la chambre du fond des combattants en cavale.

Beto, sympathisant de leur cause, avait accepté, à la fois par naïveté, par déception, par héroïsme, enthousiasme, sens de la justice sociale, patriotisme, empathie, révolte et stupidité. Son travail révolutionnaire consistait à saluer ses nouveaux voisins, jouer de la guitare et donner des cours d'anglais. La seule différence avec ses anciennes habitudes, c'était la nostalgie qu'il avait d'Estela, et sa consommation de saucisses en boîte qui avait doublé. À présent il cuisinait aussi pour Abílio, qui l'année précédente avait participé à la séquestration de l'ambassadeur américain.

Lorsqu'ils entrèrent de force dans l'appartement, Abílio était en train de rendre une dernière visite à sa mère, à Petrópolis. Elle avait un cancer, mais ce serait lui qui mourrait en premier. Les autorités trouvèrent au salon des exemplaires du journal *Luta Operária*, Lutte ouvrière, et des bandes dessinées du *Fantôme* dans les toilettes (lire des BD était la seule habitude bourgeoise dont Abílio n'avait pas réussi à se défaire malgré d'innombrables séances d'autocritique). Dans la chambre habituellement destinée à l'employée de maison, ils trouvèrent Beto en train de jouer de la guitare.

« Tu vas parler, oui ou non ? lui demandaient-ils tous les jours.

— Vous pouvez toujours courir », répondait Beto, comme s'il était un guérillero chevronné.

Si les tortionnaires avaient réussi à soutirer à Beto tout ce qu'il savait, voici ce qu'ils auraient découvert :

1. Le nom de code de son colocataire était Abílio.

2. Beto distribuait des exemplaires du journal *Luta Operária* aux portes des usines de la région de Baixada Fluminense, au nord de Rio. Il se faisait aider par un camarade qui prétendait s'appeler João. Avant cela, il avait déjà vu deux ou trois fois ce João, main dans la main avec sa petite amie, en train de faire la queue pour un sorbet chez Bob's.

3. Beto avait réalisé des graffitis avec une camarade dont le nom de code était Lúcia, mais qui s'appelait en vérité Bianca, en tout cas il en était presque sûr. « Pas touche au gâteau, Bianca », avait dit un adulte au cours du neuvième anniversaire de son cousin. « Mais ils sont à moi, les petits chewing-gums », avait répondu Bianca en restant devant la table. C'était un gâteau recouvert de glaçage et décoré de toutes sortes de friandises, des barres de chocolat, de petits sentiers de dragées et de bonbons fantaisie, mais le meilleur, c'était encore les petits chewing-gums tout autour de

la bougie. Bianca supplia son cousin, qui se sentit très important en lui cédant les chewing-gums. C'était forcément elle. Elle avait les mêmes joues rondes et cette même obstination à obtenir les chewing-gums ou faire la révolution. Beto savait en outre que Flavinho, Eliseu et Armando, Catarina, Ana Júlia et Renato, ses amis de la plage, dans des groupes de carnaval ou de l'école, étaient également prisonniers, morts ou disparus.

C'était tout ce que le prisonnier numéro 142, dans la troisième cellule à droite, avait à dire.

Si Beto avait été l'horrible terroriste que s'imaginaient les militaires, il aurait eu bien d'autres choses à leur révéler. Il aurait joué au football avec le résistant Carlos Lamarca sur un terrain vague du quartier d'Honório Gurgel. Il aurait braqué une branque et tiré sur un vigile, pour s'adresser, terrorisé, au corps gisant au sol : « Excuse-moi, ce n'est pas après toi que j'en ai. » La course effrénée jusqu'à la voiture, le cri lancé au conducteur pour qu'il démarre. Il aurait traversé la ville si vite qu'il aurait eu l'impression que le reste du monde bougeait au ralenti, il aurait passé la nuit les yeux grands ouverts, à penser sans cesse au vigile qu'il aurait tué. *Excuse-moi, ce n'est pas après toi que j'en ai, pas après toi que j'en ai.* Un autre hold-up, encore du sang, le cœur plus rapide que la voiture, une nuit de sommeil sans remords. Il serait mort en tentant de riposter contre les policiers qui lui seraient tombés dessus dans une salle de cinéma, cinq balles dans la poitrine.

Ou alors il aurait pris part avec ses camarades à la guérilla de l'Araguaia, en pleine Amazonie, aurait mangé de la viande de singe et aurait maudit les puces-chiques. L'eau insalubre, la peau maroquinée, les fièvres de la malaria, les maisons au sol de terre battue, et quasiment pas âme qui vive. « Alors c'est pour ça qu'on se bat ? » aurait-il entendu dire un jour. Et puis il aurait fini par mourir d'une balle dans la nuque, tirée par un soldat du major Curió, affamé, vêtu de haillons, à moitié édenté.

Ou alors il se serait caché dans les États de São Paulo, de Curitiba et de Bahia. Cheveux teints, grosses lunettes, soutane. Il aurait attendu un mois à Resende ses faux papiers et ses instructions. Ç'aurait été là, dans une maison aux volets bleus et au plancher vermoulu, qu'en regardant cette jeune femme mettre des anthuriums dans un vase en cristal il se serait souvenu de quelque chose de lointain et de sans importance : *J'ai oublié Estela.* Ce n'aurait été que là, au milieu du chaos, qu'il aurait éprouvé un infini soulagement. Il serait alors parti pour Caruaru, où un vendredi de juin il aurait senti le canon d'un revolver contre son dos. « C'est fini », aurait dit une voix. Beto aurait alors été transféré en un lieu loin dans les terres, au cœur de l'État de Ceará, où l'on éliminait lentement les prisonniers, et qui selon les militaires n'existait pas.

Mort. Mort. Mort, dans tous les cas. Et c'est à cet état qu'il aspirait durant les séances de torture. À chaque nouveau coup de pied, Beto crachait du sang en disant qu'il ne parlerait pas, à chaque choc électrique il se cabrait en disant qu'il n'avouerait rien. C'est juste une question de dosage des coups de pied et des chocs électriques, se disait le tortionnaire principal. Mais il ne parvenait pas à trouver la bonne proportion, Beto n'ouvrait toujours pas la bouche, et le bourreau commençait à perdre patience. Ça faisait déjà cinq heures que ça durait, il avait promis à sa fille de l'emmener place Xavier de Brito faire une promenade à dos de dada.

Il donna de plus gros coups de pied, augmenta la puissance des chocs, mais plutôt que de perdre la foi en un monde meilleur, Beto perdit la raison. Il se mit à chanter l'*Hymne au drapeau* du Brésil et demanda à son bourreau ce qui venait après « ce ciel du plus pur azur ». Pour toute réponse, le tortionnaire le détacha afin de pouvoir sauter à pieds joints sur ses côtes. Ses collègues intervinrent.

« Doucement, c'est pas comme ça qu'il faut faire, tu te souviens pas de ce qu'ils disent, dans la circulaire ? Allez, laisse, je vais m'en occuper, va boire un café. »

Le tortionnaire acquiesça. Il quitta la salle, un filet de sueur glissant sur sa tempe, et alla téléphoner à sa femme.

Beto fut transféré dans le coma à l'Hôpital militaire. Il passa neuf mois sans bouger, dans une chambre sans verrou ni gardes. Personne ne croyait qu'il se réveillerait.

Mais, par un jour de novembre, Beto rouvrit les yeux. Le médecin militaire écrivit dans son rapport que le prisonnier jouissait pleinement de toutes ses facultés mentales, puisqu'il arrivait à répondre à des questions simples. Il découvrit tout de suite après que le sujet n'était peut-être pas si lucide que cela, car après avoir dit « Je m'appelle Roberto Batista, j'ai vingt-deux ans et j'habite Rio de Janeiro », il s'écria : « À bas la dictature ! »

Il fut aussitôt renvoyé dans sa cellule au siège du DOI-CODI.

28 janvier 1973

Mon Tavinho,

Les timbres ne mentent pas, je suis bien à Madrid. Je loue un studio dans le quartier des Lettres, à un pâté de maisons de là où vécut Cervantes. Tu connais un peu la vie de Cervantes ? Après avoir blessé un noble au cours d'un duel, il a dû fuir l'Espagne. Il a été assistant d'un cardinal en Italie, a lutté contre les hérétiques en Afrique, a pris une balle dans le dos et a perdu l'usage de sa main gauche. Après quoi son frère et lui se sont fait capturer par des pirates barbaresques. Pendant des années leur famille a essayé de réunir la somme exigée, mais à la fin il n'avait que de quoi payer une rançon sur les deux. Cervantes a laissé son frère en profiter, et à quatre reprises, dans des circonstances rocambolesques, a tenté de s'enfuir. Des religieux ont fini par verser sa rançon et il a pu revenir en Espagne. Il a fait plusieurs petits boulots et a fini par devenir collecteur d'impôts. Après quoi il a atterri en prison pour dettes, et c'est dans sa cellule qu'il a écrit Don Quichotte. *Lis un peu ces vers que j'ai trouvés dans le dernier livre qu'il a écrit, des vers composés alors qu'il était sur le point de mourir du diabète :*

Le temps est bref,
Les angoisses grandissent,
Les espoirs déclinent,
Et même ainsi mon désir de vivre
me pousse à vivre.

Certaines nuits au balcon, j'allume une cigarette, je regarde la maison de Cervantes et je pense à ce qu'il a écrit. Aujourd'hui, j'ai aussi pensé à toi. J'ai eu envie de regarder l'océan en mangeant un sorbet, et si on s'était retrouvés tous les deux sur la plage alors cette fois-ci je ne serais pas restée aussi silencieuse, cette fois-ci j'aurais parlé. J'aurais dit ce que Cervantes a dit. Putain, Tavinho, ce que la vie est courte

Prometeu et moi nous sommes séparés. J'ai découvert qu'il avait une liaison avec une violoniste. J'ai trouvé ça tellement grossier que j'ai riposté dans la même veine. Je me suis présentée à une des répétitions de l'orchestre et je lui ai dit de se foutre sa baguette dans le cul. À la maison j'ai jeté tous ses habits par la fenêtre, j'ai toujours rêvé de faire ça un jour. Au journal ça s'est pas mieux passé, mon supérieur m'a mis la main où il fallait pas, ça m'a rappelé le jour où mon parrain avait fait la même chose, seulement cette fois je n'avais pas neuf ans et j'ai su me défendre. J'ai crié, je suis allée voir le rédac chef et le service du personnel. Et tu crois que ça m'a servi à quelque chose ? Mon cul. Ce salaud est encore dans les murs, à pianoter sur sa machine et à empocher son gros salaire de chefaillon, et moi je me suis fait virer pour instabilité émotionnelle.

C'est à la suite de ça que j'ai décidé de faire une pause et de partir à Madrid. J'écris des articles pour des revues, ça suffit pour vivre. La plupart du temps. Certaines nuits quand je me couche je me roule en boule et je n'ai qu'une envie, que la vie passe le plus vite possible. Le lendemain je suis réveillée par les enfants de la voisine qui claquent la porte en allant à l'école. Je me fais un café, j'allume une cigarette, je vais à ma fenêtre regarder les touristes et, sans que je m'en rende compte, j'oublie tout de la veille. Tu as déjà remarqué à quel point les touristes sont toujours de bonne humeur ? Toujours heureux, toujours mal fagotés, toujours à côté de la plaque. Rien que de regarder un groupe de touristes descendre la rue, je me sens tout de suite mieux.

Pablo n'aimait pas les touristes. Il considérait que leur seule fonction sur Terre, c'était de faire grossir encore la foule qui s'interposait entre lui et les tableaux du Prado. Je me suis rappelé que c'étaient les touristes qui le faisaient vivre. Pablo est guitariste flamenco, il joue dans un de ces bouis-bouis qui servent une paella avec plus de colorant alimentaire que de safran. On a vécu un peu ensemble, quand je suis arrivée à Madrid. Le jour, il dormait et j'écrivais ; la nuit, je dormais et lui allait jouer. L'organisation parfaite, et pourtant ça n'a pas marché.

Il y a tellement de choses qui me manquent, Tavinho. Toutes ces fois où toi et moi on n'a même pas eu besoin de baiser. Les répétitions du groupe du carnaval, quand tu dansais comme les filles jusqu'au petit matin. Des fois il me prend l'envie d'écrire sur nous, toi, l'homme fragile et imposant, moi la femme mystérieuse qui entrait et sortait de ta vie, et qui savait. Mais écrire de la littérature, c'est sacrément coton, j'ai déjà essayé une ou deux fois, et j'ai toujours abandonné à la deuxième page. Quelqu'un a dit, et je crois bien que c'est Clarice Lispector (quand je suis pas sûre, je dis toujours que c'est elle), que la littérature, ce n'est pas de la détente.

Alors j'ai décidé de t'écrire. De faire de mes lettres un journal/mémoires/tentative de littérature-détente (qui ne sont pas de la littérature, et qui peut-être sont déjà une forme de résistance, en cette époque où tant de choses sont interdites). Des bouts de moi que tu recevras sur feuilles A4, et dont tu feras ce qu'il te semblera le mieux.

Ce sera l'inverse de ces années où on gardait le silence, tous les deux. Quand tu y réfléchis bien, les silences sont éloquents, et c'était ce que disaient nos silences à nous : la vie est belle, le temps est bref et tout cri est toujours le bienvenu.

Saravá[1]*, Cervantes. Saravá, Tavinho.*

Baiser de Malu

1. Salut des esclaves, lié aux traditions et rites afro-brésiliens.

12

Ipanema, 1975

« Tu pourrais mettre une chemise pour déjeuner, Otávio ? »

C'était la journée la plus chaude de l'été 1975. Le dimanche suivant, les journaux feraient leurs gros titres sur les records de température enregistrés par l'Institut national de météorologie. Ces conditions excluaient naturellement le port de la chemise, mais Estela n'admettait pas qu'on puisse se présenter torse nu face à son pot-au-feu.

Tavinho alla enfiler une chemise dans sa chambre par égard pour sa femme. Il y avait un trou à l'épaule, ouvrage commencé par une mite et élargi par le doigt de Pedrinho, qui lorsqu'il se retrouvait sur les genoux de son père faisait rouler ses voitures de course sur les rayures de la chemise, transformées en routes par son imagination. Le trou devenait alors l'entrée du tunnel de la manche.

Lorsqu'il revint se mettre à table, Estela ignora son

choix peu avisé, comme elle avait ignoré les pages de journal qu'il avait laissées éparses sur la table basse. Elle ne voulait pas d'une autre dispute. Tavinho lui aussi souhaitait ne plus se fâcher avec sa femme pendant le reste du week-end.

Cela faisait maintenant huit ans qu'ils étaient mariés, et ils acceptaient ce qui auparavant leur paraissait insupportable. Estela s'était habituée aux longues minutes que passait son mari dans la salle de bains, et au rituel qui consistait à s'asperger copieusement de parfum Rastro. En sortant de la salle de bains, Tavinho empestait tout l'appartement, au point que même les voisins savaient à quelle heure il prenait sa douche, rien qu'à l'odeur d'eucalyptus qui se répandait soudain chez les Jansson. Elle s'était également habituée à sa passion pour le football – « Hé mon vieux, t'as vu le match hier ? Hé mon vieux, t'as vu le match hier ? » : c'était ainsi que Tavinho disait bonjour à ses amis.

Tavinho s'était habitué aux regards noirs d'Estela chaque fois qu'un coude atterrissait sur la table. À la curieuse attirance de sa femme pour le fard à paupières orange. *C'est pour se faire des yeux de pigeons ou quoi ?* À toutes les manies d'Estela, qui au début étaient passées pour de gracieuses attentions, pour se transformer finalement en horribles exigences. Le soin apporté aux coussins blancs, son adoration pour le service à thé en argent, les regards de travers portés à la pendule à coucou qui avait appartenu à son grand-père.

Pedro avait alors quatre ans. Il dessinait des paysages avec cinq soleils et savait compter jusqu'à dix.

« Sans les doigts, papa. »

Priscila avait trois ans et savait principalement imiter son frère.

« Dix et un, dix et deux, dix et cinq.

— Tu sais même pas compter, lançait Pedro.

— Si, je sais, répliquait Priscila.

— Bien sûr qu'elle sait, disait Tavinho.

— Bien sûr qu'elle sait », disait Estela.

Le dimanche matin, ils allaient se promener au Jardin botanique. Ils allaient jusqu'au parc pour enfants où se trouvait le plus grand toboggan au monde, selon Priscila. Pedro se balançait seul jusqu'à aller si haut qu'il prenait peur, mais cela, il ne l'avouait jamais à personne. Tavinho et Estela restaient là, parfois main dans la main. La dispute de fin de semaine n'avait pas encore éclaté, ou elle s'était déjà achevée. Le parfum de Tavinho s'était déjà dissipé et il n'y avait aucune table dans les parages, aucune raison de se plaindre de coudes mal placés. À ces moments-là, avec leurs enfants qui couraient partout, et un peu plus loin un étang où flottaient des nénuphars d'Amazonie, ils se considéraient heureux.

Ils ne cédaient pourtant jamais totalement à l'autre. Dès qu'Estela disparaissait à l'autre bout du couloir, Tavinho mettait les pieds sur la table basse, les talons confortablement enfoncés dans les coussins blancs. Les fois où il se retrouvait seul à dîner, il prenait tant de plaisir à planter ses coudes sur la table qu'il regrettait de n'en avoir que deux. Il adorait déambuler chez lui à moitié nu, imitant l'orang-outan, ou dans des vêtements tellement vieux et usés qu'ils avaient perdu toute couleur.

Estela aussi avait ses petites vengeances, et c'était souvent l'une des premières choses qu'elle faisait au terme d'un week-end sans dispute. Une chemise trouée : même le gardien de l'immeuble ne s'habillait pas ainsi. Ce lundi matin, elle ignora les relents du parfum qui empuantissaient l'appartement, prépara ses enfants pour l'école, embrassa son mari après le petit déjeuner, donna à Dalvanise ses instructions pour la journée.

Lorsque tout l'appartement se retrouva plongé dans le silence, elle se rendit dans la chambre. Elle ouvrit les tiroirs de l'armoire de Tavinho et se mit à remplir son sac-poubelle sans le moindre remords. S'il croyait que des chemises trouées étaient préférables à des exhibitions de mamelons, il se mettait le doigt dans l'œil. Estela se débarrassa ainsi des chemises trouées, des caleçons reprisés et des polos maculés de taches de graisse. Des maillots de bain informes et des slips aux élastiques distendus. Autant d'habits qu'elle aurait honte de donner à Dalvanise.

Les revues se trouvaient dans le dernier tiroir, cachées sous les pulls. La couverture de la première montrait un homme à moitié nu. Des gouttelettes d'eau constellaient son torse lisse, son bras musclé semblait surgir du papier glacé, la main glissant vers son jean entrouvert. C'étaient des publications américaines. *A Guide to Gay San Francisco*, *A Truck Driver Lets It All Hang Out*, pouvait-on lire.

Estela referma le tiroir, s'assit sur le lit et se mit à éternuer. Trois, quatre, huit, des dizaines de fois. Ses yeux rougirent, son nez se mit à couler. Elle se rabattit d'abord sur la boîte à mouchoirs, puis mit la main sur un rouleau de papier toilette.

« Tout va bien, madame ? demanda Dalvanise de l'autre côté de la porte close.

— Et pourquoi ça n'irait pas, Dalvanise ? Pourquoi ça n'irait pas ? »

Cette armoire, cette situation était insoutenable. Elle décrocha le téléphone posé sur la table de chevet.

« Tavinho, c'est moi. Comment ? Tu ne peux pas me parler maintenant ? Fais servir un café à ton client, c'est important. Écoute, il faut que tu t'occupes de ton armoire. Je croyais pouvoir m'en charger, mais il y a tellement de vieux machins là-dedans, tellement de poussière, tellement d'acariens, ça sent tellement le renfermé que je n'ai pas pu aller bien loin dans le rangement. J'ai à peine ouvert le premier tiroir, et regarde un peu dans quel état je suis », dit-elle en éternuant bruyamment, ponctuant sa phrase de toussotements et de reniflements. « Je veux que tu nettoies cette armoire pour que Dalvanise puisse passer de la térébenthine. »

La découverte des revues convainquit Estela qu'il était urgent de déménager. Elle fit part de ce désir à Tavinho d'un ton qui excluait toute discussion. « Ça n'est plus possible, Tavinho. Il faut absolument qu'on trouve un appartement plus grand. »

Tavinho pencha la tête d'un côté, puis de l'autre, comme pour secouer ce qui se trouvait à l'intérieur, afin que cette idée de déménagement y entre plus facilement. Leur appartement était pourtant idéal. Cuisine avec office, chambre pour l'employée de maison. Vue sur la plage en tendant un peu le cou.

« Il nous faut au moins quatre chambres, un appartement-terrasse au dernier étage par exemple », poursuivit Estela. L'étude notariale ne manquait pas de clients, et ils avaient de jolies économies. Elle avait discuté avec des agents immobiliers de chez Julio Bogoricin, et avait déjà visité quelques appartements. Vingt-trois, très précisément, convertis en quatre dans le récit qu'elle soumit à Tavinho, et parmi lesquels un seul les intéressait vraiment.

Il s'agissait d'un appartement de plain-pied, au dernier étage, trois cents mètres carrés, rue Nascimento Silva, propriété d'un couple de Français qui avaient à cœur d'implanter les us et coutumes parisiens à Ipanema, tels que, par exemple, l'idée selon laquelle il était inutile de rénover la tuyauterie ou l'installation électrique d'un logement. Les portes des armoires se fermaient aussi mal qu'elles s'ouvraient. Les robinets fuyaient, les miroirs étaient tous oxydés. Le garde-corps de la terrasse était rongé par l'air marin, le papier peint cornait dans les coins.

« Il est parfait », lança Estela à Tavinho de l'autre bout de l'énorme salon complètement vide. On pouvait entendre au loin Priscila et Pedro qui s'amusaient à faire grincer la tuyauterie en ouvrant et fermant les robinets de la salle de bains.

« Je ne suis pas convaincu, Estela...

— Il est parfait, répéta-t-elle. Pedro, Priscila, arrêtez un peu avec ces robinets ! La vue est superbe, c'est spacieux, et l'immeuble est très bien tenu. Il faudra qu'on rénove les salles d'eau et la cuisine, mais imagine un peu à quel point ça valorisera l'appartement. Pedro, Priscila, je vous ai dit d'arrêter ça !

— Quel emmerdement ça va être...

— Penses-tu, tu n'auras même pas à t'en mêler : je m'occuperai de tout. Pedro, Priscila, il va vraiment falloir que je compte jusqu'à trois ? Parce que si je viens vous voir ce sera pour vous punir tous les deux ! »

Tavinho considéra sa femme. Il y avait dans ses yeux une conviction bien supérieure aux dimensions de l'appartement. Il baissa les siens.

« Si c'est ce que tu veux, mon amour. »

C'était bel et bien ce qu'elle voulait. Trois cents mètres carrés qui attendaient d'être rénovés, réagencés et décorés. Le plus grand chantier de toute son existence.

Ils emménagèrent le mois suivant. Leurs meubles rapetissèrent dans l'immense salon, et l'office était tellement loin que Dalvanise parut soudain plus distante. Priscila faisait du vélo sur la terrasse, Pedrinho courait dans le couloir jusqu'à l'épuisement. Tavinho mit sa brosse à dents dans le verre de la salle de bains, Estela commença à ranger tout le reste, mais s'interrompit pour feuilleter des revues de décoration intérieure, chargeant Dalvanise de s'occuper des cartons et des armoires. Il faudrait abattre des cloisons, refaire la tuyauterie et remplir tout cet espace vide. Cela soulevait beaucoup plus de dilemmes que d'idées, ainsi qu'elle le dit à ses amies. Celles-ci lui suggérèrent alors d'avoir recours à un professionnel.

Le nom de Carlos Buclê, architecte d'intérieur, circulait dans les bouches les plus raffinées de Rio, celles qui appréciaient les beignets du restaurant Alvaro's, dans le quartier de Leblon. C'était un homme aux traits et aux manières délicats, qui prenait toujours un malin plaisir à ne laisser planer aucun doute quant à sa personne. Il s'asseyait en croisant doublement les jambes, aux genoux et aux talons, avait le poignet mou et buvait son café l'auriculaire dressé. Carlos avait pénétré dans plus de logements de la zone sud de Rio qu'un agent du recensement. Ses services ne se limitaient pas à l'architecture, ils s'étendaient à des domaines tout aussi importants que la rénovation de canalisations. À chaque nouveau chantier, il devenait le meilleur ami de la propriétaire. Tous deux alternaient les messes basses et les éclats de rire, échangeaient des regards complices et, sans même qu'ils s'en rendent compte, la cliente imitait les manières de Carlos, et Carlos celles de sa cliente.

Carlos savait tout ce qu'il y avait à savoir sur les azulejos, les plâtres et les marbres. Et il en savait tout autant sur les trahisons, les avortements et les maladies vénériennes. Sa mémoire était un véritable *Who's Who* de la haute société, foisonnant de détails si intimes qu'il n'en divulguait rien, pas même à son petit ami, Moacir Donato. Moacir était un métis trapu aux yeux clairs. Il habitait avec sa mère dans le quartier de Grajaú, faisait partie de la police militaire et avait pour hobby l'astronomie, à laquelle il s'adonnait tous les week-ends. Le fait que son télescope se trouve sur le balcon de Carlos, qu'il ne s'en servait que lorsque des voisins étaient sur le point de se déshabiller, et que les seules étoiles que Moacir voyait alors se trouvaient entre les draps de son ami, tout cela était des détails qu'il considérait bien trop insignifiants pour les dévoiler à sa mère.

Le couple s'était formé dix ans auparavant, et ne devait sa relative stabilité qu'au temps qui passe. Tous deux adoraient les disputes sans retour et les amours qui pardonnent. C'étaient deux âmes tragiques, capables de trouver dans l'ennui du quotidien la grandeur de leurs misères.

« Tu t'es encore servi de ma brosse à dents, Carlos », disait Moacir, l'objet à la main, encore humide.

Et c'était le début d'une énième prise de bec, qui précipitait le couple dans leurs erreurs de jeunesse, leurs souvenirs d'enfance et les insécurités du présent.

« Tu ne comprends pas, quand j'étais petit, mon frère et moi, on devait partager la même brosse à dents. Je n'ai jamais pu avoir une brosse à dents rien qu'à moi, Carlos ! »

S'ensuivaient des claquements de porte, des menaces de séparation, des mains refermées vigoureusement sur des poignets. Puis des déclarations passionnées, des « mon loulou, viens vers moi, mon chouchou », des vêtements jetés au sol et la domestique qui augmente le volume de sa petite radio portative.

Carlos arriva à son premier rendez-vous chez Estela avec cinq minutes d'avance, un book rempli de photos sous le bras. Ils s'assirent sur le canapé afin de le consulter ensemble. Carlos pointait les photographies du doigt comme s'il présentait ses enfants à sa potentielle cliente. « Sur ce projet on a réalisé une alcôve, sur celui-ci ç'a été une pose de carrelage. Ces toilettes ont été entièrement refaites en bois, la cliente voulait une décoration chalet suisse, vous voyez ? D'où les rideaux à carreaux. » Il y avait des salons enjolivés d'arabesques murales, des papiers peints dorés, des couloirs transformés en galeries des glaces, des vestibules à colonnes doriques.

Estela scrutait les photographies avec avidité. *Je veux ce lustre en cristal et ce plafond capitonné, je veux ce tapis en peau de zèbre et ces coussins en tulle.* Elle n'imaginait déjà plus de vivre sans jardin d'intérieur foisonnant de dattiers du Mékong, sans robinets dorés et sans plinthes en marbre rose. Sans toutes ces choses dont elle ignorait jusque-là l'existence et qui la réveillaient à présent avant l'heure, avec ces mots résonnant encore et encore dans sa tête : « grès poli, grès poli ». Elle allait tout changer. Elle avertirait bientôt

Tavinho. Tout le monde avait bien droit à ses petits secrets, celui-là serait le sien.

Les six premiers mois du calendrier prévisionnel de la rénovation se transformèrent en un an. La famille s'habitua à la fine couche de poussière recouvrant tous les vêtements, aux torchons mouillés comblant l'espace entre le sol et le bas des portes des chambres, aux dîners à l'office, entourés de tuyaux qu'aucune cloison ne dissimulait plus. « C'est presque fini », dit Estela au dixième mois. À chaque nouveau délai supplémentaire, elle embrassait Tavinho : « En fait, il fallait remplacer la canalisation, et j'en ai profité pour refaire le faux plafond. »

Le quotidien des travaux n'était pas régi par le principe d'action/réaction, mais par la dynamique action/problème/réaction/problème. Estela décida de faire poser des azulejos, mais il y avait pénurie de carreaux. Lorsque les azulejos arrivèrent enfin, le maçon tomba malade. Quand le maçon fut de nouveau sur pied, le mortier qu'ils reçurent n'était pas le bon. Estela avait choisi le blanc cassé, et pas un gris clair. Estela renvoya le mauvais mortier et redemanda celui qu'elle voulait, mais le stock était momentanément épuisé. Quand enfin il arriva, on se rendit vite compte qu'il manquait trois carreaux d'azulejos, qui ne pourraient être livrés que sous deux semaines, prévision établie par les fournisseurs, pour qui la notion de temps était bien plus abstraite que pour les architectes.

Carlos et Estela affrontaient les contretemps et déceptions avec un stoïcisme poli. Dalvanise leur servait le café, que tous deux sirotaient assis sur le canapé recouvert d'un drap, échangeant des commentaires poliment indignés sur les difficultés des travaux. Ils se considéraient comme des victimes du hasard, des visionnaires à qui la splendeur du résultat final donnerait raison.

Parfois, dans les silences qui suivaient les gorgées de café, Estela parlait d'elle. Elle ouvrait la bouche, et se trouvait aussi incapable de retenir ses paroles que d'aller au bout : « Tu sais, Carlos, il y a des nuits où mon mari dort et moi je ne bouge pas d'un millimètre, parce que je pense qu'il... » Elle restait ainsi immobile quelques secondes, avant de conclure d'un : « C'est évident, Carlos, ce qu'il manque à notre salle de bains, c'est un miroir biseauté. »

Carlos écoutait, attentif comme un bon élève. Il prenait des notes, riait quand Estela riait, se faisait sérieux quand Estela le devenait. Il la remerciait pour le café, consultait sa montre et prenait congé. Il devait aller voir cette autre cliente qui avait décidé de mettre le salon à la place des chambres et les chambres à la place du salon.

« Tu ne peux pas t'imaginer l'horreur que c'est devenu, ce chantier », disait-il en levant les yeux au ciel.

Estela levait également les yeux et répétait : « L'ho-rreur ! » Il s'en allait, elle refermait la porte derrière lui, se lamentait sur l'état du salon, puis reprenait courage : « Quand tout sera fini, ce sera parfait. » Elle allait à la fenêtre pour contempler Ipanema et Leblon, jusqu'au *morro* des Dois Irmãos.

Elle aimait voir le soleil se coucher de sa fenêtre, les fenêtres du quartier qui s'illuminaient les unes après les autres. Parfois elle se disait que son appartement-terrasse serait l'un des plus beaux de tout le quartier à la fin des travaux. Parfois elle pensait à Beto.

13

L'osmose entre Estela et Carlos prit fin au bout d'un an de chantier. Estela se souvenait à peine des revues que son mari cachait au fond de son tiroir, et elle n'avait plus besoin de se changer les idées. Elle voulait acheter de nouveaux meubles, rembourrer certains sièges, purger les pièces de l'odeur de solvants et de plâtre qui y régnait. Elle pressa l'architecte en lui rappelant les délais convenus, mais Carlos lui répondit qu'il était malade, qu'il n'était pas en état de travailler. « Je peux pas », se répétait-il seul dans sa chambre, la tête entre deux oreillers. Il n'avait pas entendu son réveil sonner de huit heures à dix heures, et s'était soudain réveillé comme s'il venait de se réincarner, sans se souvenir de qui il était ni d'où il se trouvait, à cause de la dose carabinée de Valium que ses frictions avec son amoureux lui valaient d'ingurgiter quotidiennement.

Moacir était devenu irascible, en partie parce qu'il ne dormait quasiment plus depuis des mois. Il ouvrait l'œil à une heure du matin et le refermait de toutes ses forces : « Pas encore, pas encore ! » Quand il dormait à Grajaú, c'étaient les ronflements de sa mère ; à Leblon, c'étaient ceux de Carlos. « Il faut que je dorme, il faut que je dorme. » Mais il ne parvenait pas à se rendormir et se levait à l'aube, exténué.

Carlos lui avait suggéré de prendre des somnifères.

« C'est un truc de pédales, les somnifères. »

Le manque de sommeil affecta tous les aspects de la vie de Moacir. À commencer par Carlos, qui, plus qu'un aspect de sa vie, était tantôt une poupée de luxe, tantôt un sac de frappe, selon l'occasion. Carlos devint bientôt un sac de frappe à temps plein, à l'exception de la demi-heure du vendredi soir et du samedi soir, durant laquelle tous deux se relayaient derrière le télescope, et durant la demi-heure qui suivait leur observation.

Après quoi Moacir redevenait un puits de colère sans fond. Il tapait du poing sur la table quand son steak était froid, beuglait quand il voyait l'abattant des toilettes abaissé. La lumière qui perçait à travers les persiennes l'irritait, il menaçait le boulanger qui lui servait du pain rassis. Et il criait sans cesse après Carlos. « Merde, Carlos, les draps sont encore tout froissés. Merde, Carlos, t'es une sacrée pédale avec tes crèmes hydratantes. Merde, Carlos, tu sais que j'aime que mes chaussettes soient pliées en boule, merde, Carlos. »

Carlos supporta ces cris par fidélité, jusqu'à n'en plus pouvoir. Il se mit à se couvrir les oreilles, à pleurer dans les coins de l'appartement, et augmenta la dose de Valium. Il ne savait plus quoi faire face à ce monstre qui dormait dans son lit, et qu'il avait pris pour un Apollon durant tant d'années. Qu'était-il en réalité, un monstre ou un Apollon ? La confusion de Carlos était totale. Au point qu'il commença à s'emmêler les pinceaux dans les spécificités de ses chantiers. Il envoya des caisses d'azulejos dans les mauvais appartements, fit abattre des cloisons qui auraient dû rester telles quelles. La cliente l'appelait en fin de journée et Carlos n'entendait même pas ses plaintes. Il se mettait au lit après avoir pris son Valium, la climatisation à fond, un édredon sur la tête.

Estela remarqua ce changement chez l'architecte, et à plus juste titre les conséquences sur le chantier. Elle lui demanda des explications lorsqu'un fournisseur lui livra un plan de travail pour la salle de bains deux fois plus petit que prévu. Une main sur la hanche, elle s'apprêtait à demander à Carlos s'il croyait travailler pour les sept nains lorsqu'elle le vit écraser une larme d'un revers de la main. Elle le prit aussitôt en pitié et lui tendit une serviette en lin. Carlos releva les yeux, s'efforçant de contenir ses sanglots.

« Les hommes sont vraiment terribles. »

Estela posa la main sur l'épaule de Carlos.

« Vraiment terribles. »

Quelques jours plus tard, une blatte apparut dans la cuisine de Carlos, qui poussa un cri d'effroi. La réaction de Moacir fut instantanée, mais cette fois, il ne se servit pas de son chausson. Il attrapa la bestiole par les ailes, délicatement, afin de ne pas lui faire de mal.

« On va voir qui est-ce qui commande, ici », dit-il, très satisfait.

Dans l'entrebâillement de la porte, Carlos vit Moacir mettre la blatte dans un sac plastique transparent, qu'il noua solidement. L'insecte tentait de gravir la surface lisse, en vain, et Moacir secouait le sac en riant. Cette nuit-là, Carlos prit deux Valium pour dormir. Moacir était toujours dans l'office de la cuisine, assis devant la blatte prisonnière. « Besoin de respirer un coup ? » demandait-il en soufflant sur le sac hermétique.

Le lendemain, Carlos fit changer ses serrures.

Le mode opératoire de Carlos reposait sur le bouche-à-oreille. Il disait au maître d'œuvre ce qu'il fallait faire, le maître d'œuvre le répétait aux maçons, les maçons le répétaient à l'apprenti, et l'apprenti se grattait la tête. Après la séparation de Carlos et Moacir, cette méthode cessa de fonctionner. L'architecte passait des journées entières sans mettre les pieds dans l'appartement de la rue Nascimento Silva. Il ne décrochait même plus son téléphone, ne se rendait même pas à son cabinet. Il errait sur la plage de Leblon et s'asseyait sur un banc, le regard perdu dans les flots. Ou bien il restait dans sa chambre, les rideaux tirés, le téléphone débranché, attendant que le Valium fasse effet.

Le maître d'œuvre, les maçons et l'apprenti ignoraient ce qu'il fallait faire. Dans le doute, ils jugèrent préférable de s'abstenir et, lorsque Estela apparaissait, ils faisaient tout bonnement semblant de travailler. Ils préparaient le plâtre, le mortier, déplaçaient une pile d'azulejos du coin gauche de la pièce au coin droit.

Ce fut plus ou moins à cette époque que Tavinho posa un ultimatum à sa femme. Il ne voulait plus vivre dans les gravats, il ne voulait plus prendre sa douche dans la salle de bains de la domestique. Il était l'homme de la maison, il passait ses journées à gagner de l'argent pour faire vivre leur famille, il avait le droit de prendre sa douche dans une cabine à sa taille. La douche de Dalvanise était une véritable insulte à l'anatomie humaine, même pour les enfants. Le pommeau était juste au-dessus des toilettes, l'évier semblait tout droit sorti d'une maison de poupée, sans parler du rideau de douche en plastique et des cheveux coincés dans le support du pommeau qui lui donnaient la nausée. Estela l'embrassa sur la joue : « Il ne reste plus qu'à poser trois carreaux d'azulejos, et la cabine Blindex doit arriver la semaine prochaine. »

Elle voulut relayer l'ultimatum de Tavinho à Carlos, mais personne ne décrocha au cabinet de l'architecte. Elle mit donc un terme à leur collaboration et termina les travaux toute seule.

Les quatre mois suivants se déroulèrent comme l'année qui s'était écoulée, mais à présent Estela était aux commandes. Elle donnait des instructions au maître d'œuvre, qui donnait des instructions aux maçons, qui donnaient des ordres à l'apprenti, qui se grattait la tête. Les problèmes de communication et les interruptions étaient courants, par exemple le vendredi, quand le maître d'œuvre buvait une petite cachaça, qu'un maçon buvait une petite cachaça, et que l'autre maçon cessait de poser du mortier pour aller lire un psaume en disant que la cachaça c'était la boisson du démon. L'apprenti était pris de vertige parce qu'il n'avait plus de quoi s'acheter à déjeuner en fin de mois, le maçon partageait sa gamelle avec l'apprenti, l'apprenti recevait son salaire et payait une petite cachaça au maçon pour le remercier. Estela allait au marché, au salon de beauté ou à l'épicerie fine, les maçons se détendaient les épaules et se sentaient bien, se détendaient le corps entier et se sentaient encore mieux. Dalvanise apparaissait avec une bouteille d'eau et des verres en plastique, le maître d'œuvre discutait avec elle et tous deux échangeaient des sourires, en évoquant leurs souvenirs de Cariri.

Dalvanise aimait que la maison soit d'une propreté parfaite. Peu après qu'Estela l'eut engagée, dans l'ancien appartement, quand la maîtresse de maison avait fait venir un maçon pour installer les ampoules autour de la glace de la salle de bains, elle avait balayé le sol carrelé avec un zèle sans précédent. Sa peine avait été récompensée par l'acquisition d'un compagnon, trois enfants et une maison en brique.

Elle ne nourrissait à présent plus de telles ambitions, mais elle profitait tout de même de la poussière générée continuellement par les travaux pour passer le balai à tout moment, s'aidant à chaque mouvement de savants balancements du derrière. Le maître d'œuvre, dont le labeur avait jadis été récompensé par une compagne, quatre enfants et une belle-mère par défaut, se dit qu'il ne répugnerait pas à gagner un petit quelque chose de plus. Il disparaissait donc régulièrement avec Dalvanise dans sa chambre de domestique, laissant en plan maçons, apprenti, plâtre et mortier.

La situation se compliqua encore quand d'autres professionnels du bâtiment rejoignirent le chantier ; le peintre, l'électricien, le jeune plâtrier, le marbrier. Leurs tâches respectives semblaient irréconciliables. Les murs furent peints avant le changement de câblage, le plan de travail de la salle de bains fut installé sans qu'on y fasse un trou pour les robinets. Quelqu'un avait trafiqué quelque chose avec un tuyau quelque part, provoquant une fuite qui semblait jouer à cache-cache avec les maçons. Elle se baladait dans tout l'appartement, apparaissait sur les murs aussi bien qu'au plafond : pour la traquer, ils durent percer les parois, laissant derrière eux des trous tout en longueur. Le jeune plâtrier passa deux semaines à reluquer le derrière de Dalvanise en parlant football. Il pleuvait, l'air était humide, mieux valait attendre que le temps devienne plus sec. Le temps devenait plus sec, mais il allait bientôt repleuvoir, mieux valait attendre que ça tombe. Le maître d'œuvre remarqua les sourires que le jeune plâtrier adressait à Dalvanise et s'apprêtait à se servir du couteau à pain comme d'une arme. Dalvanise intervint en lui disant de ne pas se tarabuster, que jamais elle ne s'intéresserait à un « chameau pareil ». À n'en pas douter, elle avait dû fermer les yeux lorsque le jeune plâtrier était allé visiter la petite chambre à l'autre bout de l'appartement.

Le plan de travail de la salle de bains était de guingois. « Mais pas de beaucoup », remarqua le maître d'œuvre. Il fallait vraiment se pencher et regarder d'un certain angle pour s'en rendre compte. Le trou d'évacuation de la salle de bains était partiellement obstrué par du revêtement. « Mais il reste de la place pour que l'eau s'écoule », assura le maître d'œuvre. En revanche pour le trou d'évacuation au sol, dans l'office de la cuisine, il n'y avait pas de solution. Il y avait eu une erreur dans le choix des canalisations, il faudrait de nouveaux travaux pour qu'il soit utilisable. Les seaux d'eau de Dalvanise formaient un petit étang dans la cuisine, fort apprécié de Pedrinho et de Priscila. Ils sautaient dans la flaque, se mouillaient de la tête aux pieds, et ne comprenaient pas pourquoi maman pleurait alors qu'à présent ils avaient même une piscine.

Au bout d'un an, quatre mois et deux jours, le 18 octobre 1976, Dalvanise passa un dernier coup de serpillière humide dans le hall d'entrée, faisant disparaître l'ultime trace laissée par le dernier maçon quittant l'appartement. Celui-ci était splendide, avec son éclairage intégré dans les faux plafonds, ses robinets en inox fixés dans des plans de travail en travertin, ses verres à pied Versailles et ses tapis d'Orient devant ses canapés de cuir.

Les changements sautaient aux yeux, tant dans l'appartement que chez Estela. Cette dernière avait gagné en expérience, et en amertume. Elle avait tant de fois considéré le plafond pour se dire « Il ne manquait plus que ça » qu'à deux reprises, elle avait trébuché sur des sacs de ciment. Elle avait bataillé contre le maître d'œuvre, les fournisseurs, le marbrier, l'électricien et le plâtrier. Durant ces échanges, sa poitrine lui brûlait, et elle y gagna des rides permanentes. Ce qui lui restait d'envie pour les minutes du samedi soir, dans l'obscurité de la chambre conjugale, s'était définitivement évanoui. « Pas ce soir, Tavinho, peut-être la semaine prochaine. » Elle comprit que sa vie était semblable à un chantier : une succession de problèmes qu'elle seule devait résoudre.

Le jour où Dalvanise fit disparaître la dernière trace de poussière, Estela erra sans but dans l'appartement. Elle s'assit sur le canapé et feuilleta le journal sans rien lire. Elle se leva et alla à la fenêtre. Le soleil commençait à se coucher, quelques nuages coiffaient le *morro* des Dois Irmãos, à l'autre bout de Leblon. Elle entendait la rumeur des bus qui à cette heure avançaient poussivement à la queue leu leu sur la rue Visconde de Pirajá. Les coups de klaxon distants, les alarmes de garage toutes proches. Son regard se posa sur le *morro* de Cantagalo, à l'opposé, et pour la première fois elle remarqua la présence de petites maisons miséreuses qui avaient poussé sur le flanc de la colline. Une, deux, trois, beaucoup. Un tas de pauvres qui s'amoncelaient si près de son luxueux appartement. Comment cela était-il possible, comment avait-elle fait pour ne pas se rendre compte de cette invasion ? Et que faisaient les autorités, qu'attendaient-elles pour mettre un terme à tout cela ? Rio était une ville impossible, sans hiérarchie, sans ordre, sans solutions. Elle tira les rideaux, et alla voir dans la cuisine si Dalvanise avait déjà commencé à préparer le dîner.

L'insomnie de Moacir, responsable des déboires professionnels de Carlos et de l'excès de stress d'Estela, ne toucha pas que la zone sud de Rio. À l'autre bout du tunnel qui séparait les deux moitiés de la ville, elle eut un impact direct sur la vie de Beto.

Avant de perdre le sommeil, Moacir jouissait d'états de service exemplaires au sein de la Police militaire : à la caserne, il était connu sous le surnom de Berger allemand. Le chef ordonnait et il exécutait, sans la moindre question, sans la moindre réserve. Ses grandes qualités lui valurent d'être promu : il reçut une formation spéciale d'interrogateur du DOI-CODI. C'était un boulot facile, lui avait dit le responsable. Il suffisait de lire la circulaire et de suivre les instructions. On lui attribua un créneau horaire et un groupe de prisonniers. Dans son travail, il était aussi précis et régulier que le jour auquel, mois après mois, son salaire atterrissait sur son compte en banque. L'insomnie ne se déclara qu'après coup.

« Tu vas crever à coups de poing. À coups de poing et avec ce navet dans le cul », cria Moacir une nuit, alors qu'il était encore avec Carlos. Carlos hurla, Moacir se réveilla en hurlant, hurla à Carlos d'arrêter de hurler, Carlos hurlant qu'il n'arrivait pas à s'empêcher de hurler.

Quelques jours plus tard, Carlos devait sangloter auprès d'Estela, en disant que les hommes étaient terribles. Il n'était pas allé plus loin : il n'avait pas raconté le cauchemar de son compagnon, pas plus qu'il n'avait parlé à sa cliente d'objets et de légumes enfoncés dans des derrières inconnus. Or il se trouvait qu'Estela connaissait fort bien le derrière en question, qui n'était autre que celui de Beto. Un derrière que du reste, jusqu'aux agressions de Moacir, elle avait été la seule à explorer, par un après-midi à présent très lointain.

Au bout de quelques mois d'insomnie et de dur labeur au DOI-CODI, Moacir sentit qu'il changeait. Il devenait plus confiant, plus viril, plus déterminé et audacieux. C'était une sensation inédite. Jusqu'alors, il s'était résolu à vivre comme une ombre. Il n'était ni beau, ni intelligent, ni blanc. Il n'avait ni emploi enviable, ni passé brillant, ni avenir prometteur.

T'es moche comme c'est pas possible, songeait-il quand il ouvrait la bouche face à son miroir, afin d'aplatir sa joue pour se raser. Le reflet lui renvoyait l'image d'une dent cassée, d'ongles noirs et d'une forêt de poils qui des avant-bras poussaient jusqu'aux phalanges.

Jadis, Moacir aurait claqué la langue devant sa glace, pour se consoler tout aussitôt : « Je suis peut-être pas l'Alain Delon brésilien, mais c'est avec moi que couche Carlos Buclê, et demain c'est vendredi. » Mais, à présent, le fait de ne pas être l'Alain Delon brésilien lui plaisait. Avoir toujours raison, ça valait bien mieux que d'avoir une petite gueule de minet.

Moacir en vint à avoir raison face à n'importe qui, en toutes circonstances. C'était le reste du monde qui se trompait, Carlos, le policier chargé de la circulation, la pluie qui s'était mise à tomber lorsqu'il était sorti de chez lui, et jusqu'à la circulaire des interrogatoires, avec ses instructions fastidieuses. Il y avait tant d'améliorations à y apporter. Moacir se mit à chanter pour les prisonniers.

« Mets tes deux pieds en canard, c'est la chenille qui redémarre. »

Le prisonnier mettait ses pieds en canard, et Moacir inventait une façon inédite de se servir de sa pince.

Puis il chantait à nouveau.

« Mets tes deux pieds en canard, c'est la chenille qui redémarre. »

Et encore.

À ce stade, Moacir n'était plus le seul à avoir changé : il en allait de même du groupe de prisonniers qu'il était chargé d'interroger. Certains étaient partis dans des cercueils, d'autres tout au fond de la baie de Guanabara. Il y en avait aussi qui n'avaient pas changé extérieurement. Ils changeaient de l'intérieur, un peu plus à chaque entrevue avec Moacir.

Beto était de ceux-là. Il avait déjà perdu toute dignité, avait déjà dit tout ce qui était vrai, tout ce qui était faux, tout ce qui pouvait être la vérité et tout ce qui n'était peut-être que des mensonges. « Oui, elle s'appelait Bianca, ses parents habitaient à côté de la place Serzedelo Correia. Non, cet Abílio ne m'a jamais rien dit sur les autres cellules. Je vous l'ai déjà dit, je n'étais qu'un homme de paille. Attendez, peut-être que je sais, faites pas ça, pas là. C'est ça, exactement, je suis communiste, terroriste, élément subversif, partisan de Lacerda, partisan de Goulart. Che Guevara était un assassin, vive la révolution de

1964. Vous préférez pisser là, ou sur le côté ? Je peux me retourner si vous préférez ? Parfaitement, la PUC, c'était un vrai nid de communistes, un repaire de guérilleros sanguinaires. Je ne m'en souviens plus, ça fait tellement longtemps. Cet hiver-là, on est allés à Miguel Pereira, pour une fête populaire du mois de juin, j'ai donné un coup de main sur le stand de pêche aux petits poissons. Je me suis même dit que je pourrais m'installer là-bas. C'est ça que j'aurais dû dire à mon oncle, j'aurais dû lui dire : "Oncle Anacleto, ce serait peut-être bien que je passe un peu de temps avec toi, histoire que tu m'apprennes à cultiver la terre." Mais le mieux ç'aurait été de travailler près de la plage », disait-il à Moacir, aux ténèbres de sa cellule, aux murs du mitard. Il n'était plus qu'un amas de nerfs à vif, sans cesse parcourus de douloureux signes vitaux qui lui indiquaient qu'il avait froid, soif, faim ou mal.

Un après-midi, lorsqu'on le ramena dans la salle d'interrogatoire, il s'y trouvait déjà une prisonnière menottée sur une chaise, dans un coin, le haut du corps penché en avant.

« Ta copine est passée te rendre visite », dit Moacir en lui tirant les cheveux en arrière afin que Beto voie son visage.

Bianca. Elle n'avait plus cet air résolu avec lequel, à neuf ans, elle avait raflé les chewing-gums qui décoraient le gâteau d'anniversaire, mais il était probable qu'elle aurait affiché le même nombre de kilos sur une balance qu'alors. Elle avait les joues creuses, les genoux pointus. Ses cheveux en bataille étaient figés par le sang coagulé, et toute une palette d'ecchymoses recouvrait son corps fragile.

« Va dire bonjour à ton ami, Bianca. »

Elle ne bougea pas. Elle resta là, regardant droit devant elle, à travers Beto, comme s'il était transparent.

« Debout. »

Bianca fit un mouvement en avant et s'écroula par terre. Moacir lui donna un coup dans le dos, de la plante du pied : « Debout. »

Elle ferma les yeux.

« Debout ! Debout ! Debout ! » cria Moacir. Bianca restait immobile au sol, recroquevillée en position fœtale.

La haine de Moacir lui monta à la gorge, si dense que s'il avait pu glisser sa main au-delà de sa glotte il aurait senti sa texture et se serait brûlé le bout des doigts. Il porta la main à sa ceinture. N'y trouvant pas son arme, il se contenta du stylo à bille qu'il avait dans la poche. Il le serrait si violemment que ses ongles firent saigner sa paume.

Combien de couches de peau, combien de zones tendres, combien de parties vulnérables compte le corps humain, se demandait Moacir, anesthésié, tandis qu'il transperçait les tempes, les seins, la jugulaire de Bianca. *Les tympans, les joues, la nuque. Entre les jambes, maintenant les omoplates, après quoi les yeux. Évidemment, les yeux, c'est encore ce qu'il y a de mieux.*

Beto assista à tout, menotté, dans un coin de la pièce. Il fut libéré une semaine plus tard, passant sans transition de sa cellule à sa chambre d'adolescent dans la maison de ses parents. Des jours durant, Odete continua de lui faire des gâteaux, tout en sachant qu'il n'y toucherait pas.

Se réveiller le matin avec les bruits de la maison. Le balai qu'on passe, le blender qui mixe de la banane. La porte qui se referme, Odete qui revient avec du pain frais. L'odeur de café qui s'immisce dans la chambre, le corps caressé par la brise du ventilateur. Sol propre, lit propre. Un oreiller. Beto ouvrait les yeux, mais ne se levait pas. Il demeurait immobile, sentant son corps revigoré de jour en jour par les petits miracles du quotidien. Il quittait le lit quasiment une heure plus tard, prenait une douche chaude, savourait le contact de la serviette sur sa peau. Au salon, le soleil illuminait le carrelage clair, faisait étinceler les poussières flottant dans l'air. Ces poussières, n'était-ce pas une forme de poésie ? Il faillit poser la question à son père qui lisait son journal, bien calé au fond du canapé, et il rit de sa propre ingénuité. Son père n'aurait pas su quoi répondre.

Il éprouvait une gratitude infinie pour la banalité dans laquelle il baignait. Sa mère qui sur le canapé tricotait des chaussons en laine qu'il n'enfilerait qu'à contrecœur. « Ça commence déjà à se rafraîchir, je ne veux pas que tu te balades pieds nus à la maison. » La femme de ménage chantant des hymnes comme à l'église en passant le balai, son père sortant pour aller jouer aux échecs sur la place, et ces mots qu'il avait prononcés à son retour, les seuls à avoir passé le seuil de sa bouche depuis : « Ça me fait tellement plaisir que tu sois là. Si tu sors n'oublie pas les clefs, quand tu rentres pousse le verrou. »

Beto ne sortit qu'au bout d'un mois. Un matin d'avril, il passa le portail de l'immeuble et plissa les yeux, ébloui par le soleil. C'était jour de marché, les trottoirs disparaissaient sous les étals jusqu'au carrefour. Il déambula de stand en stand, réapprivoisant sa liberté. « Rien qu'à votre mine, je vois qu'aujourd'hui vous avez envie de dépenser votre argent », lui lança un marchand en lui montrant ses fruits. Beto éclata de rire et accepta une tranche de melon. Il reprit sa marche, s'emplissant le crâne de pyramides de légumes et de prix griffonnés sur les ardoises. Il inspira à pleins poumons l'odeur forte des poissons, le parfum délicat des fleurs. Il s'arrêta devant un étal de quincaillerie, quel bien ça faisait de voir tout ça. Coupe-ongles, peignes, brosses, bonnets de bain, bigoudis, porte-monnaie, miroirs, pots de talc, torchons peints à la main.

Des femmes au foyer des bigoudis plein la tête, des enfants du *morro* portant les commissions moyennant quelques sous, des nounous avec leur poussette, des gardiens devant la grille de leur immeuble, ravis de tout ce remue-ménage. Le vendeur de beignets et de jus de canne, le rémouleur, le type avec son plateau rempli de gâteaux à la noix de coco. Un monsieur lui dit bonjour, une dame lui sourit, une gamine de quatre ans engagea la conversation : « Je m'appelle Tereza, comment tu t'appelles, toi ? »

Tant de belles choses dans ce monde. Il laissa le

marché derrière lui, gravit le Corte do Cantagalo, parvint à la Lagune qu'il se mit à longer. Quelques bateaux à voile profitaient du bon vent de cette matinée, deux hommes essayaient de pêcher le peu de crabes qui vivaient encore dans la mangrove. Arrivé à Ipanema, il emprunta l'une des rues transversales protégées par les frondaisons d'amandiers, jusqu'à déboucher sur la plage. Il enleva ses chaussures et sa chemise, et alla jusqu'au bord de l'eau. La mer était glacée, personne n'osait y aventurer un orteil. Beto prit son élan et plongea dans une vague, la perforant de part en part, avant de revenir s'allonger sur la plage. Il eut l'impression que son ouïe était altérée par la froidure de son corps et la chaleur du soleil. Au loin, un vendeur de maté s'égosillait : « Bien glaaaaaaacé. » Il s'assoupit, bercé par ses cris et le va-et-vient des vagues.

Beto admirait chaque détail comme un touriste tout juste arrivé d'un lointain pays. Il avait l'impression d'avoir passé plusieurs décennies en prison, il devait à présent réapprendre à vivre comme avant. Rumeur de la pluie dans la chambre = bon. Bégonias poussant au balcon = bon. Baiser de sa mère sentant le talc Gessy = bon. *C'est bel et bien bon*, se disait-il à lui-même. *Ça, tu peux me croire sur parole.*

Mais parfois il avait du mal à se croire sur parole. Il regardait les aiguilles à tricoter et songeait : *Ça peut ne pas être bon.* Il entendait l'eau bouillante siffler dans la théière : *Pas sûr que ce soit bon.* Il se méfiait des ciseaux, des couteaux, des écharpes et des verres, il considérait tous ces objets comme pas bons du tout.

Ça devenait particulièrement pas bon du tout quand il fermait les yeux : le monde du présent se confondait alors avec celui de la prison, il revoyait Moacir, son visage flou, son sourire net, il hurlait, transpirait abondamment, suppliait.

« C'est passé, mon fils. »

Beto rouvrait les yeux. Il était chez lui, dans sa chambre d'adolescent. Il était dans un lit qui avait des draps, dans un monde bon. Mais les yeux fous de sa mère n'étaient pas de ce monde, ils appartenaient à une cellule du DOI-CODI.

À la suite de la quatrième crise durant laquelle il poussa des cris d'un autre temps, Beto revendit sa guitare, fourra dans son sac à dos vêtements, brosse à dents et dentifrice, évalua d'un regard ce qui se trouvait dans sa chambre et estima qu'il n'avait besoin de rien d'autre. Il laissa un mot à ses parents, dans lequel il leur expliquait qu'il avait besoin de prendre un peu de distance. Il se leva à cinq heures du matin afin de s'épargner les au revoir, sans succès. Pressentant son évasion, Odete s'était postée devant la porte, pieds nus, chemise de nuit à fleurs, cheveux aux racines blanches qui auraient eu bien besoin d'un coup de brosse. Beto serra sa mère dans ses bras et sentit un doux parfum de sommeil. L'espace d'un instant, il envisagea de rester, mais c'était impossible.

« Je te demande juste de ne pas te remettre avec ces amis-là.

— Ces amis-là n'existent plus », répondit-il, le visage enfoui dans le cou de sa mère.

Il referma la porte derrière lui et appela l'ascenseur.

Les frictions des courroies et les bruits du mécanisme semblaient plus bruyants à cette heure : l'immeuble tout entier dormait encore. Dans le hall d'entrée, le gardien sommeillait, le buste étendu sur la table, indifférent à la musique folklorique que diffusait sa petite radio. À l'angle de la rue, Beto prit un bus qui le mena à la gare routière. À travers la vitre, il pouvait voir le ciel s'éclaircir, le bleu indigo s'effacer, le blanc des nuages absorber toute la voûte céleste. Il s'acheta un billet pour la première ville desservie ce matin et, pour meubler l'heure d'attente, prit son petit déjeuner au snack-bar de la zone des départs.

14

> « Nous étions une génération solidaire. Aujourd'hui, nous sommes une génération solitaire. »
>
> Carlos LEONAM

Beto parcourut le Brésil de mai 1976 à janvier 1980. Il travailla dans une pharmacie du Sud, en espérant que chaque nouvelle aspirine vendue le guérirait un peu plus. Il fit la plonge dans un restaurant du Mato Grosso, heureux de cet emploi où toute réflexion était inutile. Il apprit que la liberté, c'était de flâner dans une ville qui n'intéressait personne à la surface du monde, quand, après avoir éteint les lumières du restaurant et verrouillé la porte, il rentrait à la pension dans l'obscurité.

Parfois la liberté s'évanouissait tout à coup. Il entendait un rire, un aboiement ou le vent dans les feuilles, et il lui fallait fuir à toutes jambes les interrogatoires ponctués d'électrochocs, de coups et de fausses noyades, durant lesquels il n'avait jamais brillé, car au summum de la terreur l'air lui manquait pour de bon, il passait à moins de deux doigts de la mort, et on ne le sauvait *in extremis* qu'afin de pouvoir prolonger ses souffrances.

Il enseigna le portugais à une Espagnole, danseuse de zarzuela bien décidée à quitter les planches pour devenir infirmière. Il apprit tout des guerres du Sud, réelles ou inventées, auxquelles avaient pris part les parents, grands-parents, arrière-grands-parents, amis et cousins du gaúcho qui le prit en autostop jusqu'en Amazonie.

Il avait les cheveux longs lorsqu'il arriva à Manaus, et on le prit d'emblée pour un messie. Tous ceux qui passaient par cette ville étaient à la recherche d'or ou de minerai, de bois ou d'oiseaux rares. Beto, qui n'avait aucun but précis, parut suspect. Certains lui demandaient conseil, d'autres voulaient des miracles, mais Beto leur répondait qu'il ne croyait même plus aux arcs-en-ciel. Ce monde était pourri, peut-être était-ce mieux chez les Indiens. On lui dit d'aller à Santarém et il s'y rendit, deux jours de bateau à remonter l'Amazone, à manger de la bouillie de farine de manioc au poisson et à apprendre à dormir dans un hamac. Les rubans infinis de végétation qui constituaient les rives étaient jalonnés de bateaux de pêche et de bateaux de transport amarrés à des pieux plantés au fond du fleuve, ainsi que de rares maisons en bois en équilibre sur de mauvais pilotis, et d'où sortaient des femmes, mouchoirs noués sur la tête, et des enfants à moitié nus.

À Santarém, il descendit dans une auberge, dont il sonda le patron à propos des Indiens du coin. Le patron lui demanda pourquoi il voulait en savoir plus à leur sujet, Beto répondit que c'était juste pour savoir. Le patron finit par hocher positivement la tête. Il avait vu de tout, du guérillero et du militaire, du botaniste et du chimiste, du trafiquant et du contrebandier, de l'agent de la CIA, du gringo chef d'entreprise et même de l'espion russe (dont personne ne savait s'il était véritablement russe, mais qui demandait toujours à la réception d'appeler un numéro compliqué et parlait des heures au téléphone dans une langue riche en dérapages). Le patron conseilla à Beto d'aller à la rencontre des Mundurucus, autochtones considérés comme sauvages, mais qui, il le savait, étaient tout sauf ça. Ils habitaient près d'ici, à deux heures de voyage.

Beto loua une Brasília turquoise et parcourut la route Santarém-Cuiabá en criant tout du long : « Allez, Brasília, je sais que tu peux y arriver, allez, on donne tout. » La route ressemblait moins à une route qu'à un rêve curieux : de la forêt d'un côté, de la forêt de l'autre, des trous au milieu et, droit devant, rien du tout. Il arriva à la borne kilométrique indiquée et gara la Brasília dans une ville déserte, fondée à l'époque de la fièvre du caoutchouc et abandonnée lorsque la fièvre était tombée, refondée lors de la fièvre du jute et abandonnée lorsque la fièvre était retombée, rerefondée lors de la fièvre du bois de rose et abandonnée comme on l'aura deviné, rererefondée lors de la fièvre du piment et abandonnée comme précédemment.

Beto pénétra dans l'une des maisons de bois pourri comme s'il entrait dans le songe d'autres personnes, avec une certaine crainte, presque à reculons. Il semblait y avoir quelque chose de magique dans ces meubles vermoulus et la partie postérieure de ce sofa décoloré. Le mauvais plancher grinça sous ses pas, et un rugissement se fit soudain entendre. Il sursauta en voyant deux bras dépasser du dossier du sofa. « Qu'est-ce que je donnerais pour m'allonger sur un vrai canapé. »

Réprimant sa terreur, Beto fit le tour. Un vieil homme immense, vêtu d'un short et d'un collier de graines, le visage peint, était en train de s'étirer en souriant. Ses longs cheveux lui tombaient sur les épaules, il avait les yeux bleus, et sa peau était recouverte de tant de taches de rousseur qu'à certains endroits elle semblait être d'un brun uniforme.

« Vigo Jansson Ipapec, dit le vieux en tendant la main.

— Roberto Batista. »

Vigo lui demanda ce qu'il venait faire ici, et Beto lui répondit qu'il cherchait les Mundurucus.

« Vous en avez un devant vous.

— Impossible.

— Et pourquoi ça ? » répliqua Vigo. Il était né très loin de la tribu, mais il était devenu l'un des leurs après avoir quitté Ipanema pour se perdre dans l'Amazonie, il y avait de cela… Il leva les yeux au plafond, se gratta le menton, s'efforçant de s'y retrouver dans les dates et les chiffres: «On est en quelle année?

— Mille neuf cent soixante-dix-huit. En août.

— Tant que ça? Les années des blancs passent plus vite que celles des Indiens.»

Vigo lui dit qu'il habitait ici depuis plus d'un demi-siècle. Il avait décidé de rester après avoir fait la connaissance de Catira, dont le seul défaut était d'avoir pour père le cacique de la tribu. Mais à l'époque Vigo était jeune, et il ne recula pas devant l'obstacle. Il était prêt à tout supporter, jusqu'à la sale tête du père de sa bien-aimée (et une sale tête de cacique, c'est la pire des sales têtes qui soient, toute barbouillée de peinture et entourée d'une coiffe de plumes). Il le convainquit de lui donner la main de sa fille, épousa celle-ci et s'établit en tant que guérisseur blanc. Il développa un remède contre la toux et un autre capable de guérir les métastases des plus vieux Indiens.

Au terme de cette longue conversation dans la maison abandonnée, Vigo guida Beto jusqu'au village, où ils dînèrent d'un capybara et passèrent la nuit auprès du feu. Les flammes jouaient avec les traits du vieil homme immense, mélangeant les ombres et les aplats de sorte que son visage semblait être celui d'un enfant. Cette nuit, le regard plongé dans le feu, Vigo vit Ipanema.

«Je me souviens encore du sable de la plage. Comme il était blanc, ce sable.»

Beto plongea son regard dans le feu et vit une autre Ipanema.

« Pour moi, il a toujours été beige », dit-il, et Vigo écarquilla les yeux, incrédule.

Les semaines qui suivirent, Vigo conta à Beto son enfance dans un château, et il lui parla des bals et des pique-niques. Il lui parla de la cuisinière qui inventa le plat connu sous le nom de *vatapá de arenque*, d'un homme si grand qu'il lui fallait deux hamacs cousus ensemble, et de poissons grands comme des barques qui sommeillaient sous les pierres. Beto écoutait, fasciné, jusqu'à l'histoire de cette femme guidée par des voix qui parlait à l'océan. Ça, ça lui parut un peu tiré par les cheveux, et il ne prêta que peu d'attention à la suite, où il était question entre autres d'une jeune fille drapée dans un châle rouge, jouant la comédie sur une scène tendue de tulle.

Beto resta parmi la tribu jusqu'à oublier les lundis, les quatre heures de l'après-midi et les 5 mars. Jusqu'à suivre du regard le vol d'un scarabée sorti de nulle part, passant sous son hamac pour disparaître au loin, jusqu'à observer une file de fourmis atta entre deux petites siestes, jusqu'à cesser de réfléchir en contemplant des nuées de taons ou le balancement de tel arbre à tel moment de la journée. Mais s'il oubliait le temps, le temps, lui, ne l'oubliait pas, *il existe un passé*, disait le temps, *regarde un peu ce cauchemar.*

Au milieu de l'année 1979, Beto se fit prendre en stop par un chauffeur de poids lourd, de Santarém à São Luiz. Au fil du trajet, le paysage se modifiait. La végétation imposante de la forêt, avec ses frondaisons si denses qu'elles formaient un ciel à part entière, fut remplacée par une étendue désolée, branches mortes et terre craquelée, arbustes desséchés sur pied et cactus solitaires. Les cabanes en bois laissèrent place à des cabanes en torchis, pâturages et plantations à un véritable no man's land. Plus une goutte de cette boue éternelle générée par les pluies amazoniennes : il ne restait plus qu'une poussière jaune omniprésente qui se collait au palais.

Ils étaient au beau milieu du *sertão* de Cariri, un lieu que Beto ne connaissait que par les reportages sur des familles miséreuses affrontant la sécheresse. Pour déjeuner, ils s'arrêtèrent à côté d'une enfilade de maisons au bord de la route qui tentait de se faire passer pour un village. L'arrivée du poids lourd fut l'événement du mois, des gens sortaient de leurs baraques pour contempler la chose, et pour montrer à Beto de quoi était fait le Brésil. Des vieillards édentés, des femmes muettes, des enfants nus, des hommes désœuvrés. Des visages macérés, des yeux exorbités, des ventres infestés de vers solitaires, des peaux tannées, des rides de crève-la-faim.

Ils mangèrent le seul plat proposé par le seul restaurant du coin : de la viande de bouc et du riz gluant, accompagné de Coca-Cola chaud et d'un bonbon Juquinha tellement fondu qu'il coulait de son emballage jaune. Ils réglèrent l'addition et retournèrent au camion, Beto entonnant un récital de « non ». Non, il ne voulait pas un autre Coca-Cola, ni de porte-clefs, ni de dessert au sucre de canne, ni de torchon, ni de cette gamine de douze ans poussée en avant par sa propre grand-mère, « toute fraîche, comme neuve », disait la vieille, ses ongles enfoncés dans le petit bras. Beto grimpa à bord et éprouva un soulagement infini en entendant le moteur gronder. Par la vitre, il contempla une dernière fois la petite foule des damnés de la terre. « Alors c'est pour ça qu'on s'est battus », songea-t-il. Et il en conclut que la seule façon de mettre fin à la misère de ce pays, c'était de ne plus la voir.

Il prit un car pour Bahia, où il devint hippie dans la communauté d'Arembepe. Plage, noix de coco, poisson, pluie, et une femme aux cheveux longs, platine, se balançant dans son hamac, pieds nus dépassant d'une extrémité, cheveux tombant au sol de l'autre.

Une nuit, Beto raconta tout à cette femme. Il décrivit les vents du Sud, l'océan de têtes de bétail du Pantanal, le ciel végétal d'Amazonie, l'aridité du Nord-Est, la rumeur des métropoles. « Tout est lié, tu ne crois pas ? » demanda-t-il à la femme. Et même ce qui semblait ne pas être lié l'était d'une certaine façon, il le sentait. Sa mère constamment en mouvement dans son appartement, Estela et son expression de soulagement en refermant la porte de l'appartement du rez-de-chaussée. Le retraité qui avait été son élève et n'était même pas parvenu à apprendre la conjugaison du verbe *to be*, les mois à l'odeur de naphtaline durant lesquels il avait préparé sa communion. La première fois qu'il s'était rasé, son premier baiser, sa première baignade en solitaire, sa première cuite. Les yeux presque enfantins de ses camarades gauchistes, à présent tous clos.

Moacir.

Les heures, les jours et les nuits, les hurlements, les excréments et le sang, les fils électriques et les éclats de rire, l'anus et les éclats de rire. Les rires. Beto s'interrompit, incapable de parler, cela ne devait pas, ne pouvait pas être lié au reste. La terreur s'imposait à nouveau sur son visage incertain, dans son cœur battant la chamade, dans sa poitrine oppressée, dans sa vision obscurcie, dans la certitude qu'il ne restait plus qu'une seconde avant la fin de tout, jusqu'à ce qu'il sente une chaleur sur son bras, une haleine douce et une voix qui lui disait tranquillement : « Tout va bien. »

Il rouvrit les yeux. La femme aux cheveux platine était face à lui. Un visage vierge de maquillage, avec de petites rides à la commissure des yeux, son regard aussi sincère que ses mots. « Tout va bien », répéta-t-elle.

Sous l'effet de sa voix, le temps devint réversible. La toute dernière seconde de suffocation de Beto se transforma en une centaine d'autres, l'éloignant de plus en plus de sa fin. Son cœur s'apaisa, sa poitrine s'élargit. Les souvenirs éclipsés par la terreur revinrent peu à peu, et Beto reprit son discours sur le lien qui unissait toute chose.

« Tout, absolument tout est lié, de par le vaste monde et dans cette maison modeste. Moi, toi, les deux gamins qui dorment dans la pièce d'à côté. Tout est lié. J'arrive même à percevoir le rythme constant de cette syntonie, pas toi ? Tu n'entends pas le rythme magique de la syntonie ?

— C'est le bruit du frigo », répondit-elle en prenant le joint des mains de Beto. Elle tira une taffe, recracha la fumée et retourna à son hamac. « Mais tout est lié, oui », ajouta-t-elle en passant ses mains sur sa nuque pour soulever sa chevelure, croisant les jambes à l'autre extrémité du hamac. Se balançant lentement au rythme des petites vagues de l'océan.

À l'origine, l'idée était de passer quelques semaines à Arembepe, mais les mois s'immiscèrent dans le décompte, et la première année s'écoula ainsi. Un après-midi qu'il faisait des sandales avec de vieux pneus pour les vendre aux touristes, Beto releva les yeux, surpris : « Avant-hier, c'était Noël », dit-il. Puis il rabaissa les yeux, écarta ses cheveux de son visage et se remit à l'ouvrage.

Il aurait pu vivre ainsi jusqu'à ce que la peau autour de ses yeux devienne fine et flaccide, jusqu'à ce qu'une bedaine indésirable arrondisse sa silhouette, jusqu'à ce que des douleurs à l'estomac lui rappellent l'existence de la mort. Mais un jour, de retour du marché, Beto regarda la femme aux cheveux platine qui mettait des anthuriums dans un vase en verre, et se rendit compte qu'il avait oublié Estela.

« J'ai oublié Estela », murmura-t-il sans autre émotion que le soulagement, ce qui n'était pas arrivé quand il avait partagé sa couche avec ces femmes qui s'inventaient des maladies pour aller voir le Carioca de la pharmacie, avec les clientes à la recherche de la meilleure pizza du Mato Grosso, et avec cette femme au milieu du sertão à laquelle certaines choses manquaient énormément. Il avait oublié Estela et ce qu'il avait vu dans ses yeux, le dernier après-midi qu'ils avaient passé ensemble, la certitude qu'il resterait toujours un enfant.

Il sentit le désir impérieux de retourner à Rio. De reprendre son chemin à l'endroit précis où il s'en était écarté.

Il arriva un matin de mai des plus banals, le soleil presque au zénith, du monde dans les rues, un coup de klaxon, un bus démarrant en première et freinant aussitôt, des kiosques exhibant leurs journaux. Inflation, une femme tuée par balle, négociations avec le FMI, pénurie d'eau, pénurie d'électricité, l'avenue Brasil inondée. Le marché dans la rue de ses parents, identique, les mêmes stands, les mêmes marchands hélant le chaland, leurs melons plus sucrés que du miel, les mêmes femmes au foyer et les mêmes retraités circulant avec leurs caddies. Les embrassades avec ses parents un peu plus frêles, et Beto eut soudain une drôle d'impression. Peut-être la vie d'avant ne se trouvait-elle pas ici.

Beto reprit ses études d'ingénieur. Le fait d'avoir des camarades plus jeunes le dérangea, et aux yeux de ceux-ci il devint vite le type bizarre de service. Il passa des nuits blanches à réviser ses examens de maths, refusa des invitations polies à des fêtes estudiantines. Il reçut son diplôme, se fit couper les cheveux, passa le concours et entra à la Banque nationale du Brésil. Il fallut une semaine à dona Odete pour en avertir sa sœur (trois conversations téléphoniques sur le même thème), le médecin de famille, les passagers du bus, le curé, le pharmacien, les caissières de la boulangerie et de la supérette, son cousin militaire. « Mon fils n'a jamais été terroriste ! » hurla-t-elle alors dans son combiné. Le cousin capitaine l'écouta sans dire un mot. Les militaires perdaient de leur influence, le général président en place était en faveur de l'ouverture politique, et avait déclaré qu'il ferait arrêter et supprimer tous ceux qui s'y opposeraient.

La nouvelle décennie s'annonçait plus douce. La loi d'amnistie ramena au bercail les prisonniers politiques, les gouverneurs d'État seraient bientôt élus au suffrage direct, peut-être même le président, aux dires de certains. L'optimisme se cantonnait à la vie politique. Sur le plan économique, le pays était toujours enlisé dans l'inflation, la récession, le chômage et la dette extérieure.

Beto s'installa dans un appartement du quartier de Vila Isabel – « Vivez dans le Luxe et le Calme », clamait le prospectus du tout nouvel immeuble, distribué par des jeunes filles en minijupe postées aux feux rouges de Rio. Excellent emplacement, dépendances complètes, piscine, salle des fêtes, ascenseurs, parking couvert. C'était un appartement de deux pièces casées dans l'espace d'un studio, avec balcon donnant sur la masse de béton des quartiers nord.

Tandis que Beto se consacrait corps et âme à la petite routine de son existence, des cheveux blancs se mirent à éclaircir ses tempes. Les sandales laissèrent place à des chaussures de ville, le jean et le tee-shirt à un costume. Les allers-retours en bus furent remplacés par des trajets en Fiat 147 beige, avec autoradio et sièges en skaï noir.

Au terme d'une énième journée de travail, Beto

sortait du hall glacial de la Banque nationale pour sentir sur son visage la brise chaude du début de soirée. Il marchait jusqu'à sa voiture garée dans la rue. « Va en paix, ô mon roi », lui disait le gamin des rues censé surveiller la voiture contre un pourboire. La Fiat s'engageait alors dans les bouchons dès six heures de l'après-midi. Au cours du trajet laborieux, le ciel s'obscurcissait, ses yeux se plissaient, et Beto finissait par allumer ses phares. La voix de la chanteuse Elis Regina était interrompue par l'émission d'actualités *Hora do Brasil*, la file de véhicules avançait en accordéon, comme si elle ne devait arriver nulle part. Quand Beto oubliait d'éteindre son autoradio, il devenait nerveux, et il mettait cela sur le compte de la circulation de la place Bandeira. Mais non, c'était à cause des voix sans émotion des journalistes de « cette merde de *Hora do Brasil* ». L'alarme du garage indiquait la mise sous tension du mécanisme, les passants contournaient sa voiture tandis que le portail s'ouvrait. Il passait de longues minutes à se garer sur sa minuscule place de parking. Les jours où il en avait la patience, il passait au local du gardien prendre son courrier. L'ascenseur mettait toujours un temps fou à arriver, Beto pénétrait dans la cabine en disant bonsoir à ses voisins, sans les regarder. Arrivé chez lui, il lançait clefs et serviette sur la table. Les jours où passait la femme de ménage, il trouvait son lit fait et le sol propre. Il se changeait, allait dans la cuisine, ouvrait une bouteille de bière et prenait une croquette à la viande dans le plat en pyrex au-dessus du four. Jusqu'au balcon il n'y avait que cinq pas, Beto ouvrait la porte vitrée et contemplait les milliers d'appartements semblables au sien.

Encore deux jours avant le week-end, il faut que je fasse faire la vidange. L'impôt sur les véhicules tombe en avril, je vais voir si je peux payer en plusieurs fois. Il faut que je tire des sous pour les étrennes des gardiens. Il faudra que je dise à Domingas de moins saler, cette croquette est presque immangeable. Il faudrait que j'aille chez le médecin, j'ai eu une impression bizarre à la poitrine. Demain je rapporterai les bouteilles de bière vides au supermarché.

Roberto Batista, musicien amateur et professeur d'anglais intermittent, ancien étudiant de la PUC, prisonnier politique et vagabond intérieur, idéaliste et représentant d'une génération qui avait changé le pays, était devenu un homme respectable, nanti d'un compte en banque, d'un poste de fonctionnaire et d'un appartement financé par la banque publique Caixa Econômica Federal. Plan de carrière, blazer de chez Casas Tavares et chaussures des magasins Polar. Habitué des promotions du centre commercial Shopping Rio Sul, lecteur de la revue *Veja* et fidèle téléspectateur du *Jornal Nacional*. Contribuable, tourmenté par ses brûlures d'estomac, éternel critique des chansons diffusées à la radio.

« Ce rock qu'écoutent les jeunes maintenant, cette musique, c'est vraiment de la merde. »

15

5 AOÛT 1980

Cher Clodovil,

J'ai vingt-quatre ans, je suis célibataire et je travaille dans une agence de publicité. Je me dois d'être très bien habillée, mais je ne peux pas me permettre de grosses dépenses. J'ai beaucoup de jupes et de robes qui descendent en dessous du genou. Est-ce que je devrais les raccourcir ? Quelle est la longueur idéale des jupes, cette année ? Par ailleurs, je ne peux pas porter des talons trop hauts, ça me fatigue beaucoup. Quelle est la hauteur de talons la plus élégante et la plus confortable ?

(Clodovil repose la lettre sur la table. Il remonte ses lunettes, saisit l'enveloppe et lit les informations de l'expéditrice.)

C'est Roseli dos Santos qui nous envoie ce courrier, elle habite tout près d'ici, à Ribeirão Preto.

(Il se redresse sur son siège et fixe la caméra.)

Bon, Roseli, déjà, vous avez énormément de chance,

parce que vous avez de quoi vous habiller. Beaucoup de gens n'ont pas les moyens de s'acheter des vêtements, et un styliste se doit de s'adresser aussi aux pauvres, à toutes celles et ceux qui n'ont rien à se mettre. Pour vous, Roseli, c'est très simple. Vous n'avez qu'à raccourcir vos robes et vos jupes, opter pour des talons bas au travail et des talons hauts quand vous vous rendez dans des lieux plus élégants, et naturellement, ces talons hauts, vous les mettez pour y aller, pas sur place. Vous pouvez vous acheter des sacs à main, Roseli. Vous pouvez aller chez le coiffeur, vous maquiller, et par-dessus tout vous pouvez man-ger.

(Clodovil baisse les yeux et lit la lettre suivante.)

Cher Clodovil,

J'ai froid quand je sors le matin pour aller travailler, je meurs de chaud à l'heure du déjeuner et en fin de journée je suis à nouveau gelée. Comment dois-je m'habiller pour être élégante durant toute la journée ? Le blazer, c'est mieux que le cardigan ?

(Clodovil replie la lettre et prend l'enveloppe.)

Et c'est Ivone Assunção qui nous écrit d'ici même, de la ville de São Paulo.

(Il repose la lettre et fixe à nouveau la caméra.)

Eh bien, Ivone, il n'existe qu'une réponse possible à cette question : néoclassique. Après, votre plus gros problème, ma belle, ce n'est pas la mode. C'est São Paulo. São Paulo est une ville qui passe par tous les climats en une journée. Tous ceux qui habitent ici devraient sortir de chez eux avec l'ensemble de leur garde-robe sur le dos. Le matin il fait froid, l'après-midi il fait chaud, et l'été il nous arrive même d'atteindre des températures dignes de Rio de Janeiro. Quoi qu'il en soit, le cardigan mi-saison, fil de coton ou chenille, vous pouvez le porter sur les épaules ou au creux du bras. Mais la meilleure solution, toujours dans cet esprit néoclassique, c'est le blazer. Le blazer était à l'origine un vêtement masculin, mais les femmes le portent depuis 1920. Anciennement, on ne le portait qu'à bord des bateaux ou pour des réceptions très distinguées, dans un esprit marin, dirons-nous. De nos jours, on peut le porter quand ça nous chante. Il en existe de nombreux modèles, de toutes sortes de tissus, et il se porte aussi bien avec une tenue sport qu'avec une tenue de gala.

Estela a les yeux rivés sur son poste de télévision. Elle est vêtue d'un body vert et d'un collant violet, porte une queue-de-cheval et un bandeau au front. Elle alterne les sauts écartés et des exercices pour les bras. Elle fait une pause pour essuyer la sueur sur son visage d'un revers de serviette.

(Clodovil lit une autre lettre.)

J'ai onze ans, je fais 1 mètre 46, 70 de tour de poitrine, 78 de tour de bassin, 67 de tour de taille. J'ai la peau brune et les cheveux châtains.

(Clodovil regarde la caméra.)

Dites. C'est une gamine.

(Il revient à la lettre.)

Elle s'appelle Wilza. Et je crois comprendre en la lisant que Wilza voudrait une robe de soirée pour un mariage auquel elle va assister.

(Il regarde à nouveau la caméra, très sérieux cette fois.)

Wilza, voici ce que tu vas faire : tu vas prendre ton cahier, ton stylo, et tu vas aller faire tes devoirs. Travaille dur à l'école, parce qu'à onze ans on a tout sauf besoin d'une tenue de gala. Quand on a onze ans, on ne demande pas de robe de soirée à ses parents. On demande une poupée, des petits souliers, des jolies chaussettes, une petite robe en coton.

Estela fait trente sauts de plus et s'étire durant le segment suivant de l'émission *TV Mulher*. C'était un excellent programme télé, et la preuve que le pays se modernisait. Dans les années 1970, il aurait été impensable de voir un styliste homosexuel tenir une rubrique dans l'une des émissions de la plus grosse chaîne de télévision. Ou de voir l'avocate du segment suivant parler des droits des femmes.

On a toutes grandi en entendant dire que l'argent n'avait pas d'importance, que le plus important, c'était la dignité. Eh bien, il se trouve, mes chères amies, que l'argent, C'EST la dignité. Un jour le mariage est rompu, parce que tout peut se rompre de nos jours, et la femme se retrouve sans un sou. Elle n'a pas de quoi se payer un avocat, pas de quoi avoir un toit au-dessus de sa tête. Elle se fait battre comme du blé par son mari, mais elle ne peut pas le quitter. C'est pour cela que vous devez toutes gagner votre vie, avoir votre argent rien qu'à vous.

Plus surprenante encore, la rubrique de la sexologue qui parlait aux maîtresses de maison brésiliennes du courrier qu'elle recevait d'autres maîtresses de maison brésiliennes. *Cette dame de Recife ne sait pas si elle doit accepter la proposition de son mari. Il lui a dit qu'il lui achèterait un nouveau réfrigérateur si elle acceptait de faire certaines choses inédites au lit.*

Parfois Estela interrompait ses étirements et écarquillait les yeux. Là, dans son salon, et dans les salons de millions de familles brésiliennes, une sexologue parlait de choses qu'elle n'aurait pas même eu le courage de répéter, comme lorsqu'elle décrivait certaines positions qui peut-être seraient susceptibles d'améliorer les choses pour une énième inconnue.

Le fait d'avoir accès à toutes ces informations était extrêmement gratifiant. Il suffisait à Estela d'entendre le générique de *TV Mulher* pour qu'elle se sente d'emblée émancipée. Elle en venait même à faire du féminisme appliqué chez elle, comme lorsqu'elle avait demandé à Tavinho de faire la vaisselle les jours où Dalvanise ne travaillait pas. Il s'y plia une fois.

Les amies d'Estela déclaraient que les femmes devaient être bien plus que des épouses et des mères. Elle lut un petit livre intitulé *Femme : objet de lit et de table*, et il lui fallut plusieurs jours pour se remettre de sa lecture.

« Alors qu'on laisse le petit garçon libre de ses mouvements, la petite fille est prisonnière/L'homme vieillit avec dignité, la femme dans la terreur/La femme laide est une denrée périmée, elle n'a pas sa place sur le marché. »

Je le savais, c'est ça, j'ai déjà vu ça, se dit des centaines de fois Estela en lisant ce livre. Elle en acheta un exemplaire pour sa mère et un autre pour sa belle-mère, remettant à chacune le précieux paquet comme si elle leur offrait la vérité absolue. Ana feuilleta l'ouvrage qu'elle jugea amusant : sa vie avait été aussi dure que celle de son mari, ils avaient toujours joui d'une parfaite égalité des droits et des devoirs, cette Heloneida Studart donnait l'impression de croire qu'elle venait d'inventer le fil à couper le beurre. Guiomar feuilleta l'ouvrage et le laissa de côté : tout cela, c'était une lubie de jeunes gens ; à quoi bon tout changer alors que ça marchait si bien jusqu'à présent ? Estela gardait son exemplaire à elle sur sa table de chevet. Elle le lut, le relut tant de fois, souligna tant de passages qu'au bout de quelques mois seules les photos et images avaient été épargnées.

Elle insista auprès de Tavinho pour qu'il fasse la vaisselle en fin de semaine. Il s'y plia une deuxième fois. Estela acheta une voiture téléguidée à Priscila, sortit de chez elle sans se mettre autre chose sur le visage que de l'eau et du savon, afin de revendiquer l'égalité des sexes. Elle décida de faire l'intéressante en s'inscrivant à des cours de français et d'ikebana. Elle demanda à Tavinho de faire la vaisselle une troisième fois, mais là il refusa. « Le Náutico Capibaribe joue contre l'América », se justifia-t-il, les coudes sur les genoux, déjà assis face au poste de télé. *Ça ne va pas se passer comme ça*, songea Estela.

Cela se passa comme ça jusqu'à sept heures du soir, heure à laquelle Tavinho transforma la cuisine en porcherie en se préparant un sandwich au fromage. Il laissa derrière lui le sac à pain grand ouvert, la mozzarella resta sur le plan de travail, sculptée en escalier, à côté du couteau encore plein de beurre. Il y avait tellement de mie éparpillée qu'on n'aurait eu aucun mal à imaginer quelqu'un en train d'émietter délibérément une tranche de pain, juste pour en recouvrir la table, le sol et en particulier les espaces entre les lames du parquet.

Estela pénétra dans le salon et vint se camper entre Tavinho et la télévision. Ignorant son « Pousse-toi de là, le Capibaribe va marquer », elle lui dit qu'elle n'était pas son esclave, et que ni elle ni Dalvanise ne nettoieraient ses cochonneries.

Tavinho rata le but et perdit patience. Il évoqua ses droits en tant qu'homme de la maison qui faisait vivre cette famille, et reçut en réponse deux draps une place, avec de vagues indications sur la façon dont il pourrait faire son lit dans le bureau. Il n'avait jamais fait de lit de toute sa vie, mais n'était pas d'humeur à demander de l'aide. Sans grande conviction, il étendit les draps sur le sofa, qui formèrent de petits tas froissés à chaque extrémité. « Ça ira bien comme ça », grogna-t-il avant de se coucher. *C'est mieux que bien*, se dit Estela dans son lit, bras et jambes écartés en étoile de mer.

Le lendemain, Tavinho partit travailler. Estela habilla ses enfants, les fit manger et les conduisit à l'arrêt du bus scolaire. De retour chez elle, elle enfila sa tenue de gymnastique, alluma sa télévision et entendit le générique de *TV Mulher*, sourire en coin. Elle sentait une complicité la lier à ses camarades du petit écran, et à toutes les Brésiliennes qui se trouvaient à cette heure-ci dans leur salon. Le monde était en train de changer, elles-mêmes étaient en train de changer. Si seulement elle avait eu le courage d'envoyer son mari dormir sur le sofa au tout début de leur mariage. À cette époque, Tavinho se comportait sous leur toit comme un despote médiéval. Elle n'était plus la jeune fille arrangeante qui ne savait pas dire non. Si elle devait lutter pour ses droits, eh bien elle lutterait, oh que oui, elle lutterait. Elle vit Clodovil Hernandez dessiner une robe en crêpe, Marília Gabriela interviewer la chanteuse Maria Bethânia. Elle vit Marta Suplicy parler de femmes qui voulaient avoir des orgasmes et de femmes qui ne voulaient plus avoir d'orgasmes, elle vit l'avocate Zulaiê Cobra expliquer comment calculer une pension alimentaire. Elle acheva ses étirements, éteignit son poste, et alla voir si Dalvanise avait déjà commencé à préparer le déjeuner.

Telle fut la routine matinale d'Estela en 1980 et 1981. Ainsi que durant les mois de janvier, février et mars 1982. Et il en fut de même encore quelques jours, jusqu'au 18 avril 1982.

Le dimanche 18 avril 1982. Une journée ensoleillée, très humide, les cigales signalant par leurs stridulations que le mercure ne cessait de grimper. Estela et Tavinho se promenaient avec leurs enfants le long d'un sentier de graviers du Jardin botanique. Ils conduiraient Pedrinho et Priscila jusqu'au parc, avec son toboggan et ses balançoires, puis jusqu'à l'étang peuplé de nénuphars d'Amazonie. Comme chaque dimanche, Tavinho pointerait du doigt les énormes plantes circulaires au milieu du plan d'eau: «Priscila,

Pedro, vous saviez que ces plantes étaient tellement costaudes que vous pourriez monter dessus sans couler ? » Les enfants courraient jusqu'au bord de l'étang pour voir les têtards, et comme chaque dimanche, Estela crierait : « Priscila, ne t'accroupis pas en ouvrant les jambes, tu vas faire entrer du sable dans ta culotte ! »

Beto apparut à une bifurcation. Jean noir, polo et chaussures bateaux aux pieds. Ils se reconnurent au même instant, lui pensant à ses cheveux longs, elle à sa cicatrice au menton. « On ne la voit plus », s'inquiéta Estela. Le bas du visage de Beto était recouvert d'une barbe épaisse. Et lui ne vit pas plus ses cheveux longs : Estela avait à présent une coupe à la Coco Chanel, plus adaptée à son âge.

À mesure qu'ils s'approchaient l'un de l'autre, Estela remarqua l'absence de toutes ces autres choses qu'elle associait si intimement à Beto. Plus de lunettes rafistolées au sparadrap, plus de sandales en cuir, plus de cheveux mal coupés. Aucune trace de ses airs de jeune arrogant, ni de ce sourire qu'elle avait vu tant de fois dans le petit appartement du rez-de-chaussée. Mais ce ne fut ni sa tenue ni ses cheveux grisonnants qui démoralisa Estela. Ce fut la main gauche de Beto, avec son alliance en or et ses doigts emmêlés dans une autre main, reliée à un bras bronzé qui remontait jusqu'à une épaule nue, à une robe sans bretelles, et à un cou paré d'un collier de perles de verre, jusqu'à un visage aux yeux bordés de khôl derrière des lunettes de vue et des cheveux bruns attachés en une queue-de-cheval.

Maria Lúcia.

Estela aurait voulu prendre à droite, mais Tavinho, qui se taisait toujours au moment où elle avait le plus besoin qu'il parle (lorsqu'ils croisaient des voisins, pendant leurs dîners aux chandelles), décida de rester fidèle à ses défauts et se fit loquace.

« Ce serait pas notre voisin de la rue Aníbal, là ? » demanda-t-il, et avant qu'Estela ait pu répondre « Je n'en sais rien », ou « Allons voir la grotte », Tavinho lança à l'intéressé : « Bonjour, ça va bien ? », souriant encore plus largement lorsqu'il reconnut au bras de Beto son amie et ex-petite amie.

Malu et Tavinho se retinrent de tomber dans les bras l'un de l'autre, comme ils l'auraient fait à vingt ans.

« Je vous présente Beto, dit Malu.

— Je sais, il habitait dans notre ancien immeuble. Sacrée coïncidence, pas vrai, Estela ?

— Oui, oui », lâcha-t-elle.

Beto demeura silencieux. Un centième de seconde, il entrevit ce qui aurait pu être. Des jouets éparpillés aux quatre coins de l'appartement, Estela retirant les chenilles des feuilles de la fougère d'intérieur. Les factures dans le tiroir de la table de chevet, les disputes sur le budget familial, le sexe pour se réconcilier. La viande grillée sur le petit barbecue rongé par la rouille, un 33 tours rayé de Gilberto Gil sur le tourne-disque. Les baptêmes, les premières communions, les fêtes du mois de juin, les anniversaires. Mais il devint vite impossible de concilier cette vie rêvée avec la femme qu'il avait devant lui. Celle qu'il avait adorée pendant des années lui donnait à présent l'impression d'une dame tristement comme il faut, avec beaucoup trop d'or aux doigts et aux poignets pour une simple balade dominicale au jardin.

Estela eut droit au même centième de seconde, avec la vision d'un appartement minable de la zone nord, trente élèves de primaire lui donnant du « madame la professeure ». Préparer des gâteaux au chocolat et réussir à caser tant bien mal les invités dans le petit salon, le même amour pour des enfants complètement différents. Une fougère d'intérieur, des tongs, un chat de gouttière, pas une dette.

Tavinho désigna du doigt les enfants au bord de l'étang, Malu dit que le petit était le portrait craché de son père. « Et la petite a les yeux ronds de sa mère. » Estela décroisa les bras pour consulter sa montre, Beto se concentra sur le pied d'un palmier royal, comme s'il s'agissait d'Estela.

Elle ne saurait jamais. Elle ne saurait jamais rien de son corps recouvert de blattes, le jour le plus chaud qu'il avait passé au mitard, ni des cent fois où il mourut, secoué par les chocs électriques. Elle ne saurait rien de la pince arrachant les ongles, des organes vitaux fonctionnant à la limite de la défaillance. Elle ne saurait rien non plus des couchers de soleil dans la pampa, dans le Mato Grosso, sur le Rio Negro, dans le Sergipe. Rien de ces mois où il avait vécu avec dans la poche tout juste de quoi payer son prochain repas, rien du quotidien aseptisé dans les bureaux de la banque nationale, rien de ses promotions et de son bureau particulier avec son nom sur la porte. Estela ne saurait jamais d'où lui venaient ses rides. Et puis que savait-elle de lui au juste ?

« Ils ont déjà rouvert la serre aux orchidées ? demanda Beto.

— Je ne sais pas », répondit Estela, protégée par ses lunettes noires. La seule chose qu'elle aurait voulu savoir à cet instant, c'était si la bretelle de son soutien-gorge dépassait.

Ils saisirent la première occasion pour se dire au revoir.

« Qu'est-ce qu'elle a vieilli, Maria Lúcia, commenta Estela alors qu'ils se dirigeaient vers leur voiture. Ça lui fait quel âge, maintenant ?

— J'en sais rien, répondit Tavinho. Trente-huit, peut-être ?

— Elle en fait deux fois plus, répliqua Estela. Au moins. »

Le soleil de onze heures tapait fort, Estela était en sueur lorsqu'ils arrivèrent à hauteur de la voiture. Elle ouvrit la portière et l'intérieur de l'habitacle lui parut une fournaise. Elle s'assit, son chemisier collé au corps, les cheveux emmêlés sur sa nuque humide. Elle releva les yeux, passa une main sur sa gorge, essaya de se faire une queue-de-cheval, mais ses cheveux étaient trop courts. Un jour d'été insupportable en début d'automne. Et il lui fallait encore terminer de préparer le déjeuner, c'était le dimanche de Pâques, ils attendaient parents et beaux-parents pour un bacalhau au four.

Lorsqu'ils arrivèrent chez eux, les beaux-parents étaient déjà assis au salon.

« Et il est où mon petit-fils chéri ? demanda Nilson.
— Il est où mon œuf ? demanda Pedrinho.
— Il est où mon œuf ? » répéta Priscila.

Nilson tira deux œufs en chocolat d'un sac plastique et leva bien haut les bras.

« Pas de bisous, pas d'œuf ! »

Priscila et Pedrinho embrassèrent leur grand-père, reçurent leur œuf et quittèrent aussitôt le salon.

Joaquim et Ana arrivèrent, et la famille se réunit autour de la table où les attendaient de petites bouchées feuilletées. Estela dit qu'elle devait aider Dalvanise et disparut dans le couloir. En cuisine, elle laissa trop longtemps le riz au four, cassa un verre, fit brûler le caramel de la crème renversée. Et mit le tout sur le dos de sa domestique. De retour au salon, elle se disputa avec Tavinho à cause de ses mules qu'il laissait traîner partout. Retournant à nouveau en cuisine, elle rejeta encore plus la faute sur Dalvanise.

Elle ne prononça pas un mot de tout le déjeuner. Elle entendit Nilson raconter qu'il y avait peut-être une solution pour tirer le Brésil de ce bourbier. « Ils viennent de fonder un nouveau parti, le Parti des Travailleurs. En principe, ils ont tout pour réussir. » Tavinho écouta, sans rien dire lui non plus, dona Guiomar hocha la tête. Joaquim hésita à dire que ce dont le pays avait besoin, c'était d'ordre et d'autorité militaires, mais il s'abstint. Ana releva l'énervement d'Estela et essaya de l'aider en cuisine.

« Pas la peine, pas la peine ! » répondit Estela, plus fort qu'elle n'aurait dû.

Ana retourna au salon et se servit un rafraîchissement. Ce n'était pas la première fois qu'elle remarquait que sa fille n'était pas dans son assiette, mais sa sensibilité aux soucis d'Estela était proportionnelle au refus de celle-ci de s'ouvrir. Et pourtant, elles avaient été si proches, toutes les deux. Où donc était passée cette petite fille qui ne la quittait jamais, à l'époque de la pension ? Qui voulait apprendre à faire un lit, à éplucher et couper les pommes de terre, à laver le linge, à laver le sol ? Elle était partie à l'internat, songea Ana. Et elle n'en était jamais revenue.

Elle s'efforça de se distraire en discutant de la télénovela avec dona Guiomar. Elle lui faisait part de sa surprise lorsqu'on avait découvert que le petit jeune homme était impliqué dans la contrebande de pierres précieuses, tout en se disant que cette période difficile à la pension avait été le meilleur moment de toute sa vie.

Personne ne voulut s'attarder. Les récriminations d'Estela reprirent de plus belle au salon, à cause des taches d'huile d'olive sur la nappe en lin, se répandirent dans le couloir où elles trouvèrent des chaussures laissées là, n'importe comment, et s'achevèrent dans la buanderie où les chemises n'auraient pas dû être mises à tremper ce jour-là. Tavinho profita d'un moment de distraction pour se réfugier dans la chambre. Nilson ne reprit pas de crème renversée et ne s'endormit même pas sur le canapé : il partit avec Guiomar tout de suite après le café. Joaquim et Ana s'en allèrent peu après.

Estela ne vit même pas ses parents sortir. Elle était occupée à ramasser sous la table les grains de riz que

Dalvanise n'avait pas vus, parce qu'elle était tout à fait incompétente. Elle alla jeter tout ça dans la cuisine, retourna au salon et jeta un coup d'œil au journal grand ouvert comme si c'était la première fois que ça arrivait. D'un pas impérieux, elle alla jusque dans la chambre.

« Otávio, tu es un paresseux, un incapable, tu ne sers à rien ! Tu ne sais même pas refermer ton journal ! »

Tavinho se réveilla en sursaut : il ne s'attendait pas à une telle attaque au beau milieu d'une sieste aussi agréable.

« Je n'en peux plus d'avoir à tout faire dans cette maison ! » poursuivit Estela presque en criant.

Elle retourna à nouveau dans le salon et, tombant sur des taches de chocolat en forme de petits doigts sur le dessus du canapé, elle comprit qu'elle n'avait pas crié sur Tavinho. Les vrais cris, c'était à présent qu'elle les poussait.

« Pedro ! Priscila ! Tous les deux ici, tout de suite ! »

Les enfants arrivèrent, le visage sale, comme anesthésiés. Ils avaient passé des heures à manger des œufs en chocolat devant la télévision. Tous deux avaient mal au cœur, et cela ne fit qu'empirer avec les coups de chausson qu'Estela leur donna. Priscila vomit sur le tapis.

« Le kilim ! » se désespéra Estela.

Frère et sœur furent catapultés dans la baignoire et lavés de la tête aux pieds pendant qu'ils pleuraient à tue-tête. Tavinho ne sortit pas de la chambre du reste de la journée. Estela aida ses enfants à enfiler leur pyjama, ses ongles longs se plantant dans la chair fragile de leurs petits bras.

« Ravale tes larmes », ordonna Estela.

Les sanglots de Priscila la faisaient trembler de la tête aux pieds.

« Ra-vale ça. »

Priscila ravala ses pleurs. Ce fut très douloureux.

« Toi aussi, Pedro. Ravale tes larmes. Tout de suite. »

Ils finirent par s'endormir, la tête sur leur oreiller mouillé par leurs cheveux encore humides et par leurs larmes.

Le lendemain matin, les oreillers étaient secs. Pedrinho et Priscila se levèrent, allèrent se brosser les dents et enfilèrent leur uniforme. Tavinho s'enferma dans la salle de bains et en ressortit quelques minutes plus tard, dans des effluves de parfum Rastro. Dalvanise arriva avec du pain frais et fit du café. Estela dit au revoir à Tavinho et conduisit les enfants jusqu'à l'arrêt du bus scolaire.

De retour chez elle, elle s'assit sur le canapé, soulagée d'avoir enfin la paix, se demandant pourquoi la vie devait être toujours aussi difficile. Pourquoi tout devait toujours être aussi difficile.

Estela avait les nerfs en pelote. Et à présent c'était une de ses voisines qui remettait ça. Cette femme poussait le volume de sa télévision à fond, comme si son salon était une salle de cinéma : toute la rue profitait de la télénovela. Le pire, c'étaient les scènes de dispute du feuilleton. À l'une de ces occasions, la police était venue frapper à sa porte, lui demandant si elle connaissait ses droits en cas de violence domestique. La voisine était sourde, elle ne comprit rien, et elle ne chercha même pas à baisser le son. Estela ne pouvait appeler de nouveau la police, ils connaissaient tous sa voix, au commissariat. Et ces veines qui devenaient apparentes sur sa cuisse droite, *Des varices, moi ?* se dit Estela, pour répondre aussitôt à sa question : *Certainement pas.* Elle se faisait faire des injections toutes les semaines, directement dans les veines des jambes. Tavinho rentrait du travail et s'étonnait de ne pas voir sa femme au salon : elle était allongée sur le lit, les jambes surélevées par une montagne d'oreillers et de coussins. « Je ne peux plus bouger aujourd'hui, Tavinho, il va falloir que tu dînes tout seul. » Et que faisait alors Tavinho ? Il demandait s'il restait un peu de *bobó* de crevettes. Et c'était sans parler des semaines atroces durant lesquelles sa conseillère Weight Watchers essayait de la convaincre qu'on pouvait passer une journée entière avec seulement une moitié de pomme dans l'estomac.

…

Est-ce que Beto m'a trouvée grosse ? Sûrement pas, ne serait-ce que parce qu'on dirait que Maria Lúcia est enceinte de jumeaux. Elle a toujours eu un physique bizarre, ça n'a fait qu'empirer avec l'âge. Une robe courte à presque quarante ans, non mais franchement. Mais ça n'avait aucune importance. Il était inutile de repenser à ces fois où elle avait vu de sa chambre Maria Lúcia prendre du bon temps au bar d'en face. Ni au jour où elle l'avait vue main dans la main avec

Tavinho, tous deux aussi complices l'un que l'autre. Et puis pourquoi repensait-elle à tout cela ? *Ça remonte à si longtemps. Rien ne sert de ressasser le passé.* Elle s'interdit de penser à toutes les fois où elle s'était imaginé la vie trépidante de sa rivale. Tous ces moments et toutes ces situations qu'elle avait recréés à partir des bribes d'informations que lui dispensait Tavinho. « Ce chroniqueur du journal *Correio da Manhã* a écrit un article entier sur les genoux de Maria Lúcia. » « Tu vois cette femme à droite, sur la photo, avec la pancarte antidictature ? C'est Maria Lúcia, pendant la manifestation des Cent Mille. »

Et elle ne voulait pas se rappeler que Beto n'était plus le jeune homme négligé qui habitait le petit appartement du rez-de-chaussée. Beto était ingénieur, il occupait un poste de direction à la Banque nationale, ainsi qu'il l'avait raconté à Tavinho. *Maria Lúcia a eu le meilleur de Tavinho et maintenant elle a le meilleur de Beto.* Estela se devait d'oublier. Oublier cet instant où Beto avait tenté de la persuader de vivre avec lui, une proposition qui à l'époque lui avait paru si simple et si ingénue, et qui à présent ne lui semblait plus si absurde que ça. *Alors pourquoi avoir refusé, mieux vaut ne pas y penser, mais pourquoi avoir refusé ?* Il lui fallait oublier qu'elle aurait pu être celle qui se serait promenée main dans la main avec cet homme à la barbe fournie, cet homme qui savait *vraiment, vraiment y faire au lit.* Oublier que Priscila et Pedro auraient pu s'appeler Alice et Daniel, qu'hier au Jardin botanique elle aurait pu tourner la tête pour voir Beto une dernière fois, mais qu'elle ne l'avait pas fait, qu'elle ne l'avait pas vu une dernière fois, et que dans la vie il n'y avait jamais de marche arrière possible.

À dix heures, le coucou retentit. Estela ne lui jeta rien pour la simple raison que la table basse était tout à fait vide. Dalvanise devina l'humeur de sa patronne et disparut avec un tas de journaux froissés avant même de courir le risque de se faire disputer.

C'est donc ça, la vie, songeait Estela assise sur le canapé, bras et jambes croisés. *Une succession de problèmes, les uns à la suite des autres.* Comme la fois où Dalvanise avait attrapé la gale, et était restée une semaine en quarantaine afin de ne pas contaminer Hulk, leur chiot. Elle s'était fait remplacer par une collègue et amie qui avait brûlé une robe d'Estela et taché une chemise de Tavinho. Estela lui interdit de passer le seuil de la buanderie. De là, elle passa à l'ascenseur de service, puis dans la rue. C'était comme pour Hulk, que Tavinho avait absolument voulu acheter. Estela avait bien dit qu'elle ne voulait pas de chiot à la maison. « On a déjà des cochons d'Inde, des perruches et une tortue. » Tavinho avait objecté que ce serait très positif pour les enfants. « Et les crottes ? Qui nettoiera après lui les jours de congé de Dalvanise ? » Tavinho lui assura qu'il s'en chargerait. Le premier dimanche que Hulk passa chez eux, les crottes se mirent à s'accumuler dans la buanderie. « Tu ne nettoies pas ? » demanda Estela. « J'attends qu'il en ait fait assez pour tout ramasser d'un coup. » La nuit venue, lorsqu'il ne resta plus un centimètre carré intact dans la buanderie, Tavinho se saisit de la pelle de ménage. Il vomit le sandwich au fromage fondu de son goûter sur la première crotte venue, et Estela dut nettoyer elle-même déjections canines et vomi de son mari. « Je ne veux pas de ce chiot ici, je ne veux pas de ce chiot ici », disait-elle, agenouillée devant les monticules de crottes. Mais Pedrinho et Priscila pleurèrent tant qu'elle se laissa fléchir. Estela accepta le petit chien qui avec le temps se transforma en créature gigantesque, non pas un chien, mais sa version paléolithique.

Une fois, il y eut dans leur appartement une telle invasion de fourmis que Nilson plaisanta : « On se croirait presque dans un roman latino-américain, chez vous. » Cela ne fit pas rire Estela. Elle continua à manger en silence, écrasant du pouce les fourmis qui défilaient à la queue leu leu le long du plat de riz. Elle essaya de s'en débarrasser avec du vinaigre, du bicarbonate de sodium et du Baygon, mais elle ne réussit qu'à tuer les cochons d'Inde. « Ils n'auraient pas dû aller se fourrer dans l'armoire », tenta-t-elle d'expliquer à ses enfants qui pleuraient tant qu'ils ne l'entendirent pas. Elle eut alors recours aux services de la société Insetizan, qui ne parvint pas non plus à exterminer les fourmis, mais intoxiqua les perruches. Nouvelles explications recouvertes par les sanglots. La tortue succomba quelques jours plus tard, sans doute à cause de l'acide borique qu'Estela avait dispersé aux quatre coins de l'appartement. Ils trouvèrent l'animal mort derrière le canapé, après que Tavinho eut déclaré qu'il n'aimait pas trop qu'Estela nettoie les crevettes la nuit et que l'intéressée lui eut répondu : « Des crevettes ? Quelles crevettes ? »

Quand enfin les fourmis disparurent, Tavinho se mit à tousser comme jamais. « Je vais mourir », disait-il. « Mourir de quoi ? répondait Estela. La toux, ça ne tue pas. » Tavinho toussait alors plus bruyamment encore pour convaincre son épouse du contraire. Il s'asseyait sur le canapé, mouchoir à la main, Hulk à ses pieds, pour tousser et souffrir tout son saoul. Ils essayèrent de le soulager avec du Vicks Vaporub, des infusions d'eucalyptus, du sirop de ceci et de cela, en vain. Tavinho continuait de tousser et de pleurer, tandis que Hulk glapissait et léchait les genoux de son maître.

Ce fut une autre amie de Dalvanise qui résolut le problème, une *rezadeira*[1] qui avait appris son art de sa mère, Indienne capturée au cœur de la forêt après avoir été poursuivie par des chiens. Dalvanise lui raconta toute son histoire, et Estela porta la main à sa poitrine en s'imaginant la petite Indienne sans défense, les hurlements résonnant dans la forêt, la jambe brisée par les crocs d'un braque de Weimar. Puis elle écarta sa main de sa poitrine et dit : « Amenez cette femme au plus vite, Dalvanise, parce que si cette toux ne vient pas à bout de Tavinho, ce sera l'angoisse qui l'emportera. »

La *rezadeira* leur rendit visite en fin de semaine. Elle était vêtue d'une robe ample, portait un mouchoir sur la tête, avait les jambes arquées et marchait

1. De *reza*, « prière » : femme qui par ses prières (syncrétistes) est censée guérir autrui de divers maux, physiques ou psychologiques.

dans des balancements de pendule. Elle s'assit sur le canapé à côté de Tavinho, et écouta attentivement ses lamentations et ses quintes de toux.

« Est-ce que vous croyez au pouvoir de la prière ? Est-ce que vous croyez que ces prières vont pouvoir vous aider ? » lui demanda-t-elle.

Tavinho hocha la tête avec ferveur, ferma les yeux et écouta à son tour la prière empreinte de sérénité. La *rezadeira* s'en alla, et Tavinho cessa de tousser.

Aux yeux d'Estela, ce fut purement et simplement un miracle. Jusque-là, même les antibiotiques prescrits par le docteur Zuzarte n'étaient pas parvenus à apaiser cette toux. Elle se dit que ces prières pouvaient s'avérer tout aussi utiles dans d'autres domaines de sa vie. Sa vie conjugale était stable, mais Tavinho se montrait toujours aussi distant qu'un navire à l'horizon. Elle ne se souvenait même plus du dernier samedi soir où elle ne dormait pas lorsqu'il sortait enfin de la salle de bains. *Allez, Estela, ne te mens pas.* Elle ne se souvenait pas même du dernier samedi soir où elle n'avait pas fait semblant de dormir.

Dès le lendemain matin, elle quitta la zone sud pour affronter les embouteillages de l'avenue Brasil, jusque là où habitait la *rezadeira*, dans la région de Baixada Fluminense. C'était un ensemble d'immeubles ternes, disposés parallèlement, comme des dominos. Estela se gara dans une rue minée par les nids-de-poule, passa devant la loge où ne se trouvait aucun gardien et prit l'unique ascenseur. Elle rechercha le numéro d'appartement dans le couloir long et obscur, et frappa à la porte.

La *rezadeira* habitait un studio aux murs roses peuplés d'images du Christ, avec des fleurs en plastique dans un vase en verre, et guère plus en termes d'ameublement. On aurait pu associer à ce lieu les qualificatifs de simple, honnête, humble, apaisant, dépouillé et propre, mais tous les adjectifs qu'avait appris Estela en douze ans de cours de portugais n'aboutissaient qu'à un seul mot : c'était un lieu *vrai*. Estela parla durant une demi-heure.

« Est-ce que vous croyez au pouvoir de la prière ? Est-ce que vous croyez que votre mari peut changer ? » demanda la *rezadeira*.

Estela joignit les mains, ferma les yeux et répondit… Elle répondit qu'elle ne savait pas. Mais qu'elle voulait vraiment qu'il change.

Après la prière, Estela la remercia. Son visage reflétait une douleur profonde, que ni Tavinho, ni leurs enfants, ni même elle n'avaient jamais vue sur aucun des huit miroirs de leur luxueux appartement. Elle sortit du studio, prit l'ascenseur et referma la porte de l'immeuble derrière elle. Elle ne prêta aucune attention aux habitants du quartier qui observaient cette femme si différente monter à bord de cette incroyable Alfa Romeo, la première voiture de cette marque à passer si près de chez eux. Elle prit l'avenue Brasil dans l'autre sens pour retourner dans la zone sud. Elle ne vit pas le superbe paysage de la Lagune qui s'étendait sous les yeux de tout automobiliste à la sortie du tunnel, elle ignora les vendeurs de biscuits aux feux rouges. Elle arriva en vue de son immeuble, gara sa voiture. Prit l'ascenseur, entra chez elle et demanda à Dalvanise de servir le déjeuner.

C'était la vie qu'elle avait choisie, se disait-elle sur le canapé, le lendemain de la rencontre au Jardin botanique. Et si elle n'en voulait plus, elle pouvait toujours se séparer, le divorce devenait une chose de plus en plus simple et naturelle de nos jours. *Si ça l'était vraiment, j'aurais déjà divorcé, aucun doute là-dessus, et depuis longtemps.*

…

Mais Pedrinho n'est pas encore entré au collège.

Priscila n'a pas encore perdu toutes ses dents de lait.

Il est encore trop tôt, mes enfants ont encore besoin de moi.

Il est déjà trop tard, Tavinho et moi vivons ensemble depuis si longtemps.

Le lundi 19 avril 1982, un jour après la rencontre au Jardin botanique, Estela se réveilla, prépara ses enfants et les conduisit jusqu'à l'arrêt du bus scolaire. Elle rentra chez elle et s'assit sur le canapé, jambes croisées et sourcils froncés, yeux fermés et doigts posés sur le front, s'efforçant de contenir ses frustrations et sa colère. Elle demeura ainsi pendant presque une heure, sans relever les allées et venues de Dalvanise et de l'aspirateur dans le couloir. Puis elle alla dans sa chambre, enfila sa tenue de gymnastique, retourna au salon et alluma son poste de télévision. Elle fit des sauts écartés en entendant Clodovil conseiller à une future marraine d'opter pour une robe de gros-grain vert émeraude. *Par pitié, pas de vert bouteille, ça fait litron de mauvais vin rouge.* Elle s'étira en entendant l'avocate expliquer que même en l'absence de marques corporelles une femme pouvait porter plainte pour violences. *Il s'agit avant tout d'aller poser une main courante, afin d'intimider l'homme, afin de lui montrer que vous avez changé et que vous ne tolérerez plus ces abus.* Elle acheva ses étirements, éteignit le poste et alla voir si Dalvanise avait commencé à préparer le déjeuner.

16

> « Cette population qui semblait être le ciment de l'éternité et qui aujourd'hui dort d'un profond sommeil. »
>
> Pedro Nava, *Baú de ossos*

Botafogo, 1984

Personne ne s'étonna que Nilson meure d'une crise cardiaque. Certains furent même d'avis qu'après toutes ces années de fritures et de cachaça il aurait été logique qu'il meure plus jeune. Personne non plus n'avait de mal à s'imaginer qu'il ait eu des aventures : quarante ans de mariage, personne ne peut rester fidèle aussi longtemps. Mais personne ne se serait attendu à ce que cette crise cardiaque survienne en plein acte sexuel, dans une suite de l'hôtel Challom.

On fit venir dona Guiomar afin qu'elle identifie le corps nu étendu sur le lit.

« C'est un enlèvement, un enlèvement ! On a forcé

mon mari à entrer dans cet hôtel, et on lui a tout pris ! »

Il fallut changer à trois reprises de pompes funèbres pour enfin trouver un cercueil plus ou moins adapté au défunt. La bière était presque à sa taille, on dut seulement plier un peu ses jambes. La préparation du corps pour la veillée posa également problème. La crise cardiaque avait empourpré son visage, mais son foie avait fait des siennes conjointement au cœur, donnant au défunt un teint jaunâtre. Le mélange des couleurs aboutit à un gris singulier que le maquilleur fit disparaître sous d'épaisses couches de fond de teint, donnant à Nilson des airs de geisha. Et lorsque le défunt vira au vert, le maquilleur s'empressa d'ajouter de nouvelles couches de fond de teint.

Puis ce fut l'enterrement de ce métis suédois, cet homme basané aux cheveux clairs qui fut enterré dans un costume étriqué de casimir, qu'il n'avait enfilé qu'une fois de son vivant, pour le mariage de son fils. Les dizaines d'amis qui se présentèrent à la veillée funèbre, et qui le lendemain pour l'enterrement se transformèrent en centaines d'amis, s'approchaient du cercueil pour aussitôt s'en détourner, pour la simple et bonne raison qu'ils ne pouvaient presque rien voir : Guiomar avait fait installer deux fois plus de fleurs autour du défunt afin de cacher tout ce qu'il était possible de cacher.

L'enterrement de Nilson Jansson paralysa tout Botafogo. Les voitures garées en triple file bloquèrent la rue du Général Polidoro : on klaxonnait depuis la rue Fonte da Saudade, à presque deux kilomètres de là. Il fit également de l'ombre aux autres funérailles de la journée : ceux qui vinrent dire un dernier adieu à leurs proches défunts se perdirent dans la multitude. La petite buvette du cimetière São João Batista se transforma, de fait, en bar : les tables et le comptoir furent envahis par une horde d'hommes parlant fort, riant parfois, répétant à tort et à travers : « Une autre. » Les amis de Nilson burent un premier demi en l'honneur du disparu, un deuxième parce qu'il faisait chaud, un troisième pour effacer l'image du défunt au visage peinturluré, un quatrième par peur d'être les prochains.

Ils n'en revenaient pas. Nilson avait l'air en pleine forme, il passait son temps à dire qu'il ne mourrait pas avant d'avoir voté aux élections présidentielles. Il s'était encarté au PT, avait participé à la manifestation au pied de l'église Nossa Senhora da Candelária. La dictature montrait enfin des signes d'affaiblissement, le suffrage direct aux présidentielles paraissait à portée de main.

Ils commandèrent un cinquième demi. Quelqu'un leva son verre en hommage au dernier noble d'Ipanema, à cet homme qui avait vécu dans un château donnant sur la plage.

« Quel château ?

— Le château de l'avenue Vieira Souto, à l'angle de la rue Joaquim Nabuco.

— Il n'y a jamais eu de château, là-bas, lança un homme assis dans un coin.

— Bien sûr que si.

— C'était pas un château, c'était un bar qui s'appelait Le Château.

— C'était ni un château ni un bar. C'était un bout de plage qu'on appelait comme ça.

— Mais n'importe quoi, ç'a toujours été un bar», rétorqua un autre en faisant tourner son index autour de sa tempe, signifiant d'un seul geste qu'un tel château n'avait jamais existé et que celui qui avait avancé pareille ânerie était atteint de démence.

Au beau milieu de la cérémonie apparut une silhouette menue et fragile. Une dame aux épaules étroites, aux pieds d'enfant, à la robe noire et au châle rouge déteint. Laura Alvim avait cru que personne ne la reconnaîtrait, mais il lui fut impossible de passer inaperçue parmi les amis de Nilson. Aux yeux de ses admirateurs, elle parut immense, même si en réalité elle était encore plus petite que du temps de sa jeunesse. Elle ne s'alimentait qu'une fois par jour, faute d'appétit et de frigo. La fortune de sa famille s'était évanouie au fil des ans : il ne lui restait plus que sa demeure d'Ipanema, dont elle ne sortait plus et où elle ne laissait entrer personne, surtout pas les hommes en costume qui s'efforçaient de la convaincre de vendre son bien immobilier. Ils lui promettaient un nouvel appartement de grand standing et des cascades de cruzeiros, elle refusait tout net, et ils lui promettaient d'autres appartements encore et de nouvelles cascades de cruzeiros.

Au début de cette guerre de siège, Laura leur claquait férocement la porte au nez, conspuant à voix haute l'insistance de ces importuns. Puis elle en vint à se dire que cette insistance était somme toute une bonne chose : en tout cas, c'était plus amusant que de réciter du Shakespeare en s'adressant aux murs de sa maison. Un agent immobilier frappa un jour à sa porte et elle interpréta le rôle de la veuve d'un médecin allemand, faisant preuve de tant d'arrogance et de mépris que l'agent lui prêta de terribles accointances avec le régime nazi. À un autre, elle se présenta comme une religieuse particulièrement sensible au bruit, et promit des châtiments éternels en cas de nouvelle tentative. Il lui arrivait aussi d'endosser le rôle de celle qui n'existait pas. La sonnette retentissait sans discontinuer jusqu'à ne plus fonctionner, puis ils frappaient à la porte jusqu'à se fêler les os de la main. Pendant ce temps, Laura travaillait une scène, apprenait par cœur une tirade, ou dessinait sa fameuse mouche.

Pour l'enterrement de Nils, la mouche qu'elle portait au menton était à moitié effacée, et ses yeux disparaissaient presque entre les traits de crayon trop épais. Laura avait quelques difficultés à se maquiller dans sa sombre salle de bains aux azulejos ébréchés depuis qu'elle était dans l'impossibilité de payer sa facture d'électricité. Les amis de Nilson ne relevèrent pas l'excès de maquillage, mais furent plus que sensibles à son excès de charisme et lui ouvrirent un passage jusqu'au cercueil. Laura rejeta son châle sur ses épaules, releva le menton et marcha jusqu'à Nils. Elle baissa respectueusement la tête, puis la releva, effrayée. Mieux aurait valu rester chez elle et ne pas gâter le souvenir qu'elle avait gardé du petit garçon au regard triste pour qui elle avait été Médée.

Après plusieurs minutes de silence – par respect pour l'inébranlable exubérance de Laura et pour les circonstances de la mort de Nils –, les personnes présentes passèrent le temps en parlant du défunt. Quelqu'un avait rêvé que des sirènes blondes enterraient le regretté dans le sable de sa plage natale. « Mise sur l'autruche au *jogo do bicho* », conseilla quelqu'un d'autre. Un troisième recommanda de miser plutôt sur le crabe, mais on lui rétorqua qu'il n'y avait jamais eu de crabe dans le *jogo do bicho.* « Bien sûr que si », insista l'homme, « Jamais de la vie », lui répliqua-t-on, et tandis qu'on luttait à coups de oh-que-si-oh-que-non sur le délicat sujet de la faune de cette loterie illégale, Laura s'en alla sans qu'on la remarque, comme cela était arrivé dans les toutes premières années d'Ipanema.

Les amis de Nilson retournèrent à la buvette du cimetière pour un sixième demi. Ils se sentaient terriblement nostalgiques. Tout était si différent à Ipanema, à Rio, dans tout le Brésil. Tous ces immeubles, toutes ces favelas, toute cette violence. La chaleur qui ne faisait qu'empirer, les embouteillages monstres et la plage toujours surpeuplée. Les nouvelles générations ne sauraient jamais à quel point tout était agréable, dans le temps. Les jeunes d'aujourd'hui ne s'intéressaient qu'au travail et à la télé. Quelqu'un dit que c'était à cause du coup d'État militaire. Un autre que c'était à cause du réseau de télévision Rede Globo. Tous opinèrent alors du chef. Tout était toujours de la faute de la Globo.

Après l'enterrement, Tavinho et Estela déposèrent dona Guiomar et rentrèrent chez eux. Estela prit place sur le canapé pour lire le journal, Tavinho fit les cent pas dans la chambre. Il passa au salon, s'assit sur la table basse juste en face d'Estela et lui enleva le journal des mains. Il la regarda droit dans les yeux, baissa la tête. Puis releva à nouveau les yeux et lui dit : « Je suis homo et mon amant est mort du sida le mois dernier. »

Estela voulut répondre quelque chose, mais elle en fut incapable. Elle s'adossa au canapé, la bouche entrouverte, stupéfaite, révoltée, résignée. Elle savait, elle l'avait toujours su, mais elle n'avait ni envie ni besoin qu'on le lui confirme de cette façon, que ce soit son propre mari qui lui dise la vérité droit dans les yeux. Durant des années, cela avait été sa pire hantise. Le simple fait de s'imaginer le désespoir qu'elle aurait alors ressenti suffisait à la mortifier. La honte, l'humiliation, toute sa vie détruite. Le divorce qu'on annonce aux amis et à la famille, et le pire encore à venir. Ce n'était pas qu'une simple démarche administrative, on exigerait des motifs de séparation, et comment pourrait-elle vivre lorsque toutes et tous découvriraient les fautes de son mari ? Pourtant, à l'instant où ce qu'elle avait le plus redouté devint une réalité, au plus bas de toute son existence, ce qui auparavant l'avait terrorisée plus que tout lui semblait à présent superflu.

La seule chose qui importait, c'était que son compagnon de vingt-cinq ans était sur le point de mourir.

Elle posa les mains sur le visage de Tavinho et, le plus délicatement possible, tenta de lui faire relever la tête. Il résista, elle insista. Tavinho céda, mais il garda les yeux baissés, les lèvres serrées.

« Il faut que tu fasses le test, peut-être que le résultat sera négatif. Et s'il est positif, on va s'en occuper, on trouvera les meilleurs médecins, on verra ce que les scientifiques ont découvert. Ça peut sûrement se guérir, pas vrai ? »

Ce n'était pas là un sujet qu'Estela avait suivi avec beaucoup d'attention, tout ce qu'elle en savait lui venait des discussions qu'elle glanait de-ci de-là, et de ces horribles reportages à la télévision. Mais quelqu'un avait sûrement déjà trouvé une solution, à tous les coups une équipe de scientifiques américains avait dû trouver un remède, songea Estela en s'imaginant déjà leur installation aux États-Unis, les traitements, les infirmières, les hospitalisations. Elle serra Tavinho dans ses bras, un nœud dans la gorge, la poitrine en feu, et elle comprit que ce qu'elle éprouvait n'était ni de la stupeur ni du dégoût, ni de la haine ni de l'aversion, mais la forme la plus pure d'amour.

Cela dura trois ans. En dépit des draps détrempés de sueur, de la puanteur de diarrhée dans la salle de bains, des pneumonies à répétition et de la tuberculose finale, ce fut d'un certain point de vue les plus belles années de leur mariage.

On aurait dit que Tavinho s'habillait avec les vêtements d'un autre, ses pantalons semblaient toujours trop larges, comme s'ils ne contenaient pas de jambes. Quand il devait sortir faire un examen, il fallait serrer sa ceinture à fond : la bande de cuir battait à sa hanche, et les autres trous, plus larges, témoignaient de jours meilleurs. Une époque révolue où Dalvanise interdisait à son patron de manger de la crème renversée durant la semaine, l'obligeant à passer discrètement par la cuisine après l'émission *Globo Repórter*. Il cherchait le Tupperware renfermant le dessert, caché au fond du frigo derrière les légumes, et mangeait debout, à toute vitesse, à l'affût du moindre bruit suspect.

Ses pyjamas dissimulaient son corps supplicié, sans parvenir toutefois à cacher les taches qui maculaient ses bras et son visage émacié. Dona Guiomar scrutait son fils sans rien comprendre, Pedro et Priscila regardaient leur père en refusant de comprendre. Dalvanise jetait un regard à son patron et plaquait une main sur sa bouche, tentant de contenir les larmes qui brillaient dans ses yeux.

Du lit, Tavinho aimait observer Estela. Sa façon de tirer sur son cou face au miroir pour lutter tant que bien mal contre la pesanteur, sa façon d'inspecter la racine de ses cheveux afin de savoir s'il était temps d'aller refaire sa couleur. Son corps plié en deux pour enfiler son collant de gymnastique, le choix des chemisiers les plus à même de dissimuler ses poignées d'amour. Il aimait caresser le bras d'Estela en lui disant : « Qu'est-ce qu'elle est douce… ta peau est plus douce de jour en jour. »

Durant ces années, le temps se fit généreux. Estela et Tavinho se virent riches d'heures infinies, le matin, qu'ils consacraient exclusivement à leurs souvenirs. Entre le petit déjeuner et le déjeuner, tandis que leurs enfants étudiaient à l'université, Estela s'asseyait au bord du lit et caressait les cheveux clairsemés de son mari. Ils se bâtirent un passé doux et agréable, avec des fêtes de famille, des enfants courant dans les couloirs et de grands moments d'hilarité durant la rénovation de leur appartement. Ils n'évoquèrent pas la télévision qui était restée allumée plus longtemps qu'il n'aurait fallu. Ni les absences de Tavinho et les pleurs d'Estela, ni les absences d'Estela et l'absence de pleurs de Tavinho. Ni toutes ces fois où cela faillit arriver, où Tavinho était sur le point de tout dire, et où tous deux se couchèrent en se demandant si, le lendemain matin, il remplirait la valise rangée au fond de l'armoire.

C'était un passé aux oublis conscients, mais dont les petites victoires et les petites joies n'étaient pas inventées. Ce fut le meilleur qu'ils pouvaient s'offrir, et malgré les mensonges et les faux-semblants, les silences et les distances, quelque chose avait subsisté des milliers de nuits qu'ils avaient passées ensemble. Quelque chose de beau et de vrai. Estela et Tavinho n'avaient qu'à serrer la main de l'autre pour le sentir.

Ce n'était pas pareil quand Tavinho se retrouvait seul. Quand il vomissait avant d'avoir pu saisir le seau, quand il n'arrivait plus à se rendre dans la salle de bains sans aide extérieure, quand il évitait les miroirs de l'appartement. Pourquoi s'était-il caché la vérité, pourquoi ne l'avait-il pas acceptée au lycée, à l'université, après ce réveillon ? Pourquoi avait-il cru que ses aventures sans lendemain suffiraient à étouffer ses plus profonds désirs, et que tout rentrerait dans l'ordre après qu'il se serait marié ? Il aurait dû agir autrement, mais il en avait été incapable. Et pourquoi ça ? se demandait-il, au bord de la panique. L'accumulation de ses erreurs, le temps qui passait, tout cela lui était presque insupportable. Il demeurait alité, dévoré de l'intérieur, la bouche entrouverte, sans qu'aucun mot n'en sorte.

Pour Guiomar, son fils succomba à la tuberculose – « Tavinho a toujours eu une santé d'acier, comment a-t-il pu mourir ainsi ? » Pour Ana et Joaquim, leur gendre mourut de tuberculose – « Toutes mes condoléances, dona Guiomar. C'est atroce, de perdre un enfant, encore plus à cause d'une maladie qui en principe n'aurait pas dû lui être fatale. » Pour tous ceux qui habitaient l'immeuble, Tavinho mourut du sida. Un jour où Estela prit l'ascenseur en poussant Tavinho dans son fauteuil roulant, de retour de sa deuxième hospitalisation, le syndic lui demanda pourquoi il était si maigre. Estela répondit qu'il souffrait d'anémie, Tavinho répondit qu'il avait le sida. Le syndic retint sa respiration jusqu'à ce que la cabine le dépose à son étage. Le lendemain, il convoqua une assemblée extraordinaire afin de proposer au reste de la copropriété d'interdire l'usage de l'ascenseur principal à toute personne atteinte de maladie infectieuse. Tavinho et Estela se présentèrent les premiers, et Estela disposa toutes les chaises autour de son mari. La proposition fut rejetée à l'unanimité.

Pour Priscila et Pedro, leur père mourut du sida, et cette maladie définit leurs destins respectifs. Priscila abandonna ses études de droit pour faire médecine. Pedro ne fit pas d'enfant à la petite voisine du premier étage, qui avait hâte de quitter l'appartement de ses parents et de débuter son ascension sociale – qui sait, peut-être jusqu'au luxueux logement des Jansson. Mais le jeune homme n'oubliait jamais d'enfiler un préservatif : même dans les moments les plus urgents, lorsqu'ils se frottaient fougueusement l'un à l'autre, entre la serpillière et le balai, derrière la porte de la salle de bains de la domestique, Pedro trouvait toujours un moyen de sortir un petit paquet carré de sa poche et de l'ouvrir d'une main.

L'enterrement de Tavinho n'attira pas de foule au cimetière São João Batista. Il n'y eut pas d'embouteillages, ni de débordements à la buvette, à côté des chapelles ardentes. Il y eut en revanche un buffet bien fourni, avec tout un assortiment de sandwichs divers et variés, des jus et toutes sortes de rafraîchissements. Estela n'aurait jamais supporté la honte de n'offrir à boire que l'eau des lavabos aux personnes présentes, comme cela avait été le cas lors des funérailles de son beau-père. Elle décida d'innover dans les ingrédients, optant pour des canapés au brie. Peu de Cariocas connaissaient ce délicieux fromage, mais un enterrement en plein été, c'était sans doute l'occasion la moins indiquée pour ce genre de découvertes. L'odeur et la texture du brie évoquèrent des matières en décomposition dans l'esprit des convives, qui ne purent s'empêcher de les associer au défunt. Des montagnes de canapés furent abandonnés dans un coin de la salle, tandis que les sandwichs à la mortadelle disparaissaient à vue d'œil.

Tavinho fut enterré vêtu d'un maillot du Botafogo. Le vaste espace entre ses bras et les parois du cercueil fut empli de roses rouges, les fleurs préférées de son mari, ainsi qu'Estela l'apprit à la faveur de leurs dernières conversations.

Après l'enterrement, Estela déposa dona Guiomar et rentra chez elle. Elle dîna en silence avec ses enfants et ne voulut pas regarder le journal télévisé. Elle alla se préparer pour la nuit, face au miroir illuminé de la salle de bains. Elle se brossa les dents, se démaquilla, étala de la crème autour de ses yeux et baissa la tête en grimaçant, tentant tant bien que mal de retirer son alliance de son doigt enflé.

Ce fut l'année suivante. Un mardi matin, dona Guiomar prenait son petit déjeuner lorsque la cafetière en inox trembla sur elle-même dans un bruit bref et strident, et un petit objet cylindrique tomba à côté de la tasse à café. Guiomar posa sa tartine beurrée dans son assiette pour enfiler ses lunettes et approcher l'objet de ses yeux. On aurait dit un dé à coudre, mais en bien plus étroit, et sans le moindre espace pour accueillir un doigt. *Mais alors, d'où ça peut sortir ?* se demanda-t-elle. « Non, non, ce n'est pas possible, ce n'est pas possible », dit-elle à voix haute en lâchant la balle par terre. Elle appela Estela qui arriva cinq minutes plus tard, et tira sa belle-mère de sous sa table en lui répétant : « Ne vous inquiétez pas, ne vous inquiétez pas, ne vous inquiétez pas. »

La semaine suivante, l'appartement de Nils et Guiomar fut mis en vente. Ils n'en tirèrent pas un bon prix : le salon donnait sur le *morro* de Cantagalo, qui à l'époque déjà avait fini de se transformer en une superposition de taudis. « J'ai l'impression qu'hier encore il n'y avait que du vert », commenta Guiomar comme si elle découvrait soudain que le temps passait inexorablement. Estela acquiesça. Il y avait si peu de temps, le *morro* était encore sauvage, et à présent, même de sa terrasse, on commençait à voir la favela. Ça ne représentait aucun danger, on n'entendait qu'un coup de feu de temps à autre, qu'Estela s'obligeait à prendre pour autre chose, des feux d'artifice, la télévision du voisin, un pot d'échappement récalcitrant. Quand cela arrivait durant la journée, le bruit des tirs se confondait dans la rumeur du quartier, mais la nuit, le doute n'était plus permis. La meilleure solution, c'était de dormir avec la climatisation allumée.

La même semaine, elle entama un nouveau chantier afin d'accueillir Guiomar chez elle. Sa belle-mère était si vieille qu'elle ne pouvait plus prendre de douche dans une cabine dépourvue de rampe, et puisqu'il fallait bien l'installer, cette rampe, pourquoi ne pas procéder à tous les autres aménagements nécessaires ? Elle fit changer le plan de travail de la salle de bains de la chambre d'ami, fit repeindre les murs et installer des rangements intégrés afin que Guiomar y conserve ses effets et ses souvenirs – la robe qu'elle portait lorsque Nils l'avait embrassée pour la première fois, une boîte à bijoux renfermant un scarabée en or aux yeux de rubis, six livres de recettes, des albums photos où l'on voyait Tavinho enfant à dos de poney, à Lambari, Tavinho adolescent exhibant ses muscles sur la plage, Nilson déguisé en marchande de Bahia, en odalisque, en momie, en pharaon, Guiomar présentant une salade de pommes de terre froide agrémentée de tranches de poivrons. Il y avait aussi des photos de personnes qu'elle avait du mal à reconnaître. « C'est Chiquinha, ou Naná ? » s'interrogeait-elle en examinant le visage effacé par les ans. « Il n'y a pas de nom au dos, j'aurais dû l'écrire au dos de la photo. »

Estela entrait dans la chambre et calmait sa belle-mère contrariée. Le médecin avait préconisé de faire des balades, elles pouvaient aller toutes les deux jusqu'à la plage. Elles avançaient à pas lents jusqu'à la promenade du bord de mer, Estela aidait Guiomar à s'asseoir sur un banc, devant la maison de Laura Alvim : c'était le dernier bâtiment des premiers jours d'Ipanema à être encore debout.

« L'océan est superbe aujourd'hui, vous ne voulez pas vous tourner pour y jeter un œil ? » proposait Estela.

Guiomar la remerciait, mais répondait que non. Elle demeurait ainsi, silencieuse, face aux immeubles de l'avenue Vieira Souto, recréant dans son esprit l'Ipanema de son enfance. Elle remplaçait le bâtiment blanc par le petit palais où elle avait vécu, le marron par le petit château de Nils, celui tout en verre fumé par l'hôtel particulier du ministre.

Un après-midi, elle brisa le silence : « C'est comme si ma vie était une histoire en deux parties, complètement différentes l'une de l'autre. »

Estela sourit.

« La mienne aussi, dona Guiomar. La mienne aussi. »

Pendant ce temps, dans un autre coin de la ville, Odete cachait son alliance entre ses cuisses afin qu'elle échappe aux pickpockets qui sévissaient dans les bus de la ligne 121. Carlos sirotait une caïpirinha sur la plage de Barra, en compagnie de l'homme avec qui il vivait depuis des années. Dalvanise demandait à son amie *rezadeira* de bénir son vaurien de fils, elle voulait qu'il revienne dans le droit chemin et qu'il passe le concours d'entrée de la Police militaire. Ana soulageait ses géraniums de leurs feuilles mortes, Joaquim achetait une revue de mots croisés au kiosque, Birgit passait telle une brise sous le nez des plus crédules. Et Moacir, obligé à prendre sa retraite par sa hiérarchie, errait dans le quartier de Leblon après avoir bu un milk-shake à la fraise en bas de l'ancien immeuble de Carlos. Tous les jours, il quittait la zone nord pour prendre la même direction, dans l'espoir de croiser la seule personne qu'il ait jamais aimée. Quelque chose manquait dans son existence, quelque chose qu'il recherchait dans ses promenades à travers les quartiers, auprès de travestis aux lèvres vert pomme, dans des télénovelas qui s'achevaient pour laisser place à d'autres, dans tous les visages qu'il voyait le dimanche dans le parc de Flamengo, dans la voix chevrotante de sa mère. Il ignorait ce dont il s'agissait, et ignorait que ses recherches étaient inutiles.

Ce fut plus ou moins à cette époque qu'Estela fut prise de bougeotte chronique. Elle fit une excursion dans la ville de Gramado, où elle découvrit qu'elle avait besoin d'une autre petite excursion dans la ville de Porto de Galinhas, où elle se rendit compte que ce qu'il lui fallait c'était une excursion à New York, où elle prit enfin conscience qu'elle n'avait plus besoin d'excursion, mais d'un vrai voyage à Paris.

À cinquante ans, en embarquant dans un avion toute seule pour la première fois, Estela sentit des nœuds se serrer dans son estomac, nœuds dont elle avait été privée à l'adolescence. Durant son séjour à Paris, elle tira une fierté immense de pouvoir enrouler à la perfection une écharpe autour de son cou, et de pouvoir demander une omelette au serveur sans l'aide d'un dictionnaire.

À cinquante-deux ans, alors qu'elle buvait un thé à la cafétéria du Centre culturel de la Banque du Brésil, elle tira une fierté empreinte de culpabilité du sourire qu'elle renvoya à un homme au nez pointu qui répondait au nom d'Ivanor. Dans la chambre d'Ivanor, Estela découvrit des choses dont elle ignorait avoir encore besoin. Elle gémit, cria, jouit. Elle repensa mélancoliquement à Beto. Puis elle considéra le nez d'Ivanor, et oublia tout à fait Beto.

Ce fut ce nez, cette maison dépouillée où vivait son amant (à sa séparation, Ivanor s'était débarrassé du superflu, à savoir, principalement, sa femme et sa collection de chouettes), ses trente-trois disputes définitives avec Priscila, la solidarité indéfectible qu'elle éprouva pour son fils lorsqu'il partit sac au dos découvrir le monde et pour sa fille lorsqu'elle quitta le foyer familial pour vivre avec son amoureux, la semaine atroce qui s'écoula entre la découverte d'un nodule mammaire, la biopsie et les résultats indiquant sa parfaite bénignité, la fin de ses conversations avec Guiomar, qui ne reconnaissait déjà plus Estela et passait des journées entières à découper de petites poupées de papier, et principalement l'image du corps de son père gisant dans la buanderie, le front glacé de sa mère dans son cercueil, les couleurs improbables de Nilson dans la chapelle funéraire et l'odeur de mort qui n'avait pas quitté Tavinho durant ses derniers jours, ce fut tout cela qui poussa Estela à se réveiller un jour avec la furieuse envie de se débarrasser des piles de serviettes en lin, dont certaines étaient rongées par la moisissure et qui toutes encombraient les rangements du couloir. Elle allait les donner à Dalvanise. Elle prit le tout dans ses bras et, en chemin vers la cuisine, frôla la table où se trouvait le service à thé. Le sucrier en argent tomba, étalant par terre une traînée blanche. Estela jeta un coup d'œil contrarié à l'objet. À quoi bon garder un sucrier au salon alors qu'elle ne sucrait plus rien ? Elle envisagea un instant de le donner à Dalvanise, mais se ravisa. C'était tout de même un objet de valeur, elle pourrait toujours le revendre. De toute façon, elle demanderait à Dalvanise de nettoyer ça et de ranger ce machin autre part.

« Où sont-ils tous ?

— Ils dorment, tous
Ils sont couchés
Et dorment
Profondément. »

Manuel BANDEIRA

Cela arriva en 2008. Estela lisait [illegible] du [illegible] habitués à lire en diagonale [illegible]

[illegible]

Cela arriva en 2008. Estela lisait son journal du matin lorsque ses yeux – habitués à lire en diagonale la rubrique nécrologique, avec crainte et soulagement – s'attardèrent sur cette page plus longtemps qu'elle l'aurait souhaité. L'annonce du décès de la journaliste Maria Lúcia Castro à l'âge de soixante-quatre ans se détachait des autres. Le texte relatait les causes de sa mort (AVC), son accomplissement professionnel (quarante ans de journalisme) et le fait qu'elle était la veuve de l'ancien prisonnier politique et ex-directeur de la Banque nationale du Brésil Roberto Batista, décédé en 2001.

Face à la photographie de cette dame aux cheveux blancs, Estela ferma les yeux et revit Maria Lúcia en train d'uriner dans un seau à glaçons, un acte libertaire, libérateur, gravé pour l'éternité. Elle se souvint du coup de poing que Maria Lúcia avait reçu durant le réveillon, de son mariage avec le chef d'orchestre et de son appartement sur la Lagune tel qu'elle se l'était imaginé. Maria Lúcia parcourant les rues de Madrid, entrant dans l'immeuble qui se trouvait à quelques mètres seulement de là où Cervantes avait vécu. Pablo arrivant à l'aube, après avoir joué et chanté pour des touristes. Maria Lúcia enfant, implorant sa mère de ne pas la laisser partir en balade seule avec son parrain. Une maison blanche en Algarve, une ferme en Hollande, un studio à Toulouse. Les lettres qu'Estela avait reçues des mains du gardien de l'immeuble et qu'elle n'avait jamais remises à Tavinho semblaient à présent palpiter dans la boîte à chaussures où elle les avait cachées, rangée tout au fond de la dernière étagère de l'armoire.

Elle posa son journal et se recroquevilla, assise sur le canapé, épaules rentrées, bras et jambes croisées. Elle savait tant de choses sur cette femme qu'elle avait vue si peu de fois, et si peu de choses de son ancien amant avec qui elle avait couché tant de fois. Beto prisonnier politique, membre d'une cellule révolutionnaire : c'était là la pièce manquante de sa biographie qui justifiait la distance qu'elle avait éprouvée lorsqu'ils s'étaient croisés au Jardin botanique.

Parfois elle se disait que rien n'était arrivé. Le jeune homme du rez-de-chaussée, avec ses lunettes rafistolées, et ces moments de tendresse au parfum de clémentine. Beto, grave, encore au lit, lui prenant les mains pour lui dire : « Viens avec moi. » Estela tenta de contenir son désespoir, de l'étouffer sous la tranquillité de la vieillesse. Ah, si elle avait su alors ce qu'elle savait à présent. Et même si elle n'avait rien su de plus, si seulement elle avait eu le courage nécessaire. Si seulement elle avait su. Si seulement elle avait pu.

Elle ferma à nouveau les yeux et eut un sourire douloureux. Tout avait changé si vite et si lentement que c'était à n'y rien comprendre. Pourquoi la vie était ainsi faite, avec un moment où il fallait vivre, et un moment où il fallait mourir ? Elle resta figée ainsi sur son canapé durant des minutes si profondes qu'elles engloutirent le quartier tout entier, et plusieurs décennies. Le coucou la fit soudain revenir à elle. Elle quitta le canapé et alla voir dans la cuisine si Dalvanise avait commencé à préparer le déjeuner.

NOTES SUR LES SOURCES ET REMERCIEMENTS

Álvaro Alvim, Laura Alvim et la famille Jansson apparaissent dans ce roman en tant que personnages fictifs, bien que je me sois considérablement documentée sur leurs biographies et sur l'époque à laquelle ils vécurent, afin de créer cette version de leurs vies. Parmi les ouvrages qui m'ont aidée à inventer diverses scènes et divers destins, je citerai *Laura Alvim : Anjo barroco*, de Wanda Stylita Cardoso ; *Villa Ipanema*, de Mario Peixoto, Carlos Eduardo Barata, Claudia Braga Gaspar et Marilúcia Abreu ; *O antigo Leblon : Uma aldeia encantada*, de Rogério Barbosa Lima ; *O Rio de Janeiro do meu tempo*, de Luís Edmundo ; *Os degraus de Ipanema*, de Carlos Leonam ; *Cultura e participação nos anos 60*, de Heloísa Buarque de Hollanda ; *Negócio seguinte*, de Luiz Carlos Maciel ; et *Só para cavalheiros*, d'Antônio Carlos Moreira, qui a eu la gentillesse de m'en faire parvenir un exemplaire. La lecture du journal *O Pasquim* a été également fort importante (l'exposé du réalisateur durant la fête de réveillon s'inspire d'un texte de Glauber Rocha paru dans cette publication).

De nombreux livres m'ont aidée à aborder la dictature,

parmi lesquels *Eu, Zuzu Angel, procuro meu filho*, de Virgínia Valli ; *O que é isso, companheiro ?* de Fernando Gabeira ; *Os Carbonários : Memórias da guerrilha perdida*, d'Alfredo Sirkis ; et *Gracias a la vida : Memórias de um militante*, de Cid Benjamin, que je remercie également pour nos longues conversations à propos de cette époque. J'ai également tiré parti de la transparence et de l'accessibilité des sources mises à disposition par la Commission nationale de la vérité, qui propose sur son site divers documents et témoignages aussi nécessaires que terrifiants sur la dictature au Brésil.

Un château à Ipanema est également une réaction directe à trois livres qui m'ont profondément marquée : *Baú de ossos*, de Pedro Nava ; *O ano que não terminou*, de Zuenir Ventura ; et *Ela é carioca : Uma enciclopédia de Ipanema*, de Ruy Castro.

Parmi mes autres sources, je citerai en vrac divers extraits de l'émission *TV Mulher*, notamment les segments de Clodovil Hernandez, reproduits pour les séances de gymnastique d'Estela ; des revues féminines des années 1960, un passage de la chanson *Sinal fechado* de Paulinho da Viola, qui servit de point de départ à la fin du quasi-monologue téléphonique de Maria Lúcia avec Tavinho. Je demande ici pardon à Chico Buarque d'avoir utilisé dans mon roman le docteur présent dans son roman, *Le Frère allemand*. Zuzarte est un patronyme parfait pour un médecin, et étant donné le nombre moyen de patients par cabinet de généraliste, il n'est pas improbable que Tavinho ait pu croiser Sergio de Hollander dans une salle d'attente.

Je dois énormément aux amis sincères et aux lecteurs sagaces qui m'ont assistée dans le processus de correction de ce roman. Gustavo Alves (de qui je tiens la phrase « Salut mon vieux, t'as vu le match hier ? » répétée à l'envi par Tavinho, et qui représente pour certains le summum de la sophistication langagière), Odyr Bernardi, Vanessa Ferrari, mon père, ma mère et mes sœurs, ainsi que mon mari et meilleur ami Juan Suarez ; sans oublier Mário Prata, qui un jour me fit le beau cadeau du titre de ce roman. Je tiens aussi à remercier toute l'équipe de ma maison d'édition Companhia das Letras pour son travail précieux et minutieux : Alice Sant'Anna, Lucila Lombardi, Adriane Piscitelli, Felipe Maciel, Clarice Bernardo, Max Santos, Luciana Borges et son équipe commerciale, la préparatrice de copie Ciça Caropreso, le relecteur Érico Melo, la graphiste Claudia Espínola Carvalho et toutes les personnes que je n'ai jamais croisées, mais qui ont toutes œuvré pour que ce roman puisse être lu.

Enfin, Luciana Villas-Boas, agente, amie, lectrice, qui mérite une infinité d'éloges, et dont je ne vanterai ici qu'une seule qualité : sa passion pour la littérature brésilienne. Merci, Luciana. Et merci à toute l'équipe de VBM : Anna, Lara, Miguel et Raymond.

DE LA MÊME AUTEURE :

Les Mille Talents d'Eurídice Gusmão, Denoël, 2017.

PAPIER À BASE DE FIBRES CERTIFIÉES

Le Livre de Poche s'engage pour l'environnement en réduisant l'empreinte carbone de ses livres. Celle de cet exemplaire est de :
250 g éq. CO_2
Rendez-vous sur www.livredepoche-durable.fr

Composition réalisée par MAURY-IMPRIMEUR

Achevé d'imprimer en France par
CPI BRODARD & TAUPIN (72200 La Flèche)
en décembre 2019
N° d'impression : 3036445
Dépôt légal 1re publication : janvier 2020
LIBRAIRIE GÉNÉRALE FRANÇAISE
21, rue du Montparnasse – 75298 Paris Cedex 06

58/0685/8